dtv

»O, ich möchte sprechen mit den Menschen, die in achthundert Jahren sind, oder wenigstens mit denen, die in vierhundert Jahren leben werden – im Jahre 2000, wenn ein neues Millenium anbricht.« Eugen Drewermann, Kirchenkritiker und »Ketzer« unserer Tage, hat sich in die Lage des italienischen Philosophen hineinversetzt. Knapp zwei Monate hat Bruno noch zu leben, Monate zwischen Hoffen und Bangen, Aufbegehren und Resignation. Was mag er gedacht, gefühlt, gefürchtet haben? Würden sie den letzten Schritt gehen und mit ihm die Wahrheit verbrennen?

Am 17. Februar 2000 jährt sich die Hinrichtung Giordano Brunos zum vierhundertsten Mal. Neben Galileo Galilei zählt er zu den wichtigsten Wegbereitern einer von den Fesseln der christlichen Scholastik befreiten Philosophie. Während Galilei jedoch dem Druck der Inquisition nachgab und widerrief, starb Bruno für seine Überzeugung auf dem Scheiterhaufen. Mit dieser einfühlsamen Verarbeitung des Schicksals von Giordano Bruno in der Auseinandersetzung mit der Inquisition ist Drewermann eine meisterhafte historische Erzählung gelungen. Das Buch ist gleichzeitig ein Plädoyer dafür, daß nur aus dem Widerspruch das Neue entstehen kann.

Eugen Drewermann, geboren 1940 in Bergkamen bei Dortmund, studierte Philosophie, Theologie und Psychologie und wurde 1966 zum Priester geweiht. Nach mehreren umstrittenen Veröffentlichungen wurde er 1991 vom Priesteramt suspendiert und 1992 mit Predigtverbot belgt. Er ist heute als Privatdozent, Schriftsteller und Therapeut tätig. Zahlreiche Veröffentlichungen.

Eugen Drewermann

Giordano Bruno

oder

Der Spiegel des Unendlichen

Deutscher Taschenbuch Verlag

Von Eugen Drewermann
sind im Deutschen Taschenbuch Verlag lieferbar:
Tiefenpsychologie und Exegese 1 (30376)
Was uns Zukunft gibt (30502)
Lieb Schwesterlein, laß mich herein (35050)
Rapunzel, Rapunzel, laß dein Haar herunter (35056)
Die Botschaft der Frauen (36023)

Dezember 1999
Deutscher Taschenbuch Verlag GmbH & Co. KG, München
© 1992 Kösel-Verlag GmbH & Co. KG, München
Umschlagkonzept: Balk & Brumshagen
Umschlagbild: © BPK, Berlin
Satz: Kösel Verlag, Kempten
Druck und Bindung: C. H. Beck'sche Buchdruckerei,
Nördlingen
Gedruckt auf säurefreiem, chlorfrei gebleichtem Papier
Printed in Germany · ISBN 3-423-30747-1

Inhalt

Blätter im Wind 7

26. Dezember
Schwalben über der Stadt 11

27. Dezember
Die Rutsche 35

28. Dezember
Das Rebhuhn 91

29. Dezember
Fallende Sterne 171

30. Dezember
Ein etruskischer Prinz 229

31. Dezember
Blaßblaue Birken 345

Nachtrag
Der offene Himmel 387

Zeittafel 396

Bibliographie 401

Hinweise zu den Quellenzitaten:

Alle Namen, Daten, Fakten und Dokumente, die in diesem Buch aufgeführt sind, entsprechen historischen Tatsachen. Die gedanklichen und inhaltlichen Auseinandersetzungen sind vom Autor frei geschildert.

Die wörtlichen Zitate aus den Werken von Giordano Bruno und aus anderen Dokumenten (siehe Bibliographie) wurden kursiv angeführt und kenntlich gemacht.

Blätter im Wind

Sie haben mir Papier gegeben, genau 300 Blatt, eine Feder, Tinte nebst Streusand. Warum? Acht Jahre lang habe ich sie darum gebeten. Heute ist Weihnachten. Aber das ist für sie kein Grund. Noch sieben Tage, dann beginnt ein neues Jahrhundert. Offenbar haben sie meinen Tod beschlossen, und diese 300 Blatt sind meine Henkersmahlzeit. Häppchenweise, täglich 50 Seiten schreibend, soll ich mich auf mein Ende vorbereiten. Ein chinesisches Feuerwerk wird ihnen das neue Säkulum nicht hell genug einleuchten; sie brauchen das Licht meines Scheiterhaufens, um sich und aller Welt zu zeigen, daß es kein neues Zeitalter gibt noch jemals geben darf.

O mein Gott, was haben sie aus mir gemacht, daß eine kleine Geste des Wohlwollens mich auf solche Gedanken zu bringen vermag. Endlich geben sie mir, was ich möchte, und statt dankbar zu sein – diese Gedanken des Mißtrauens und der Angst! Doch war es denn je anders? Als sie mir im Dezember des letzten Jahres Schreibmaterial übergaben, um eine Art Geständnis aus meiner Feder zu bekommen, geschah auch dies nur, um endlich die Hinrichtung aussprechen zu können; dann freilich mußten sie acht Monate lang in meinen Papieren herumlesen, bis dieser Wichtigtuer Kardinal Bellarmin endlich am 24. August den Häresievorwurf erneuern konnte. Noch vor vier Tagen haben sie mich vorgeladen. Ich lehre keinerlei Glaubensirrtum, habe ich gesagt. Doch sie wissen es besser.

Angst? Nein, ich bin froh, wenn alles vorüber ist. Waren denn nicht stets ihre Taten weit schlimmer als all meine Erwartungen? Schon lange weiß ich nicht mehr, was Tod ist, was Leben. Ja, ich weiß nicht einmal mehr, was Liebe ist, was Haß. Alle Begriffe haben sich mir verwirrt. Dabei haben sie gar nichts getan. Sie haben mich nur eingesperrt wie einen

Vogel, den man gut wartet, wohlversorgt mit Nahrung und Wasser. Aber ein Vogel, der nicht mehr fliegen darf, kümmert dahin, und ich, was war ich anderes als der Wille, ins Grenzenlose zu fliegen? Nur deshalb war ich ihnen gefährlich.

Ich *war* es. Würden sie mich heute freilassen, so würde ich merken, daß ich keine Flügel mehr besitze. Schon vor zwei Monaten, es war der 21. Oktober, habe ich ihnen definitiv erklärt, es gebe für mich nichts zu widerrufen. Es hat mich alle Kraft gekostet. Es wird gut sein, wenn sie mich *jetzt* umbringen. Sie hatten, wird in alle Zukunft alle Welt sagen, vor den Gedanken des Giordano Bruno mehr Angst als dieser vor seinen Henkern; und niemand wird wissen, wie hohl die Frucht längst war, die sie doch noch glaubten zerstoßen zu müssen.

Ich bin nur noch müde. Ich bin nur noch leer. Ich bin in den letzten acht Jahren gealtert wie durch achthundert Jahre. Aber warum nicht: Vielleicht braucht es noch achthundert Jahre, bis man versteht, was ich vor mir sah, ohne es jemals verstehen zu können. Mit wem sollte ich auf diesen Blättern reden? Den Gefallen werde ich ihnen nicht tun, daß sie nachlesen könnten, was ich in den letzten Tagen gedacht habe, kläglich widerrufend oder mutig bestätigend, – so oder so werden sie sich im Recht fühlen. Nein, ich werde diese Blätter mit auf den Holzstoß nehmen, sie werden mich wärmen und mir helfen, glühender zu verbrennen; doch zuvor sollen sie mir selber ein wenig Licht schenken. Auf diesen Seiten muß ich mir noch einmal, ein letztes Mal, klarwerden über mich selber: wer ich bin, jetzt und endgültig.

Was ich hier schreibe, ist ein Testament. Doch geschrieben ist es nur für mich selbst. Ich selbst werde das einzige sein, was ich der Nachwelt zu hinterlassen habe. Ich verfüge über keine neue Theorie – man hat mich gehindert, sie zu erstellen. Ich besitze keine neuen Erkenntnisse und Beweise – wie sollte ich sie in diesen Mauern gewinnen? Ich habe nur meine Vision. Sie war mein Leben. Sie ist mein Tod. Sie ist alles, was ich bin – eine Sehnsucht und eine Evidenz. Mehr nicht. Doch ich weiß, daß sie bleiben.

O, ich möchte sprechen mit den Menschen, die in achthundert Jahren sind, oder wenigstens mit denen, die in vierhundert Jahren leben werden – im Jahre 2000, wenn ein neues Millenium anbricht. Wer werden sie sein? So wenig wie die Seele eines Menschen, so wenig vergeht, was je Geist war. Ich war Geist. Und ich bin Seele. So möchte ich diese 300 Blätter beschreiben als ein stummes Vermächtnis durch die Jahrhunderte. Ich werde sie so eng beschreiben, wie ich es mit meinen kalten, gichtig gewordenen Händen noch vermag, ungeübt in den zierlichen Buchstaben von einst, doch gut genug lesbar für nächtliche Augen, für Geisterseher und Traumwandler, für schlaflose Seelen gleich mir.

Eines Traums meiner Kindheit entsinne ich mich: Ich liege im Bett, dicht an der Wand eines winzigen Schlafgemachs, das den Eindruck eines Kaninchenstalles erweckt. Ich halte die Bettdecke bis dicht an die Lippen gezogen, wie um einen lautlosen Schrei zu verpressen, die Augen krampfhaft verschlossen, als würde ich, wenn ich sie öffnete, etwas Furchtbares zu sehen bekommen, oder, vielmehr, als wäre das Öffnen meiner Augen der eigentliche Grund dafür, daß dieses Furchtbare sich unfehlbar ereignen würde. Ich öffne sie trotzdem und sehe, wie das Dach der Kammer langsam weggehoben wird. Es steht zu befürchten, daß im nächsten Augenblick eine Riesenhand mich aus dem Bett holen wird, mich zu erwürgen. Doch nichts dergleichen geschieht. Als ich mich wieder beruhige und in das Dunkel starre, das mich umgibt, flimmern über mir unzählige Sterne, tanzend, wie trunken, als lachten sie mich aus.

In gewissem Sinne bin ich von diesem Traum meiner Kindheit nie mehr erwacht. Auch zwischen Traum und Wirklichkeit weiß ich nicht »wirklich« zu unterscheiden. Ich weiß nur gegenüber all denen, die vermutlich vor einigen Tagen meine Hinrichtung beschlossen haben: die Ängste meiner Kindheit binden mich nicht mehr. Ihr seht in mir einen freien Menschen. Wem die Welt, kaum daß er ein Kind ist, erscheint wie ein Alptraum, warum sollte der nicht berufen sein, den Alptraum der Kindheit für die Welt zu erklären? Was, wenn ihr Gott sagt, meint ihr denn wirklich außer dem Inbegriff all euerer Ängste? Sie betet ihr an; sie mästet ihr mit dem Blut immer neuer Opfer. Die Wahrheit? Kennt ihr sie? Ich kenne sie nicht. Ich weiß nur, daß ich meine Ängste für die Welt aufgespart habe, und ich darf ehrlich behaupten: so vermessen war ich niemals, Gott mit meiner Angst zu verwechseln. Im Gegenteil, ich habe gelernt, meine Angst vor der Welt zu überwinden durch ein Vertrauen in etwas, das ich niemals gesehen habe, doch das mich gewiß auch noch niemals ausgelacht hat.

Nennt ihr das Gott?

Wenn es ihn gibt, so ist er vielleicht mein einziger Leser. Um etwas auf diesen Seiten schreiben zu können, brauche ich die Vorstellung von jemandem, der mir zuhört. Ich weiß, daß da niemand sein wird. Doch die Flammen des Scheiterhaufens werden einen Wind entfachen, der diese Blätter forttragen wird durch die Jahrhunderte. Für die Augen meiner Henker werden sie nichts sein als Asche. Aber es wird immer wieder Menschen geben, die keine beschriebenen Blätter brauchen, um richtig zu lesen. »Was ging vor sich, damals in jenen letzten Tagen vor dem Neujahrsfest des Jahres 1600 in jenem Kerker der römischen Inquisition, dem alten Palast des Kardinals Pucci in der Nähe von St. Peter, da man Giordano Bruno gefangen hielt?« Wer so fragt, beginnt wie von selbst alles zu verstehen, was ich in den folgenden Tagen, so gut es noch geht, zu Papier bringen werde. Doch auch wenn niemals jemand so fragen sollte – erlesen und erhören wird mich doch er, der da Geist ist in allem und der wollte, daß auch ich bin als ein verlöschender Beitrag zu seinem Ruhm. Dies, so gut ich es konnte, wollte ich sein, mehr jedenfalls, wie ich glaube, als meine Peiniger. Doch was kommt es darauf an, jetzt noch?

26. Dezember
Schwalben über der Stadt

Sonderbar, wie ruhig ich diese erste Todesnacht durchschlafen habe. Wie üblich hatte ich mich mit dem Sonnenuntergang auf die Pritsche gelegt, und offenbar bin ich bald eingeschlafen. Ich muß wirklich sehr müde sein. Dieses Verschimmeln bei lebendigem Leibe innerhalb der feuchtkalten Wände, von denen die Tünche blättert! Selbst die Laken sind klamm; man muß ihre nässende Kälte immer erst mit dem eigenen Körper abtrocknen, ehe das schüttelfrostartige Frieren aufhört. Zusammengekauert sitze ich vor meinem Tisch und spüre bereits, wie die angesammelte Wärme der Nacht sich wieder an den Raum verliert. Ich müßte mich mehr bewegen. Doch wozu? Sie geben mir an Nahrung gerade so viel, daß ich davon überleben kann; ich darf das bißchen Energie nicht vergeuden. Ich, dem sie vorwerfen, maßlos zu sein, muß mich in allem wohltemperieren – ein planvolles, maßvolles, abgezwecktes Leben, so lieben sie es.

Ich trete ans Fenster und schaue in den Sonnenaufgang. Dieser kleine Spalt in der Mauer ist mir geblieben; er ist mein kostbarster Besitz: Er gibt mir, so eingeengt auch immer, den Blick auf den Himmel frei. Und ich sehe die Sonne. Vor dem grünblauen Seidentuch eines frostig kalten Wintermorgens erhebt sie sich rotglühend, dem bloßen Auge noch gerade erträglich. Wie ich diese zwei Stunden am Morgen liebe, in denen die Sonne in meinen Kerker scheint! Die Augen geschlossen, halte ich mein Gesicht in ihre Strahlen und warte. Bald wird der Glutball sich gelblich verfärben und übergehen in ein gleißendes Weiß. Ich kann die Verfärbung auf der Haupt spüren, und ich genieße sie. Wärme. Inmitten einer grenzenlosen Einsamkeit streichelst Du mich, geliebte Sonne, die Du so reich bist, eine ganze Welt zu erleuchten. Ich

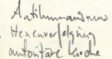

11

mag nicht mehr beten. Doch die Dankbarkeit für die Sonne ist mir geblieben. Über den Dächern der Stadt vibriert das Morgengeläut der Kirchen. Der zweite Weihnachtstag. Das Fest des Erzmartyrers Stephanus. O ihr, die ihr den Propheten Denkmäler baut und damit doch nur zeigt, daß ihr die Söhne der Prophetenmörder seid… Nein, ich will so nicht denken.

Aber die Dächer der Stadt. Ein Traum fällt mir ein. Ich sollte mir meine Träume genauer merken und sie aufschreiben. Träume sind eine andere Art des Denkens, und mein Kopf ist ohnedies zu einer klaren Gedankenführung noch nicht imstande. Ein wenig Frieren und Zittern genügt, um einen Menschen um den Verstand zu bringen. Was sind wir nur für Wesen! Die Dächer der Stadt…

Ja, so war es: Ich stehe in einer großen Halle, einem rötlichen Ziegelbau, der mich an die Thermen des Caracalla in Rom erinnert oder an eine Hallenkirche, aus der das Allerheiligste entfernt wurde. Der Raum ist eigentlich sehr eng und doch wie dehnbar offen nach allen Seiten. Dicht gedrängt, aber ohne sich zu berühren, gehen Leute, alles Männer, in der Halle auf und ab, manche mit Weingläsern in den Händen, als finde hier eine verschwiegene Feier statt. Ich kann ihre Gesichter nicht sehen. Alles versinkt in einem rauchigen Blau, das selbst die Wahrnehmung der Wände fast unmöglich macht. Beinahe erschrocken, merke ich, daß ich eine Schwalbe in den Händen halte. Meine beiden Hände sind nestartig um sie gebreitet, aber ich spüre, daß sie ins Freie möchte. Ihre Füßchen krallen sich um meinen Zeigefinger, ihre Flügel zittern, ihr Herz schlägt wie wild. Ich werfe sie mit beiden Händen in die Luft, und sogleich in einem rasenden Schwirrflug pfeilschnell schießt sie hin und her, dicht über meinem Kopf, als wollte sie sich einen Moment lang noch bei mir bedanken; dann plötzlich schwingt sie sich mit einem pfeifenden Ton in die Höhe und entschwindet meinem Blick. Ich sehe mitmal viele Schwalben in dem Raum umherflattern, eine von ihnen muß meine Schwalbe sein, doch ich kann sie nicht mehr erkennen. Fast wehmütig blicke ich hinauf und frage mich, wohin die Schwalben wohl fliegen und woher sie gekommen sind – ich entsinne mich, daß es im Traum diese Reihenfolge der Fragen war: wohin und woher, die sich mir stellte, und daß ich versuchte, das rauchgraue Gewölk zu durchdringen, das den ganzen Raum erfüllte. Hatte die Halle eine Decke, oder war sie nach oben hin offen? Das wollte ich wissen, aber es war nicht zu sehen. Wohl ließ der erstickende Qualm im Inneren zwischen den Wänden einen geschlossenen Raum vermuten, dessen Ausgänge verriegelt und dessen Fenster, wenn überhaupt vorhanden, seit langem nicht geöffnet worden waren – die Decke dieses Raumes mußte sogar sehr tief herabreichen; es konnte aber natürlich auch sein, daß von außen her Rauch in das Innere geblasen wurde oder daß dieser blaugraue Nebel, der aussah wie der Qualm jenes neuen Imports, den man Tabak nennt, nichts weiter war als ein winziger Teil des natürlichen Äthers draußen.

Doch sind das noch Überlegungen des Traumes selber oder schon meine Überlegungen über den Traum? Wann träume ich, wann denke ich, es ist so schwer zu unterscheiden. Und doch habe ich das deutliche Gefühl, als enthalte dieser Traum eine dringende Botschaft an mich oder als mache er zumindest etwas Wesentliches an meinem Leben deutlich. Aber was? Ich brauche wohl nur im Halbwachen weiterzuträumen, um es herauszufinden, d.h., ich werde überhaupt nichts tun, um etwas herauszufinden, ich werde ganz einfach mich treiben lassen.

Ein rauher Frühlingsmorgen im Jahre 1578, der entscheidendste Tag meines Lebens. Es ist mein 30. Geburtstag. Da stehe ich am Strand der kleinen Fischerstadt Noli an der Riviera di Ponente. Ich wollte mir ein paar Stunden nachdenklicher Einsamkeit gönnen. Ein kalter Wind weht an diesem Tage vom Meer herein. Unter einem grau verhangenen, regenwolkigen Himmel dehnt sich das Meer, wie es in immer neuen Anläufen, schaumkronenbewehrt, gegen das Ufer bricht. Da

13

dringt aus einem schmal aufreißenden Band zwischen den Wolken die Sonne hervor, breitet ihre Strahlen, segnenden Händen gleich, über die Flut, reflektiert sich in einem glitzernden Punkt im Zentrum des Horizonts und wirft, scheinbar von dorther, einen Streifen gleißenden Lichts vor sich hin, der wie ein schmales Teppichband hinüberreicht bis zu mir selbst. Und seltsam: dieser Schimmer silbernen Lichtes tanzt über den Wellen, gleitet hinab in die Täler, schwingt sich empor zu den Gipfeln ihrer rollenden Bewegungen, durchtränkt mühelos jedes winzige Bläschen des Schaums, das doch selber nichts ist als Wasser und Licht und leuchtende Schönheit, und sogar in den kleinen Lachen zwischen den Mulden geriffelten Sandes malt einen Moment lang die Sonne sich ganz. Es gibt keinen Ort, an dem sie nicht gegenwärtig wäre. Und doch wird sie voraussichtlich bald schon den Blicken wieder entschwinden. Nur um ein weniges braucht der Wind die Wolken wieder zusammenzudrücken, und dieses ganze gewaltige Schauspiel wird wieder verlöschen in einem einzigen Augenblick. Sogar ich selbst: ich brauche nur meinen Blickwinkel ein wenig zu ändern, und dieselbe Kaskade schimmernden Lichtes erscheint mir im Wogen der Fluten gänzlich verändert. Was jetzt noch wie in dunklen Flecken schattenhaft daliegt, erglüht mit einem Mal selber so hell, daß es die Augen zu blenden vermag, während gerade die Stellen, die jetzt das Muster und Farbband dieses gleißenden Teppichs zu Füßen der majestätischen Sonne zu bilden scheinen, sich zurückverwandeln werden in die graugrüne Farbe des ruhelos rauschenden Meeres.

Selbst heute, mehr als 21 Jahre danach, kann ich nicht sagen, was in diesem Moment sich wirklich ereignet hat. Eine faszinierende, überwältigende Intuition durchflutete mich, formte sich in mir selbst als ihr eigener Widerschein zu der Evidenz einer unumstößlichen Wahrheit, durchrieselte meinen Körper in anfallartigen Wellen, als wollte sie meinen schon damals geschwächten Körper zersprengen, und ließ mich taumeln wie trunken.

Mag sein, all die Zeit davor in Bibliotheken und in unwürdigen Unterkünften, die mir als Schreibstuben, Nachtquartiere und manchmal, entkräftet wie ich war, auch wohl als provisorische Krankenzimmer hatten dienen müssen, hatte ich viel zu lange mich verhockt; zwei Jahre zuvor erst hatte ich den gottverdammten, scheinheiligen und blutgierigen Dominikanern den Rücken gekehrt – mich ekelt jetzt noch, denke ich an diese »Hunde des Herrn«, wie sie sich selbst lachend nennen, an diese büchertragenden Esel und vampirischen Fledermäuse, so nenne ich sie; unentwegt auf der Flucht, war ich kreuz und quer durch Oberitalien gefahren, gewandert, gestolpert, gekrochen; ich hatte mich mit Privatvorlesungen über die geometrischen Gesetze der Kugel als der vollkommenen Körpergestalt im Sinne Platons über Wasser zu halten versucht; und rastlos und ruhelos hatte ich Noli, Savona, Turin, Venedig, Padua, Brescia, Bergamo, alles in wenigen Monaten, bereist; nicht ohne Vergnügen war ich dabei mit meinen Vorträgen und Lesungen für die schlafseligen, dickbäuchigen Prälaten und Monsignori der heiligen römisch- katholischen Kirche zu einer Art Gespenst geworden, allgegenwärtig wie ein Spuk zur Mitternacht, doch nirgendwo greifbar am hellichten Tage; – jetzt stand ich, wenn auch für Stunden nur, endlich allein diesem Ozean wogenden Lichts gegenüber; all meine Sinne waren betäubt von der Überfülle der Eindrücke: Die Augen brannten in dem lodernden Feuer der Sonne, in den Ohren dröhnte das Rauschen der Brandung, meine Haut spannte sich unter der kühlen Brise, in welcher das Meer selbst zu atmen schien, und mein Geist war benommen von diesem unvermuteten Andrang des Lebens; alles Irdische rings um mich her zerbrach seine Hülle und wandelte sich in eine nie endende heimatlose Sehnsucht, in welcher mein ganzes bisheriges Dasein sich selber ebenso bestätigte wie auf sonderbare Weise erfüllte.

Ich stand mit meinen beiden Füßen auf dieser Erde, aber es gab keine Grenze mehr zwischen Ufer und Meer; vor meinen Augen verschwammen die Trennlinien zwischen Wasser und Wolken, Diesseits und Jenseits, Endlich und Unendlich, Schattig und Hell, – es ward alles eins, und ich selber wurde hineingezogen, hineingesogen in eine Sphäre des Grenzenlosen, die alles umfing und alles durchdrang – ich selbst ein neuer Anaximander: das Unbegrenzte, Uranfängliche und Ungeschiedene, das, ohne sich selber zu ändern, alles Seiende in sich enthält und aus sich hervorbringt in Gegensatz, Kampf und Konflikt... Mir schwindelte, alles ringsumher drehte sich – doch nein, ich selber war nicht das Zentrum der Drehbewegung des Alls, ich war nichts als ein winziger Teil inmitten eines unendlichen Stromes, der sich ergoß zwischen den Ufern des Horizontes und der sich öffnete für eine unendliche Vielzahl nie gesehener Horizonte... nur mein eigener Schwindel ließ alles ringsum sich drehen. Taumelnd stürzte ich nieder und krallte meine beiden Hände in den naßkalten Sand; mir ward schwarz vor den Augen, eine Blutleere im Gehirn offenbar; meine Glieder hingen bleischwer herab, doch ich wußte: es würde nicht lange dauern, und die ganze Welt würde wieder erscheinen.

Als die Welt, unbekannt wie lange, in meine geöffneten Augen zurückkehrte, erblickte ich *sie*. Die Sonne hatte sich bereits wieder in die Wolkendecke vergraben, das Meer, grau in grau jetzt gegen den diesigen Himmel, warf sich mit unverminderter Heftigkeit gegen den Strand, mich fröstelte. *Sie* aber kam barfüßig auf mich zu. An die Erde gekauert, sah ich als erstes ihre schmalen, feingliederigen Füße, die für die Kälte unberührbar schienen. Ein knöchellanges blauweißes Gewand umspielte ihren hochgewachsenen Körper, schmiegte sich unter den Händen des Windes an ihre weich hervortretende Brust und an die lang hinabfließenden Hüften und umflatterte ihre Knie, die sie wie schwebend, tanzend eher als schreitend, doch mit eigenartiger Festigkeit bewegte, so als koste jeder Schritt sie die Überwindung eines unsichtbaren Widerstandes. An dem Finger ihrer linken Hand hielt sie ein paar braune Sandalen, die mir im Vorübergehen zuzunicken schienen, ihr Blick aber streifte mich nur flüchtig, – kaum, daß sie mich wahrnahm. Unvergeßlich vor allem jedoch ist ihr Gesicht, dessen Bild ich in mich aufnahm, als hätte ich es immer schon, nur ohne es zu wissen, in mir getragen, ein Wiedererinnern an vormals Verlorenes ebenso sehr wie ein erstes Begegnen und endliches Finden. Ein Kranz braunschwarzer lockig gewellter Haare umrahmte ihre kleine gewölbte Stirn, streichelte ihre nach innen gezogenen Wangen, die ihr ein sehnsuchtsvolles, ausgezehrtes Aussehen verliehen, und ergoß sich in seidigen Strähnen in ihren Nacken. Ihr schmaler, wie gewaltsam geschlossener Mund schien mit seinen Lippen den Atem des Windes zu küssen in einer merkwürdigen Gebärde aus Einsamkeit, Anmut und Zärtlichkeit. Und ihre Augen: hellgrau wie der Himmel und doch dunkel und groß wie das Meer, zwei Brunnen, erfüllt von Nacht und Geheimnis, in deren Leuchten der Glanz der Sterne sich malte. Wie oft müssen diese Augen überflutet worden sein von den Wassern des Schmerzes oder trockengefallen sein in den Zeiten ungeweinter Tränen. Und doch erzitterte zögernd und mutig, scheu und leidenschaftlich in diesen Augen eine unauslöschliche Ahnung des Glücks, die mich begleitet noch bis in die Stunde dieses Kerkers hinein. Diese Augen schauen mich an, wohin ich auch gehe. Sie locken und leiten mich bei Tag und bei Nacht, sie fragen und klagen und wagen zu sagen: Ich liebe Dich sehr, ich liebe Dich immer, und ich geh nie mehr fort. Aber sie schauten mich nicht an in dem Moment, da sie vorüberging. Sie sahen an mir vorbei oder durch mich hindurch, oder richtiger wohl: sie umarmten mich mit einer Sehnsucht, die ins Grenzenlose ging und aus dem Grenzenlosen kam und die mich umschloß wie eine flehentliche Bitte, ich möchte mich ihr nie verschließen, aber auch nie sie gefangen nehmen.

Warum nur bin ich damals ihr nicht nachgegangen? Spürte ich die Angst in ihren Augen, sich zu verlieren, wenn auch nur unsere Blicke sich berührten? Wenn ich ehrlich bin, war ich wie gelähmt von ihrer Schönheit. Sie durchdrang meine Seele wie ein heiliger Schrecken, und ich hätte gefürchtet, sie zu verletzen mit jedem Wort, mit jeder Regung. Ich war in dem Augenblick ihres Vorübergangs selbst nichts als schauendes, schauderndes Staunen. Doch selbst dann noch: Ich sehe ihr Haar, ihre Schultern, ihr Kleid, ich sehe, wie ihre Gestalt sich langsam entfernt und immer kleiner wird unter dem riesigen Himmel, aber ich habe nicht den Mut, aufzustehen und ihr nachzulaufen. Eine eigentümliche Lähmung.

Zu meiner Entschuldigung muß ich ihres Hündchens gedenken, eines schwarzen munteren Hirtenhundes, der mit hurtigen Sätzen mal hinter, mal vor ihr herumsprang, stets auf der Lauer nach einem Handzeichen seiner Herrin. Das Tier war vollkommen friedlich; ich hätte mich ihr nahen können ohne die geringste Furcht, von ihm angefallen zu werden. Und doch hätte ich vielleicht durch eine einzige allzu rasche Bewegung den Mantel der Scheu aufgehoben, der unsichtbar ihre Erscheinung umhüllte; dieses brave Tier jedenfalls empfand ich wie eine zaghafte Bitte um Vorsicht und Schutz. Wie gerne wäre ich an seiner Stelle gewesen. Doch ich wagte es nicht. Sie hob ein angeschwemmtes Stück Holz auf und warf es gerade in die Richtung, die von mir wegführte; wie toll vor Freude sprang das Hündchen fast senkrecht in die Höhe und jagte dem wertlosen Holzscheite nach, das doch so kostbar war durch den Wunsch, es zu ihr zurückzutragen. Der Abstand wuchs und wuchs zwischen den beiden und mir; ich habe ihn mein Leben lang nicht mehr aufgeholt.

Und doch ist dieser Augenblick, da ich die Sonne versinken und in *ihren* Augen wiedererstehen sah, das Zentrum der Energie meines ganzen Lebens geworden. Die Zeit hielt ein und verwandelte sich in ein stehendes, sich wellenförmig nach allen Seiten verbreiterndes Jetzt, so wie die Sonne selbst in sich ruhte, während überallhin in das uferlose Wasser sich ihr Strahlenband ergoß, das doch nur sichtbar ward dem, der seine Augen öffnet, um es zu trinken. Die schwarzen Schwingen einer zeitlosen Ewigkeit hielten mich umfangen, wie ein Traum in ihren Armen, der mich ausruhen ließ in dem trunkenen Kuß ihres Mundes, in der wärmenden Zärtlichkeit ihres Busens und der sanften Schönheit ihres Schoßes. Eine unendliche Sehnsucht, zu versinken, zu verschmelzen und im Rausch der Erkenntnis das ganze eigene Sein zu entleeren an die sonderbare Pracht des Alls, ergriff Besitz von mir und ließ mich niemals mehr los. Diana Du, verlokkende Jägerin, die Dichter taten Dir Unrecht. Deine Heimat, das sind nicht die winzigen Quellen und Bäche der Wälder; der Ort, Dich zu finden, ist einzig die riesige Weite des Ozeans. Nur dort, wo der Himmel die Erde berührt, vermagst Du den Sterblichen nahe zu sein, und Deinen Spuren zu folgen wurde und war fortan mein ganzes Leben. Sollte es sein, daß sie mich hassen einzig deshalb, weil ich Dich liebe?

Wer ist deine Geliebte?, fragen sie mich; doch ich weiß keine Antwort als nur meine rauschende maßlose Liebe selbst. Sie macht meine Seele der Sonne gleich, sie macht sie selbst weit wie das Meer, sie dehnt mich hin bis zum Horizont. Du meine Diana, mein Ufer, mein Meer, Du meine Sonne über der Flut, Du Wolkenschimmer verlöschenden Lichts, Du atmender Wind aus der Ferne, Du Gruß der Unendlichkeit, Du Stille der Zeit, Du ruhender Schimmer im Wogen der Wellen, – in Deinen schwermütig dunklen Augen erglänzt der Himmel, und alle Sterne formen sich wie von selbst zum Diadem Deiner Haare; Deine Schönheit ist jenseits der Zeit, ohne Alter, ohne Vergehen, so wie das Glück, das sie schenkt, indem sie uns, die sich Liebenden, herauslöst aus dem Strom der Sterblichkeit. In Dir formt sich mein Sein, und all meine Worte gelten nur Dir. Doch die Esel hören nur ihr eigenes Echo: hiaah, hiaah, etwas anderes geht nicht in ihre Ohren.

Nein, ich darf mich nicht unterbrechen lassen. Nur nicht verlassen diesen Augenblick des Gesangs der heimwärtsziehenden Wolken. Eine andere Angst habe ich seither nie mehr gekannt, als getrennt zu werden von diesem Strom Deiner ständigen Gegenwart, Du meine liebe, geliebte Diana. Alle Angst begann mit dem Glück Deiner Erscheinung.

Schon damals, als ich mich endlich, steifgefroren vor Kälte und zugleich durchschauert von fröstelndem Fieber, am Strande erhob, ergriff mich eine grenzenlose Traurigkeit, ich könnte Dich wieder verlieren, die ich doch nie besessen.

Wann auch zuvor oder danach hätte ich Gelegenheit gefunden, einer Frau zu begegnen? Die Domini canes hüteten ihre Welpen auf das strengste vor der ewigen Eva, die sie ärger fürchteten als den Teufel, und in den Jahren danach hatte ich alles darangesetzt, mir selbst und aller Welt zu beweisen, daß ich kein schlechterer, sondern eher ein besserer Mönch sei. Als Frau kennengelernt hatte ich bis dahin nur Signora Morgana, wie ich die Frau des Nolaners Gian Tommaso Borzello nannte, der ich in lüsternen Jugendgedanken als Fata Morgana so manche morganatische Kerze angezündet; doch das waren Träume, die meinen Klostereintritt begleiteten, das waren Ekstasen im Rausch meines Blutes, nichts weiter. Jetzt aber schenktest Du mir in einem einzigen Augenblick die Gnade der Liebe, und das Verlangen danach, Dich zu lieben, verließ mich nie mehr, Du meine Morgana, Du meine Diana, Du meine ewig Geliebte.

Vermutlich läßt sich der Charakter eines Menschen am besten daran erkennen, wie er sich als Mann zu einer Frau bzw. als Frau zu einem Mann verhält. Mein Verhältnis zu Dir, Diana, war nichts als Sehnsucht, Verlangen und Traum. Und der Wunsch, von Dir zerrissen zu werden. Dieser Wunsch geht jetzt in Erfüllung. Doch das wußte ich damals noch nicht.

Ich ging den Strand entlang einer kleinen am Hang einer Düne gelegenen Taverne zu. Sie war leer. Ich setzte mich in die Nähe des offenen Kaminfeuers, rieb meine klammen Finger und genoß in vollen Zügen die Wärme des glimmenden Holzes.

»Einen Kaffee, bitte.« Ich hoffte, daß es dieses seltene Getränk am Rande einer Hafenstadt vielleicht doch gab. Und wirklich: Der Wirt, ein freundlicher Napolitaner, kam mit einem metallenen Tablett, darauf eine Kanne voll dieses wunderbar duftenden türkischen Getränkes stand, eine Schale mit kristalliertem Honig, etwas Gebäck und eine buntgebänderte Glastasse, deren Wandung von zwei eingravierten Buchfinken geschmückt wurde, und stellte mit breitem Grinsen die Köstlichkeiten auf eine niedrige Ablage vor meinen Knien.

»Der Herr haben schon lange nicht mehr richtig gegessen?«

Wie sollte ich! Ich war zu benommen und zu erschöpft, mich in eine nichtige Plauderei ziehen zu lassen. So spreizte ich zur Antwort nur die Hände auseinander, lehnte mich behaglich zurück und erwärmte mich an der noch glühend heißen Kanne. Dann goß ich einen Teil des pechschwarzen, herb duftenden Getränks in die Tasse, mischte den Honig hinein und rührte vorsichtig mit dem Löffel um. Welch eine Sorgfalt diese Menschen nur auf so nebensächliche Dinge verwenden wie Essen und Trinken, welch ein Aufwand, welch ein kompliziertes Arrangement. Da führen sie Kriege um Seewege und Handelsstraßen, nur um an arabische und indische Gewürze zu gelangen; da prügeln sie sich im Namen Gottes jahrhundertelang mit den Osmanen herum, aber sie übernehmen von ihnen dieses herrliche Getränk. Also: auf die Versöhnung mit den muslimischen Heiden! Ich nippte in kleinen Zügen an dem Rand der Tasse. Die warme Flüssigkeit tat mir gut. In der hinteren Ecke, kaum sichtbar in der schwachen Beleuchtung des Kamins, war der Wirt, wie einige regelmäßige Schnarchtöne bewiesen, in Schlummer gesunken.

Allem Anschein nach war dies das übliche Signal für den Auftritt zweier Ratten, die, zunächst angstvoll sichernd, dann in ungehemmter Keckheit von ihren Ecken her auf erprobten Wanderwegen den Raum nach Eßbarem durchstöberten.

Heute, in meiner Zelle, sind diese Tiere die einzigen Gefährten; ich muß das kostbare Schreibpapier vor ihnen hüten, sonst aber erheitern diese possierlichen Gesellen meine Einsamkeit, und manchmal werfe ich ihnen sogar etwas von der kärglich bemessenen Speise zu; sie sind fast handzahm, klug und gesellig. Doch damals ekelte ich mich vor ihrem struppigen Aussehen und ihren huschenden Bewegungen. Widerlich – so *fühlte* ich sie, ganz in Widerspruch freilich zu meinem *Denken*.

Philosophisch bewohnte ich damals schon eine Welt, in welcher es weder Gutes gab noch Böses, weder Schönes noch Häßliches, weder Nützliches noch Schädliches, sondern in welcher alles seinen Dienst tat an seinem Ort und auf seine Weise und in der es eben so sein und handeln mußte, wie es war und wirkte. Eine Ratte, sagte ich mir, erscheint schädlich einem Bauern, dem sie das Korn stiehlt, aber sie ist nützlich zur Verwertung der Abfälle in den Kloaken; schön ist das Auge und der Mund einer Frau, doch gehören zu einem menschlichen Körper auch der Darm und die Organe der Ausscheidung, die uns für häßlich gelten; zu lügen ist gemeinhin etwas Böses, doch wer wird z.B. den Schergen der Heiligen Inquisition schon die Wahrheit sagen? So *dachte* ich. Aber meine *Gefühle* urteilten anders. Sie sträubten sich wie ungezogene Schulkinder gegen eine solche Vergleichgültigung aller Wertvorstellungen. Erst in diesen Jahren der Einsamkeit des Kerkers bin ich zu der kalten Höhe meiner Gedanken emporgestiegen. Was ist wichtig, was unwichtig? Die Gefangenschaft macht alles gleich – ein gefährlicher Gedanke, der mir am meisten wehtut von allen. Denn in letzter Konsequenz bedeutet er den Tod. Die Sonne wiegt sich und tanzt in ihren Strahlen über die Wogen des Meeres; doch *vollkommen* zu spiegeln vermag sie sich nur, wenn das Meer den Atem anhält und stillsteht. Aber ein solches Atemanhalten, ein solcher Stillstand – das ist der Tod, und seine Bedingung – die Kälte gefrierenden Eises! Hindert am Ende uns die Bewegung des Lebens selber, wahrhaftig zu werden? Dann hätte das Sterben den Sinn, endlich die ganze Wahrheit zu kennen. Doch was ist eine Wahrheit ohne das Leben?

An dieser Stelle muß das Gefühl wahrer sein als der Verstand; denn der Wille, das Gefühl, die Liebe, sie alle bezeugen, daß das Leben selber der einzige Erfahrungsort der Wahrheit ist, den wir besitzen. Niemals ist es einem Menschen vergönnt, die Wahrheit ganz zu erkennen; daraus folgt für den Verstand eine unendliche Resignation. Der Wille aber folgert daraus, daß es ein ewiges Leben geben muß, das Welle um Welle sich fortträgt und in jedem Teil seiner Bewegung, so ruhelos wie das Meer, einen Teil des Alls in sich aufnimmt und alles durchmißt, obwohl es doch nie an ein Ende gelangt. Der Verstand selbst geht ins Leere; er wird erst fündig, wenn er den Fußspuren der Liebe folgt.

Dieser Gedanke ist ganz einfach, jedes Kind, sollte man meinen, könnte ihn verstehen; doch was hat man mich dafür gehaßt! »Giordano Bruno stellt den Aristoteles beiseite«, hieß es; »er stellt den Willen höher als die Erkenntnis, er nennt das Verstehen eine Folge der Liebe,« so tuschelten die Dummköpfe, wo immer ich auftauchte, und sie behaupteten: Eine Liebe, die nicht selber vom Verstand geleitet werde – das sei Anarchie, das sei Chaos, das sei Sittenverwilderung. Doch in Wahrheit schützen sie sich mit ihrem Aristoteles nur vor sich selber. Sie flüchten sich in ihre überkommenen Vorstellungen, um nicht selber denken zu müssen, ja, bei der Schwächlichkeit ihrer Gedanken – oder was immer sie dafür halten – vermeinen sie gar, um so bessere »Denker« zu werden, je mehr sie von den »niederen Affekten« sich fernhalten. Sie verachten die »unvernünftige« Liebe und wollen nicht merken, daß die Helligkeit des Lichtes nicht entstehen kann ohne die Wärme des Feuers. Und vor allem: Sie möchten den Menschen verwandeln in ein Zirkuspferd, das sich, gemessenen Schrittes, nach dem Diktat der Peitsche, zur Belustigung des Publikums im Kreise dreht. Sie haben keine Ahnung von der Wildheit und dem Ungestüm der offenen Steppe. Erkennen – das ist für sie eine Art Quadratwurzelziehen, nichts weiter; das Ergebnis steckt immer schon in der Aufgabe, etwas

Unbekanntes kann es nicht geben, alles Fragbare ist schon beantwortet durch Tradition und Autorität.

Wohlig genoß ich die Wirkung des türkischen Kaffees; ein angenehmer Schauer durchfloß meine Glieder. Ich zog mein Gewand noch enger um die Schultern, hockte mich auf meine Füße und schaute durch das Fenster aufs Meer hinaus. Die Dunkelheit des Raumes, nur schwach erhellt durch das Feuer, legte sich selbst mit dem fallenden Abend wie eine samtne Decke über die Dinge. Draußen hatte der Wind weiter aufgefrischt; er warf sich in Böen heulend gegen die Wände, durchzauste die Gräser am Rande der Düne, durchfuhr mit unsichtbarer Hand die Brandungswogen, die in weißschäumendem Gischt ausflockten am Strand, und ich dachte in traumseliger Andacht wie verzückt diesem Schauspiel nach: *Das ist Geist* – solch ein Wind, der, selber ungreifbar, alles belebt und mit Atem erfüllt, eine unendlich sich verströmende Energie, die kein Vakuum duldet, ein Prinzip grenzenloser Weite und Sehnsucht, ein Verlangen, *mein* Verlangen, unendlich zu sein. O nein, ihr Herren, nie werdet ihr das Erkennen des Geistes abtrennen können vom Rauschen des Blutes, so wenig wie ihr den Wind unterscheiden könnt von dem Gischt der Schaumkronen auf den Wellen. Geist – das ist Sehnsucht nach Wahrheit, das ist Atmen im Unendlichen, das ist ein grenzenloses Verlangen nach Einsicht und Erkenntnis, und nur das Maß der Liebe eines Menschen bestimmt das Ausmaß seines Wissens. Ihr aber terrorisiert euch selbst und euere Schüler mit dem unsinnigsten Vielerlei verstaubter Theorien, abergläubig gehüteter Lehrsätze und, wie ihr vorgebt, göttlicher Offenbarungen. Ihr brauchtet nie zu suchen, ihr wußtet stets schon; ihr wart nie im Zweifel, ihr hattet Gewißheit; ihr habt nie geirrt, euer Urteil stand fest.

Was solltet ihr da verstehen vom Abenteuer des Denkens?

»Giordano Bruno bringt neue, nie gehörte, unerhörte Ansichten in die Welt, die er nicht beweisen kann, dafür aber mit hochmütiger Miene absolut setzt.«

Antwort: Der Unterschied zwischen euch und mir ist ein Unterschied des Temperamentes, der Lymphe, der Liebe, der Leidenschaft. Ich mag nicht etwas lernen, das ich nicht liebe; ich will nichts erkennen, das mich nichts angeht; ich verachte ein Wissen,das mich nicht weise macht. Ihr verwaltet nichts weiter als ein geistiges Museum, dem ihr zu Lebzeiten selber schon angehört; mein Ziel war es in jedem Augenblick, mich an das Unendliche und in das Unendliche zu verströmen. Nur was ich liebe, ersehne ich, und nur was ich ersehne, möchte ich kennen, und nur was ich kenne, vermag ich zu lieben. Erkenntnis – das ist sich erfüllende Liebe, eine Einheit aus Sehnsucht und Verschmelzung, ein Rausch der Sinne, ein Vergehen des Ichs, ein Scheitern und Stranden, ein Zersprühen von Schaum.

Ja, ich sehe mich noch sitzen, damals, zwischen Ofen und Fenster am Sims des Kamins mit dem Ausblick aufs Meer. Es war die geborgenste Stunde meines Lebens, ein winziger Moment des Ausruhens am Saume der Ewigkeit, umgeben von dem schützenden Faltenwurf Deiner Nähe, Du meine schöne Diana. Ich habe es niemals bereut, Dir gedient zu haben, indem ich Dich suchte mit meiner richtungslosen, schwärmerischen Liebe. Über jede Grenze locktest Du mich hinaus, ihnen zum Ärgernis. Deine unerreichbare Schönheit rief meiner Seele zu: Komm, und sie schwang sich auf, der Möwe gleich, auf der Suche nach einem Ufer jenseits des Horizonts, bis sie lernte, Ruhe zu finden auf den Fluten des ruhelosen Meeres und sich zu wiegen in den Armen des Windes, überall zu Hause und doch nirgends häuslich, überall anwesend und doch nirgends wesentlich – ist nicht selbst der Kerker hier nur die letzte Station einer endlosen Flucht?

Der Wirt hatte sich erhoben und war an den Kamin getreten; mit der Feuerzange stieß er in die Glut, die einen Moment lang hell aufloderte, und begab sich leise stöhnend wieder an seinen Platz. Ich goß mir noch einmal von dem Kaffee ein und bemerkte beim Einrühren des Honigs die winzigen *überall bringt alles sich selber im andern hervor.*

Bläschen, die sich gleichmäßig auf der Flüssigkeit bewegten. Einmal in Bewegung gesetzt, behielten sie eine Weile lang ihre Drehrichtung und Geschwindigkeit bei. Aber nur eine Weile lang; dann kamen sie allmählich zum Stillstand und lösten sich, eins nach dem anderen, auf. Und wiederum dachte ich: Was eigentlich in dieser Welt ist Größe und Kleinheit? Alles ist nichts als Widerspiegelung und Verweisung, alles existiert in allem, alles ist alles. Dieses winzige Bläschen z.B., das gerade zerplatzte, trug an der dünnen Oberfläche seiner Haut, deutlich sichtbar, einen Schimmer des Lichtes, das vom Fenster hereinfiel; selbst dieses winzige Bläschen war ein Spiegel des Alls. Und so in all den Myriaden Bläschen vorhin in den Schaumkronen der Wellen am Strand. Alles trägt in sich den Reflex des Universums; alles ist nur als ein Teil des Ganzen. Auch ich selbst.

Seltsamer Trost. Auch ich werde bald schon vergehen, beliebig und nichtig wie eines der Bläschen. Aber so kurzlebig mein Dasein auch immer gewesen sein wird, es ist doch und war doch wenigstens einen Moment lang ein solcher Widerschein des Unendlichen. Warum hat man niemals vor mir bemerkt, wie alles bis in die Struktur hinein sich ähnelt und auf allen Ebenen des Seins sich wiederholt? Dieselbe Musterung, mit der die Wellen sich im Sande malen, findet sich wieder in der bunten Bänderung der Muscheln; dieselbe Bildung von Rillen und Kanälen, in denen das Wasser zwischen den kleinen Sandbergen am Strand sich seinen Weg bahnt, kehrt vergrößert zurück in den Tälern und Schluchten der Flüsse, die in Jahrtausenden sich durch das Felsgestein graben. Überall sind die gleichen formenden Kräfte gestalterisch tätig, überall bringt alles sich selber im anderen hervor. Jedes Teil ist ein Spiegel des Ganzen, das All an sich selbst aber ist unendlich, indem es alles in alles verwandelt und als ganzes im Kleinsten wiedererscheint. Hat denn jenes Bläschen soeben sich etwa in Nichts aufgelöst? Es hat seinen Inhalt an Luft dem Äther zurückgegeben und seine wässerige Haut wieder eingetaucht in das Meer der umgebenden

Feuchte, und unter geeigneten Bedingungen wird es an anderer Stelle neu entstehen. Nichts, so besehen, ist vergänglich. Alle Materie selber ist ewig und das Material unendlicher Wandlung.

Aber da bleibt noch ein Rätsel. Es ist nicht ganz korrekt ausgedrückt, wenn man sagt: Dieses Bläschen, das an dieser Stelle vergeht, erscheint an einer anderen Stelle wieder. Die Stoffe zwar tauschen sich aus, das ist richtig; vergleichbare Formen entstehen unter dem Einfluß gleicher Gesetze, das läßt sich nicht leugnen. Doch das eine Bläschen hat als solches nichts zu tun mit dem anderen Bläschen; nichts von ihm selber geht über in jenes andere; ja, selbst wenn der Stoff, aus dem das neue entstünde, gänzlich aus dem Zerfall des alten hervorgehen würde, so wäre es gleichwohl von jenem völlig verschieden, da in dem einen kein inneres Prinzip zur Hervorbringung des anderen existiert. Beide Bläschen wären und blieben einander so fremd, wie wenn ein Kind Sand nähme und daraus eine Burg formte, die es bald wieder zerstörte, um dann aus dem gleichen Material noch einmal dieselbe Burg zu erschaffen: die Ähnlichkeit der einen Burg mit der anderen bestünde in diesem Falle allein in der Vorstellung des gestaltenden Kindes. Wie aber steht es dann mit der Existenz des Menschen?

Immer wieder macht diese Frage mich schaudern. Alles hängt von ihrer Lösung ab. Nur: Was wissen wir Menschen schon über uns selbst? Die scholastischen Theologen freilich pfeifen zu diesem Thema so laut wie kleine Jungen im Keller. Ich aber sitze hier im Keller, und nur mit äußerster Mühe gelingt es mir, jenen Gedanken aufzugreifen, der mir damals zuteil ward. Die Art, dachte ich, in welcher der Schimmer des Unendlichen im menschlichen Dasein zum Vorschein kommt, spannt sich nicht über die Außenhaut unserer Existenz; sie liegt ganz und gar in unserem Bewußtsein. Es ist mein Denken, das mich unterscheidet von allem anderen; und es ist zugleich dieses Denken, das mich mit allem anderen verbindet. Allein in meinem Bewußtsein bin ich ein Ich, in dem das Universum sich spiegelt. Doch es verhält sich nicht anders als vorhin beim Anblick der Sonne: Je nach der Stellung erscheint sie buchstäblich in anderem Lichte, d.h., nicht eigentlich sie selber erscheint, sondern der Glanz, der von ihr ausgeht, bildet dieses vorgestellte Zentrum von Licht, als welches sie unseren Augen sichtbar wird. Es ist lediglich der Bewußtseinsstandpunkt, den mein Ich einnimmt, der darüber entscheidet, in welcher Weise die Welt in mir wiedererscheint. Dieser Standpunkt selber indessen liegt nicht im Umkreis meiner eigenen Wahl, er wird mir zugemutet durch den Ort und die Zeit der Geburt sowie durch die näheren Umstände meines Daseins. Alle Entscheidungen, die ich selber treffe, sind festgelegt durch die vorgegebenen Festlegungen dieses meines Standpunktes.

Mit anderen Worten: Ihr, die ihr meine Ankläger und Richter seid, ihr befindet euch im wesentlichen keineswegs in besserer Lage als ich; auch ihr seid Gefangene in dem Kerker der irdischen Existenz und hockt gleich mir an dem Lichtspalt am Fenster, der euch für Stunden Ausblick gewährt in die Sphäre der Wahrheit.

Welch einen Sinn sonst auch hätte der Tod? Er gibt der Seele den Weg frei zu neuen Orten und neuen Ufern und macht sie fähig zu neuen Wanderungen. Unendliches Sehnen, unendliches Suchen, unendliches Verlangen nach der unendlichen Wahrheit des Alls, in welcher die Wahrheit Gottes sich spiegelt – das ist der Mensch, das ist mein Sein. Und in allem alles zu werden – das ist der Inhalt aller Lebensvollzüge. Nichts gibt es dabei, das sich endgültig festlegen und gegeneinander abgrenzen ließe. Wo früher das Meer, ist heute das Festland, und wo heute Äcker und Wiesen, wird einst wieder wogendes Meer sein. Berge sinken zu Tälern herab, und aus den Schluchten der Meere erheben sich neue Gebirge; die Wolken regnen sich aus über den Flüssen, und die Flüsse erfüllen die Meere, und aus den Meeren entsteigen die Wolken; alles ist Kreislauf und Wandlung und Wiederkehr. Selbst die Ordnung der Zeit bewegt sich in solchen

Kreisen, ähnlich dem Rhythmus des Jahres. Auf jeden Winter folgt wieder ein Frühling, auf jeden Sommer ein neuer Herbst. Nichts ist beständig, nichts immerwährend außer der Unendlichkeit der Bewegungen selber. Ein jegliches Stadium muß von jedem durchlaufen werden, doch bis heute weiß ich nicht, ob ich aus diesem Gedanken unendliche Hoffnung oder unendliche Traurigkeit schöpfen soll. Selbst das Beste und Schönste löst sich wieder auf; Kulturen und Weltreiche gehen zugrunde; ein Trümmerhaufen der edelsten Absichten ist dieses Leben. Aber inmitten des Elends der Gegenwart schenkt die Gewißheit auch Zuversicht: bald schon wird alles vorbei sein; dieses finstere Zeitalter mit seiner wüsten Dummheit und Anmaßung wird sich auflösen wie ein Morgennebel über der Lagune von Venedig, und zurückkehren werden die hellen Tage attischer Heiterkeit, wofern nicht auch sie schon im Schatten jenes Possenreißers und Wahnbegründers Aristoteles lagen. Wenn aber alles nach ewiger Ordnung in Ewigkeit wiederkehrt, was ist dann Forschritt, was Ziel? Wozu nur quälen wir uns?

Der Gedanke kam mir wie selbstverständlich, und er entsprach auf merkwürdige Weise dem einlullenden Halbgefühl, mit dem das anfängliche Frösteln endlich überging in ein inneres Glühen: Alle Dinge sind ebenso wichtig wie unwichtig. Sie sind und sie sind nicht. Sie kommen und vergehen. Genuß oder Pein sind nichts als Zustände in uns. Ebenso die Festlegungen von Gut und Böse, von Hoch und Niedrig, von Erhaben und Gemein. Selbst die Paläste Roms bedürfen ihrer Kloaken. Der herrlichste Panther lebt nicht ohne die Grausamkeit seiner Pranken. Ein jeder Mensch kommt zur Welt zwischen Blut, Kot und Urin. Was also will man erwarten? »Böse«, »niedrig« oder »gemein« ist nur, was sich dem Leben verweigert und sich dem Kreislauf entzieht. Alles regeneriert sich in allem; selbst die blühende Rose könnte nicht sein ohne die Fäulnis des Humus. Verwesung, Zersetzung, Verfall, – alles das *muß* sein, und die Schurken und Feiglinge sind in Hausordnung der Natur offenbar ebenso nützlich und

Kreisen, ähnlich dem Rhythmus des Jahres. Auf jeden Winter folgt wieder ein Frühling, auf jeden Sommer ein neuer Herbst. Nichts ist beständig, nichts immerwährend außer der Unendlichkeit der Bewegungen selber. Ein jegliches Stadium muß von jedem durchlaufen werden, doch bis heute weiß ich nicht, ob ich aus diesem Gedanken unendliche Hoffnung oder unendliche Traurigkeit schöpfen soll. Selbst das Beste und Schönste löst sich wieder auf; Kulturen und Weltreiche gehen zugrunde; ein Trümmerhaufen der edelsten Absichten ist dieses Leben. Aber inmitten des Elends der Gegenwart schenkt die Gewißheit auch Zuversicht: bald schon wird alles vorbei sein; dieses finstere Zeitalter mit seiner wüsten Dummheit und Anmaßung wird sich auflösen wie ein Morgennebel über der Lagune von Venedig, und zurückkehren werden die hellen Tage attischer Heiterkeit, wofern nicht auch sie schon im Schatten jenes Possenreißers und Wahnbegründers Aristoteles lagen. Wenn aber alles nach ewiger Ordnung in Ewigkeit wiederkehrt, was ist dann Forschritt, was Ziel? Wozu nur quälen wir uns?

Der Gedanke kam mir wie selbstverständlich, und er entsprach auf merkwürdige Weise dem einlullenden Halbgefühl, mit dem das anfängliche Frösteln endlich überging in ein inneres Glühen: Alle Dinge sind ebenso wichtig wie unwichtig. Sie sind und sie sind nicht. Sie kommen und vergehen. Genuß oder Pein sind nichts als Zustände in uns. Ebenso die Festlegungen von Gut und Böse, von Hoch und Niedrig, von Erhaben und Gemein. Selbst die Paläste Roms bedürfen ihrer Kloaken. Der herrlichste Panther lebt nicht ohne die Grausamkeit seiner Pranken. Ein jeder Mensch kommt zur Welt zwischen Blut, Kot und Urin. Was also will man erwarten? »Böse«, »niedrig« oder »gemein« ist nur, was sich dem Leben verweigert und sich dem Kreislauf entzieht. Alles regeneriert sich in allem; selbst die blühende Rose könnte nicht sein ohne die Fäulnis des Humus. Verwesung, Zersetzung, Verfall, – alles das *muß* sein, und die Schurken und Feiglinge sind in der Hausordnung der Natur offenbar ebenso nützlich und nötig wie die Heiligen und Heroen. Ein jeder muß tun, was er kann. Wir haben einander nichts vorzuwerfen – die Würmer nicht den Vögeln, in deren Ausscheidungen sie leben, die Vögel nicht den Würmern, die sie begierig fressen. Aller Fortschritt ist jeweils nur relativ – der Aufschwung einer Welle, die wir, je nach der Perspektive, in Goldglanz getaucht sehen oder in Dunkelheit; sie ist nichts als der Übergang des beginnenden Abschwungs, und was sie mitbringt, sind Muscheln am Strand als Spielzeug für Kinder.

Geistig fühle ich in mir noch immer jenen Schwindel am Strand von Noli. Nichts gibt es zu sehen ohne einen festen Standpunkt unter den Füßen, doch alles, was ein Mensch je sehen kann, ist standpunktbedingt. Was diesem gut, wird jenem schlecht, was diesem hell, wird jenem dunkel, was diesem groß, wird jenem als gering erscheinen. Wenn das so ist, besitzt niemand den »richtigen«, den allein wahren, den »kardinalen« Standpunkt. Alle Standpunkte sind theoretisch möglich und in der Unendlichkeit des Alls verwirklicht; aber es kommt darauf an, den eigenen Standpunkt so entschieden wie möglich zu leben. Denn das Leben selbst trägt offenbar seinen Sinn nur in dieser unendlichen Wanderung der Seele durch die unendliche Vielzahl möglicher Standpunkte. Das All ist unendlich und vollkommen; alles einzelne in ihm aber ist unvollkommen und endlich, und so muß es alle Stationen des Seins durchlaufen, um teilzuhaben an der Unendlichkeit und darin selber vollkommen zu werden. Der Mensch als Geist ist ein unendliches Vermögen, das sich in unendlichen Zeitmaßen selber erfüllt und darin zu einem würdigen Abbild des Unendlichen heranreift. Alles ist Übergang. Ruhe ist nirgends. In allem wohnt diese Energie zur Neuformung, die wir mit einem hilflosen Wort als Seele bezeichnen.

An jenem Tag wurde dies mein erstaunlichster Gedanke: Alles, was uns umgibt, ist belebt und nichts als gestalteter Ausdruck dieser wandernden Seelen auf der Suche nach sich selbst; das Leben selbst ist ein Spurenlesen entlang den Abdrücken einer vorübergegangenen Erscheinung. Alles bewegt sich von innen; alles ist ein Organ für den Erhalt eines größeren Organismus, der selbst wieder ein Organ ist in einem größeren Organismus; der Antrieb jeder Bewegung der Seele aber ist die Liebe und das Verlangen nach Einheit. Das ganze All ist anzuschauen wie ein in allen Teilen beseelter Körper. Ganz so, wie vor Stunden in den kleinsten Wirbeln der Wellen die ganze Sonne sich malte, so durchglüht jedes Gebilde der Welt ein Strahl der Unendlichkeit und treibt es an zu immer höheren Stufen der Wandlung.

Ich kann nicht begreifen, wie Menschen ernsthaft glauben können, das Geheimnis der Bewegung erfaßt zu haben, wenn sie mit Hilfe stupider Zeitmessungen und Rechnereien bestimmte Ortsveränderungen zu bestimmen suchen. Freilich, ein Stück Holz fliegt nur durch die Hand, die es wirft; aber welch ein hündischer Verstand ist erfordert, um nicht zu merken, daß alles, was von außen angestoßen und bewegt wird, sogleich wieder stillsteht? Die gigantische Drehung der Erde, das Wandern und Kreisen der Sonnen im Kosmos, der gesamte Reigen unendlicher Welten – wie will man dies Unmaß verwirklichter Schönheit von außen erklären? Welch ein göttlicher Zuckerlöffel soll ihnen in ihrer himmlischen Kaffeetasse rühren, um das sofortige Auskühlen und Stillstehen von allem zu verhindern? Alles ist Geist, gebunden an den Stoff. Doch nur die Geist haben und die Verwesung nicht fürchten, werden's verstehen.

Ich lehnte mich zurück und schloß vor Glückseligkeit die Augen. Die ganze Welt lag offen vor mir, gleich einer Zauberkugel, die eine gütige Fee ihrem Günstling zum Geschenk in die Hände gegeben. O, ich wollte es hüten, dieses Kleinod des Wissens. Doch durfte ich es verstecken wie Diebesgut und Hehlerware? Ich war so stolz, daß ich es jedem zeigen wollte. Und so begann der Streit um Deine Liebe, Diana. Wie die Möwen über dem Meer jedes Stück Nahrung mit wütenden Schnabelhieben einander abzujagen suchen, so fielen diese Tölpel und Bleßhühner mit ihrem Kräh, Kräh über mich her, trieben mich in einem irren Schwirrflug vor sich

hin, doch erhaschen konnten sie meine Kostbarkeit nicht. Die
gläserne Kugel der Welt aus Deinen Händen, Diana…, das
ewige Geschenk Deiner Liebe, ich nehme es mit auf meiner
nächsten Pilgerfahrt jenseits des Holzstoßes.

Ich spüre noch heute das Kissen unter meinem Haupte,
auf das ich mich damals in jener Taverne zurücklehnte, um
geschlossenen Auges Dein Bild in mich aufzunehmen. Deine
lieblichen Lippen berührten meine Stirn, Dein warmer Atem
streifte mein Gesicht, die weichen Locken Deiner Haare
streichelten meine Wangen, und Deine Hand legte sich wie
besänftigend auf meine Brust. Ich sann und sann, und es war
wie Dein Flüstern, das mir die Verse eingab, mit denen der
Reigen meiner philosophischen Lieder begann:

Ein jeder Mensch braucht einen Ort zum Lieben,
Da seine Sehnsucht stark ist und die Hoffnung groß,
Und sich Herz und Verstand gemeinsam üben
Im Ursprung aller Dinge und der Welten Schoß.

Ein jeder Mensch braucht einen Ort zum Leben,
Da Wunden heilen und das Wunder sich begibt,
Daß Menschen bis zum Himmel sich erheben,
Weil eins den andern herzlich aufnimmt, trägt
    und liebt.

Ein jeder Mensch braucht einen Ort zum Sterben,
Da die Erinnerung reift und alles sich erfüllt
Und wird wie Wein, der sich aus dunklen, herben
Rebzweigen keltert und wird erdig, schwer und mild.

Ein jeder Mensch braucht einen Ort zum Träumen,
Da ihm die Welt zu einem Gleichnis wird und Bild,
Wie alles Endliche sich aufhebt und in Räumen
Voll ewigen Lichts sich wandelt und Gott nahe fühlt.

Und solch ein Ort, Gott nah zu sein, bist Du,
Diana, Du mein Lieben, Leben, Reifen, Hoffen.
Du schenkst mir meinen Frieden, meine Ruh.
Du schließt mich in Dein Herz, schließt mir den
    Himmel offen.

Ich bin in der Wirtsstube die Nacht noch geblieben. Am anderen Morgen nahm ich mein Bündel und kehrte nie mehr dorthin zurück.

Schon, während ich diese Zeilen schreibe, werden die Schatten in meiner Zelle länger. Unbemerkt hat die Sonne sich aus dem Fenster geschlichen und mich wie verwaist zurückgelassen. Nein, werde nicht sentimental, Filippo; du weißt: mit rund 2000 Stundenkilometern dreht der Planet Erde seine Pirouette um sich selbst und umkreist dabei in einer großen Rotunde von 365 Tagen auf einer Bahn von Millionen Kilometern das Zentralgestirn. Die Sonne wandert nicht, jedenfalls nicht relativ zur Erde. Aber kann denn ein Mensch leben mit bloßer Physik? Noch fünfmal wird sich das Schattenspiel der Dämmerung des Morgens und des Abends über den Horizont des Ostens und des Westens legen, dann werden sie mich ihrer letzten Folter übergeben.

Erneut beginnt das Frösteln im Dunkeln. Genug für heute. Nach diesen letzten Sätzen werde ich mich auf die Pritsche legen und ausruhen. So müde ich auch bin, ich werde diese Stunden genießen, die mir noch bleiben. Die Schwere der Hände, das angenehme Gefühl der Wärme auf der Haut, das neckische Lachen des Körpers, wenn ich mit den Fingern über die Fußsohlen streiche…

Es fällt mir nicht leicht, doch ich lasse mir diesen Gedanken nicht mehr entwinden, er ist der Inhalt des Traums, der mich in den heutigen Tag trug: Inmitten der Größe des unendlichen Alls und inmitten der Winzigkeit der vier Wände dieser ewig feuchtkalten Kammer meiner Gefangenschaft bin doch ich, Filippo Bruno, einer Schwalbe gleich, die sich ins Freie emporgeschwungen hat. Ihr weintrinkenden Magier, ihr papistischen Sakramenteverwalter, ihr bigotten Schwätzer hohler Geheimnisse, ihr werdet es nicht schaffen, diese Welt in eine altrömische Badewanne für euer Pläsier zu verwandeln, indem ihr den Menschen noch länger blauen Dunst vormacht. Die Wände sind endgültig offen für unendlichkeitssüchtige Seelen; und einzig der Äther des Kosmos wird die Atemluft sein, die meine Lungen vertragen. Noch liegt diese kommende Welt freier Geister im Halbdunkel meiner Träume, und viel noch muß sterben, um zu ihr hinzufinden. Doch heute schon: fliege, du kleines Schwälbchen meiner Seele, schwinge dich hoch empor über die Dächer Roms und zeige, daß keine Kirchturmspitze dir jemals mehr den Himmel versperren kann. Das einzige Heiligtum Gottes, das einer freien Seele zur Anbetung taugt, sei die Kuppel des Nachthimmels selbst, übersät mit der Fülle der Sterne. Denn: Selbst die sichtbaren Sterne sind doch nur ein verschwindender Ausschnitt der unendlichen Zahl aller möglichen Welten; und, meine geliebte Diana: In einer dieser unendlichen Welten werden wir uns wiedersehen.

27. Dezember
Die Rutsche

Eine scheußliche Nacht. Ich hatte mich so sehr auf diese Stunden eines erholsamen Schlafes gefreut; aber dann dieser Alptraum. Der Stellung der Sterne nach muß ich gegen drei Uhr morgens aufgewacht sein, und obwohl es stockfinster war, sehe ich die Szene des Traumes hell und zum Greifen nah vor mir. Ich stand auf einer Empore, mir gegenüber ein Gremium dunkel gekleideter Gestalten. Das Urteil über mich wurde verlesen. Eine schnarrende Stimme ertönte: »Die Hinrichtung ist alsbald zu vollstrecken.«

Mein Körper straffte sich. Ich nahm all meinen Mut zusammen: »Ich bin nicht schuldig. Nicht schuldig im Sinne der Anklage.«

Ich sprach, so laut ich konnte, und meine Stimme zitterte nicht. Doch niemand schien sie zu hören.

»Ich bin unschuldig!«

Man band mir die Hände auf den Rücken. Ich leistete keinerlei physischen Widerstand, im Gegenteil, zu meiner eigenen Verwunderung waren meine Glieder wie gelähmt und erwiesen sich als willenlos gefügig.

»Nur unter erklärtem Protest«, wollte ich noch rufen.

Sinnlos. Man schob mich die Brüstung entlang zu einer Art Rutsche, die in steilem Winkel etwa 20 Meter tief abfiel und an deren Ende dicht am Boden ein Prellbock angebracht war.

»Das ist der Gehirnzertrümmerer«, erklärte man mir.

Ich begriff. Zwei Hände packten mich und stießen mich an den Schultern nach vorn, während meine Füße unter mir weggerissen wurden. Ich stürzte kopfüber zu Boden, fiel auf die Rutsche und geriet immer schneller ins Gleiten. Als ich aufwachte, glaubte ich noch den Schmerz zu spüren, der meinen Kopf beim Aufprall zermalmt haben mußte. Mich ekelte. Ausgerechnet dieser Tod. Der zerborstene Schädel. Das herausquellende Hirn. Das hervorströmende Blut. Hätte man meine Brust durchbohrt – es wäre mir als ein sozusagen anständiger Tod erschienen. Doch mein Gehirn hat mir stets als das am meisten persönliche und schützenswerteste Organ gegolten. Vor keiner Krankheit fürchte ich mich mehr als vor einem vorzeitigen Verlust meiner Hirntätigkeit. Auf meine Ohren oder Füße könnte ich zur Not verzichten, nicht aber auf die Fähigkeit zu denken. Sie bin ich selbst. Sie ist Ich. Sollte es möglich sein – sie würden mich gar nicht verbrennen? Sie würden ein Exempel dieser Art an mir statuieren? Die Gehirnzertrümmerung?

Ich beruhigte mich erst wieder, als ich mir vorstellte, wie denn diese Heerschar würdiger Prälaten eine so unerhörte Neuerung wie die Abwandlung einer jahrhundertealten Exekutionsform sollte bewerkstelligen können. Ein Leugner der kirchlichen Lehren muß verbrannt werden; er gehört übergeben dem höllischen Feuer; die Hinrichtung durch die heilige Mutter Kirche ist selber bereits der Vorgeschmack auf die ewige Strafe Gottes. Wie also könnte die Kirche, die doch Gott auf Erden selber verkörpert, über einen Ketzer eine andere Strafform verhängen als der Allmächtige persönlich? Ohne den Scheiterhaufen wäre die Kirche nicht mehr imstande, wahrhaft göttliche Strafen auszusprechen. Keine Angst also, dieser Wahnsinn wird sich nicht ändern. Filippo, beruhige dich, man wird dein Gehirn nur verbrennen, nicht zertrümmern.

Erleichtert griff ich mit beiden Händen nach meinem Kopf, rieb mit den Innenflächen unter dem Druck meiner gespreizten Finger die Schläfen, die Stirn und vor allem die Zonen von Schädeldach und Hinterhaupt, und es war wie das Gefühl eines Siegers, als ich spürte, daß mein Kopf unversehrt war. Ich hatte mich wieder. Und doch: Seit sechs Stunden, vom Erwachen des Traumes bis jetzt, da ich wieder am Schreibtisch sitze und mir, so gut es geht, Rechenschaft gebe, weiß ich etwas, das ich zuvor so noch nicht gewußt habe: Sie werden es beim Verbrennen nicht belassen; sie werden alles daran setzen, meinen Geist zu vernichten, mein Gehirn zu pulverisieren, meine Person entweder totzuschweigen oder totzureden. Allerdings: Selbst der Haß noch, mit dem sie mich verfolgen, wird der Maßstab meiner Größe sein – in Jahrhunderte hin. Klar ist: Sie haben mich nie begriffen. Wie sollten sie auch. Alles, was ihnen heilig ist, habe ich verspottet, was sie zu wissen glauben, habe ich in Frage gestellt oder widerlegt; andererseits habe ich in ihrer Gegenwart Möglichkeiten zur Gewißheit erhoben, die ihnen nicht einmal des Nachdenkens wert schienen.

Daher bin ich es mir selber schuldig, noch einmal schriftlich die Tage im Frühjahr 1592 in Venedig in Erinnerung zu rufen, mit denen dieser unselige Prozeß begann. Es macht mir keine Mühe, alle Einzelheiten genauestens zu schildern, – nicht umsonst rühmt alle Welt mein ausgezeichnetes Gedächtnis. Doch eben dieses Gedächtnis war wohl der Grund oder, besser, der Anlaß meines Untergangs. Elender, geifernder Mocenigo, du Bastard aus der Paarung einer Schlage mit einem Skorpion, du Ungeheuer an Betrug und Bosheit, mit dir hat alles angefangen.

Ich beginne mit dem Sommer 1591. Damals stand ich auf dem Höhepunkt meines literarischen Schaffens. Seit einem Jahr lebte ich in Frankfurt, dem Mekka des europäischen Buchhandels. Zwar besaß die Stadt keine Universität, doch wer irgend seine Schriften an den Mann bringen wollte, der fand dort seinen Markt und seinen Leser. In meiner Tasche hielt ich ganze 80 Scudi – als Lohn für meine Trostrede an der Helmstedter Universität auf den verstorbenen Herzog Julius von Braunschweig-Wolfenbüttel – diesen aufgeschlossenen Förderer und Gönner aller Künste und Wissenschaften. Damals hatte ich Worte für das Sterben eines Menschen gefunden, die in meiner Lage jetzt erklingen wie ein allzu später Beistand:

»Mit Gottes Segen und des Himmels Gunst hat unser Fürst alles vollendet und ist nun nach vollbrachtem Tagewerk entschwebt den

Händen des Schicksals und der Parzen. Aus dem Tal der Tränen zu jenem Berge der Seligkeit. Aus diesem höllischen Ägypten zu jenem himmlischen Jerusalem. Aus diesem dunklen Abgrund der Finsternis zu jener Fülle unzugänglichen Lichtes. Aus diesem Strome des Jammers zu jenen Flüssen unermeßlichen Trosts. Aus dem Kerker der Zeitlichkeit in den weiten Schoß der Ewigkeit. Aus diesem Reiche des Wechsels und der plötzlichen Veränderung zu jenen ewigen Regionen, zu deren Erbe ihn der Allmächtige erhoben.« Ach, möchte ich hinzufügen, hebe, Allmächtiger, mich hinweg aus diesem Kerker des Hasses in die ewigen Arme Deiner Liebe, Diana. Nur noch Dich möchte ich sehen.

Wie diese Gottesesel es nur fertigbekommen, aus mir einen ungläubigen Menschen zu machen, nur weil ich ihr pfäffisches Geplärr nicht länger hören mag! Selbst die Deutschen: – ein charakterstarkes Volk, das es endlich gewagt hat, der papistischen Bestie mit den sieben Köpfen Paroli zu bieten, aber dann wieder auch bei ihnen dieselbe Kleingeisterei und engstirnige Dummheit! Gerade hatte ich gehofft, in der protestantischen Burg zu Helmstedt den Kindern der römischen Wölfin entronnen zu sein, da mußte der Hauptpfarrer und Superintendent der Stadt, ein gewisser Boethius, es für nötig halten, mich in aller Form aus seiner Gemeinde zu exkommunizieren. Als ob mein Zorn auf den römischen Katholizismus mich ohne weiteres zum Anhänger der Reformation gemacht hätte oder als ob es nicht möglich wäre, freimütig zu sehen und zu sagen, daß der Begründer des Christentums ganz gewiß weder eine römische noch eine protestantische Kirche gestiftet hat! Selbst und gerade als jemand, der seinem ganzen Wesen nach zutiefst religiös ist, fiel es mir völlig unmöglich, mich mit irgendeiner der bestehenden Religions- und Konfessionsformen zu identifizieren. Doch der Herr Boethius, indem er den ehrwürdigen Urheber seines Namens schmählich dupierte, erwies sich als nicht minder fanatisch denn die Papisten.

Über die konfessionelle Frage hinaus hatte er offenbar Lunte davon gerochen, daß ich in jenen Tagen ein Buch über

Die Magie in Arbeit hatte, und schon hielt er mich für einen erwiesenen Magier und Schwarzkünstler. Sinnlos, ihm von meiner Jugendliebe zu dem großen Raymundus Lullus zu erzählen oder ihm auch nur den Gedanken zuzumuten, es müßten bestimmte Probleme der Wissenschaft erst einmal zweckfrei erforscht und studiert werden dürfen, ohne gleich darüber Zeter und Mordio zu schreien.

In Wahrheit habe ich niemals irgendeinem Hokuspokus Glauben schenken mögen. Aber wenn in der Unendlichkeit des Universums das Kleinste ein Spiegel des Ganzen ist und alles in allem sich abbildet und aufeinander verweist, ist es dann so unvernünftig, in den astrologischen Ideen der Antike eine gewisse Weisheit zu vermuten und es für möglich zu halten, daß es einen geheimen Einfluß der Sterne auf das irdische Leben gibt? Nicht als wenn die Sonnen im Kosmos ursächlich eine Wirkung auf unser Leben ausüben könnten, wohl aber so, daß es eine symbolische Analogie zwischen den Ebenen des Seins geben könnte, wonach die Ordnung des einen, je nachdem, als ein Vorbild oder Abbild der Ordnung des anderen verstanden werden muß? Und wenn es solche Entsprechungen schon gibt oder doch geben könnte, sollten sich dann nicht auch gewisse Analogien, Entsprechungen, Verweisungen oder Gleichzeitigkeiten zwischen den Zuständen unseres Willens und den Zuständen der innerweltlichen Gegebenheiten auffinden lassen? »Magie« wäre dann lediglich ein natürlicher Ausdruck für eine ursprüngliche Harmonie zwischen der Sphäre des Subjektiven und der Sphäre des Objektiven.

Doch was weiß ein protestantischer Superintendent im braunschweigischen Helmstedt davon, der vermessen genug ist, sich für den großen Namen eines Boethius nicht zu schämen! Mit Verlaub, wollte *ich* in meiner vieljährigen Kerkerhaft dieses Namens mich rühmen, man würde dem die Berechtigung wohl nicht absprechen mögen. Doch kaum hörte dieser Mann Gottes von einem Buch über die *Magie*, da führte er sich auch schon auf, als wenn der Leibhaftige hinter

ihm her wäre. Alles gute Zureden fruchtete nichts – voller
Grausen sprach er am Ende eines Sonntagsgottesdienstes,
den er der Austreibung der bösen Geister aus dem Besesse-
nen von Gerasa gewidmet hatte,in aller Form den Exorzis-
mus über mich; und diese fanatisierte, dummdreiste Horde,
die sich eine Gemeinde von Gläubigen nennt, benahm sich
auf der Stelle wie eine Meute von Jagdhunden, die man auf
ein verabredetes Zeichen hin von der Kette gelassen hat. Gott
vergebe ihnen ihre Unwissenheit, aber er strafe all diejenigen, die den Menschen in Unwissenheit halten! Blinde Blin-
denführer sind sie, die auf der Schleimspur ihrer eigenen
Salbaderei unweigerlich ausgleiten müssen. Ein einziger
»Boethius« dieser Sorte genügte, und ich mußte wieder einmal fluchtartig einen Ort verlassen, an dem ich mich bis zum
Tode des Fürsten recht wohl gefühlt hatte. Zwar legte ich am
6. Oktober 1589 noch eine schriftliche Beschwerde bei dem
Rektor der Universität Helmstedt Daniel Hofmann ein, doch
dieses Gesindel ist überall dasselbe und steckt stets unter
einer Decke. Dieser gelehrte Herr zog es vor, mir gar nicht
erst zu antworten, und demonstrierte so, was die Freiheit der
Wissenschaften und das Recht eines seiner Kollegen im Angesicht Gottes ihm wert sind. Ich habe es nie anders erlebt,
als daß jedes Amt einen Menschen korrumpiert.

Allerdings reiste ich nicht gänzlich mittellos. Bei Lichte
betrachtet, trug ich neben den lächerlichen 80 Scudi einen
überaus kostbaren Schatz mit mir, den ich in Frankfurt zu
versilbern gedachte: drei Bücher, die zu dem besten zählen,
was ich unter den gegebenen Umständen je habe schreiben
können: *Von dem dreifach Kleinsten und dem Maß*, *Über die Monade, die Zahl und die Gestalt* und *Von dem Unzählbaren, dem
Unermeßlichen und dem Unvorstellbaren*. Warum sollte mir
nicht gelingen, was meinem verehrten Freund Sir Philip
Sidney gelungen war, der mir den Weg zu dem berühmten
Verlagshaus *Johann Wechel und Peter Fischer* gewissermaßen
bereits vorgebahnt hatte? Ich träumte von einem Leben in
angesehener Sorglosigkeit und renommierter Dankbarkeit

im Kreis vernünftiger, gebildeter Menschen. Aber ach, auch ich war ein Blinder, der das wirkliche Leben, einem Nachtwandler ähnlich, mit seinen Träumen verwechselte. Mit der Mißgunst und vor allem mit der Angst meiner Mitmenschen habe ich niemals wirklich gerechnet; – entgegen allen Vorwürfen ist mir der Geiz, auch der Ehrgeiz, stets fremd geblieben, und Menschenfurcht, wenn je ich sie verspürte, bedeutete mir allenfalls eine Herausforderung, sie zu überwinden, sie wurde für mich nie zu einem Argument der Fügsamkeit und des Zurückweichens. Aber andere Menschen sind anders, Filippo.

Gleich bei meiner Ankunft in Frankfurt blies es mir kalt ins Gesicht. Der Magistrat der Stadt, mit Eintragung vom 2. Juli 1590, verfügte, ich sollte gefälligst meinen Pfennig anderswo verzehren. Allein dem wackeren Johann Wechel war es zu danken, daß ich doch noch irgendwo unterkam. Mich bei ihm selbst aufzunehmen war ihm versagt; doch schließlich gelang es ihm, mir ein Logis im Kloster der Karmeliter zu besorgen – einen gültig geweihten Priester der Kirche konnten diese frommen Leute denn doch nicht gut vor der Tür stehen lassen. Ich aber, die »geistlichen Rücksichten« mal wieder mit persönlichem Entgegenkommen verwechselnd, ließ mich von dem Prior ungehemmt ins Gespräch ziehen.

Kaum im Quartier, machte ich mich fieberhaft an eine Abhandlung über *Die Struktur der Bilder*. Wie wäre es, so meine damalige Idee, den alten Analogiegedanken der Thomisten durchgreifend zu reformieren? Dieser gottesfürchtige Prior verstand zwar nicht einmal die Fragestellung, aber es reizte mich immer, solche treuseligen Alleswisser unter den »Dienern« der Kirche, wie er einer war, ein bißchen ins Bockshorn zu jagen.

»Herr Bruno, ich sehe, daß Sie ein Brevier in Ihrem Reisegepäck nicht mitführen. Bestimmt ist es Ihnen entwendet worden. Darf ich Ihnen ein Exemplar aus unserer bescheidenen Bibliothek für das gottwohlgefällige Werk des Stundengebetes zur Verfügung stellen?"

41

Heiliger Himmel! In welcher Welt lebte dieser Mensch! Wer sollte schon ausgerechnet ein geistliches Buch stehlen! Immerhin, so hörte ich erleichtert, wollte er mir nicht zumuten, am Chorgebet der edlen Fratres teilzunehmen.

»Bemühen Sie sich nicht, ehrwürdiger Pater Prior. Ich pflege mir meine Bücher selbst zu schreiben.«

Dem Guten schien die Erde zu schwanken.

»Aber das Buch der Offenbarung… die Briefe des Apostels… die Auslegungen der Väter… wollen Sie sagen…«

»Ich will sagen, daß in keinem Brevier der Kirche noch in der Bibel irgendein vernünftiges Wort über die Wahrheit der Welt zu lesen ist. Ich bin der erste Mensch, der die Unermeßlichkeit des Universums geschaut hat.«

»Unermeßlich ist nur Gott, der uns in unserer Niedrigkeit gewürdigt hat, durch die Botschaft seines Sohnes an dem Geheimnis seiner Schöpfung teilzuhaben.«

Ich mußte laut lachen.

»Das Geheimnis der Schöpfung! Klar denken müßtet Ihr, um es zu verstehen, aber nicht in Texten herumlesen, in denen die Sonne stillsteht im Tale Ajalon und dabei wiederkäuende Kaninchen bescheint.«

»Nur Gott selbst kennt die Wahrheit seiner Welt, in der er sich offenbart hat.«

»Ja, ja, er hat die Welt in sechs Tagen geschaffen und sich dann zur Ruhe gelegt, auf daß Ihr ein Beispiel hättet, wie man in Ewigkeit weiterschläft. Hört, Pater Prior, da wir nicht der liebe Gott sind und nicht alles wissen, sollten wir endlich wach werden und uns Mühe geben, ins Unendliche zu lernen.«

»Aber der Apostel warnt uns ausdrücklich vor der Weltweisheit und ihrem Hochmut.«

»Viel hochmütiger ist der Apostel selber, wenn er glaubt, er könnte die wirren Visionen eines epileptischen Anfalls der ganzen Welt zur Vorschrift machen. Für diesen Mann war die Welt noch immer eine Scheibe. Eratosthenes indes, ein genialer Geometer, wußte schon Jahrhunderte vor unserer

Zeitrechnung, daß die Welt eine Kugel ist und einen Umfang von mindestens 40 000 Kilometern besitzt. Kopernikus nun in unseren Tagen…«

»Meister Bruno, haltet Ihr Euch im Ernst für klüger als der Apostel und als all die begnadeten Väter?«

»Nicht nur für klüger, sondern vor allem für gebildeter. Wir sind in unserem Jahrhundert gewiß die ersten, die an die Welt, die uns umgibt, wenigstens die richtigen Fragen zu stellen wissen. – Wir sind die allerersten, die zu begreifen anfangen, wie winzig klein wir in den unendlichen Weiten der Welt sind. Aber statt uns unter einem unermeßlichen Himmel zusammenzuschließen und gemeinsam den Spuren Dianas, … ich wollte sagen: den Spuren der Wahrheit zu folgen, bekämpfen wir uns über Fragen von der Güte, wie viele Naturen wohl in Christus enthalten waren und ob auch ein evangelischer Pastor in seiner Kirche Brot und Wein in das Fleisch und das Blut dieses zweinaturigen Christus transsubstantiieren kann. Als ob der Unterschied zwischen Himmel und Hölle just vom Main gezogen würde.«

»Aber die Lehre der Kirche sagt uns…«

»Die Lehre der Kirche ist ein schrumpeliger Beutel veralteter Vorurteile.« »Sie ist ein schlaffer Sack mit toten Hoden", hatte ich ursprünglich sagen wollen. Es langte auch so schon. Sich dreimal bekreuzigend und »Heilige Mutter Anna« murmelnd, suchte er das Weite.

Erheitert blätterte ich die bereitgelegten Papiere durch. Wenn wirklich das Universum einem beseelten Organismus gleichkommt, so scheint doch die Annahme berechtigt, daß im Kleinsten das Ganze enthalten ist; wenn aber jedes Teil ein Abbild des Ganzen ist, indem es von ihm ebenso gestaltet wird, wie es von sich aus zur Gesamtgestaltung beiträgt, sollte es dann nicht möglich sein, mit rein darstellenden Mitteln selbst auf die Gestaltung der Wirklichkeit Einfluß zu gewinnen, wie es als Grundgedanke aller Magie dem Raymundus Lullus vorschwebte? Freilich steckt der wahre Teufel wie immer im Detail: wir wissen von der Art der wechselseitigen Beeinflussung der Dinge viel zu wenig. Nur so viel scheint klar, daß die Idee einer rein mechanischen Wechselwirkung auch nur innerhalb der körperhaften Welt eine unglaubliche Verengung der Wirklichkeit darstellt. Andererseits geht es nicht länger an, die Idee des Unendlichen einzig für Gott zu reservieren; die Analogie zwischen dem Endlichen und dem Unendlichen, die das bisherige Thema der Theologie bildete, ist als erstes ein Thema der Naturphilosophie. Wichtiger noch, als zu wissen, wer Gott ist, dürfte es sein, in Erfahrung zu bringen, was es mit der Welt auf sich hat, die er geschaffen hat, und dies schon deshalb, weil die Unendlichkeit des Geschaffenen die einzige Brücke zur Unendlichkeit Gottes darstellt.

Allein schon dieser selbstverständliche Gedanke sollte das ganze Gelichter der theologischen Finsterlinge um den Schlaf bringen. Von der Natur haben sie keine Ahnung; ja, sie halten es im Ernst ihrer Frömmigkeit zugute, die Welt Gottes zu verachten und am besten gar nicht erst zur Kenntnis zu nehmen. Für sie ist die Erde immer noch ganze 8000 Jahre alt; die Werke des Aristarch, des Pythagoras und des Empedokles haben sie allenfalls gelesen wie ein Wörterbuch des antiken Griechisch – ohne Sinn und Verstand. Die größten Umwälzungen des Geistes berühren sie nicht. Sie gleichen Krebsen auf dem Grunde des Meeres, die selbst nach einem Taifun sich die Scheeren putzen und erstaunt fragen: Was ist denn geschehen? Sie weigern sich, die Entdeckung des Kopernikus auch nur zur Kenntnis zu nehmen, geschweige, daß sie die geistige Bedeutung dieses Umsturzes des ptolemäischen Weltbildes auch nur von ferne erahnen würden. Immer noch steht für sie die Erde als das schwerste Element im Mittelpunkt von allem, umgeben von den leichteren Elementen des Wassers, der Luft, des feurigen Empyräums und schließlich des fünften Elementes: der Quintessentia des Äthers, aus dem die Himmelskörper, ja sogar die Auferstehungsleiber der Verstorbenen zusammengesetzt sein sollen. Von den Allerdümmsten einmal abgesehen, die sich die Erde immer noch als eine Scheibe vorstellen, haben die meisten inzwischen ihren Ptolemäus doch insoweit verstanden, daß sie unseren guten alten Planeten als einen geometrisch vollkommenen Körper, mithin als eine Kugel begreifen. Dann aber beginnt in aller Regel sogleich das Aristotelische Kauderwelsch dieser phantasielosen oder vielmehr ganz und gar phantastischen Scholastiker: Als wenn das Weltall nichts weiter wäre als eine große Zwiebel, will es ihnen scheinen, als ob sich nicht weniger als mindestens neun, womöglich zehn kristallene Hohlkugeln um die Erde lagerten, und in diese Sphären glauben sie die Sterne wie Silbernägel eingeschlagen; um aber zu erklären, warum sich der gesamte Himmel vor unseren Augen dreht, versetzen sie die äußerste Schale in eine Rotationsbewegung, die, von Ost nach West um die Achse des Polarsterns verlaufend, die inneren Sphären mitreißen soll. Und immer noch glauben sie an die komplizierte Theorie, die der scharfsinnige Ptolemäus aufstellte, um die Unregelmäßigkeiten der Planetenbewegungen zu erklären: Ganz so, als säßen die Erdenbewohner im Mittelpunkt eines Riesenrades, an dessen »deferierendem« Außenring Gondeln angebracht wären, die sich jeweils um einen eigenen Mittelpunkt im Kreise drehten, hatte dieser geniale Ägypter mit seiner Konstruktion der Epizyklen eine geometrisch befriedigende Lösung für den eigentümlichen Tanz der Planeten am Nachthimmel vorgeschlagen. Wer mit einer korrekten Beschreibung des bloßen Augenscheins der Planetenbewegungen sich zufrieden gab, bedurfte offensichtlich keiner weiteren Erklärungen.

Aber konnte denn eine solch arabeske Hypothese wirklich auf Wahrscheinlichkeit zählen? Die Zahl der »Gondeln«, in denen die fünf Planeten nebst Sonne und Mond sich bewegen sollten, betrug inzwischen ganze 39 Epizyklen plus dem 40. Rad, an dem die Fixsterne durch das All gedreht wurden. »Es war so«, schrieb Kopernikus, »als wenn jemand von da und dort Hände, Füße, Haupt und andere Glieder, die zwar richtig, aber nicht nach demselben Körper gezeichnet sind und einander nicht entsprechen, zusammenstellte, was nicht einen Menschen, sondern ein Monstrum geben würde.«

All das Monströse aber fiel mit einem Schlage dahin, setzte man mit dem ermländischen Astronomen die Sonne in den Mittelpunkt der Welt und ließ die Erde mitsamt den übrigen Planeten in unterschiedlichen Geschwindigkeiten diesen Königsthron aus Feuer und Licht umkreisen.

Dem Ptolemäus, ja, sogar dem Aristoteles ist die Größe ihrer Irrungen gewiß nachzusehen, doch die Dummheit ihrer Nachbeter, die mit gelehrter Miene sich als Hüter einer unvordenklichen Weisheit und Wahrheit aufspielen, – die ist unerträglich und dient zu nichts anderem als zur Verteidigung der eigenen Beschränktheit. Natürlich möchten diese Herren gerne selber im Mittelpunkt stehen; natürlich brauchen sie instinktiv eine Welt, die klein genug ist, daß ihr kleiner Geist sie überschauen kann; selbstverständlich glauben sie lieber an silbernaglige Sterne und Planeten an den Wänden eines Kinderkarussels, als daß sie sich die Augen öffnen ließen für die unendlichen Weiten der Welt.

Aber was soll's?

Wie könnte ich ihnen mein Konzept eines unendlichen Universums mit unendlich vielen Welten, bestehend aus anderen Sonnen, umkreist von unendlich vielen andern Erden und Planeten, verständlich machen? Ein solcher Gedanke stößt sie heraus aus dem Zentrum des Alls; buchstäblich kreist, wenn er zutrifft, nicht alles mehr nur um sie; doch ich bin es, dem sie Eitelkeit und Selbstverliebtheit vorwerfen, nur weil ich ihre wahnhafte Selbstgefälligkeit und eitle Anmaßung in Frage stelle. Mir werfen sie vor, ich wollte wie Gott sein, nur weil ich den Menschen für ein unendliches Vermögen erkläre, dessen Wesen es ist, ins Unendliche zu streben; sie aber sind längst wie Götter, diese demütig tuenden Wahrheitsbesitzer von Gottes Gnaden.

Filippo, Filippo, da hast du nur noch ganze vier Tage zu leben und hast nichts Wichtigeres zu tun, als die letzten Seiten, die du jemals schreiben wirst, mit deinem Zorn über die Torheit anderer zu füllen? Bist du nicht selbst ein Narr?

Richtig.

Ich wollte sagen: Man muß das Weltall betrachten als einen harmonisch gefügten Organismus, in dem jeder Teil in innerer Entsprechung zum Ganzen steht. Daraus folgt: *Das Gesetz der Analogie* zwischen dem Endlichen und dem Unendlichen bestimmt nicht länger das Verhältnis zwischen Schöpfung und Schöpfer, zwischen Gott und Welt, sondern es muß als ein Leitfaden der Forschung zum Verständnis einer Welt der stufenweisen Abbildungen und Ähnlichkeiten auf den verschiedenen Ebenen des Seins verstanden werden. Das Weltall selber ist so etwas wie ein Gott im Werden, eine unendliche Fülle von Möglichkeiten unter dem Zwang, sich selbst zu verwirklichen und zu vervollkommnen.

In gewissem Sinne gibt es also wirklich so etwas wie die »Zwiebel« des Aristoteles – eine Stufenfolge analoger Entsprechungen des Seins, doch die Schichten der Gliederung alles Geschaffenen sind nicht, wie die Dummköpfe meinen, fixe Räume im Kosmos, sondern Strukturmerkmale im Inneren jedes einzelnen, des Allerkleinsten wie des Allergrößten. – Übrigens: Wenn die Esel lesen würden, wüßten sie, daß ich an dieser Stelle gar nicht so originell bin, wie sie vermuten. Auch Aristoteles, insbesondere Thomas von Aquin vertrat den Gedanken einer unterschiedlichen Teilhabe der Wesenheiten am Sein. Doch genug davon.

Was mich damals bei meiner Beschäftigung mit der Magie besonders beeindruckte, war die Wiederentdeckung der Alten Ägypter, dieses bilderseligen Volkes am Nil, das mir schon deshalb gefiel, weil es nach einem Worte Herodots alles anders gemacht hat als alle anderen Völker. Die Alten Ägypter, bei denen selbst Solon und Platon in die Lehre gegangen waren, wußten wie kein anderes Volk um die poetische Magie der Bilder, um den Zauber der Unsterblichkeit und um die Unauslotbarkeit der Welt in Raum und Zeit. Anders als Moses, der es vorzog, in die Wüste zu fliehen und seinem hals-

starrigen Volke unter Blitz und Donner einen eifersüchtigen
Gott zu predigen, wußten die Ägypter, daß man nicht sagen
kann: »Gott hat gesagt«, denn selbst die Rede vom »Wort Gottes« ist nichts als ein Bild: Geist, Wind, Wort, Atem – alles das
sind menschliche Bilder; auch der Gott Amun galt ihnen nur
als ein Bild für jene geheimnisvolle göttliche Macht, die er verkörperte, indem er an ihr teilnahm. Diese heidnischen Völker
Jahrtausende vor unserer Zeitrechnung waren in vielem bedeutend klüger als die lange Zeit der Verdunklung und des
Aberglaubens, die man im Namen eines gewissen Christus
über die Menschen verhängt hat.

Es war damals wirklich mein Traum, die Menschheit zu
einer einzigen Religionsform der Vernunft und der Welt-
frömmigkeit, der Verständigung und des Respekts vorein-
ander bekehren zu können, und, selbst noch ein Kind, suchte
ich immer wieder die Fürstenhöfe Europas auf, um das Ohr
der Mächtigen für meine Botschaft zu öffnen. Bereits in Prag,
in der Residenz des Habsburgischen Kaisers Rudolf II., hatte
mein undurchsichtiger Freund, der wendige und windige
Fabrizio Mordente, der es inzwischen, aus Paris kommend,
zum Hofastronomen des Kaisers aller Deutschen gebracht
hatte, mich auf diese Spur gesetzt. Doch nach meinem Helmstedter Aufenthalt jetzt wollte ich mein neues Buch dem
Braunschweiger Herzog Heinrich Julius widmen, und das
mit Recht. Denn was soll es verschlagen, daß das Herzogtum
Braunschweig nur eine bescheidene Machtfülle besitzt gegenüber dem Kaiser?

Der verstorbene Herzog Julius, auf seine Weise ein
analoges Nachbild der Weltvernunft im Kleinen, hatte mit
seltener Umsicht sein Volk zu Wohlstand und Ansehen
gebracht. Seit Jahrhunderten gierten die Kaiser nach dem
Silber im Harz; Julius aber als erster stellte die Erzgewin-
nung im Harz auf eine systematische Grundlage. Das
schmucke Goslar mit seinen bescheidenen und doch würdigen Bergarbeiter-Gäßchen steht heute da als das schönste Denkmal seiner Ehre.

Und nicht minder Lüneburg! Gibt es eine herrlichere Bestätigung meiner Lehre von dem steten Wechsel aller Dinge als die Salzstöcke von Lüneburg? Wo heute sich Heideland breitet, unterbrochen von fruchtbaren Weiden und Äckern, muß vormals ein Meer gewesen sein, das langsam austrocknete und jene riesigen Salzlager zurückließ, die man im Untergrund Lüneburgs findet. Und jetzt eine Frage an euch, ihr Abrahamskundler und biblischen Rechenmeister einer Welt von rund 8000 Jahren Alter: Wie lange braucht wohl ein Meer, um auszutrocknen und meterdicke Salzflöze zu hinterlassen? Nun? Vielleicht probiert ihr's einmal, ähnlich den Salzsiedern von Lüneburg – ich sage euch: es muß viele Jahrzehntausende gedauert haben; dann zog sich das Meer wieder zurück, und Gott sprach: Es erscheine das Trockene. Merkt ihr: Keiner der sechs Schöpfungstage ist bis heute zu Ende. Ein jeder geht weiter, durchdringt sich, vermischt sich mit anderen schöpferischen Prozessen, und nie hört es auf. Nur darum bitte ich Dich, Gott, sprich endlich noch einmal über diese Erde der Finsternis, und sei es lange nach meinem Tode, Dein mächtiges *Wort*: Es werde Licht!

Herzog Julius jedenfalls war wirklich eine Leuchte, würdig der Widmung für eines meiner Bücher – über *Magie* vorzüglicherweise. Denn was wäre *Magie* anderes als der Versuch, zwischen Wunsch und Wirklichkeit eine Entsprechung zu schaffen vermöge passender Vorstellungen, die es gilt, praktisch zu machen? Salz zu verkochen im beißenden Dampf des Absuds oder entlang den Silberadern der Berge mit Hammer und Schlägel gegen die granitene Härte der Grauwacke Zentimeter um Zentimeter Stollen und Strebe voranzutreiben, das ist keine Hexerei, wohl aber eine bewundernswerte Mischung aus Phantasie und Fleiß, eine *Magie* in der Aussicht auf Gewinn und Reichtum, gepaart mit enormer Zähigkeit und Geduld.

Doch kaum hörten die Frankfurter Stadtväter von *Magie* und *gotteslästerlichen Redensarten* – dieser *Prior* der Karmeliten muß wirklich, wie sein Titel besagt, *früher* zur Welt gekommen sein, als der Gebrauch der Vernunft den Menschen gegeben wurde –, da drangen sie auch schon auf meine sofortige Abreise. Und Herr Johann Wechel ward weich. Er wollte es sich mit mir nicht verderben, er blieb interessiert an den Erträgen meiner einträglichen Bücher: Magie!, wenn sich das nicht verkaufen ließ! Doch rang er die Hände, er gab seinem Bedauern Ausdruck, er war tief betroffen, er mahnte zur Vorsicht, man müsse in dieser angespannten Lage Behutsamkeit walten lassen… Ach, wie ich sie hasse, diese Krämerseelen und Zauderer, diese immer nur halbentschiedenen Charaktere. Aber auch ich bedurfte dieses Johann Wechel. Ich überließ ihm meine fertigen Manuskripte und bat ihn, sie selbst zu korrigieren – es war mir diesmal egal, was daraus würde, wenn sie nur bald im Druck erscheinen würden, und reiste im Sommer 1590 zu meinem guten Bekannten Johann Heinrich Hainzell nach Schloß Elgg in der Nähe der schmucken Stadt Zürich. Es war mein letzter Aufenthalt in unbedrohter Freiheit; ja, wäre ich nicht ein solch unbeirrbarer Träumer im Umgang mit Menschen gewesen, ich könnte noch heute dort sitzen, Bücher lesen, geistvolle Gespräche führen, Privatunterricht für verständige, suchende Geister abhalten, Wein trinken, eine Frau, die Dein braunschwarzes welliges Haar trägt, Diana, in die Arme schließen, ich könnte Bücher schreiben und Reisen unternehmen, und ich wäre nicht immer wieder auf der Flucht vor den übelwollenden Verleumdungen und absichtsvollen Mißverständnissen der scheinheiligen und scheingelehrten Gotteshunde und ihrer Rudel- und Rädelsführer.

Doch ergriff mich gerade in Zürich ein grenzenloses Heimweh. Die brutale Intoleranz der römischen Inquisition, dieses Folterinstruments aus der Gedankenschmiede des widerwärtigen Kardinals Caraffa – solche Leute, man merke, haben das Zeug, sogar Papst zu werden; Paul IV. nannte sich fortan dieser Anti-Luther und Gegenreformator – hatte aus Locarno eine Schar ehrwürdiger Protestanten vertrieben, die der Seidenweberei als ihrem Gewerbe nachgingen. Gern

schaute ich den geschickten Händen zu, die das feine Ge-
spinst chinesischer Seidenraupen zu kostbaren farbenpräch-
tigen Gewändern und Kleidern verarbeiteten, bis daß sie sich
auf der Haut so leicht anfühlten wie Dein wehendes Haar
und der zärtliche Atem Deines Mundes, Geliebte. Ich sah vor
mir die jahrtausendealten Wanderwege, die schon in der Antike von China aus durch die Wüsten Innerasiens und die
Gebirgsmassive des Karakorums bis in die Welthauptstadt
Rom geführt hatten – welch ein Wissen um den Reichtum
fremder Kulturen und um die Größe der Erde hat das Christentum mit seinem unselig verkürzten Weltbild anderthalb
Tausend Jahre lang in Vergessenheit stürzen können! Erst
die Reisen des großen Marco Polo und der Händlergeist venezianischer Dogen halfen, die verwehten Spuren der Sei-
denstraße, vorbei an buddhistischen Klöstern und islami-
schen Moscheen, wieder neu zu betreten. Vor Stolz und
Freude hätte ich diese Menschen umarmen mögen, die ihre
Kunst einer so alten und weisen, einer so menschheitverbin-
denden Kultur und Noblesse verdankten.

Und sie waren Leute meiner Heimat – sie sprachen wie
ich, sie dachten wie ich. Endlich vernahm ich wieder den
melodischen Klang der geliebten italienischen Sprache. »Co-
me stai« ist nicht nur kürzer und praktischer, es ist vor allem
klangvoller und schöner als das umständliche und schwer
auszusprechende »Wie geht es dir?« Ich habe mich zeit meines Lebens geweigert, die germanischen Sprachen Deutsch
oder Englisch ernsthaft zu lernen. Wenn alle europäische
Kultur aus Italien kommt, so sollen die Barbaren gefälligst
Italienisch lernen. Wie? Ich rede Unsinn? Nun, es stimmt
trotzdem. Jedenfalls erweckten die ersten unbefangen ge-
sprochenen italienischen Laute eine überaus schwärmeri-
sche, romantische Stimmung in mir. In Gedanken sah ich
mich bereits in einem Fuhrwerk auf den staubigen Straßen
Oberitaliens, gesäumt von den Kandelabern schattiger Zy-
pressen, durch die Po-Ebene fahren, da erfuhr ich von einem
äußerst verlockenden Angebot des Buchhändlers Giambatti-

sta Ciotto, der meine Bücher in Venedig bislang bestens betreut hatte; die Rede ging von der Einladung in die Villa eines venezianischen Adligen aus dem höchst angesehenen Geschlecht der Mocenighi; ich würde sogar die Möglichkeit bekommen, von dort aus Vorlesungen an der Universität zu Padua zu halten. Ich fühlte mich geehrt und geschmeichelt, ich war voller Hoffnung, ich mochte nicht länger eine italienische Provinz bewohnen, wenn sich mir Gelegenheit bot, nach Italien selber zurückzukehren. Es gab kein Halten: Ich mußte unverzüglich zurück nach Frankfurt, um der Sache auf den Grund zu gehen.

Der Abschied von Zürich fiel mir leicht und schwer zugleich, hatte ich doch in der Person des Raffaele Eglinus Iconius endlich einen wirklichen Freund gefunden, der als Theologiedozent an der Zürcher Domschule sich mit meinem Gedankengut vertraut gemacht hatte und imstande war, es selbständig zu vertreten. In diesem Mann erwuchs mir ein wahrer Mitstreiter in deutschen Landen: Wie glücklich könnte ich heute sein, wenn ich mich mit diesem vortrefflichen Manne zusammengetan und, z.B. in Marburg, worauf er sein Auge geworfen, gemeinsam, er in Theologie, ich in Philosophie, von einem zentralen Ort aus das Denken der Zeit systematisch neu zu gestalten begonnen hätte! Doch nein. Zu groß war meine alte Scheu, einen anderen Menschen von mir abhängig zu machen oder selber von einem anderen Menschen abhängig zu werden; und in jedem Falle glaubte ich Raphael Eglin für Manns genug halten zu dürfen, um seinem Vornamen als Arzt und Schutzpatron aller geistig Suchenden auch auf eigene Faust entsprechen zu können. Betrübt, ihn zu verlassen, und doch voller Hoffnung, gerade bei ihm meine Sache in guten Händen zu wissen, reiste ich ab.

Kaum nach Frankfurt gelangt, ließ ich mich, obwohl staubig und müde von der langen Reise, mitsamt meinem schmalen Gepäck vor dem Hause absetzen, das, wie ich wußte, dem Buchhändler Ciotto für gewöhnlich als Quartier

diente. Besaß er wirklich für mich eine Einladung der Mocenighi nach Venedig und, wenn ja, was war zu tun, um unge-
fährdet auf ein solches Anerbieten einzugehen?

Ein italienischer Spätsommer! Ich würde den Schwalben
nachziehen über die Alpen hinweg ihrer südlicheren Heimat
entgegen, und in der innigeren Wärme der Sonne würde ich
die Nähe Deiner Liebe spüren, Du meine geliebte Diana.

Ein Gedicht, das ich vor Zeiten geschrieben, trat mir in den
Sinn, und ich sagte es mir innerlich auf, während ich noch
den Kutscher bezahlte und mit ungelenken Gliedern, staksig
und benommen, des Händlers Wohnung betrat.

Wie der Jasmin und Oleander
In diesen Sommertagen blühn,
Daß Duft und Farben miteinander
Wie Wogen diese Welt durchziehn,

So, Liebste, reift in unsrem Leben
Die Liebe wie ein sanftes Bild
Aus Schönheit und aus Wolkenschweben
Und macht uns glücklich und erfüllt.

Dein Herz ist wie ein goldnes Tor
Zu tausend unbekannten Träumen,
Die stellen mir den Himmel vor
Mit seinen großen weiten Räumen

Und sind ein Licht, das warm und mild
Mein ganzes Inneres durchdringt,
Daß alles, was es wünscht und fühlt,
Mit Dir wie mühelos gelingt.

Mit Dir möchte ich Wohnung nehmen
Und niederknien vor Dankbarkeit;
Denn all mein Hoffen, all mein Sehnen
Krönst Du mit Deiner Wirklichkeit.

Wie der Jasmin und Oleander
In diesen Sommertagen blühn,
So laß, o Gott, uns miteinander
Auf ewig diese Welt durchziehn.

Holde Diana, Du jasminduftende, Du oleanderfarbene, und Du, mein glückliches Venedig, wann endlich darf ich Euch wiedersehen?

Mein Herz schlug vor Erregung bis zum Halse, als ich sah, wie bedächtig, ein triumphales Lächeln auf den Lippen, Ciotto auf eine hölzerne Truhe an der Wand seiner niedrigen Stube zuschritt, umständlich den Verschluß öffnete und ein Schreiben entnahm, das offensichtlich an mich adressiert war; in großen Lettern stand da: Von Zuane Mocenigo.

Es sollte also wahr werden!

Und dennoch schien mir Vorsicht geboten. »Edler Ciotto, nur allzu gerne«, begann ich, »wäre mir an der Annahme einer Einladung gelegen, wie dieses ruhmvolle Haus der Mocenighi sie ausspricht, und von Herzen danke ich Euch, daß Ihr Euch erbötig gezeigt habt, sie über so lange Wege hin zu mir gelangen zu lassen. – Wo in der prächtigen Stadt Venedig, sagt Ihr, ist der Palast der Mocenighi gelegen?«

»Meister Bruno, alles steht Euch zur Verfügung und wartet nur auf Euch«, gab mit gewinnendem Ernst mir Ciotto zur Antwort. »Ihr kennt den Canale Grande?« – Wie sollte ich nicht! – »Nun«, fuhr er fort, »nur wenige Schritte daneben, und Ihr erreicht den Piccolo Campo di San Samuele; dort…«

Tränen traten in meine Augen. Würde selbst mir, dem ewig Unsteten, dem endlos Gejagten der Inquisition, so etwas vergönnt sein wie eine Ahnung von Heimat und Stille? Das fröhliche Rufen der Gondolieri, das geheimnisvolle Dunkel im Inneren von San Marco, die prunkende Pracht des Dogenpalastes, die Sonnenuntergänge am Rand der Lagune – die niedrige Kammer des Händlers weitete sich zu einem Panorama sinnlichen Glücks. Und doch erklang erneut in mir eine warnende Stimme. Ich wollte sie überhören, aber ich hörte sie doch.

»Ihr wißt: Die heilige Kirche hat mich verfemt. Wie scharf sind derzeit die Zähne der römischen Wölfin?«

»Die stolze Stadt Venedig ist kein wohlfeiles Lämmchen, Meister Bruno. Nicht umsonst führt sie das Tier des heiligen

Markus in ihrem Wappen, und stets noch hat der Löwe Venedigs die Wölfin das Fürchten gelehrt.«

»Doch dem Löwen drohen im Alter die Zähne zu schwinden, und Venedig wird alt. Die Zeit scheint vorbei, daß die Stadt an der Adria uneingeschränkt den Handel zum Orient zu kontrollieren vermochte. Seit 45 Jahren befindet die Kaiserstadt Ostroms sich jetzt in den Händen der Türken, und ihre heidnischen Kanonen übertreffen allem Anschein nach bei weitem die Feuerkraft der stets allzu friedfertigen Christen. Der Reichtum der Regierenden und der Goldglanz der Kathedralen kommt nicht länger mehr aus den Schätzen des geplünderten Byzanz, er stammt neuerdings aus den Tempeln mexikanischer Indios und peruanischer Könige, ausgebeutet von den Flotten der allmächtig scheinenden Spanier. Die Stärke des Westwinds hindert die schlanken Schiffe Venedigs, das Meer zu gewinnen. Und die Schwäche der Dogen ist notwendig die Stärke der Kardinäle.«

O, kluger, weltgewandter Ciotto, ich flehe Dich an, verscheuche all meine Sorgen, widerlege all meine Einwände, o Ciotto, Giambatista Ciotto, sprich, bitte, sprich und stelle mit einem Wort wieder her die gebrochene Macht des freimütigen großen Venedigs, flehte ich ihn insgeheim an; da hörte ich erleichtert ihn sagen:

»Nein, Meister Bruno, das Wesen des Papstes ist uns Venezianern bis heute fremd geblieben. Wir sind geborene Händler. Wir wissen, daß man den Wert einer Ware nicht diktieren kann. Er muß sich auf dem Markte ergeben. Wohl hat man uns vorgeworfen, daß wir mit Ideen und Gedanken nicht anders verführen als mit Oliven und Fischen. Aber die Wahrheit zu sagen, gerade darin liegt Euer Vorteil. Natürlich möchte ich mit Eueren erlesenen Büchern auch Geld bei den Lesern verdienen; aber wie wichtig sie sind, Euere Bücher, entscheidet der Leser selbst, nicht ich als Verleger, nicht einmal Ihr selbst als der Autor. Ob ein Gedanke sich durchsetzen kann, muß sich zeigen, indem man ihn öffentlich diskutiert, in Konkurrenz mit anderen Ideen. Das Leben selbst muß entscheiden, auch im Raume des Geistes. Und Ihr, Meister Bruno, darf ich so sagen, habt Euch bislang noch jeder öffentlichen Diskussion gewachsen gezeigt. Im Handumdrehen gewinnt Ihr die Herzen Euerer Hörer und Leser. Bei den Händlern Venedigs infolgedessen steht Ihr hoch im Kurs.«

»Ja, solange die Stadt von Venedig ihre Geschicke selbst in der Hand hält. Die Römer aber können kein Interesse daran haben, die Freiheit Venedigs zu wahren. Vor zwei Jahren erst wurde unser wichtigster Verbündeter, mein persönlicher Freund Heinrich III. von Frankreich ermordet, der bis dahin ein Gegengewicht gegen die Vorherrschaft der Spanier gebildet hatte. Rom muß jetzt um sein Überleben kämpfen; alle Konflikte sind härter geworden, und die Tage scheinen gezählt, da Venedig sich seiner Unantastbarkeit und Liberalität rühmen durfte.«

Ich wollte nicht aufhören, mein Gegenüber mit solchen Erwägungen zur Widerrede zu provozieren. Doch um so mehr erschrak ich, als Ciotto mit leiser Stimme, als gälte es plötzlich, unerwünschte Hörer abzuschütteln, von sich aus fortfuhr:

»Eines muß ich Euch zugeben, Meister Bruno, seit jetzt acht Jahren leiden wir zunehmend unter den Papalisti, deren Einfluß sogar im Rat der Zehn sich empfindlich bemerkbar macht. Denn mit Geschick haben sie die Bildung eines Gremiums von drei Staatsinquisitoren durchgesetzt, die formal zwar dem Senat der Zehn zugehören, die aber namentlich nicht bekannt sind. Diese überprüfen im Dunklen alle Vorgänge des Auswärtigen, und ich vermute, daß sie auf das engste mit den Vertretern des Heiligen Officiums zusammenarbeiten. Vor diesen in der Tat müßt Ihr Euch hüten. Aber es besteht keine Gefahr«, setzte er mit breitem Lachen hinzu. »Die neuen Häuser der Nobilität stehen dem Vormarsch der ewig Gestrigen erfolgreich entgegen. Vor allem der Freundschaft mit Andrea Morosini möchte ich Euch wärmstens empfehlen: Er ist ein ebenso freisinniger wie feinsinniger Mensch, offen für alles, was geistvoll gesagt wird, ein Gebildeter und Gelehrter, der wert ist, Euch als Bürger Venedigs willkommen zu heißen.«

Ich atmete auf. »Was aber will eigentlich Zuane Mocenigo von mir?« fragte ich. »Kann nicht ein Edelmann wie er sich jeden beliebigen Lehrer in jedem beliebigen Fache in sein Palais holen?»

»Es gibt halt Dinge, die nur Ihr vollkommen beherrscht, ja, deren Erfinder und Meister Ihr seid. Schriebet Ihr nicht soeben über den vorzüglichen Gegenstand der Magie, man würde auch sonst in Euch einen Magier des Wortes und des Geistes erblicken, verehrter Meister Bruno. In Sonderheit Eure Gedächtniskunst…«

Also daher wehte der Wind. Aber warum nicht? Noch vor neun Jahren hatte ich versucht, dem französischen König selbst einen Einblick in die Technik des Erinnerns zu geben. Der Grundgedanke ist sehr einfach. Die meisten Menschen könnten imstande sein, sich präzise zu merken, was immer sie möchten, wenn sie sich nur richtig konzentrieren und alles weglassen würden, was sie nichts angeht; aber stattdessen handeln sie wie Kinder, die glauben, eine Schneeflocke fangen zu können, indem sie nach allen Richtungen in den Sturm greifen. Soeben erst hatte ich eine eigene Schrift über *Die Gedächtniskunst* veröffentlicht – es war wirklich eines meiner Lieblingsthemen. Schon 1580 in Toulouse hatte ich gleich drei Arbeiten darüber verfaßt: *Der große Schlüssel*, *Das Siegel der Siegel* und *Die Leuchte der lullischen Kombinatorik*; doch gestehe ich heute mit Freimut, daß ich mit diesen Werken damals eher meine Studenten beeindrucken als die Sache selber erklären wollte. Aber ich wollte mich damals als »Akademiker« unter Akademikern hervortun. Schade. Allerdings kamen selbst meine ärgsten Feinde nicht umhin, mein Erinnerungsvermögen als ein unvergleichliches Wunder zu bestaunen, und immer wieder fragten sie mich, was für ein Zauber da wohl wirksam sei. Ich hielt sie geflissentlich in ihrem Aberglauben. Mit dem edlen Mocenigo aber lohnte es vielleicht den Versuch, so jedenfalls dachte ich damals.

»Und die Universität von Padua?« Es war mein uralter Traum. Der Fährdienst, der zwischen den Städten täglich hin und her geht, würde es durchaus erlauben, einen Lehrauftrag, z.B. für Mathematik, in Padua wahrzunehmen, während ich zwischendrein der Gedächtniskraft Venedigs in der Gestalt eines ihrer Edlen aufzuhelfen suchte.

»Ihr müßtet Euch nur bewerben, Meister Bruno. Alles wird sich finden, wenn Ihr nur erst da seid.«

Ich würde da sein!

Es war noch September, als ich in meinem geliebten Venedig anlangte, sonnenhungrig, frauendurstig, heimatselig – und blind, völlig blind gegenüber der Todesgefahr, in der ich mich befand. Es war vermutlich keine böse Absicht, vielleicht wußte Ciotto es wirklich nicht, daß dieser Zuane Mocenigo selber früher als Beisitzer des Inquisitions-Tribunals von Venedig fungiert hatte. »Vor diesen müßt Ihr Euch hüten!« Ja, weiß Gott. Zum Teufel mit diesen Mocenighi! Sie bildeten geradezu den Kern der »alten«, der allerältesten »Häuser der Nobilität«. Nie im Leben hätte ich einer Einladung dieser Kreise folgen dürfen. Aber ich war wie eine ausgezehrte Maus, die irgendwann dem Duft des Specks in der Falle nicht widerstehen kann. Ich hätte ganz Venedig umarmen mögen.

Indessen gestaltete sich von Anfang an alles weit schwieriger als erwartet. Von meinen Frankfurter Tantiemen mietete ich mir eine schön gelegene Stube, von wo aus ich im Sonnenaufgang unmittelbar zu den aus- und einlaufenden Schiffen im Hafen hinunterschauen konnte, und gleich machte ich mich daran, eine Art Gedächtnisfibel für den erst 34 Jahre alten Mocenigo zu verfassen. Doch die Arbeit behagte mir gar nicht, sie ergab für mich nicht einen einzigen neuen Gedanken, und das Hirn des edlen Herrn erwies sich trotz seiner Jugend als ungemein klebrig und greisenhaft zähflüssig. Zudem hatte die Aussicht, an der Universität zu Padua einen

Lehrstuhl zu bekommen, sich bald schon zerschlagen – wie hätte man auch jemanden Mathematik oder Philosophie lehren lassen können, der als ein Kirchenausgestoßener nicht einmal mit den gelehrten Kollegen gemeinsam die heilige Kommunion empfangen durfte? Dennoch lockte das Flair der Universität mich berufsmäßigen »Akademiker ohne Akademie« immer wieder nach Padua hinüber, und nur noch gelegentlich kümmerte ich mich um die Fortschritte, die ein gewisser Mocenigo in der Gedächtniskunst zu machen beliebte – schon mit dem Namen »Mnemonik« für diese Wissenschaft schien die Fassungkraft seines Geistes überfordert.

Ein wirklicher Lichtblick indessen blieb mein treuer Nürnberger Freund und Famulus Hermann Besler, der ohne eigentliche Anstellung die Arbeit eines Sekretärs für mich in Padua versah und mir des Nachts kostenlos Obdach gewährte, während ich ihn für seine Schreibarbeiten entlohnte, so gut ich vermochte. Wir hatten uns in Helmstedt kennengelernt; jetzt erstellte er eine verbesserte Abschrift des Buches über *Die Fackel der 30 Statuen*, das vier Jahre zuvor fertig geworden war und das im Herbst 1591 endgültig in Druck gehen konnte; zudem fertigte er mit seiner schön gelenken Handschrift ein Exemplar des Buches über *Die Siegel des Hermes und Ptolemäus* an, – schon Albert der Große hatte aus diesem profunden Schatz ägyptischer Weisheit geschöpft, und so »hermetisch« der dreimal größte Hermes der Ägypter auch sein mochte, – gerade das Bizarre und Rätselhafte seiner Aussagen faszinierte mich. Denn natürlich ist die Wirklichkeit größer als das kleine Einmaleins jener öden Begriffsjongleure, die landauf landab die Lehrstühle der Philosophie besetzt halten – einer Verbrecherbande von Dieben und Lügnern, die den Suchenden »Wahrheiten« auftischen, die keine sind, und ihnen obendrein noch das Gespür jedes echten Fragens wegnehmen. Die Welt ist gewiß nicht »irrational«; doch daß sie unendlich viel größer ist, als die Kategorientafel des Aristoteles oder die Sprachkünsteleien der Humanisten es vorsehen, das sollte nun wirklich jedem Denkenden klar sein. Schon deshalb ließ ich es mir angelegen sein, keine Erkenntnisquelle von vornherein zu verleugnen, die den Schematismus des »fachgebundenen« Wissens zu überschreiten wagte.

Nach und nach aber ging mir das Geld aus. Meine Hoffnung, mit Privatunterricht von Studenten an der Universität zu Padua einen soliden Unterhalt verdienen zu können, erwies sich als trügerisch, und so war ich wohl oder übel mehr und mehr auf die Zuwendungen des noblen Mocenigo angewiesen.

Das Schönste in jener Zeit war der Herbst oder, besser, der scheidende Sommer; er wurde, ohne daß ich es ahnte, zum Abschiedsgesang meines Lebens oder, wenn man so will, zum Hochzeitsgesang der Verschmelzung mit Dir, meiner lieben Diana. Denn was bleibt uns noch als die Hoffnung, es möge der Himmel vereinen, was die Erde getrennt hat? Damals entstanden in mir eine Reihe kleiner Gedichte, die, wie sie alle, an Dich gerichtet waren, Du meine geliebte Morgana. Es durchzog mich in jenen Tagen eine sonderbare Mischung aus Melancholie und Traum, aus Resignation und Hoffnung. Ich war in Italien, ich sah mein geliebtes Heimatland wieder, und doch blieb auf eigentümliche Weise mir alles fremd. Die Universität in Padua lehnte mich ab. Die Kirchen, deren dunkle Wärme mich seit Kindertagen verlockte, blieben mir in den Gottesdiensten verschlossen wie einem räudigen Hund; und ich ahnte wohl auch schon, daß die Bahn meines Lebens, obwohl doch erst Mitte der Vierzig, sich ihrem Ende zuneigen wollte. Ich *fühlte* herbstlich, und es hat sich weder in der Traurigkeit noch in der Erwartung jemals etwas in mir geändert, wenn ich Dir damals, unbekannt wohin, die Verse dieses Gedichtes schrieb:

Schon fällt das Herbstlaub nieder,
Gelbbraun die Buchen stehn,
Verschollen sind die Lieder,
Verlassen Wald und Seen.

Und doch ist's nur ein Ruhen,
Das durch die Dinge geht,
Bis wie aus dunklen Truhen
Das Leben neu ersteht.

Denn immer wieder blühen
Blaublumen aus dem Schnee
Und Vögel heimwärts ziehen
Weit über Land und See.

Ganz so ist Deine Liebe,
Die Du mir täglich schenkst,
Als ob Du Frühlingstriebe
Sanft hin zur Sonne lenkst.

Und wie nach langem Warten
Mein Herz erwacht in Dir,
So sucht's auf tausend Arten
Dich, Liebste, für und für.

Wohl: immer wieder kehren
Sommer und Winter ein.
Doch immerdar gehören
Mein Herz und Sinnen Dein.

Inzwischen war der Winter eingefallen. Der Fährverkehr zwischen Venedig und Padua kam oftmals zum Erliegen, meine Einkünfte wurden unregelmäßiger und mühsamer, kurz, es blieb mir nichts anderes übrig, als den Verlockungen dieses geadelten Tolpatsches, der sich Zuane Mocenigo nannte, Folge zu leisten. Im März 1592 gab ich meinen Widerstand auf und zog in sein Palais. Täglich bedrängte er mich mit Fragen nach gewissen geheimen Praktiken, die ihm irgendein Gnom oder Kobold in den Kopf gesetzt haben mußte.

»Wie könnt Ihr Euch nur alles, was Ihr hört, im Handumdrehen merken?«

Das war noch seine vernünftigste Frage. Ärger kam es, wenn er wissen wollte, wie man Regen oder Hagel bestellt oder wie man das Herz einer Frau für sich gewinnt – führt es zum Erfolg, wenn man ihr abrasierte Haare in den Schoß streut, und sollte man dazu besser die Haupthaare oder die Schamhaare verwenden? Ich wollte dringend zurück nach Frankfurt. Bloß nicht mehr dieses Italien der römischen Dummheit und des katholischen Aberglaubens, der kirchlich verordneten Ignoranz und Arroganz.

Doch während ich in gewissem Sinne mich verzweifelt fühlte, bildete ich mir immer noch ein, im Besitze völliger Freiheit zu sein. Unter der nervenaufreibenden Treibjagd, die seit Jahr und Tag gegen mich veranstaltet wurde, hatte meine schriftstellerische Tätigkeit erheblich gelitten, aber sie war immerhin nicht gänzlich eingeschränkt worden. Im Gegenteil, der Zorn gegen die oft unsinnigen, überhaupt nur aus Unbelesenheit und Unbedachtheit verständlichen Anschuldigungen gegen mich war mir zu einer wichtigen Triebfeder meines Schreibens geworden, und wenn ich auch nicht mehr die Muße besaß, mich wochenlang in Ruhe, womöglich zweckfrei, in den Bibliotheken und Lesesälen der Universitäten und Städte aufzuhalten, so half mir doch mein Gedächtnis in aller Regel durch die schlimmsten Engpässe.

Wie man sich etwas merkt?

Die wichtigste Antwort an Ihre Nobilität hätte lauten müssen, daß man sich niemals etwas dem Gedächtnis wird einprägen können, wenn man nicht weiß, warum man es behalten soll; die wichtigste Voraussetzung des Erinnerungsvermögens ist ein lebendiger, kreativer Geist, der bei allem, was er hört, bestimmte Vorstellungen darüber entwickelt, was er mit dem Gesagten gegebenenfalls anfangen kann. Außerhalb solcher Sinn- und Verwendungsbezüge gibt es kein bewußtes Gedächtnis, und all meine Versuche, Gedanken zu visualisieren und abstrakte Inhalte in anschauliche Vorstellungen zu übersetzen, basierten auf dieser Überzeugung. Freilich bin ich auch davon überzeugt, daß es eine Form der Erinnerung gibt, die nicht geistiger Art zu sein scheint und deren Gesetze in der Tat einer »lullischen« Magie ähneln: Der Text irgendeines ganz dummen Liedes kann uns, ein einziges Mal gehört, noch Jahre danach durch den Kopf gehen; der Ort, an dem wir vor Jahren gespeist haben, ist uns unter Umständen weit besser erinnerlich als ein noch so wunderschönes Museum, das wir hernach besucht haben. Manche unserer Gedächtnisfähigkeiten scheinen wir eher mit dem Instinkt der Tiere als mit dem Denken der Menschen zu teilen, und so wollte ich mit meinen Abhandlungen über das Gedächtnis willentlich abrufbare Szenen, Figuren, Assoziationen, sinnlich anschaubare Vorstellungskomplexe anbieten, um die »Magie« der Sinne dem Denken, unsere »tierische« Vernunft der »menschlichen« dienstbar zu machen.

Doch was von all dem verstand schon Ihre Nobilität Zuane Mocenigo? Er wollte Sand zu Gold verwandelt sehen; er glaubte an Christus und an den Reichtum, er diente Gott und der Habgier, er betete zum Heiligen Geist und meinte damit doch nichts als das Abrakadabra der eigenen Verblendung. Gleichwohl war er listig genug, mich der Inquisition auszuliefern.

Es war am Donnerstag, dem 21. Mai 1592, als ich dem Nobile den versprochenen Abschiedsbesuch abstattete; ich hatte ihm zusagen müssen, mich nicht eher nach Frankfurt zurückzubegeben, als bis ich mein Dienstverhältnis zu ihm in aller Form gelöst hätte, und wie üblich hielt ich mich auch diesmal an mein Versprechen.

»Ihr habt mich noch nicht alles gelehrt, Meister Bruno,« empfing er mich.

»Das ist richtig. Doch was Euch betrifft, Edler Herr, so bin ich mit meinem Kursus am Ende. Die Fragen, die Euch beschäftigen, verlangen einen Grad an Gelehrsamkeit, der mir noch versagt ist. Ins Künftige indessen…«

»Nein, Meister Bruno, Ihr haltet mich nicht länger hin. Ihr wißt viel mehr, als Ihr sagt; ich versichere Euch aber, daß es gewisse Mittel gibt, Euch zum Sprechen zu bringen.«

Ich mußte laut lachen – statt zu Tode erschrocken zu sein. Ich war so leichtfertig, mich sogar noch einmal am darauf folgenden Tage zu dem verräterischen Schurken zu begeben, und statt wenigstens danach schleunigst aufzubrechen und in einer vierspännigen Kutsche das Weite zu suchen, hielt ich, wie stets, die Dummheit eines Menschen nur einfach für lächerlich und lästig, nie wirklich für kriminell gefährlich. Wohl hatte ich meine Habseligkeiten schon zur Abreise gerichtet, aber zu spät. Im letzten Moment, ich war, um für die Reise gerüstet zu sein, des Abends schon zeitig zu Bett gegangen, verlangte Mocenigo mich noch einmal zu sprechen. Ich öffnete ihm die Tür, da drang sein Diener Bartolo an der Spitze von fünf anderen grobschlächtigen Burschen ins Zimmer: Man nötigte mich, in die Dachkammer zu steigen, und Mocenigo, bleich, zittrig und stockend, eröffnete mir, ich müsse unbedingt noch längere Zeit bei ihm verweilen und ihn vollständig in meinen geheimen Wissenschaften unterweisen, oder er sehe sich gezwungen, andere Maßnahmen gegen mich zu ergreifen. Ja, er drohte, widrigenfalls bestimmte Äußerungen meinerseits über die göttliche Dreifaltigkeit oder über die Kirche an die Heilige Inquisition weiterzugeben.

Was sollte mir das?

Richtig. Ich hatte die heilige Dreieinigkeit, diesen Urquell allen Seins, einmal mit dem Geschlechtsteil eines spanischen Ochsen verglichen, aber damit hatte ich doch eher die religiöse Geistesart gewisser venezianischer Adliger als die Natur der göttlichen Geheimnisse an sich selber kennzeichnen wollen. Auch hatte ich die Kirche als das Schiff Petri einmal eine römische Galeere genannt, auf der die meisten Insassen an eiserne Ruderbänke gefesselt seien, um nach dem Takt des Papstes und unter der Peitsche der Kardinäle keuchend, mit berstenden Lungen, die Angriffsgeschwindigkeit zu steigern, mit der man den Rammsporn am Bug dieses Kriegsschiffs in den Leib aller anderen Schiffe zu treiben gedächte; doch damit hatte ich nicht die Kirche an sich, nur den unseligen Geist der Gegenreformation seit den Tagen Pauls IV. kennzeichnen wollen, im Unterschied zu der individuellen Geistesart etwa der freien Stadt Venedig, die ich mit der grazilen Schönheit ihrer Gondeln verglich. Aus all dem ließ sich, selbst bei übelstem Willen, keine Anklage machen; zudem hatte ich ohne Zeugen zu Mocenigo gesprochen; und schließlich: was immer passieren mochte, – allenfalls hätte man mich zwingen können, in der Öffentlichkeit wieder das Ordensgewand anzulegen, dieses weiße Nacht- und Totenhemd lichtscheuer Geister- und Gespensterseher, dessen ich mich glücklich entledigt zu haben wähnte. Aber auch das schien vermeidbar. Erneut stand mir der Sinn danach, eine ordentliche Laisierung anzustreben und mit einem solchen Schritt zumindest nach außen hin meinen Frieden mit der Kirche zu machen; die Zeit dafür schien diesmal sogar besonders günstig.

In Rom regierte seit Anfang des Jahres der Florentiner Ippolito Aldobrandini unter dem Titel Papst Clemens VIII.; dieser Mann war bekannt für seine konsequente antispanische Haltung und galt allgemein als ein gebildeter Mensch. Um die Aussöhnung mit der Kirche zu beschleunigen, hatte ich mich sogar in der Fastenzeit noch mit einigen Ordensbrüdern aus meiner Zeit in Neapel ins Vernehmen gesetzt und dem Superior Fra Domenico di Nocera den Plan unterbreitet, mein neuestes Buch über *Die sieben Künste,* wenn er mir nur behilflich sein wollte, »Seiner Heiligkeit« selber zu widmen. Mehr, schien mir, war an reuigen »Bußwerken« in meiner Lage weder zu leisten noch zu verlangen. Gewiß: All diese Absichten konnte ein Dummkopf wie dieser Mocenigo ernstlich hinauszögern oder gar vereiteln. Doch selbst dann: Eine ernsthafte Gefahr ging von ihm nicht aus. Von dieser Meinung war ich so fest überzeugt, daß ich in jener Nacht in der Dachkammer trotz des Lärms der Wachtposten so fest einschlief wie sonst.

Erst am Morgen weckte mich ein dröhnendes Klopfen. Ein Trupp von Leuten riß mich aus dem Bett. Hastig zog ich mich an; doch ohne mir Zeit für die Morgentoilette zu lassen, schleppte man mich in den Keller des Hauses und hielt mich dort den ganzen Tag über bis zum Abend fest. Schließlich, kurz vor Einbruch der Dämmerung, erschien der Hauptmann Matteo Avanta und brachte mich auf Weisung des Rates der Zehn in das Gefängnis der Stadt gegenüber dem Dogenpalast. Die Falle hatte sich geschlossen, und ich sollte ihr nie mehr entrinnen.

Wieviel an Schaden kann ein einzelner Mensch über Menschen bringen, ohne auch nur entfernt imstande zu sein, die Folgen seines Verhaltens selbst abzuschätzen! Zuane Mocenigo, wie ich später erfuhr, war nicht nur ein habgieriger Dummkopf, er war, wie es sich fügt, vor allem ein gutes Mitglied der heiligen römischen Kirche; er war ebenso abergläubig wie fromm, und so muß er auf die Idee, mich auszuliefern, bei seiner Osterbeichte gebracht worden sein.

»Habe ich Glaubenszweifel erweckt?« steht da im »Beichtspiegel«, und: »Habe ich gotteslästerliche Reden geführt?« Was wird ein Zuane Mocenigo da antworten?

»Nicht eigentlich, Hochwürdiger Pater, aber bei mir zu Hause ein entlaufener Dominikaner-Mönch, der redet immerzu in beleidigenden Worten über die Heiligste Dreifaltigkeit und unsere heilige Mutter, die Kirche.«

»Was sagt er Euch denn?« – Auf nichts sind ja diese Herren Beichtväter derart versessen wie auf die Zoten ihrer Beichttöchter und auf die Muckereien ihrer Beichtsöhne.

»Es ist ganz unaussprechlich, Hochwürden. Nur so viel: Dieser unheimliche Mensch sagte zu mir unter anderem, die Mönche seien allesamt Esel, denn geschrieben stehe bei Hesekiel (Kapitel 23, Vers 20): ›Groß wie Eselsfleisch ist ihr Mannesfleisch und (dick wie) eine Pferderute ihr Glied.‹ Darum, fügte er hinzu, sollte man den Mönchen nicht länger den Unterhalt in fetten Pfründen, sondern besser in Heu und Hafer entrichten.«

»Und was sagt er noch, dieses Ungeheuer? Ihr wißt, daß Ihr über all Euere Sünden eine vollständige Beichte ablegen müßt.«

»Aber ich habe gewiß nicht all seine Frechheiten mit Wohlgefallen angehört, und nur das ist doch Sünde.«

»Aber die Worte des Hesekiel mußtet Ihr Euch merken.«

»Ich erinnere mich, daß er die Wunder Jesu entweder für Zauberkunststücke erklärte, hinter deren Tricks wir nur noch nicht gekommen seien, oder für plumpe Fälschungen der Evangelisten.«

»Und handelt es sich bei diesem unsäglichen Lästerer um einen Mann, der in der Öffentlichkeit wirksam ist?«

»Ihr kennt ihn gewißlich selber, Ehrwürdiger Vater – es ist der Nolaner, der vor 16 Jahren schon dem Orden des heiligen Dominikus den Rücken gekehrt hat. Seit geraumer Zeit erteilt er mir Privatunterricht in der Kunst des Gedächtnisses.«

»Wie konntet Ihr nur!… Aber Ihr habt die Gelegenheit, Euere Schuld wieder gutzumachen. Merkt Euch einstweilen nur ja jede Kleinigkeit, mein Sohn; schreibt all seine verderblichen Äußerungen auf; stellt ihm nach wie einem Fuchs, den Ihr mit Hühnerfleisch ködert; lockt ihn in Euere Wohnung, wenn Ihr es vermögt, und vor allem: übergebt all Euer Wissen sobald wie möglich den gelehrten und gewissenhaften Vätern des Heiligen Offiziums, auf daß dann, wenn der Tag des Herrn kommt wie ein Dieb in der Nacht…«

So oder ähnlich muß es gewesen sein, denn ganz entsprechend handelte der Nobile Mocenigo. Als ihm endlich dämmerte, daß spektakuläre Geheimnisse mir nicht zu entringen waren, verlief die Sintflut seiner Habgier augenblicklich im Sande und zum Vorschein kam – sein gutes katholisches Gewissen. Genau besehen, hat er tatsächlich nur seine Pflicht getan. Sie alle haben, genau besehen, nur ihre Pflicht getan. Der Beichtvater. Der Hauptmann. Die Gerichtsdiener… Jeder von ihnen hatte ein gutes Gewissen. Sogar die Leute, die mir wenig später mit Pechfackeln den Unterleib versengten und mir die Nägel von den Fingern und Füßen rissen, sie alle gehorchten lediglich dem Willen ihres dreifaltigen Gottes, verkündet durch den Mund seiner heiligen Kirche.

Was kann ein einzelner Mensch tun gegen ein System, innerhalb dessen es genügt, verdächtig zu werden – selbst wenn der Verdacht von einem aufgeblasenen, glitschigen und garstig quakenden Frosch formuliert wird?

Das Zitat aus Hesekiel war mir gekommen, als Mocenigo mich ernsthaft fragte, was ich beim Karneval in Venedig zu tun gedächte; ich sagte ihm, vermutlich würde ich mich als Satyr verkleiden und alle schönen Mädchen in den Wald zerren. Es war ein ganz harmloser Scherz – übrigens, wo in Venedig gibt es schon einen Wald? Doch als ich diesen Kerl mit erschrecktem Gesicht herummoralisieren hörte, so etwas dürfte ich als Mönch nicht einmal denken, geschweige denn sagen und tun, da konnte ich nicht länger an mich halten und wies ihn hin auf mein großes Vorbild, den allerweisesten König Salomo, der 700 fürstliche Frauen und 300 Nebenfrauen besaß: 1. Buch Könige, 11. Kapitel. Dieses heuchlerische Mönchsgesindel – heiliger Boccaccio, Du hast es getroffen!

Nicht viel anders stand es mit meinem losen, aber harmlosen Bonmot über die Wunder Jesu. Was im Himmel und auf Erden soll man denn einem solchen Ochsen von einem Esel wie diesem Mocenigo sagen, der von früh bis spät darum bettelt, man möge ihm helfen, ein Wunder zu tun, ein magisches Wunder, ein alchimistisches Wunder, ein steinweises Wunder, so wie doch auch Christus, unser fleichgewordener Herr, Wunder gewirkt habe? Konnte ich denn ahnen, daß bereits Späße, die sozusagen in purer geistiger Notwehr verübt werden, eine Kirche tödlich beleidigen müssen, die sich im Besitze allen göttlichen Wissens fühlt? Ich jedenfalls fühlte mich vollkommen unschuldig, ich war sogar überzeugt, ganz leicht meine Unschuld beweisen zu können. Was immer ich sonst war, ein Gotteslästerer war ich nicht. Ich war überhaupt kein gottloser Mensch. Ich war im Gegenteil überzeugt, in gewissem Sinne gläubiger zu sein, als all diese Dauerverwalter göttlicher Offenbarungen sich selbst weiszumachen versuchten.

Doch gerade diese Überzeugung von meiner Unschuld ist heute der Grund meiner tiefsten Beschämung; denn sie nötigte mich zu einer Strategie der Verteidigung, bei der ich vieles verleugnen mußte, was ich damals schon dachte und auch heute noch denke. Wie froh wäre ich, wenn ich schon bei dem Prozeß in Venedig seinerzeit mutig vorgetreten wäre und offen gesagt hätte, was ich wirklich denke. Dann hätten sie mich schon damals hingerichtet, gewiß, aber dann hätte ich zumindest doch gewußt wofür. So aber wollte ich listig sein. Ich hoffte unsinnigerweise noch auf eine Chance, mein Leben zu retten. Doch wer die Wahrheit liebt, darf auf nichts mehr hoffen, jedenfalls nicht auf ein kleines Entkommen für ein großes Entgegenkommen. Damals stellte ich mich freilich auf den Standpunkt, man solle mir meine »Schuld« Punkt für Punkt vor Gericht nachweisen. Statt die großartige Gelegenheit zu nutzen, ein für allemal meine Ansichten vor den Augen der Weltgeschichte aktenkundig zu machen und dadurch meine Henker in meine besten Propagandisten gegenüber der Nachwelt zu verwandeln, verlangte ich, daß die venezianische Filiale der römischen Inquisition mir beweisen sollte, was ich wirklich dächte – ein feiges und unwürdiges Spiel, das ich nur aufführte, weil und solange ich den systematischen Verurteilungswillen des Heiligen Officiums, dieser sakrosankten »Pflichtausübung«, wie der Name schon sagt, trotz allem noch nicht genügend begriffen hatte. Ganz anders später, nach meiner Überstellung nach Rom, als man mich überhaupt nur noch zu Umkehr und Widerruf nötigen wollte; da wußte ich von vornherein, woran ich war, und es gab endlich die Nötigung nicht mehr, ein paradoxes Auskommen der Vernunft mit der vollkommenen behördlichen Intoleranz suchen zu sollen. Was sich heute Kirche nennt, ist in meinen Augen nurmehr eine Sense, deren Funktion darin zu bestehen scheint, nach getaner Arbeit eine Wiese zu hinterlassen, auf der es keine Blumen, keine Gräser, keine Moose und keine Farne mehr gibt, nur noch gleichmäßig kurzgeschnittene Stummel verstümmelten Lebens, einen ausgerollten Teppich für die ach so verletzlichen Füße der Fürsten. Ich aber bin ein Rosenstrauch. Ich blühe trotzdem.

Im Rückblick scheint mir mein ganzer damaliger Kampf als eine einzige demütigende Zeitverschwendung.

Das Inquistitionsgericht trat schon am 26. Mai (1592) zusammen, und da ich wußte, daß der Patriarch von Venedig selber den Vorsitz dabei zu führen hatte, schöpfte ich schon wieder Hoffnung – immer wieder schöpfte ich Hoffnung, immer wieder trank ich dieses lähmende Gift aller Wahrhaftigkeit. Der Patriarch von Venedig war Laurentio Priuli. Ich kannte ihn, wenn auch nur flüchtig, vom Hofe Heinrichs III., aus der Zeit, da er im Jahre 1582 als venezianischer Legat in Paris fungierte. Besonders mit seinem Vorgänger in diesem Amte, mit Giovanni Moro, war ich so gut wie befreundet, jedenfalls hatte ich ihm ausdrücklich mein *Kompendium der Gedächtniskunst* gewidmet. Also schickte ich sofort meinen lieben Schüler Besler mit einem Schreiben an Moro auf die Reise und erklärte ihm, an dem Erfolg seiner Mission hinge vermutlich mein Leben; doch zu spät. Kurz vor Prozeßbeginn hatte der Tod meinen Freund Giovanni Moro zu sich geholt.

Ich steckte, ohne es zu begreifen, bereits mitten in einer Tragödie, aber ich weigerte mich all die Zeit in Venedig, diese Tatsache zu akzeptieren, und so verwechselte ich die Stilgesetze meines Auftritts: In einer Tragödie wird nicht mehr gekämpft und gerungen; in einer Tragödie kennt man den Ausgang und wahrt seine Würde. Wohl: Ich kämpfte nicht würdelos, das will ich nicht sagen, trotz jenes schrecklichen Tages meiner beschämendsten Schande, am 30. Juni, fünf Wochen später, als ich begriff, was sie wollten, und ich wie ein Hund im Fangeisen nur noch kläglich um Gnade winselte; – was ich meine, ist einfach dies: es gilt, den Tod zu akzeptieren, ohne sich selbst zu verleugnen, einzig getragen von den beiden heroischen Leidenschaften der Sehnsucht nach Liebe und dem Verlangen nach Erkenntnis.

Was ist das für ein Spiel, das sich da mit feierlichem Namen »Geschichte« nennt? Ich selber, der ich mich doch für einen gescheiten Menschen halte, habe mein Leben lang Bücher geschrieben, die ich irgendwelchen großen Leuten gewidmet habe oder widmen wollte. Immer von neuem habe ich gebuhlt um die Gunst von Mächtigen, die ich im Grunde verachtete. Dann aber kommt so ein Mocenigo daher, plaudert lauter Dinge aus, die er nicht versteht, und plötzlich ist mein Leben in die Hände eben dieser Mächtigen gegeben, die ich gar nicht mehr erreichen kann, weil sie nur noch als die bestellten Werkzeuge eines längst ergangenen Schuldspruchs mit Eifer ihren Dienst verrichten. Und alsbald bin ich genötigt, über Gedanken zu verhandeln, die man behandeln wird wie fertige Straftatbestände; hernach aber, wenn dieses Possenstück einer Inquisitionsverhandlung nur lange genug gedauert hat, um das Rechtsempfinden der Öffentlichkeit zu täuschen, wird man mit Genugtuung einen Menschen töten, der eine ganze Welt zu verändern bestimmt war. Was da Geschichte heißt, ist nichts anderes als die ewige Tragödie des Scheiterns. Ich hätte von Anfang an mich nur auf mein Werk konzentrieren sollen, statt jeder Möglichkeit von Ansehen und Machtgewinn an den Höfen und Universitäten Europas nachzulaufen. Verächtlicher als jetzt könnte ich auch dann nicht dastehen. Allein diese letzten sinnlos verfaulten acht Jahre eines sinnlosen, nichtigen Prozesses! Wenn ich sie hätte nutzen können zum Schreiben...! Irgendetwas habe ich in meinem Leben falsch gemacht. Ich muß dieser Frage unbedingt noch nachgehen.

Doch zunächst zum Prozeß in Venedig. Er begann damit, daß der Pater Inquisitor, Giovanni Gabriele di Saluzzo, die Anklageschrift verlas und dem Patriarchen sowie dem apostolischen Nuntius Ludovico Taberna nebst einem der drei adligen Laienrichter, der Savii all'eresia, (in der ersten Sitzung muß dies Aloysio Fuscari gewesen sein, – diese Namen zu notieren, ist mir sehr wichtig, zeigt es doch, aus welchen Zufällen unser Schicksal gewoben wird) – daß also der »Inquisitionsvater« diesem geladenen Gremium all die Denunziationen vortrug, die sein Kronzeuge Mocenigo in mehreren Anläufen zusammengetragen hatte. Auch der Buchhändler Ciotto wurde verhört, doch das alles, wohlgemerkt, in meiner Abwesenheit und ohne daß ich jemals so etwas wie eine eigentliche Anklageschrift in die Hände bekommen hätte. Im Grunde durfte ich nicht einmal die Namen der geladenen Zeugen erfahren, deren Glaubwürdigkeit im übrigen niemals durch ein angemessenes Verhör überprüft wurde; – welch einen Genuß hätte es mir z.B. bereitet, diesen Esel von Mocenigo in einem öffentlichen Verhör wie mit einer Möhre vor der Nase durch ganz Venedig zu führen! Aber in einer Kirche, die alle Wahrheiten Gottes ohnedies kennt, genügt es, Verdacht zu machen, um als schuldig überführt zu sein; die Gründe werden sich allemal finden – doch erneut Vorsicht: was man als solche Gründe später benennen wird, werden niemals, darauf kann man wetten, die wahren Gründe sein. Wer von diesen Inquisitionsbeamten würde denn auch schon zugeben, daß am Ende ein Mensch getötet wird, weil just jetzt Rom Verbündete braucht gegen Spanien, indem die Spanier mit Hilfe des amerikanischen Goldes relativ zu viel Macht aufgehäuft haben, so daß infolge davon die Wirtschaft Venedigs in eine Rezessionsphase tritt, während die römische Inquisition trotz allem mit Hilfe der Spanier den kirchlichen Einfluß insbesondere in Italien und Frankreich zu festigen sucht, wohingegen es dem Ansehen der Unfehlbarkeit des Papstes einen empfindlichen Schaden zufügen würde, wenn jemand ausgerechnet jetzt zeigen wollte, daß alle römischen Päpste von den Tagen ihrer Selbsteinsetzung im 4. oder 6. Jahrhundert bis heute ein absurdes Weltbild vertreten haben und aufrechterhalten… Zudem würde es auch dem römischen Ablaß- und Devotionalienhandel einen argen Schlag versetzen, falls die Menschheit begriffe, daß in einem unendlichen Kosmos als der Schöpfung eines unendlichen Schöpfers kein endlicher Mensch, geschweige denn seine gipserne Statue oder Büste, noch sein Hüftknochen oder Backenzahn an irgendeinem Wallfahrtsort ein wahres und umfassendes Abbild der Wirklichkeit des Ursprungs dieser Welt zu bieten vermag...

Am 29. Mai endlich wurde ich selber vorgeladen, und ich brannte darauf, mich zu rechtfertigen. Viele Stunden lang hatte ich damit zugebracht, gewissermaßen Blindschach gegen mich selbst zu spielen. Alle nur möglichen Varianten der Eröffnung hatte ich auf dem Schnürchen, aber natürlich war ich auf die dümmste Eröffnung nicht vorbereitet: Man protokollierte lediglich die äußeren Daten meiner Biographie – eine Sitzung von mehreren Stunden! Hätte man es mir vorher mitgeteilt, ich hätte ihnen auf drei Seiten das fertige Material mitbringen können: Giordano Bruno, geboren 1548 in Nola bei Neapel, getauft auf den Namen Filippo, auf spanisch genannt Felipe, Sohn der Fraulissa Savolino und des Soldaten in spanischen Diensten Gioan Bruno, wohnhaft in Casale di San Paolo, einer Siedlung des Dorfes Cicala, am Fuß des Vesuvs. Sehr früh Kontakt zu dem Dichter Luigi Tansillo, einem Patrizier und Reiteroffizier des Vizekönigs von Neapel, Don Pier Toledo, Marchese von Villafranca, Freund meines Vaters und Jugendvorbild literarischer Kunst.

»Es war also er, Luigi Tansillo, der Euch, wie Ihr sagt, als Infanten schon lehrte, lüsterne Obszönitäten und billige Kalauer mit dem Mäntelchen der Freiheit der Kunst zu bekleiden, als Feigenblatt von Nuditäten und Frivolitäten aller Art?«

»Der nämliche wohl«, replizierte ich artig; »in Sonderheit lehrte er mich, die Kunst als eine Ausdrucksform eigener Gesetze und Wahrheiten zu betrachten.«

»Kann etwas schön heißen, das nicht wahr ist, und ist etwas wahr, das nicht gut ist, Meister Bruno?«

»Oh, glaubt mir, hochmögende Herren,« gab ich zur Antwort, »daß ich, ein Dominikanermönch alter Schule, die Schulweisheit sattsam beherrsche, wonach das Wahre und Schöne und Gute in der Einheit des Seins selber gegründet sind. Indessen, wie man zu Recht wohl zu sagen pflegt: ernst sei das Leben, heiter hingegen die Kunst, so erscheint mir die Dichtkunst von allen Künsten am wenigsten kunstreich, die ideale Wahrheit des Seins an sich selbst abzubilden. Genug schon wollte getan sein, gelänge es uns, einigermaßen ehrlich die Weltwirklichkeit abzubilden, so wie sie unseren Sinnen sich darbietet.«

»Den Sinnen, ja, zum Aufreizen der Sinnlichkeit! Auf daß die Sünder Gefallen finden an böckischen Geilheiten und Tansilloschen Schlüpfrigkeiten!"

»Der edle Luigi Tansillo, Euer Hochwürden, steht heute leider nicht vor Euch. Nur muß ich schon sagen im Licht Euerer jetzigen Erklärungen: Wie konntet Ihr nur so pflichtvergessen sein, diesen Euch offenbaren, mir indes in den Jahren der schutzlosen Kindheit noch allzu verborgenen Verführer der Jugend nicht lange schon vor mir der Vorhölle Eueres gnädig alle Sünden läuternden Scheiterhaufens zugeführt zu haben? Jener Tansillo, wenn ich recht mich erinnere, starb einen recht ruhigen Tod.«

»Ja, aber nur, weil er seine schleimtriefende Feder mit dem bluttrinkenden Degen vertauschte. Wir haben sein Werk, wie es unsere Pflicht war, beizeiten indiziert, und alle weiteren Schöpfungen seines Geistes oder, soll ich eher sagen: seiner Lenden noch früh genug unter Druckverbot gestellt, und er, wie Ihr wißt, willigte freiwillig in unsere Maßnahmen. Der reumütig büßende, der verzichtende Freund Eueres Vaters hätte Euch Mahnung und Warnung sein sollen, nicht der Dichter der Wollust. Aber nun weiter. Was tatet Ihr, größer geworden?«

Der so sprach, war der »Inquisitionsvater« selbst, Giovanni Gabriele di Saluzzo. Heiliger Engel Gabriel von der Verkündigung, in was für einen Todesboten du dich in der Gestalt dieses Mannes verkleiden mußtest! Er saß da, mit seinen spinnenbeindürren, von einem breiten Siegelring an der rechten Hand gezierten Fingern nervös in den Akten wühlend, seine Brille ab und an dolchartig emporschnellend, das rechte Auge zusammengekniffen, das linke bizarr auseinandergerissen, sein Mund rasiermesserschmal, die Wangen faltig und eingefallen, die Backenknochen sowie der kahle Schädel überspannt von einer gepflegten, doch krankhaft bleichen, papierdünnen Haut, die grotesk kontrastierte zu dem Grellrot des Kardinalspurpurs seines Käppchens, die gebeugten, fast zierlichen Schultern umhüllt von einem ausladenden Hermelinfellkragen, der allenfalls einem passionierten Jagdliebhaber unter den Fürstenbischöfen, nicht aber ihm zu Gesicht gestanden hätte, vor der Brust ein großes edelsteinbesetztes Kreuz – und dann seine Stimme: schneidend dünn in ihrem Klang, in der Gedankenführung aber von einer unkörperlichen, wie schwerelos wirkenden Leichtigkeit und Raschheit, der Satzbau ohne Fehler, die Wortwahl einfallslos, aber konventionell treffsicher... Mit diesem Menschen also, in dem jegliches Gefühl erstorben schien, sollte ich über meine Jugend sprechen, über die Werke meines Freundes Tansillo und warum ich gerade ihm mein Buch über *Die heroischen Leidenschaften* persönlich geweiht hatte!

Am allerschlimmsten jedoch wirkte auf mich das stereotype maskenhafte Lächeln dieses Oberzensors der Kirche aller Rechtgläubigen.

»...lüsterne Obszönitäten und billige Kalauer...«, er lächelte; »als Feigenblatt von Nuditäten...«, er lächelte. »Den Sinnen ... zum Aufreizen«, er lächelte.

Zunächst glaubte ich, in seinem Mienenspiel eine perverse Freude beobachten zu können; dann aber sah ich, daß dieser Mann über irgendwelche Gefühlsregungen, die er hätte äußern können, offenbar schon seit langem nicht mehr verfügte. Er wäre mir menschlicher erschienen, wenn er wenigstens an seiner Verschrobenheit und Verdorbenheit ein echtes Gefallen hätte finden können! Sein grimmassierendes Lächeln jedoch galt nicht seinem persönlichen Vergnügen, es diente eher einer flehentlichen Wiedergutmachung: Stets, wenn er sein Lächeln aufsetzte, schloß er die Augen, wie um die Reaktion seiner Hörer nicht mitansehen zu müssen. »Wenn ich schon streng und eindeutig urteilen muß, wie Amt und Gewissen mir vorschreiben,« schien dieses Lächeln zu sagen, »so will ich doch auch wieder nicht als ein Unmensch erscheinen; ich bitte vielmehr um Verständnis und Duldung, ich ersuche Euch förmlich um höfliches Mitleid, daß ich zu Euch so bin und für Euch so sein muß. Nichts für ungut, Ihr Leute, Ihr habt mich doch lieb für all meine Grausamkeiten? Tue ich nicht in so harten Zeiten in allem und trotz allem bravourös meine Pflicht?« Dieses Lächeln, kein Zweifel, sollte selbst noch Folter und Hinrichtung, sollte das Vierteilen und Verbrennen von Menschen als Apostaten und Ketzer für einen humanen Akt erklären, der gefälligst als Teil eines gebildeten und kultivierten Arrangements zu betrachten war.

Wie gebannt starrte ich auf diese grinsende Totenmaske, und jetzt zum ersten Mal begriff ich den vollen Ernst meiner Lage. Abstreiten, alles abstreiten, nur nicht die geringste Blöße zeigen – mit der Kraft der Verzweiflung klammerte ich mich an diese Devise.

»Was tatet Ihr, größer geworden?«, wiederholte er mit seiner müde fistelnden Stimme, als wenn er sagen wollte: »Habt keine Scheu. Meine Ohren haben so vieles gehört. Und meine Geduld erträgt alles.«

»Vater Inquisitor«, begann ich und starrte auf die nestelnden Bewegungen seiner linken Hand, die das Brustkreuz mit den Fingerspitzen unruhig vor und zurück pendeln ließ, »es dürfte für Euch von Interesse sein, daß ich im Alter von 14 Jahren zum Studium Generale an die Freie Universität von Neapel geschickt wurde, wo ich den damals berühmten Vincenzo Colle di Sarno zu hören die Ehre hatte und vor allem Privatunterricht bei dem noch heute von mir hoch verehrten Augustinerpater Teofilo di Varano nehmen durfte; ihm, in seiner allseits anerkannten Gelehrtheit, verdanke ich die Einführung in das Denken des Aristoteles, und Ihr wißt, daß ich in meinem *Aschermittwochsmahl* gerade ihn unsterblich gemacht habe, indem ich ihn meine antiaristotelischen Gedanken über die Unendlichkeit der Welten vortragen ließ.«

»Notieren Sie«, wandte sich mit einem jähen Ruck der Padre Inquisitore an den links neben ihm sitzenden apostolischen Nuntius Ludovico Taberna, »es ist der Nolaner, der Menschen ›unsterblich‹ macht, indem er ihnen, den längst Verstorbenen, den also Wehrlosen, seine eigenen Gedanken unterschiebt und sie Dinge sagen läßt, die ihren wirklichen Ansichten vollständig entgegen sind; notieren Sie ferner, daß der Nolaner auf dieser Welt keine größere Ehre zu kennen scheint, als einen verdienten Mann unserer heiligen Mutter der Kirche in das Sprachrohr seiner eigenen häretischen Ideen zu verwandeln.«

»So bin ich schon überführt, noch ehe ich mich Euch auch nur vorgestellt habe?« entgegnete ich erbittert. »Ich wollte im *Aschermittwochsmahl* lediglich sagen, daß mein Lehrer Teofilo di Varano, dieser in ganz Italien bekannte Aristoteles-Kenner, dieser geachtete und geschätzte Rektor des Augustiner-Konvents in Florenz, all seine philosophischen Lehrmeinungen gewiß würde verworfen haben, hätte er die unbezweifelbaren Studien des Kopernikus zu lesen vermocht. Ich halte es für eine große Ehre, einem Menschen so viel Wahrheitsliebe zuzutrauen, daß er sogar eine Meinung, die er sein Leben lang vertreten hat, noch nach seinem Tod würde geändert sehen wollen, wenn er nur die Gelegenheit dazu fände. Den geehrten Teofilo habe ich wirklich nur das sagen lassen, was er, ein denkender, suchender Mensch, heute unzweifelhaft zu Euch sprechen würde.«

»Notieren Sie: Der Angeklagte erklärt, besser zu wissen, was ein Autor, ein Aristoteleskenner von Rang und Namen, zu sagen hat, als er selber je es gesagt hat. – Herr Bruno,« wandte er sich an mich, »wie geht es wohl an, daß Ihr die Menschen nicht nur unsterblich macht, sondern ihnen überhaupt erst ihr rechtes Dasein verleiht? – Nein, keine Erwiderung mehr,« unterbrach er sich selber, indem er abwehrend seine dürren Hände erhob. »Nur das will ich wissen: Wieso kamt Ihr mit 14 Jahren nach Neapel, und woher konnte ein Söldner in spanischen Diensten wie Euer Vater das Geld für das Studium seines Sohnes aufbringen? Desgleichen erklärt mir, wie aus einem Menschen wie Euch je hat ein Mönch werden können? Faßt Euch jetzt kurz, wenn ich bei so viel Übermut bitten darf.«

»Nun, Gott der Allmächtige fügte es so,« gab ich ironisch in der verfeierlichten Sprache der Kirche zur Antwort. »Er schuf mich begnadet, und so ließ er seinen Samen fallen auf fruchtbaren Boden. Man erkannte recht bald mein Talent und duldete nicht, es zu vergraben. – Das heißt, wenn es Euch interessiert: Ich wohnte in Neapel bei meinem Onkel, dem Sammetweber Agostino, der mächtig stolz auf mich war und mich umsonst bei sich wohnen ließ. Des Abends manchmal gab ich ihm ein Beispiel für den Nutzen meiner Lateinstudien. Ich wollte als Kind schon so klug und beredt sein wie der große Cicero, und so las ich wie dieser vor 1600 Jahren in den Gedichten des Quintus Cornificius; meinem Onkel aber hielt ich auswendig bei Gelegenheit lange lateinische Vorträge, die wortgetreu wiedergaben, was ich gelesen hatte. Er hörte dem Klang der ihm unverständlichen und doch nicht gänzlich unvertrauten Sprache träumerisch zu, und er ließ mich gewähren.

›Siehst Du die Möwe dort‹, sagte er einmal zu mir, ›sie schreit, wenn die Sonne untergeht. Niemand kennt die Sprache der Möwen; und doch versteht jeder: Sie ruft mit ihrem Schrei die Sonne zurück, und sie wartet im Wiegen der Wellen, den Kopf unter den Flügeln, Stunde um Stunde, die Nacht hindurch, bis sie wieder hervorkommt. Dann in den ersten Strahlen des Lichtes putzt sie sorgfältig ihr Gefieder und schwingt sich empor in den Himmel. Du, mein lieber kleiner Felipe, bist solch eine Möwe. Putz Deine Federn und fliege empor‹, und er gab mir einen Kuß auf die Stirn.«

»Zur Sache jetzt. Wann tratet Ihr in den Orden ein?«

»Als ich 17 Jahre alt war, am 15. Juni 1565. Das Kloster von San Domenico, dicht neben dem Dom von San Maggiore, galt mir damals als der Herd einer unauslöschlichen Glut der Wahrheit und der Liebe. Der größte aller Aristoteliker, der engelgleiche Lehrer, der heilige Thomas von Aquin selbst hatte dort gelebt, gelitten, gestritten...«.

»Gut, gut, das wissen wir. Wie weiter? Ihr kamt in das Kloster, um Euch als Armeleutekind auf Kosten der Kirche weiterzubilden. War es nicht so?« Er ließ wieder das Brustkreuz mit seinen dürren Fingern hin und her pendeln.

»Ja.«

So war es überhaupt nicht. Aber wenn er es unbedingt so sehen wollte... Was mich in Wirklichkeit damals trieb, war ein brennendes Suchen nach Wissen und Erkenntnis. Ich wollte lernen, verstehen, Zusammenhänge begreifen, und ich wollte – Sicherheit! In mir gärte der Drang der Jugend mit einer verwirrenden Stärke. Was war Schönheit, was Gefallen, was Sünde, was Laster? Ich lebte damals ganz in der Welt, die dieser Padre Inquisitore auch in diesem Moment noch verkörperte, einer zerrissenen, widersprüchlichen Welt, in der alle natürlichen Strebungen des Menschen ins Unnatürliche verformt wurden. Gott als den vermeintlichen Schöpfer der Welt konnte man in diesem Weltbild durchaus nicht in Übereinstimmung bringen mit Gott als dem Vater des Erlösers Jesus Christus. Was der eine von diesen beiden göttlichen Personen für gut befand, nannte der andere schlecht, was diesem für Vernunft, galt jenem für Widersinn, was der eine gebot, verbot der andere, und diese Widersprüche unter den göttlichen Personen selbst teilten auch meine eigene Person in zwei Hälften, die bis heute nur mühsam zusammengewachsen sind. Indessen hoffte ich damals durch Gedankenklarheit, Bildung und Ordnung der quälenden inneren Zerrissenheit zwischen Sehnsucht und Angst, Verlangen und Schuld, Sinnenfreude und Frömmigkeit zu entrinnen, und so nahm ich auf der Flucht vor mir selber

Zuflucht im Kloster der heiligen Väter, nicht ahnend, daß ich damit nicht anders handelte als ein Fieberkranker, der seine Erkältung zu heilen sucht, indem er sich bis zum Halse in kaltes Wasser stellt. Was die Ursache der Krankheit, erschien mir jugendlichem Toren als Heilmittel; doch zu meiner Entschuldigung muß ich fragen: Wie viele Menschen vermag die Kirche mit ihrer Vergiftung der Sinnlichkeit, auf eben dieselbe Weise wie mich damals, auch heute noch zu verwüsten? Sie hängt die Menschen wie hungrige Fische an den Haken ihrer Schuldgefühle und dann läßt sie die Gefangenen so lange zappeln, bis sie in ihrem Schmerz es schon für einen Akt der Gnade empfinden, wenn endlich eine Hand sich ausstreckt, die sie von dem grausamen Eisen befreit; doch gerade dann wartet auf die schon wieder Hoffenden nur der Fangkorb und ein langes qualvolles Schnappen nach Luft. Die Verteufelung der Sinnlichkeit ist in sich selber eine nicht endende Folter der Seele und des Leibes, und nicht umsonst ist die Peinigung des sündigen Fleisches das Hauptinstrument der Heiligen Inquisition.

Aber es gab noch ein anderes Moment, das mich schon in den Tagen der Jugend die Sinnlichkeit fürchten und die Vernunft förmlich anbeten ließ – das war die Erfahrung, wie trügerisch die Sinne sein können, wenn es um Wahrheit geht.

Ich war höchstens sechs Jahre alt, als an einem sonnigen Nachmittag mein Vater mich an die Hand nahm und wir den Cicala bis zu der Burgruine auf der Spitze des Berges emporkletterten. Eine herrliche Aussicht bot sich unseren Blicken: am Horizont der blau-weiße, dunstige Schimmer des Meeres, davor unser kleines Dorf inmitten der grünenden Wiesen, über die sich der strenge Geruch von Schafgarbe und Minze lagerte; freundlich erklang das Summen der Insekten auf den Blüten der Sträucher und Bäume, und in der Ferne erhob sich das majestätische aschgraue Kegelmassiv des Vesuv.

»Warum, Vater, ist dort hinten alles so eintönig grau, während hier alles voller Farben steht?«

»Du irrst dich, mein Junge, auch die Hänge des Vulkans sind mit Bäumen und Sträuchern bestanden; doch das Gestein schimmert durch.«

»Ist der Vulkan auch heute noch tätig?«

»Ja, er ist noch aktiv, doch uns beiden tut er im Augenblick nichts.«

Obwohl mein Vater so freundlich zu mir sprach und trotz der anmutigen Stille der Landschaft auf dem Berge Cicala überfiel mich ein doppelter Schrecken. Was ist, wenn die Erde sich auftut und verschlingt ganze Dörfer und Städte in einem Nu, so wie sie die Rotte Korach verschlungen hat, als sie in der Wüste gegen Moses sich erhob, oder wenn aus den Feueressen der Vulkane das glühende Magma gepreßt wird und alles Leben ringsum unter sich begräbt? Die Welt, auf der wir stehen, erschien mir abgründig, unheimlich und gefährlich, wenn sie, man weiß nicht wann, aber durchaus jederzeit sich in ihr eigenes Inferno verwandeln kann. Und selbst was wir sehen, kann falsch sein. Was ich sah, war die graue Farbe der Lava; was ich nicht sah, war die grüne Farbe der Bäume und Sträucher. Allein von der Entfernung also hing nicht nur ab, was ich sah, sondern auch, wie ich es sah. Was aber stimmt dann? Wann sieht man richtig? Die Sinne sind unzuverlässig. Allein wenn man den Verstand zu Hilfe nimmt, lassen die Eindrücke der Sinne sich verstehen und ordnen. Das lernte ich damals als Kind schon. Nur weil sie den Sinnen viel zu sehr trauen, denken die meisten Menschen immer noch, die Erde sei eine stillstehende Scheibe, über welcher die Sonne jeden Tag auf- und untergeht.

»Was Ihr also seid, Meister Bruno, seid Ihr durch unsere Heilige Mutter, die Kirche, ist es nicht so?«

Ich erwachte bei dieser Frage jäh wie aus einem Traum. »Nein.«

»Wieso nein? Ihr sagtet soeben noch ja.« Der Inquisitor lächelte.

»Unsere heilige Mutter Kirche«, entgegnete ich forsch »ist gewiß viel reicher als meine arme Mutter Fraulissa, aber alles

Geld, über das die Kirche verfügt, gehört nicht ihr, es ist Geld, das allen Menschen gehört, weil sie es von den Menschen bekommen hat. Und darüber hinaus bin ich stolz genug, Euch zu sagen: So wenig eine Möwe identisch ist mit der Welle, aus der sie sich aufschwingt zum Himmel, so wenig bin ich heute, was ich werden sollte, als ich mir damals die weiße Kutte der Dominikaner überstreifte. Ich sage Euch, Padre Inquisitore, es gibt im Menschen ein untrügliches Gefühl dafür, ob etwas stimmt oder nicht stimmt. Es stimmte für *mich* nicht, und es sollte für *niemanden* stimmen, als ich bei der Abnahme der heiligen Gelübde mich vor unserem Pater Prior, dem noch heute von mir verehrten Ambrogio Pasqua, lang ausgestreckt zu Füßen werfen mußte, um meine vollkommene Hingabebereitschaft und willenlose Gefügigkeit gegenüber dem Orden zu demonstrieren und meinen Namen Filippo an den Ordensnamen Giordano abzugeben. Von Gott, das steht fest, sind solche Praktiken nicht. In der Bibel hat Gott allein der Schlange im Paradies befohlen, auf dem Bauche zu kriechen und Staub zu lecken, den Menschen aber hat er geschaffen, aufrecht zu stehen und zu gehen. Die Freiheit ist nicht die Versuchung des Menschen, sie ist seine höchste Auszeichnung unter den Augen Gottes. Um Gott zu gefallen, mußte ich meine Freiheit wählen – *gegen* den Orden, *gegen* das Reglement des Ordens – *gegen* die Kirche als die Hüterin und Nutznießerin des Reglements aller Ordensgemeinschaften. Alle Freiheit ist eine Funktion des Widerstandes und der Identität des eigenen Namens.«

»Nein, Bruder Giordano, Gott ist die Freiheit, und er lebt in der Kirche, die der Leib seines Sohnes ist; unsere heiligen Ordensgemeinschaften aber, gegründet von Heroen der Herzenshingabe an die Wahrheit…«

»… sind Lasterhöhlen der Wollust und der Unredlichkeit«, warf ich zornig ein. »Ich war noch nicht 18 Jahre alt, als ich, wohlgemerkt auf der Flucht vor mir selbst, wie ich schon sagte, im Schoße der heiligen Mutter Kirche den eigentümlichsten Paarungen beiwohnen mußte. Soll ich Euch erzählen von der schwülen unerträglichen Hitze der Sinne, welche die Zellen eines Klosters durchweht, wenn die Kühle der untergegangenen Sonne lindernd vom Meer her sich über Neapel legt? Die Wände eines Klosters sind dünn, Padre Inquisitore, und was mich anfänglich schaudern ließ, wenn ich es hörte, das machte mich späterhin lachen, nicht anders als bei den dionysischen Festen der Guglie di San Marino, die wir in unserem Städtchen Nola Jahr für Jahr feierten. Glaubt Ihr im Ernst, die Kirche hätte die Macht, die Menschen neu zu erschaffen, wie Ihr es mir so gern vorwerft? Die Menschen bleiben, wie Gott sie gemacht hat, und Gott sei Dank, bleiben sie es. Wir in Nola z.B. feiern alljährlich ein frommes Fest, wie der heilige Paulinus aus seiner afrikanischen Gefangenschaft zurückkehrt; aber in Wahrheit halten bei der Rückkehr des heiligen Paulinus von Nola die Vitalität und die Glut der Afrikaner selbst ihren Einzug und mit ihnen die Erinnerung an all die wiederauferstandenen Götter der Antike: an den ägyptischen Osiris, den phrygischen Attis, den griechischen Dionysos – Padre Inquisitore, die Menschen lassen sich nicht betrügen, und immer wieder wird der getötete Gott in ihnen leibhaftig auferstehen und sie suchen lassen nach ihrer Geliebten, heiße sie nun Isis, Venus, Rhea – oder Maria Magdalena«, fügte ich leise hinzu.

In der Erinnerung an den Prozeß in Venedig höre ich mich, wenn ich dies schreibe, in den Worten sprechen, die ich damals hätte unbedingt sprechen müssen, die ich in Wahrheit aber nicht gesprochen habe. Zu meiner Beschämung muß ich gestehen, daß ich in diesem entscheidenden Augenblick meines Lebens es nicht wagte, jenem erlauchten Gremium von senilen Eunuchen und frühkastrierten Chorknaben die Erfahrungen meiner Komödie des *Kerzenanzünders* unter die Nase zu reiben, die ich schon zu meiner eigenen Erleichterung mitten in der beschaulichen Zelle des angesehenen Klosters des heiligen Thomas seinerzeit habe verfassen *müssen*. Ich stehe zu diesem Bocksgesang meiner verdorbenen Jugend bis heute und bereue keine Zeile davon – es war kein

Versehen, daß ich das Stück 1582, über 10 Jahre später, in Paris, in der Nähe des französischen Hofes, in Druck gab, entschiedener eigentlich noch denn damals, als ich es schrieb. Das inbrünstige Gestöhne einer bigotten Frömmigkeit, all die faulen verlogenen Redensarten ihrer Gebete und Andachten, die eifersüchtigen Scheelheiten und intriganten Tuscheleien der Mönche, *wer*, in platonisch durchglühtem Eros, versteht sich, *wen* unter den männlichen Brautleuten Christi inniger liebe, die Lustschreie in den Nächten und das brünstige Gekicher sich anbahnender Zerknirschung und Buße hernach – die ganz irrsinnige Theatralik eines Lebens, das Gott verleugnet, indem es sich selbst verleugnet – wie hätte ich sie dem Inquisitionstribunal in Venedig auch nur von ferne enthüllen können?

Aber gerade aus solchen Erfahrungen formte sich mein Neuheidentum. Es begann intellektuell. Ich entdeckte, wie fahrlässig der große Aristoteles die ehrlich suchende, oft großartig ahnende, in der Treffsicherheit ihrer Vermutungen unübertreffliche Denkungsart der jonischen Naturphilosophie einfach beiseite geschoben hatte. In all dem, was der Stagirite verneinte, schien mir oft mehr an Bejahung des Lebens zu stecken als in den hohlen Doktrinen seines eigenen Ideengebäudes, das er der Wirklichkeit aufzuzwingen suchte. Freilich: Ein Bruch mit Aristoteles – das bedeutete so viel wie eine Querschnittlähmung des gesamten Organismus Kirche. Doch gerade das begann mich zu faszinieren: Raymundus Lullus gegen Aristoteles! Das Leben eines Bacchanten, eines Dichterphilosophen, eines Vagabunden der Liebe zur Wahrheit, eines Magiers der Erkenntnis und eines Zauberers der Worte gegen die staubtrockene Dürre der monastischen Regeln, der aristotelischen Schablonen, der kirchlich verordneten Frommphrasen – ja, kleine Möwe, kleines Schwälbchen meiner Seele, folge den Spuren deiner Sehnsucht, denn nur dort findest du Gott.

Hätte ich diesem Padre Inquisitore aber erzählen sollen, wie ich selber damals Nacht für Nacht wachlag und mich hinüberträumte zu der Frau des Gian Tommaso Borzello? Sie war verheiratet, und ich hätte ihr Sohn sein können; doch eben: weil sie eine Ehefrau war und ich ein einfaches Mönchlein, wähnten wir uns beschützt durch die Umstände und wagten eine spielerische Zärtlichkeit, für sie gewiß eine gewohnte, eine eher neckisch scheinende Zutraulichkeit, für mich aber eine schauervoll durchbebende Wonne und Qual aller Empfindungen. Morgana, Diana, Dich habe ich gesucht auf tausend Wegen, und alle Wege aus diesem Gefängnis des Geistes und der Sinne, des Traumes und der Gedanken, das sich in den Mauern des Klosters des heiligen Dominikus verkörperte, führten hinüber zu Dir, der ewig Geliebten meines Lebens. Wenn es je eine »Mutter« für mich, den Erwachsenen, gab, so warst Du es, meine Morgana, meine Diana – der »Mutter« Kirche hingegen bedurfte ich nicht, noch durfte ich jemals ihr folgen, um zu Dir zu gelangen, die Du mir alles warst, alles bist und alles sein wirst: meine Freundin, meine Schwester, meine Gespielin, mein Engel, mein Stern, meine Sonne…

Ein altes Jugendgedicht fällt mir ein, das ich damals an Dich schrieb, ohne es Dir jemals zu zeigen; ich schreibe es hier nieder in dem Bewußtsein, daß unsere Seelen einander berühren auch jenseits von Zeit und Raum und miteinander reden, selbst wenn Äonen von Jahren im All uns trennen.

> Denn weißt Du, *wer* Du für mich bist?
> Oft nenne ich Dich *meine Schwester*,
> Weil Du für mich mein allerbester
> Und liebster Freund auf Erden bist.
>
> Und weißt Du, *wie* Du für mich bist?
> Oft nenn ich Dich *mein Herz, mein Glück*,
> Weil Deine Liebe mich zurück
> Ins Paradies trägt, wo Du bist.
>
> Und weißt Du, *was* Du für mich bist?
> Oft nenn ich Dich *mein Haus, mein Baum*,
> Weil durch Dein Wesen Du den Raum
> Für mich zum Leben schaffst und bist.

Und weißt Du, *wo* Du für mich bist?
Oft nenn ich Dich *Täubchen* und *Rose*,
Weil Du die Seele, die zeitlose
Gestalt in allen Dingen bist.

O Liebste, weißt Du wer Du bist?
Du bist all dies und noch viel mehr,
Ich weiß doch nur, ich lieb Dich sehr,
Gleich, wer, wie, was und wo Du bist.

Doch zurück zum Prozeß in Venedig. Es war aussichtslos, vollkommen aussichtslos, von solchen Gefühlen dem ehrwürdigen Tribunal des Heiligen Offiziums auch nur ein Sterbenswörtchen mitzuteilen. Diese Leute witterten Unkeuschheit in der Reinheit der innigsten Gefühle, sie erklärten für Schuld die erhabenste Unschuld des Herzens, sie quälten und marterten jeden freien Gedanken, jedes tiefere Gefühl, jede leidenschaftliche Regung des Lebens zu Tode, und sie taten all dieses seelenruhig, mit feierlicher Miene, hoheitsvoll in der würdigen Pflicht ihres Amtes, denn: – sie waren die Wahrheit, sie vertraten die Tradition, sie ordneten die Offenbarungen Gottes, die sie vergewaltigten, indem sie sie verwalteten. Es war hoffnungslos. Für diese Leute besaß selbst ich, der geborene Seiltänzer lebendiger Worte und rascher Begriffe, buchstäblich keine Worte. Vor ihnen verstummte mein Mund wie ein Schaf in den Händen des Scherers. Sie mußten mich ausmerzen, so wie ich versuchen mußte, sie zu überwinden. Die Komödie meiner Jugend wurde zur Tragödie meines Lebens. Aber schon wieder: was ist hier Freude, was Schmerz? Alles ist eins, alles ist gleichzeitig; wenn man nur wirklich lebt.

»In unseren Unterlagen steht, daß Ihr im Jahre 1576, ganze vier Jahre nach Euerer Priesterweihe, dem Klosterleben und den Gelübden, die Ihr dem ewigen und allwissenden Gott freiwillig gabt, durch feige Flucht Euch entzogen habt.«

»Feige vielleicht ist es nicht zu nennen, wenn jemand dem Fuß zu entweichen sucht, der ihn, einer Schabe gleich, zu Unrecht zermalmen will.«

»Spielt Ihr an auf die Heilige Inquisition unserer heiligen Mutter Kirche, so wird sie in ihrer Gerechtigkeit niemals jemanden ›zermalmen‹, der nicht durch Starrsinn und Bosheit dieses Schicksal selbst über sich verhängt hat.«

»Steht nicht geschrieben beim Evangelisten Matthäus, (Kapitel 7, Vers 1): ›Richtet nicht, damit ihr nicht gerichtet werdet‹? Wie könnt Ihr Euch im Dienste Christi wähnen, wenn Ihr seinen Worten zuwider seid?«

»Wir richten niemals, Meister Bruno, wir stellen lediglich fest, wer sich selbst schon gerichtet hat – Evangelium des heiligen Johannes, das auch Ihr kennen solltet (Kapitel 3, Vers 18); wir urteilen nie, wir müssen nur akzeptieren, daß jemand in seiner Freiheit und Verantwortung, die wir sehr ernst nehmen, durch sein Denken und Tun sich selber verurteilt. Das läuternde Feuer aber, dem nicht wir selbst, sondern die Gesetze des Staates die Meineidigen, Aufrührer, Apostaten, Schismatiker und Häresiarchen nach unermüdlichen Warnungen und Mahnungen zu unserem eigenen Bedauern unter Umständen übergeben *müssen*, um wenigstens ihre *Seele* vor den ewigen Flammen der Hölle zu bewahren, ist nichts als ein äußerstes Heilmittel, das brennend und sengend ein Arzt anwendet, um eine anders nicht heilende, schwärende Wunde zu schließen.«

Wieder glitt ein zufriedenes Lächeln über das maskenhafte Gesicht des Inquisitors, wieder umspielten die dürren Finger das Edelsteinkreuz vor seiner Brust, als wenn es sein Herz wappnen sollte gegen alle Gefühle, die es von außen hätten erreichen können. Mit Mühe brachte ich vor:

»Meine einzige Wunde wart und seid Ihr, die Heilige Inquisition. Ohne Euch könnte ich heute noch im Kloster von San Domenico in meinem geliebten Neapel sitzen, ich könnte gemächlich die Werke der neuen Physik studieren, die von dem ehrwürdigen Giambattista della Porta damals gerade begründet wurde – ich empfehle sie Euerer Aufmerksamkeit übrigens von ganzem Herzen! Ich könnte mich in die arabische Philosophie, in Averroes, Avicenna und Avicebron vertiefen, ich würde ungehindert die Werke des Fracastorius, des Petrarca, des Bernardin Telesio durcharbeiten, der in Neapel seinerzeit über die Natur der Dinge seine Vorlesungen hielt, und vor allem: ich hätte meinen hoch geschätzten Nicolaus Cusanus auswendig lernen können; – wieviel verdanke ich gerade ihm in meinem Grundgedanken von der Unendlichkeit der Welt! Ja, ich könnte, wie damals als junger Gelehrter der Theologie im Jahre 1571, die Kunst meines Gedächtnisses sogar einem Papst wie Pius V. demonstrieren, dem ich eine kleine Schrift über *Die Arche Noah* gewidmet habe, ich, der Verfolgte dem Oberverfolger.«

»Ja, so sah es Euch ähnlich. Ihr glaubt wohl bis heute, Ihr brauchtet nur etwas zu schreiben, ob falsch oder richtig, wenn es nur von Euch ist, und es einem Papst, einem Kaiser oder König zu übergeben, dann sei Euer Ruhm gemacht und der Erdkreis zu seinem Vorteil geordnet. Bemerkt Ihr nicht selbst Euren unbeirrbaren Hochmut?«

»Ist es denn Hochmut, mit dem Besten dienen zu wollen, was man zu geben vermag? Ihr aber seid Euch zu hochmütig, etwas anderes als Euere eigenen Kreaturen gelten zu lassen. Ihr seid wie brüllende Löwen, die selbst die Kinder ihres eigenen Harems fressen, wenn sie nicht von ihnen selber gezeugt sind. Wollt Ihr wissen, was mich seinerzeit aus dem Kloster trieb? Ich beherbergte in meiner Klosterzelle bestimmte Werke des großen Erasmus, – schon das war Euch verdächtig, denn es enthielt den Geist des Humanismus, des redlichen Erforschens historischer Quellen, der Toleranz und der Weltgewandtheit des Wissens; *Ihr* indessen wußtet, selbstredend, mit den Worten des heiligen Paulus, daß alle Philosophie zuschanden wird durch das Kreuz Christi. Ich frage Euch, wie Ihr denn jemals der Wahrheit Euch nähern wollt ohne den Gebrauch der menschlichen Vernunft und die Erlaubnis ehrlichen Suchens und Forschens? In Eueren Augen aber kam es damals erschwerend hinzu, daß ich in meiner Zelle die kitschigen Bildchen der heiligen Katharina von Siena und des heiligen Antonius entfernt und einzig das

Kreuz noch belassen hatte, ein Kreuz ohne den Marterleib des Gekreuzigten; der Ort meiner Anbetung, entschied ich schon damals, sollte nicht länger mehr ein überwertig gedachter Mensch sein, sondern die Länge und Breite, die Höhe und Tiefe des ganzen Kosmos. Darüber, freilich, hätte ich mit den Brüdern im Kloster diskutieren mögen, spätestens, als ich von der alles verändernden Entdeckung des Nikolaus Kopernikus erfuhr. Aber Ihr bekennt die Freiheit des Geistes und die Freiheit des Gewissens nur, um in Wahrheit jedes Pflänzchen der Freiheit, wo immer Ihr es findet, mit Euerem unreinen gespaltenen Huf zu zertrampeln. Es war wohl mein Los, Priester geworden zu sein unter eben jenem Pius V., der, selber ein Dominikaner, auf dem Stuhl Petri das Werk seines Vorgängers Paul IV. ungehemmt fortsetzte und von allen Seiten das Öl herbeitragen ließ, um immer neue Scheiterhaufen gegen die Ketzer emporzüngeln zu lassen.

Ein offener Dialog?

Niemals! Man bediente sich im Gegenteil hinterhältig und verlogen eines eigens auf mich angesetzten Spitzels, jenes schmeichlerischen Montecalcini, der mich in meiner Gutgläubigkeit solange aushorchte, bis er herausfand, daß ich die Lehre der heiligen Dreifaltigkeit leugnete und angeblich eine arianische Christologie verträte. Ja, heute bekenne ich offen: Ich leugne die Existenz eines himmmlischen Wesens mit drei Köpfen oder einer irdischen Chimäre aus zwei Naturen; doch damals ging es mir einfach um die Freude des Disputierens. Ich wollte einfach herausfinden, ob das Zeugnis der Väter wirklich so eindeutig sei, wie die Kirche es lehrt, und ob sich ihre Lehrsätze hieb- und stichfest beweisen ließen. Natürlich ließen sie sich *nicht* beweisen, wozu sonst auch brauchtet Ihr Eisen und Feuer gegen so›schwärende Wunden‹wie Zweifel, Kritik und Nachdenklichkeit? Als jedenfalls dieser ehrenwerte Herr Montecalcini sein Material endlich beisammen hatte und es dem Offizial unsres Ordens, Pater Domenico Vito, übergab, erlebte ich, daß selbst die Macht des wohlmeinenden Priors Ambrogio Pasqua versagte; obwohl er es versuchte, zeigte er sich außerstande, mich vor dem Arm der Heiligen Inquisition zu schützen. *Darum* bin ich geflohen – doch nicht aus dem Orden, sondern nach Rom, in das Kloster Santa Maria sopra Minerva, zu dem Procurator unseres Ordens, zu Sisto de Lucca. Ihr seht, ich ›suchte den Frieden und jagte ihm nach‹. Doch mit Euch, die Ihr Jagd macht auf die Ruhe der Seele, auf die Freiheit des Denkens, auf die heroische Leidenschaft der Gesinnung und der Gesittung, mit Euch ist kein Frieden zu schließen.«

Giordano, Felipe, so hättest Du reden müssen, damals, vom ersten Tag an, in diesem unseligen Prozeß in Venedig. Aber Du konntest es nicht. Reden kann man nur, wo man Gehör findet, und das war nicht der Fall. Es war nicht Deine Schuld. Deine Schuld war es, daß Du den Tod damals noch allzu sehr fürchtetest.

Jetzt bin ich nur noch erschöpft. Es kommt mir so vor, als hätte ich noch niemals in meinem Leben an einem Tage so viel geschrieben wie heute. Dabei geht mein Papier schon zur Neige. Ich muß noch kleiner, noch zierlicher schreiben. Ich muß mein Gewissen entlasten, Seite für Seite. Morgen werde ich vor allem die theologische Seite des Venezianischen Prozesses ausführlicher schildern und dabei all ihre gemeinen Praktiken und kläglichen Tricks noch einmal aufführen. Ich muß all diesen Schmutz ein letztes Mal ausscheiden. Endlich: Ein letztes Mal.

Draußen ist die Abenddämmerung angebrochen. Es tut gut, die Feder beiseite zu legen und Luft zu schöpfen. Die ersten Sterne sind aufgezogen, diese gütigen Fackeln des Alls – es ist mir ein Trost, mit guten Gründen glauben zu dürfen, daß irgendwo unter euch eine Welt sei mit Menschen, die sich weniger quälen und die, wenigstens manchmal, ein wenig begabter zum Glücklichsein sind. Immerhin: Euch streift meine Stirne, glücklichere Genien, und was ich denke, werden selbst sie in alle Zeit nicht zertrümmern. Leg dich zur Ruhe, Giordano, Felipe, für heut ist's genug.

28. Dezember
Das Rebhuhn

Ich hätte nicht geglaubt, wie anstrengend der gestrige Tag
für mich war. Oder liegt es an etwas anderem? Als ich aufwachte, war mein Mund vollkommen trocken, der Puls ging
sehr rasch, aber fadendünn, und in meinem Magen spürte
ich ein Brechgefühl, als wenn ich mich übergeben müßte. Ich
preßte meine Hände gegeneinander, ruderte mit den Armen
und atmete tief die kühle Luft in mich ein. Dann dehnte ich
meinen Körper, streckte mich bis zu den Zehenspitzen und
spürte, wie das Leben in meine Glieder zurückkehrte.

Der Himmel, der bei Einbruch der Nacht noch sternen-
übersät gewesen, hüllte sich jetzt in ein diesiges Dämmerlicht.

Ich fühlte mich unsäglich müde, legte mich noch einmal
auf meine Pritsche und genoß mit geschlossenen Augen die
wohltuende Wärme der Decke. Ihre bräunliche Färbung gegen das trübe Grau des Himmels brachte mir die Erinnerung
an einen Traum zurück, den ich diese Nacht erlebt haben
mußte.

Ich sah mich über ein verschneites brachliegendes Feld
gehen, hier und da von Schlehenhecken umstanden, der
Boden aufgeweicht unter dem abtauenden Harsch, der
fleckenweise die braunschwarze Krume durchscheinen ließ
– da brach, aufgescheucht wohl durch das Geräusch meines
Schrittes, ein Rebhuhn, das sich in einer Bodenwelle versteckt hatte, mit lautem Flügelschlag und verängstigtem
Schrei hervor, flog aber nicht auf, wie ich erwartete, sondern lief, den Kopf vorgestreckt, die Flügel seitwärts ge-
spreizt, in die Richtung eines nahen Gesträuches. Sonderbar, dachte ich, daß es, obwohl mitten im Winter, noch

immer das braune Federkleid des Sommers trägt! Fast war es schon meinen Augen entschwunden, da ging ein jäher Ruck durch seinen Körper; mit aller Kraft versuchte es aufzuflattern, fiel aber unmittelbar darauf wie leblos zu Boden. Allem Anschein nach hatte es sich in der Drahtschlinge eines Jägers verfangen. Ich eilte hinzu, um es zu befreien, doch zerrte es, bei meiner Annäherung von noch größerer Panik getrieben, so verzweifelt an der immer enger sich spannenden Schlaufe, daß, als ich anlangte, es bereits tot war. Es schlug noch ein paar Mal heftig mit den Flügeln, doch wohl nur im Reflex. Ich hatte als Kind schon einmal voller Grausen mitansehen müssen, wie der Rumpf eines Huhns nach dem Beilhieb eines Schlächters quer durch den Stall flatterte, ehe er an die Wand prallte und blutüberströmt auf den Boden stürzte; der ganze Körper des Tieres war nichts als die heillose Flucht vor einem Tod gewesen, der es längst schon ereilt hatte.

Während ich diesen Traum notiere, wird mir mein Körpergefühl beim Aufwachen vorhin in etwa verständlich: – das Würgen, der Brechreiz, mein Verlangen nach Luft... Eigenartig, wie anders die Nächte jetzt sind als die Tage. Sobald ich zu denken beginne, und erst recht dann beim Schreiben, kenne ich keinerlei Angst; doch in den Nächten zieht es sich offenbar immer enger um mich zusammen.

Und wie denn auch nicht?

Was ich tagsüber, wie fieberhaft schreibend, noch zu Papier bringen möchte, was ist das anderes als das verzweiflungsvolle Zucken eines im Grunde schon Toten? Ach Filippo, niemals mehr wird in dir Denken und Fühlen übereinstimmen. Aber wie soll ein Mensch auch mit sich eins werden können in ständigem Widerspruch gegen den ständigen Widerspruch einer ganzen Welt? Die Sterne sind gut, auch die Tiere sind gut, aber die Menschen ... Selbst wenn jetzt noch jemand zu mir käme, um mich aus der Schlinge zu lösen, es wäre zu spät; ich risse vor lauter Angst nur mich selbst in den Tod.

Genau dieses Spiel war es ja, das sie schon damals in Venedig mit mir begonnen hatten. Meinen Kopf zertrümmern konnten sie nicht, aber die Schlinge immer enger zu ziehen, das verstanden sie gut. Scheinbar milde redeten sie auf mich ein, umschnurrten mich katzengleich sanft, dann aber plötzlich zeigten sie ihre Krallen und schnappten nach jedem Vorwand, um ihre tödlichen Anschuldigungen wiederholen zu können. Bis zur Erschöpfung, zehn Stunden am Tag, verhörten sie mich, und, kaum in die Zelle zurückgekehrt, gerade wenn ich endlich aufatmen wollte, schickten sie mir zwei Mönchsbrüder nach, die mich mit persönlichen Mahnungen und freundschaftlich klingenden Ratschlägen gefügig machen sollten. Ließ ich mich auf sie ein und redete offen mit ihnen, so konnten meine vertraulichen Äußerungen Tage später schon als neuerliche Belastungspunkte in die Diskussion eingeführt werden; wollte ich sie aber vor die Tür setzen, so hieß es, ich sei nicht gesprächsbereit und zeigte mich ganz als einen verstockten Eigenbrötler, der stets mit dem Kopf durch die Wand wollte.

Es muß damals gewesen sein, daß diese bleierne Müdigkeit in meine Glieder einzog, die mich bis heute, schlimmer als jeder Kerker, gefangen hält. Alles, was ich tue, geschieht nur noch unter größter Anspannung meines Willens. Als Kind sah ich einmal, wie ein Esel auf der Straße stehenblieb und nicht weiter wollte; er war furchtbar überladen, und so sagte ich dem Treiber, das Tier könne die Last nicht tragen, er müsse etliches von dem Gepäck absatteln. »Was glaubst du wohl«, lachte er mich höhnisch an, »ich habe eine Peitsche.« So geht es mir jetzt acht Jahre lang schon. Nein, ich fürchte nichts mehr. Das Rebhuhn hatte vermutlich ganz recht; es fürchtete den Tod jedenfalls weniger als, noch einmal, das Herannahen eines Menschen.

In meiner Erinnerung an den Prozeß in Venedig gibt es zwei Augenblicke, die ich am liebsten ganz neu schreiben würde; das ist der 2. Juni 1592 und der 30. Juni; das erste Datum steht für die mir heute höchst peinliche Erinnerung an meine immer noch illusionäre Hoffnung auf Leben zu Beginn des Prozesses, das zweite Datum markiert meinen kläglichen Zusammenbruch am Ende; doch auch im Rückblick peinigt mich die letztere Erinnerung weniger, denn sie war das Ergebnis endloser Peinigungen zuvor. Aber der Reihe nach.

Der 2. Juni 1592 war ein Montag. Ich erinnere mich daran so genau, weil man den Prozeß des Sonntags wegen unterbrochen hatte. Der letzte Verhandlungstag davor, der 30. Mai, war mit weiteren Fragen nach meinem Leben dahingegangen; und der leichteren Übersicht halber will ich meinen Bericht mit diesem Tage beginnen.

Ob ich mich nicht zum Calvinismus bekannt hätte, wurde ich gefragt.

Sie versuchten also als erstes, mich mit den »harten Fakten« meiner Biographie, oder was sie dafür hielten, in die Enge zu treiben; aber ich hielt, zunächst sogar recht erfolgreich, meine These unbeirrt aufrecht, niemals die Einheit mit der katholischen Kirche gebrochen zu haben. Das, zugegeben, war eine von Anfang an schwierige Verteidigungsposition; zeigte denn aber nicht schon allein die Tatsache meiner Flucht in das Dominikanerkloster in Rom, daß ich mich damals durchaus nicht der Kirche, ja nicht einmal dem Orden, sondern einzig und allein dem Zugriff der Heiligen Inquisition hatte entziehen wollen? Freilich, alle menschliche Logik versagte vor den Augen und Ohren dieses Verhörs.

»Meister Bruno«, belehrte mich auf der Stelle der Padre Inquisitore, und er ließ dabei wieder, teils gelangweilt, teils bedeutungsschwer, das edelsteinbesetzte Brustkreuz zwischen seinen dürren Fingern hin und her pendeln, »wie könnt Ihr die Einheit mit der Kirche beteuern und vor dem Heiligen Officium fliehen, als ob wir nicht selber die Kirche wären! Wahre Liebe zur Kirche zeigt sich daran, daß jemand von sich aus seine Zweifel im verborgenen rechtzeitig den Oberen anzeigt, nicht aber, daß er, wie Ihr, in aller Öffentlichkeit seine glaubenswidrigen Ansichten auf dem Markte zur

Schau stellt. Niemand muß unseren starken Arm fürchten, der sich von ihm tragen läßt wie ein Kind.«

Die bloße Vorstellung, von diesem Manne wie ein Kind getragen zu werden, ekelte mich. Doch zwang ich mich zur Ruhe.

»Mein Vertrauen zur Kirche, Padre, war damals noch so groß, daß ich mir sicher war, unser Procurator, Pater Sisto de Lucca, werde wie von selbst, wenn er mich nur erst angehört hätte, ein günstigeres Urteil über meine Lehre und mein Leben gewinnen als Euer, mit Verlaub, doch höchst voreingenommener Agent Montecalcini. Erst als ich merkte, wie wehrlos der Orden sogar der Dominicani gegenüber der von ihm selber betriebenen Heiligen Inquisition sein kann, floh ich weiter über Noli, Savona, Turin bis hierher nach Venedig.

Das war vor genau 16 Jahren. Ich wohnte damals dicht beim Markusplatz, ich war noch nicht exkommuniziert worden, und so erhielt ich von dem hiesigen Dominikanerprior sogar die Druckerlaubnis für mein neues Buch *Von den Zeichen der Zeit*. Dieser Prior war kein geringerer als Remigio Nannini Fiorentino, der unter Papst Pius V. bei der Edition der Werke des heiligen Thomas mitwirken durfte. Es stimmt, daß ich seit meiner Zeit in Venedig mich wieder mit meinem Geburtsnamen Filippo anreden ließ und die Kutte eines Mönches abgelegt hatte; doch ich habe, das darf ich versichern, mich immer von neuem bemüht, mich mit der Kirche auszusöhnen; auch all meine Bücher können Euch zeigen, daß ich niemals in Widerspruch zu den erhabenen und irrtumsfreien Lehren der Kirche habe treten wollen noch getreten bin.«

»Zu Eueren Büchern kommen wir noch, Meister Bruno. Was uns vorerst interessiert, ist Euer Bekenntnis zu den abscheulichen und zerstörerischen Ansichten des schweizerischen Franzosen Jean Calvin zu Genf.«

»Wie oft doch der Augenschein trügen kann, Padre Inquisitore«, begann ich im Gefühl, über brüchiges Eis zu schlindern, »und wie leicht es doch sein kann, sich in der Beurteilung selbst offensichtlich scheinender Fakten zu irren! Wollet mir nur die Güte erweisen, einer knappen Schilderung der Lage, in welcher ich mich damals befunden, Euer Ohr zu leihen.«

»Macht es kurz ab, Meister Bruno. Was geschah damals in Genf? Versteckt Euere Antwort nicht unter einem Fuder stroherner Worte.«

»Den Weg, der mich damals nach Genf trug, muß ich Euch schildern, enthält er doch die Voraussetzung, um zu verstehen, was sich dort begab; um etwas zu ›verstecken‹, wäre auch mir jedes Wort zu schade. Also: Ich mußte seinerzeit schon sehr bald Euere herrliche Stadt Venedig« – bei diesen Worten nickte ich artig dem stumm dasitzenden Patriarchen Laurentio Priuli zu – »Euere herrliche Stadt Venedig«, sagte ich noch einmal, »zu meinem Bedauern verlassen, hinterließ sie aber mit dem innigen Vorsatz, bei glücklicheren Zeiten alsbald zu ihr zurückzukehren. Ich wandte mich nach Padua, wo mir Mitbrüder rieten, das Gewand des heiligen Dominikus wieder hervorzuholen, da ich ja nicht laisiert sei und somit nach wie vor ein gültiges Mitglied des Ordens…«

»Da Ihr auf diese Art, gleich einem Wandermönche, Euch kostenlos in Logis und Unterhalt zu setzen vermochtet, so verhielt es sich wohl, nicht wahr?«, versetzte schroff di Saluzzo, der ganz zu der Größe seiner Aufgabe aufwuchs. »Nein, Meister Bruno, uns könnt Ihr nicht täuschen; Euch war die Kirche gerad so viel wert wie die Kuh, von der Ihr die Milch nehmt, um sie im übrigen ein Hornvieh zu schelten. Sagt uns jetzt endlich: was tatet Ihr damals in Genf?«

»Hernach zog ich, wie schon früher erwähnt, über Brescia weiter nach Bergamo«, fuhr ich gegen das Drängen des Inquisitors unbeirrt fort, »all die Zeit über verdiente ich meinen Unterhalt vorwiegend mit Privatunterricht; dabei freilich, ich gebe es zu, suchte ich nach einer Stellung an einer Universität, die meiner Neigung und Bildung entsprochen hätte. In Mailand begegnete ich zu meinem Glück dem edlen Sir Philipp Sidney…«

»Einem Protestanten, dem Ihr später sogar in das abgefallene England nachreisen mußtet und das abscheulichste Euerer Bücher widmetet…«

»Ja, er war einer meiner besten Freunde und ein Ehrenmann in allem. Doch dachte ich, Ihr wolltet zunächst von Genf hören.«

Signore Giovanni Gabriele di Saluzzo schloß die Augen und lächelte.

»Daß ich mich nach Genf begab, lag an der Mitteilung, ich sei als ein entlaufener Mönch und gesuchter Irrlehrer von der kirchlichen Gemeinschaft ausgeschlossen worden. Die Nachricht von meiner Exkommunikation erreichte mich auf der Reise von Turin nach Lyon, während ich nichtsahnend unter gastlichen Mitbrüdern in einem Kloster in Chambéry den Winter verbrachte. Alle rieten mir dringlich, Italien und Südfrankreich zu meiden und mich zu meiner Sicherheit geradewegs in das Gebiet der Reformation zu begeben. Genf vor allem empfahl sich, weil es dort seit 35 Jahren eine Gemeinde italienischer Protestanten gab, die von dem Marquis Galeazzo Caracciolo de Vico angeführt wurde, der gleich mir aus Neapel stammte…«

»…und gleich Euch seinen Glauben schmählich verraten hat.«

»Wenn Ihr nicht voreilig sein wollt – ich habe die Kirche so wenig verraten wie meine Muttersprache; Marquis de Vico aber war ohne Zweifel ein zutiefst gläubiger und glaubwürdiger Mensch.«

»Ein Ketzer und ein Verbreiter der Ketzerei war er und um so schädlicher und schändlicher, je beeindruckender er auf Euch gewirkt haben mag. Ich verbiete Euch, Meister Bruno, einem Irrgläubigen Tugenden zuzuschreiben, die allein unsere heilige Mutter die Kirche kraft der Gnadenmittel, die Gott ihr in seiner Allmacht und Weisheit anvertraut hat, einem Menschen verleihen kann. Die Tugenden der Heiden sind nichts als glänzende Laster, sagt der heilige Kirchenvater Aurelius Augustinus. Um wieviel mehr gilt das erst von den schändlichen Tugenden der Ketzer!«

»Ich wollte nur sagen, daß Marquis de Vico alles, sein gesamtes bisheriges Leben aufgeben mußte, als er zum Calvinismus übertrat. Er war, wie gesagt, ein Mann aus Neapel gleich mir, aber im Unterschied zu mir, einem Arme-Leute-Kind, wie Ihr wiederholt bereits richtig bemerktet, war er ein Ritter des Heiligen Römischen Reiches, ja, er war ein Kammerherr des Hofes, dabei erst 35 Jahre alt, als er seine Familie, seine Angehörigen, buchstäblich alles verließ, um auf diese Weise Christus nachzufolgen, wie es geschrieben steht beim Evangelisten Markus (10. Kapitel, Vers 28). Ein solches Zeugnis der Großherzigkeit um des Glaubens willen findet sich, wie Ihr zugeben werdet, nur sehr selten unter den Menschen, und selbst wenn es dem Irrglauben entstammt, so zeugt es doch von einer tiefen Wahrheitsliebe.«

»Wenn die Wahrheit nicht Wahrheit ist, sondern Häresie, Apostasie und Trugwerk des Teufels, so handelt es sich nicht länger um Liebe zur Wahrheit als vielmehr um Verblendung und unentrinnbare Bestimmung zum Bösen. So solltet Ihr sagen, Meister Bruno.«

»Wie, Vater Inquisitor«, wandte ich ein, »kann ein Mensch denn wissen, was Wahrheit ist, wenn er sogar bei seinem besten Streben verblendet sein mag?« Ich stellte diese demütig klingende Frage, um seinen bereits vorweg formulierten Vorwurf gegen mich, ein Calvinist zu sein, an ihn selber zurückzugeben; und tatsächlich tappte er mir, wie ich mit diebischer Schadenfreude bemerkte, prompt in die Falle.

»Kein Mensch«, hörte ich ihn gerade noch triumphierend sagen, »ist fähig, von sich aus die Wahrheit zu erkennen; eben deshalb ja hat der ewige Gott sich in seinem Sohne Jesus Christus der Menschheit untrüglich, endgültig und unüberbietbar geoffenbart; doch trotz dieser ein für allemal ergangenen Offenbarung Gottes verfallen die Menschen immer wieder in die schlimmsten Irrtümer, weil sie vermessentlich wähnen, in den Fragen der Wahrheit besser Bescheid wissen zu können als unsere Heilige Mutter, die Kirche. Die Menschen sind sündig und schwach; und so mußte Gott seinen Geist den Päpsten, den Kardinälen und Bischöfen schenken, um dem irrenden Volke die ganze Wahrheit des Christus ungetrübt von Irrtum und angemessen im Ausdruck vorlegen und darlegen zu können.«

»Was aber ist dann mit all denen, die nicht Mitglieder der Kirche sind – mit den Osmanen, den Indios, den Chinesen – oder auch mit den Protestanten?«

»Nur wer gültig getauft ist und wer in der vollen Übereinstimmung mit den Lehren der Kirche stirbt, kann das ewige Heil erlangen. Als ein geweihter Priester der katholischen Kirche solltet Ihr Euch daran erinnern, Meister Bruno.«

»Aber, darf ich noch einmal fragen: all die anderen, die doch nicht dazu konnten, daß sie Jahrhunderte und Jahrtausende vor Christus geboren wurden, sowie all diejenigen, die von der katholischen Botschaft des Christentums noch niemals etwas gehört haben, ferner jene, die, wie die meisten unter den Menschen, ihr Leben lang den Worten ihrer leiblichen Mutter größeren Glauben schenken als den Worten der Mutter Kirche in Gestalt eines vorüberziehenden Missionars, der nicht selten in der Begleitung eisentragender Soldaten und Lanzenreiter erscheint, die nicht zögern, blindwütig Feuer in die Hütten der Dörfer zu werfen und alle arbeitsfähigen Einwohner als Sklaven in die Bergwerke zu treiben, wenn sie an ihnen nicht noch weit größere Greueltaten verüben, werden denn all diese…«

»Gott erwählt, wen er will, und er verwirft, wen er will«, unterbrach er hastig. »Nicht *unser* Glaube wird hier befragt, sondern der Euere.« Damit suchte er sich herauszuwinden; aber natürlich brauchte ich jetzt die Schlinge des Calvinismus-Vorwurfes nur noch zuzuziehen. »Damit, Padre Inquisitore, meine irrtumgetrübten Augen das reine und erhabene Licht der göttlichen Lehre der Kirche in rechtem Glanze wieder erschauen und auf daß meine Seele, dem Nachtfalter gleich, aus dem Irrflug des Dunkels mit dem traulichen Scheine der Kerze sich wieder vermähle«, begann ich, »wollt Ihr, ich bitte, in Euerer Güte noch etwas näher zu leuchten Euch mir nicht verweigern. Denn gerade eben schonwieder verwirrte es sich mir, daß ich doch dachte, derlei Lehren, wie Ihr sie grad vortragt, zu meinem Verdruß und zu meiner Empörung just bei diesen Anhängern des Irrlehrers Calvin in Genf seinerzeit schon vernommen zu haben. Und ich sage Euch wahrheitsgemäß: Ich bekämpfte den Calvinismus vom ersten Augenblick an, da ich ihn kennenlernte. Kaum hatte ich, um nur ein Beispiel zu geben, am 20. Mai des Jahres 1579, obzwar mit der Unterschrift eines Professors der heiligen Theologie, an der Akademie zu Genf mich eben erst eingeschrieben, da entfachte ich Wochen danach schon ein Spiel, daß einem gewissen calvinischen Pastor Antoine de la Faye Hören und Sehen mögen vergangen sein. *Nicht reformiert habt ihr die Kirche, sondern deformiert habt ihr euch selber*, rief ich und rückte mit solchen Worten, allein auf mich gestellt, den Häretikern mutig zu Leibe.«

»Erklärt Euch diesbezüglich näher, Meister Bruno. Zu unseren Ohren gelangte die wohl nicht zu leugnende Tatsache, daß Ihr am Abendmahle der Ketzer teilnahmt und nach jener Affäre, auf die Ihr Euch jetzt so viel zugute haltet, schriftlich um Wiederzulassung zu ihrer Gemeinschaft ersuchtet.«

»Wie froh ich doch bin, Pater Inquisitor«, entgegnete ich höhnisch, »in Euch einem Manne gegenüberzustehen, der so trefflich zu unterscheiden weiß, daß eines der Augenschein, ein anderes die Wahrheit sein mag.«

Mir ging bei dieser Art des Verhörs langsam der Witz aus, und obwohl ich mich immer noch mit allerlei Wortschwulst bemühte, die Sache von der spaßigen Seite zu nehmen und mich in der Pose souveräner Überlegenheit und leicht erweisbarer Unschuld zu präsentieren, so spürte ich doch mehr und mehr, wie schraubstockartig, Windung um Windung, mein Spielraum zusammengedrückt wurde. Und eben das ist der Punkt, der mir heute so weh tut: Ich hätte von vornherein und unbedingt in dem Venezianischen Prozeß zu mir selbst stehen müssen, statt mir meine besten Überzeugungen am Ende dieser wochenlangen Verhandlungen wie ein klägliches Eingeständnis abringen zu lassen. Hier, an dieser Stelle zum Beispiel hätte sich mir eine großartige Gelegenheit zu einem offenen Bekenntnis geboten. Freimütig und geradeaus hätte ich, meinen eigenen anticalvinistischen Triumph genießend, etwa so sprechen sollen:

»Euer Verständnis der Vorsehung Gottes, Hochmögender Giovanni Gabriele di Saluzzo, Padre Inquisitore Eueres Zeichens, ist nicht minder unmenschlich, barbarisch und grausam als das jener calvinischen Ketzer, die Ihr verurteilt. Da mag die Welt vor Eueren Augen zugrunde gehen – recht so, wenn nur Ihr im Recht seid! Prädestination und Reprobation, Bestimmung zum Heil und Bestimmung zum Unheil – merkt Ihr denn gar nicht, daß Ihr mit all diesen gelehrt klingenden Phrasen lediglich Eueren eigenen absolutistischen Machtwillen in die Gottheit selber hineinlegt? Ihr braucht offensichtlich ein solches Monstrum von Gott, um die Monströsität Euerer eigenen Frömmigkeit besser kaschieren und vor den Menschen rechtfertigen zu können. In Wahrheit geht es Euch um nichts anderes als um den Egoismus Euerer eigenen Gruppe, der ›Mutter‹ Kirche, in der Ihr lebt als ein ewiges Kind; es geht Euch um Euer eigenes Amt, in dem Ihr diese Euere ›Mutter‹ vertretet, und es geht Euch um Euere eigene Person, die allererst durch ihr Amt zu dem wird, was sie in ihrer Armseligkeit von sich selbst her niemals sein würde: bedeutend, alles bedeutend, allwissend, allmächtig, eine zweite Inkarnation des Göttlichen selbst. Wie sagtet Ihr doch soeben noch: Selbst wenn ein Gott vom Himmel stiege und schüfe in einem sterblichen Menschen sich seinen eigenen Sohn, so bedürfte es dennoch, um die Wahrheit, die er uns mitteilt, ganz sicher ohne jeden Irrtum verstehen zu können, gewiß Euerer selbst, die Ihr ein Kirchenamt innehabt, welchem der Heilige Geist dieses eingeborenen Gottessohns an sich selbst innewohnt und in welchem er unfehlbar spricht, deutet und auslegt, was er durch Euch, die Wissenden, die Geistbevollmächtigten, uns, den Unwissenden, den minder Geistträchtigen, den weihelosen Laien zu wissen gibt und kundtut. Mit solch einer Anmaßung des absoluten Wissens seid Ihr in bezug zu den Calvinisten gerade so viel wie ein rechter Handschuh im Verhältnis zu einem linken Handschuh: beide sind spiegelbildlich einander so ähnlich wie ein Ei dem anderen.«

So und nicht anders hätte ich sprechen müssen; und er hätte mich mit seiner Brille durchdringend angeblickt und gesagt:

»Ja, Meister Bruno, der Teufel hat mit Jean Calvin ein Meisterstück in der Nachäffung Gottes vollbracht. Eine Kirche gegen die Kirche zu gründen, aufgebaut auf der systematischen Verleugnung aller vorgegebenen Wahrheit – keiner der Ketzer hat es so weit getrieben wie dieser.« Dann aber ich:

»Wenn man etwas nur zu verneinen braucht und schon springt der Teufel heraus – ich frage Euch, Padre Inquisitore, wie kann so etwas selber von Gott sein? Ihr schaut in einen Spiegel, und das Spiegelbild verneint Euer Antlitz, indem es seitenverkehrt die Züge Eueres Gesichtes darstellt; können Euch da jemals Bockshörner anstarren, es sei denn, Ihr selber trüget schon seit eh und je solche auf Euerem Haupte? Wenn das Spiegelbild der katholischen Kirche eine calvinistische Teufelei ergibt, wie steht es dann mit ihr selbst als dem Vorbild? Wie unterscheidet man da wohl Urbild und Abbild außer durch die zeitliche Reihenfolge ihres Auftretens?

Nehmt nur die Lehre von der Gnade zum Beispiel. Ihr sagt: Die Gnade schenkt Gott, wem er will, und er entzieht sie, wem er will. Doch das sagen die Calvinisten bis ins Wort hinein gleichermaßen. Mir hingegen erscheint ein Gott als unwürdig seiner selbst, der Menschen erschafft, lediglich, um nach dem Worte des Apostels in ihnen ›Gefäße zum Verderben‹ herrichten zu können (Röm 9,22), wie die Anhänger Calvins nicht anders bekennen als Ihr, wenn ich Euch recht verstanden habe.

Es gibt noch eine andere eigentümliche Übereinstimmung zwischen Euch undden Calvinisten. Damals in Genf regierte in Theodore de Bèze ein Nachfolger Calvins den Gottesstaat von Genf, der wie zur Begründung aller theologischen Irrtümer die aristotelische Philosophie zur verpflichtenden Denkform erhob – nicht anders als unsere eigenen Gottesgelehrten, die sich groß dünken, wenn sie mit ihrem *ich unterscheide* und *ich antworte, man muß sagen* die veralteten Fragen des engelgleichen Aristotelikers Thomas von Aquin repetieren. Ihr, sagte ich damals schon diesem frömmelnden Pastor de la Faye ins Gesicht, macht sogar die Gnade Gottes zu einem Verwaltungsgegenstand Euerer Kirchenzucht und wollt nicht bemerken, wie sehr Ihr darin Eueren Feinden gleicht, die selbst Gott in einen sakramentalen Geschenkartikel in den Händen ihrer Priester verwandeln. Euer beider Fehler besteht darin, daß Ihr, selbst wenn es um Gott geht, nicht in menschlichen Worten zu sprechen Euch getraut, sondern die Sprache der Peripatetiker reden müßt, in der alles als *Gegenstand* und *Sache* erscheint.

Natürlich verstand der geehrte und gelehrte Genfer Pastor von all meinen Einwürfen kein einziges Wort, und so blieb er augenscheinlich selber ein paulinisches *Gefäß des Verderbens*. Doch wenn ich Euch, Padre Inquisitore, an einem kleinen Begebnis schildern darf, wie Gnade und Freiheit sich darbieten, so scheint es mir selber immer noch hell auf in der Person jenes Marquis de Vico, dessen Ruf mich allererst an die Stätte Calvins gelockt hatte.

Ich besuchte ihn, sobald die Gelegenheit dazu sich bot, und er fragte mich, ob ich gekommen sei, um mich zu der Religion der Stadt zu bekennen. Diese Frage mußte ich verneinen, hatte ich doch noch nicht einmal Gelegenheit gefunden, mich mit der Lehre Calvins auch nur ein wenig bekannt zu machen. Als er meine Lebensgeschichte angehört und die Umstände erfahren hatte, die mich zum Verlassen meines Ordens genötigt, da wies er mich freundlich an, doch um Himmels willen die Mönchskutte abzulegen; im übrigen aber könnte ich gemäß meinem Wunsche in der Stadt des calvinischen Glaubens in Freiheit und Sicherheit leben; und wie zum Beweise dafür schenkte er mir einen Hut, einen Mantel, ja sogar einen Degen und beschaffte mir in der Stadt eine Stelle als Lektor. Damals in der italienischen Gemeinde zu Genf lernte ich, daß die Bande der Sprache und des Volkes Menschen tiefer miteinander zu verbinden imstande sind als jedes gemeinsame religiöse Bekenntnis. Es war das erste Mal, Padre Inquisitore, daß ich merkte: Die Wahrheit des Religiösen kann nicht über den Menschen schweben, sondern sie besteht in der Menschlichkeit selbst. Dieser Galeazzo Caracciolo z.B. war für mich glaubwürdig und achtunggebietend nicht wegen seines calvinistischen Bekenntnisses, sondern der Größe wegen, mit der er über die Grenzen der konfessionellen Spaltungen hinweg mir seinen Degen reichte. In dieser Tat war er ritterlich, in dieser Tat zeigte er sich als einen wahrhaft adligen Menschen. Als jemand, der die Schranken unter den Menschen zu überwinden vermochte, wurde er in jenem Augenblick für mich zu einem wahrhaften Spiegel des Göttlichen. Denn was wäre Gott, der unendliche, wenn er nichts weiter sein sollte als ein Katholik oder ein Calvinist oder auch als ein Italiener oder ein Schweizer oder ein Franzose? All diejenigen verleugnen die Unendlichkeit Gottes, die sein Wort lediglich im Munde führen, um zwischen den Menschen Grenzen zu ziehen. Die Grenzenlosigkeit Gottes ist eine der wichtigsten Formen seiner Gnade. Oft an den Abenden hörte ich deshalb in einem Kreis von Landsleuten, wie Nicolo Balbani aus Lucca die Briefe des Apostels auslegte und über das Evangelium predigte. Doch mehr als in allen Worten der Schrift war mir Gott gegenwärtig in den Augen der Menschen, die leuchten können wie die Sterne des Himmels.«

»›Jeder Mensch ist ein Lügner‹, sagt uns der Beter (Ps 116,11)«,entgegnete finster der Inquisitor, »und der Prophet fügt hinzu: ›Verflucht der Mann, der sein Vertrauen auf Menschen setzt‹ (Jer 17,5).« Er lächelte; die Heilige Schrift gab ihm recht. Ich aber frage mich bis heute: Wie kann man mit solch einem Menschenbild leben, und wie kann man es hinnehmen, daß man den Menschen verleumdet, um Gottes Leumund zu erhöhen?

»Nein, Padre Inquisitore, solange Ihr den Menschen als unfähig zur Wahrheit erklärt, mögt Ihr wohl glauben, Euch selbst mit Euerer Wahrheit im Amt den Menschen unentbehrlich zu machen. Doch wenn wirklich die Menschen nichts sind als Staub, so gründet Ihr auch Eueren eigenen Thron auf nichts als auf Staub. Stark ist ein Herrscher nur, wenn er über ein starkes Volk regiert, und es sollte in Euerem eigenen Interesse liegen, die Menschen stark zu machen in Urteilskraft und Einsicht. Nicht allzu lange mehr, glaubt mir, werden die Menschen sich dem Terror Euerer Einschüchterungen und Gewaltmaßnahmen beugen. Mit einem jeden, den Ihr auf dem Scheiterhaufen der Inquisition verbrennt, zündet Ihr selber der Menschheit ein Leuchtfeuer der Hoffnung und des Widerstands an. Denn mögen die Menschen auch der Unwissenheit und dem Irrtum preisgegeben sein, so sind sie doch auch imstande, aus ihren Irrungen zu lernen und ihre Unwissenheit zu überwinden. Einzig derjenige irrt sich in allem, der von sich aus behauptet, niemals irren zu können und es nicht nötig zu haben, die Wahrheit des Wissens, wie jedermann sonst, aus den Fehlern seines Suchens gewinnen zu müssen; ein solcher verurteilt sich selber auf ewig zu Unbelehrbarkeit und Geistesstillstand inmitten der Wüstenei seines angemaßten Wissens. Am meisten aber, sage ich Euch, irrt derjenige, der die Wahrheit, statt sie an das Suchen und Sehnen von Menschen zu binden, an die Starrheit der Macht und die Sturheit von Ämtern und Titeln zu ketten sucht.

Wird denn irgendein Mensch auf Erden klüger dadurch, daß Ihr ihn mit einem Hermelin umkleidet, ihm ein Brustkreuz vorhängt… – und ihm eine Mitra aufsetzt?«, fügte ich noch schnell hinzu, um dem Verdacht vorzubeugen, ich redete just nur von ihm, dem Inquisitionsvater selber; »sollte man nicht denken, ein Esel bleibe ein Esel und werde allenfalls ein noch schlimmerer Esel, wenn Ihr unbedingt einen beamteten Affen aus ihm machen wollt? Doch nur,weil das Amt stets für wichtiger genommen wird als ein lebendiger Mensch, nötigt Euch Euer eigener Anspruch auf Euere amtliche Wahrheit, die lebendige Wahrheit des Menschen wie eine gegen Euch gerichtete Gefahr zu empfinden und sie zu töten, wo irgend Ihr könnt. Ihr habt nur diese Alternative: Entweder Ihr setzt Euer Vertrauen bei aller Unzulänglichkeit in die Fähigkeit des Menschen, ins Unendliche zu lernen und zu reifen, oder Ihr reklamiert für Euch selbst eine Unendlichkeit des Wissens, in deren Normen Ihr immer wieder den endlichen Menschen schuldig sprechen müßt. Entweder es gibt eine Erlaubnis des Lernens, dann seid Ihr selbst der verkörperte Irrtum, oder Ihr seid die Wahrheit, dann ist der Mensch in all seinem Suchen auf ewig widerlegt.«

»*Ihr*, Meister Bruno«, entgegnete er mit einer Stimme, noch höher und fistelnder, als wie er sonst sprach, »steht vor einer absoluten Alternative, *Ihr* müßt Euch entscheiden: Entweder Ihr vertraut auf Menschen, dann macht Ihr das Wort Gottes zur Lüge, oder Ihr vertraut Gott und laßt Euch von ihm über jenen grausigen Abgrund tragen, der da heißt: Mensch.«

»Padre Inquisitore«, setzte ich nach, »ich habe oft gesehen, wie ohnmächtig und schwach Menschen sein können, vornehmlich wenn Ihr sie hineintreibt in das Getto ihrer Ängste.

Stellt Euch eine Gruppe von Menschen vor, die sich nach einem Schiffbruch glücklich auf ein Floß gerettet haben; im Wasser rings um sie her treiben andere, die dem Ertrinken nahe sind; mit der Kraft der Verzweiflung schwimmen sie auf das Floß zu und suchen dort Halt; aber es sind ihrer zu viele, das Floß droht zu sinken; da greifen die auf dem Floß Sitzenden zu einem äußersten Mittel: Sie schlagen auf die sich klammernden Finger der Heranschwimmenden ein, ja, sie stoßen die sich auf das Floß Rettenden in das sichere Verderben zurück, um selber nicht zu verderben.

Ich weiß, Padre Inquisitore, daß die Angst Menschen in Ungeheuer verwandeln kann. Aber eben deshalb sage ich Euch: Ihr erschafft Euch selber das Widerspiel des Göttlichen im Menschen, indem Ihr die Religion wesentlich mit der Angst vor Euch selber verklumpt. Ohne die Angst wäret Ihr selber ein Nichts. Die Angst ist Euer tägliches Brot; an ihr werdet Ihr groß, mit ihr mästet Ihr Euch, aber die Menschen verwandelt Ihr mit Euerer Angst in die bloßen Kettenhunde und Jagdhunde Euerer Befehle, in wohlfeile Sklaven und Schergen Euerer Dekrete. Euch selbst erklärt Ihr für die Arche Noah inmitten der Sintflut, und ohne Bedauern verkündet Ihr den Untergang aller Menschen, die sich Eueren Weisungen nicht fügen. Was aber wundert Ihr Euch dann, daß die Menschen, die Euch angehören, zu scheinheiligen, charakterlosen und bösartigen Fanatikern entarten, die, am Ende unfähig geworden des eigenen Denkens und Fühlens, wirklich Euerer Peitsche bedürfen, um ›Anstand‹ und ›Sitte‹ in Euerem Sinne zu lernen?

Zu Lügnern, die des Guten nicht fähig sind, erschafft allererst Ihr selber die Menschen mit Hilfe der Angst, die Ihr absichtsvoll pflegt.

Vom Ursprung her aber ist der Mensch kein amorphes Stück Ton, das Ihr in Eueren Händen biegen und formen dürftet, wie es Euch gut dünkt. Wenn auch nur ein Funken an Glauben noch in Euch glüht, dann solltet Ihr den Menschen als ein Geschöpf Gottes betrachten, aus Lehm zwar genommen, doch stets den Abdruck der Finger an sich tragend, die ihm seine Würde und seine Gestalt verliehen: ›Und der Ewige hauchte ihm den Odem der Unendlichkeit ein, und er erschuf ihn als Ebenbild seiner selbst, als Mann und Frau erschuf er ihn,‹ – leidenschaftlich also und liebend, sage ich, erschuf Gott den Menschen, sinnlich und sehnsüchtig, brünstig und begehrend, und jeder Versuch, ihn von außen zu bessern, kann nur zerstören, was Gott gemacht hat.

Das, Pater, ist Euere Alternative: Wo Gott wirkt, gestaltet er gänzlich aus innen; er nimmt nicht einen toten Block aus

Kalkstein oder Marmor, um nach dem Vorbild des Aristoteles und des engelgleichen Thomas seine eigene Vorstellung vom Menschen als Formursache dem Stoff, aus dem er den Menschen genommen, als Materialursache mit Hilfe eines Meißels und Hammers oder eines ähnlichen Gerätes als Wirk- und Instrumentalursache einzuprägen, auf daß vor seinen Augen ein Kunstwerk von Mensch als Finalursache entstehe; wenn Gott wirkt, dann gestaltet er sich selber als die Seele von allem. Ihr könnt einer Rose nicht vorschreiben, wie sie zu blühen hat, sie weiß es von innen her; und der Wind und der Regen sind nur die Bedingungen für die Schönheit ihrer Entfaltung, sie müssen der Rose nicht sagen, was sie zu tun hat. Oder nehmt eine Taube, die aus dem Ei schlüpft, nehmt ein Lämmlein, das aus dem Leib seiner Mutter hervorkriecht – wißt Ihr, frage ich Euch mit dem Gott Hiobs, um die Geheimnisse der Welt? Dabei, ganz sicher, ist der Mensch nicht einmal die größte Schöpfungstat Gottes inmitten der Unermeßlichkeit des Alls, und doch ist er gewiß weit größer schon, als bis wohin Euer beschränktes Wissen reicht. Was also maßt Ihr Euch an, das menschliche Leben oder was immer sonst im Himmel und auf Erden von außen ordnen zu wollen?«

So und nicht anders hätte ich sprechen sollen. Doch die ganze Zeit über, während ich sprach, war dieser Vater der Inquisition ungeduldig hin und her gerutscht; jetzt endlich, wie ich erwartet hatte, tarantelgleich stieß er zu, freilich trug er seinen tödlichen Angriff in einer besonders ruhigen Sprache vor, so als müsse er sich in seiner Langmut ein letztes Mal zu Geduld und Nachsicht anhalten, um mir, dem eigentlich längst Überführten, noch eine Chance der Besinnung zu geben; und wieder glitt ein mildes Lächeln über seine Züge, während er sagte:

»Auch wir, Meister Bruno, sind nichts weiter als irrtumsfähige Menschen; doch ward uns die Wahrheit gegeben durch unseren Herrn Jesus Christus, der sie den Aposteln übertrug und damit den Bischöfen der katholischen Kirche.

Es ist der unvergängliche Auftrag des Herrn, diese Wahrheit unverfälscht von menschlichem Hochmut durch die Zeit zu tragen bis ans Ende der Welt. Uns allen gab er die Vollmacht, zu binden und zu lösen auf Erden, auf daß es gebunden und gelöset sei also im Himmel. Nicht wir sind die Wahrheit, aber Gott in seiner Weisheit bestimmte uns, als irdene Gefäße jene Wahrheit zu tragen, zu hüten und auszuteilen, die zu erkennen der Mensch von sich her außerstande ist.«

Er richtete sich bei diesen Worten entschlossen auf; seine schmalen Schultern bogen sich unter dem Hermelin weit zurück; endlich hatte er sein Konzept gefunden. Der Calvinismus-Vorwurf, das merkte er, würde auf ihn selber zurückfallen; und so ging er jetzt, tief Luft holend, rasch zu dem für ihn entscheidenden Thema über:

»Sagt uns, Bruder Giordano« fragte der leise, «wie wollt Ihr Eueren unwiederholbaren Ausspruch verstanden wissen, den Ihr vor dem Nobile Mocenigo über die Heiligste Dreifaltigkeit tatet?«

»Was für einen Ausspruch?« Natürlich wußte ich, was er meinte, aber ich wollte mir etwas Zeit zum Nachdenken verschaffen.

»Wenn ich Euerem sonst so gerühmten Gedächtnis aufhelfen darf: Ihr hattet die Stirn, die Heiligste Dreifaltigkeit mit dem Gemächte eines Stiers zu vergleichen.«

Was sollte ich machen? Redete ich mich auf einen faulen Witz hinaus, hätte er mir Gotteslästerung vorgehalten. Es half nichts, ich mußte den Schwachsinn meiner Äußerung als einen ernstzunehmenden Tiefsinn darstellen. Also senkte auch ich jetzt melodramatisch meine Stimme und hob in getragenem Ton an zu sprechen:

»Wißt, ehrwürdiger Padre Inquisitore, daß in unserem Orden seit eh und je die Meinung des Größten aus unseren Reihen, des unvergleichlichen, das heißt des engelgleichen göttlichen Thomas, des Aquinaten, höchlichst geschätzt wird, wonach ein jedes, das soll begriffen werden, nur nach des Begreifenden Weise sich begreifen läßt. Um nun dem edlen Mocenigo entsprechend der Fassungskraft seines Geistes das Geheimnis der Heiligsten Dreifaltigkeit auf eine recht faßliche Weise faßbar zu machen, wußte ich keinen näher zu fassenden Vergleich, als ihm eine Anschauung aus der Erfahrungswelt eines Ochsen zu bieten. In die Verlegenheit gesetzt, einem Mocenigo zu erläutern, wie der Sohn aus dem Vater unerschaffen, wiewohl durch Zeugung soll hervorgehen können seit Ewigkeit, ermahnte ich den Nobile, die Zeugung als solche, dargestellt in der machtvollsten Form ihrer Wirkursächlichkeit, sich selber zur Anschauung zu bringen; des näheren erschien mir zumal die Dreizahl in dem Geheimnis der Zeugung anschaubar dargeboten in dem sichtbaren Bau der zeugenden Glieder selbst, und dies in Analogie zu der reinen Zeugung und Hauchung, mit welcher nach übereinstimmender Theologenmeinung der Sohn aus dem Vater und aus beiden der Geist selbst hervorgehen soll. – Ein Lehrer wie ich« ergänzte ich erläuternd, »der von seinen Schülern gewählt wird, statt, wie zum Beispiel Ihr, sich selbst seine Schüler zu suchen, gerät gar manchmal in die Lage, gewisse Vergleiche setzen zu müssen, deren bildhafte Seite wohl näher der Wirklichkeit des Hörenden als der Wirklichkeit des Zugehörigen zu stehen kommen mag, woraus dann der Eindruck des Ungehörigen schier unvermeidbar erwächst – wie man zu sagen pflegt: Was einem Ochsen geziemt, geziemt nicht dem Oberst. Euch, selbstredend, ehrwürdiger Padre Inquisitore, würde zum Beispiel zum Thema der Heiligsten Dreifaltigkeit ich ganz anders Rede und Antwort gestanden haben.«

»Erklärt Euch näher, Bruder Giordano«, sagte er betont freundlich; doch wenn dieses Reptil mich umschmeichelte, war es stets nur, um mich desto sicherer verschlingen zu können. Allerdings: Die Gefahr meiner losen Respektlosigkeiten schien einstweilen wirklich gebannt, und so erklärte ich erleichtert:

»Ich folge der Lehre des Kirchenvaters Augustinus zur Heiligen Dreifaltigkeit, indem ich Euch sage, was ich dem

Nobile Mocenigo so schwer zu erklären vermochte; ich definiere: *Gottvater ist der Wille und die Kraft der Gottheit, Gottsohn ist das Wort, der Intellekt des göttlichen Wesens, der heilige Geist aber ist die Liebe, das Leben, das Universum, die Weltseele.*«

»Seht Ihr, Meister Bruno, eben deswegen befrage ich Euch so geduldig und sorgfältig nach der Lehre von der Heiligsten Dreifaltigkeit, damit wir an einem angemessenen Beispiel erörtern können, wie wenig ein Mensch von sich her imstande ist, die göttlichen Wahrheiten zu erkennen. Daß im menschlichen Bewußtsein Wille, Verstand und Liebe zusammenkommen, vermag gewiß jeder Denkende leicht zu begreifen, und nur der leichten Begreifbarkeit wegen hat der heilige Augustinus denn auch nach Vergleichen aus dem Seelenleben des Menschen gesucht, um das Geheimnis des göttlichen Wesens zu verdeutlichen. Ihr aber scheint mir dieses Gleichnis aus dem Munde des Heiligen mit der Sache selbst zu verwechseln, so als erschiene die Gottheit Euch nur in drei verschiedenen Weisen oder als zerlegtet Ihr sie in drei Teilkräfte und als wäre sie in Eueren Augen gar nicht wirklich subsistierend in drei Personen, die sich gegenseitig durchdringen und sich wechselseitig hervorbringen...«

Er schlang beim »Durchdringen« seine dürren Arme in eigentümlicher Lebhaftigkeit umeinander, so daß es mir schon auf der Zunge lag, ihn verdutzt zu fragen: Fehlt Euch etwas, Padre Inquisitore? Doch was irgend auf Erden ihm hätte fehlen können, ersetzte er, wie ich erkennen mußte, durch seine Inbrunst für die verborgenen Schönheiten des Göttlichen. Kein Zweifel: Er, wie ich merkte, sattelte gerade sein Steckenpferd zum Lieblingsausritt auf den Blocksberg, er hob unwiderruflich ab zu den nebelumwölkten Gipfeln aller kirchlichen Lehren: dem Trinitätsdogma.

Die Katholiken und die Protestanten verhalten sich wirklich zueinander wie der rechte und der linke Handschuh. Die Heilige Dreifaltigkeit! Wie »heilig« könnte sie sein, wenn die Wesenseinheit ihrer drei Personen im Munde der Theologen jemals dazu beigetragen hätte, Menschen auf

Erden miteinander zu verbinden. Doch dieses Dogma des »innergöttlichen Liebesgeheimnisses« hat mehr Kriege und Morde verursacht als jedes andere. Im Namen des Dreifaltigen Gottes, in dessen Zeichen die Christen sich segnen, verfluchen sie bis heute die Juden, bekämpfen sie die Muslime, verurteilen sie in den eigenen Reihen die besten ihrer Gläubigen zum Tod auf dem Scheiterhaufen; im Namen dieses Dreifaltigen Gottes sind die Papisten wie die Calvinisten wahrhaftig »eins im Geiste« – des Fanatismus nämlich, der Arroganz und der Intoleranz. –

Michael Serveto y Rives – dieser Name genügt. Er ist mir auf ewig heiliger als die ganze Allerheiligste Dreifaltigkeit, zu deren Ehre Monsieur Calvin den Scheiterhaufen seiner Rechtgläubigkeit errichten ließ.

Michael Servet, ich notiere es zornig, war eine Leuchte der Wissenschaft, dessen Forschungen auf dem Gebiete der Medizin ein neues Zeitalter der Hygiene, der Krankenpflege und der wachsenden Kenntnis menschlicher Pathologie hätten einleiten können. Er entdeckte den Blutkreislauf, er widerlegte die absurden Theorien des Platon und Aristoteles über die Einheit von Blut und Sperma, er zeigte, daß Atmung und Herzschlag zusammenhängen – o Filippo: Denken und Leidenschaft, so zeigte Dir vor über 40 Jahren der große Servetus mit den Mitteln der Physiologie, sind ein und dasselbe, es ist aber das Blut der Träger der Atmung, es ist die Leidenschaft der Träger der Erkenntnis!

Leider lernte ich die Forschungen Servet's viel zu flüchtig kennen, als daß ich sie in meinem Traktat über *Die heroischen Leidenschaften* entscheidend hätte verwenden können. Doch alle wahre Erkenntnis ergänzt einander, sucht einander, findet einander, so wie alle Unkenntnis spaltet, zertrennt und zerstört. Der große Servet scheiterte an dem Kirchenglauben von der Heiligen Dreifaltigkeit und er machte dadurch klar, um was es sich bei diesem Dogma handelt: um ein Theologenkonstrukt menschentrennender Götzendienerei, anmaßender Dummheit und engstirniger Rechthaberei; um ein

Musterbeispiel zugleich für den aberwitzigen Stolz einer Funktionärskaste von beamteten Wahrheitsbürokraten, die seit Jahrhunderten das Volk mit Phrasen und Formeln einschüchtern, die sie selber nicht verstehen.

Man höre diese Leute reden!

In der Gottheit sind, theologisch betrachtet, enthalten: eine Essenz, zwei Prozessionen, drei subsistierende Personen, vier konstituierende Relationen, doch hinwiederum merke: die Zahlenreihe beginnt nicht bei Gott. Bei Gott, nein! Aber Servet mußte sterben, einfach dafür, daß er nicht richtig zählte und stattdessen erklärte, er verstehe diese ganze göttliche Algebra nicht, er beschäftige sich mit Wichtigerem – ehrlicherweise hätte er sagen müssen, er finde den blühenden Wahnsinn in den Köpfen von Menschen wieder, die man seit Kindstagen zwinge, zur Voraussetzung ihres ewigen Heils ein derart absurdes Theologenchinesisch zu lernen und papageiengleich nachzureden; er sehe deutlich, wie eine geistlose Theologie zur Pathologie der Seele und des Leibes der Menschen entarten müsse. *Gegen die Irrtümer der Trinität*, es ist eines seiner kostbarsten Bücher, – es genügte, diesen Mann durch das ganze katholische Frankreich zu hetzen und zu jagen. Paris, Toulouse – all die Städte, die ich selber später bereiste, tragen seine Spuren. Was soll's, daß er in Lyon noch den Ptolemäus geographisch zu reformieren trachtete und ein Buch über die »Astrologie« schrieb, das voller Ungereimtheiten ist? Irrende sind wir und bleiben wir, doch die ehrlich Irrenden, die leidenschaftlich Suchenden, nur sie allein sprengen die Hülle der Unwissenheit auf.

Michael Servet vermeinte, wie ich, in den Zentren der Reformation den Geist des Humanismus wehen zu sehen, so als handle es sich um einen ernstgemeinten Versuch wenigstens, den Teilstaat eines beginnenden Gottesreichs auf Erden zu errichten. Jean Calvin indessen errichtete damals gerade seinen *antikatholischen* Teilstaat, und so mußte er Servet hinrichten, das heißt, er mußte ihn hinrichten lassen. Stets ja sind die Inquisitoren sich selber zu gut, auch nur mitanzusehen, was sie verordnen. Sich die Hände besudeln werden sie nicht, zum Kopfabschlagen sind ihre Finger zu fein, einen Menschen bei lebendigem Leibe in Pech und Schwefel zu verbrennen, das verträgt nicht ihre Nase, aber Ketzer erschnüffeln auf bloßen Verdacht hin, das können sie, Menschen würgen und mundtot machen mit erdichteten Anklagen, das ist ihre Spezialität, und so *müssen* sie tun, denn so ist es ihr Wesen. Alles Handelnde handelt so, wie es selber ist. Es sind ihre eigenen toten Gedanken, mit denen sie töten, es ist die Nabelschnur, die sie selbst nie durchtrennt haben, mit der sie andere an den Galgen liefern; wie Nachteulen sind sie, deren einzige Hervorbringung in dem ausgewürgten Gewölle von unverdauten Mäuseknochen und Hamsterfellen besteht – ein böses Gelichter, ein bösartiges Gezücht, eine Miniatur- und Karikaturausgabe des Menschlichen, die sich vermißt, ihre eigene Schrumpfgestalt für den Rest der Menschheit zum Maßstab zu setzen... Ach, ich könnte toben vor ohnmächtiger Wut.

»Padre Inquisitore«, entgegnete ich indessen, »schon mit 18 Jahren, noch als ich ein Mönch war im Kloster der Dominikaner zu Neapel, verstand ich nicht recht, was die Lehre von der Heiligen Dreifaltigkeit besagen will. Wie zwei Personen eins sein können in der Liebe, vermischt und getrennt, das lernte ich wohl schon als Jüngling; doch wie unvermischt und ungetrennt, hingegen einander ständig durchdringend, wie Ihr so trefflich bemerktet, drei Personen eins sein können in ihrem Wesen, dies in der Tat ist eine dem Menschengeist und folglich auch mir offenbar zu erhabene, eine schier undurchdringliche Wahrheit. Natürlich kenne ich all die Formeln der heiligen Konzilien, die das göttliche Geheimnis beschreiben, doch bezweifle ich seit eh und je, daß es irgendeinen unter den Theologen gibt, der jene Formeln besser verstünde als ich. Was der Menschengeist, wie Ihr sagt, von sich her gar nicht verstehen kann, was, frage ich, soll ihn das angehen?«

»Er soll, was er selbst nicht erkennen kann, um so inniger anerkennen mit aller Kraft seines Willens, indem er demütig willigt in die Begrenztheit seines Verstandes.« Seine Stimme vibrierte vor Wohlwollen und Langmut.

»Doch wenn Ihr das Heil des Menschen, statt von seinem Erkennen, abhängig macht von seinem Willen, so unterwerft Ihr ihn lediglich Euerer eigenen Willkür, die notwendig wird, um ihm vorzusprechen, was immer er nachsprechend glauben soll. Ihr werft mir vor, ich stellte die Leidenschaften im Menschen zu hoch im Vergleich zu dem intellektuellen Vermögen des Menschen; aber es war nie meine Meinung, der Mensch sei dazu verurteilt, auf ewig zu suchen, ohne zu finden, sich zu sehnen, ohne zu sehen, zu lieben, ohne zu leben in jenem Glück, das einzig die Vereinigung mit der Geliebten uns schenkt. Die Einheit zweier Personen in diesem Sinne ist mir verstehbar, gerade weil sie verschieden sind als Mann und als Frau, als Ich und als Du und doch wesenseinig als Menschen der Liebe; wie aber drei Personen einander ›durchdringen‹ können, das widersteht mir. Daß die Kraft, die zwei Personen vereint, als ›Geist‹ betrachtet wird, leuchtet mir ein, doch wie versteht Ihr es, daß ein Sohn ohne eine Frau gezeugt wird allein von einem Vater, und wie ›durchdringt‹ der Vater hernach seinen Sohn, um mit ihm einen Geist durch ›Hauchung‹ hervorzubringen? Ich hörte die Griechen sagen von ihrem Gott Zeus, daß er zeugte die Göttin Athene – ohne Beischlaf mit seiner eifersüchtig zürnenden Gemahlin Hera; allein seinem Haupte, seinem reinen göttlichen Denken entsprang die griechische Göttin, doch blieb sie, erzählt man des weiteren, eine immerwährende Jungfrau, streitsüchtig, halbliebend, mit eisernem Brustschild und Helmbusch, ein Schrecken selbst ihres Vaters, und das, sagt man, war noch das beste an ihr; denn denkt Euch, ihr eigener Vater, nachstellend der eigenen Tochter, um durch Hauchung mit ihr die Liebe zu schaffen, hätte mit ihr…«

Über sein Gesicht glitt wieder das milde Lächeln unendlicher Nachsicht.

»Ihr seht, Meister Bruno, wie deutlich die obszönen Geschichten der Heiden von den geheiligten Lehren unserer

Mutter, der Kirche, entfernt sind, und Ihr habt wohl Gelegenheit, hier nun recht deutlich zu sehen, wie sehr Euer Denken sich selber entfernt vom Begreifen des immerwährenden unendlichen Geheimnisses der drei göttlichen Personen. Und deshalb frage ich Euch« – sein Lächeln erlosch, wie wenn man eine flackernde Kerze unter einem Becher erstickt – »glaubt Ihr an die Einheit der drei göttlichen Personen in der Gleichheit ihres Wesens, ihrer Würde, ihres Wissens, nicht aber ihres Willens noch in der Art ihrer Subsistenz?«

»Wenn Ihr wollt, daß ich es glaube, indem ich es nachspreche«, sagte ich, feierlich mich verneigend, »so glaube ich alles, was Ihr wollt, dem Worte getreu.«

O Du meine liebe Morgana, meine liebe Diana, wenn ich mich heute als eine menschliche Person fühle, so ist es Deinetwegen. Alle Lehren über Gott, alle Glaubensmysterien der Kirche, alle Tugendübungen und Gebete haben nicht vermocht, was Du an mir getan hast wie im Vorübergang. In der Liebe zu Dir, in der Sehnsucht nach Dir formte sich das, was ich heute bin, und die Gedanken, die Du mir eingabst, bestimmten mein ganzes Werk und mein Wirken. Deine Gegenwart weckte in mir alle Kräfte und Anlagen zum Leben, entsprechend einem kleinen Gedicht, das ich an dich richtete:

> Immer, wenn Du bei mir bist,
> Ist es, als wenn etwas sprießt
> Aus verdorrter Erde.
>
> Ich weiß nicht, was dort wachsen will.
> Es ist noch klein und doch so viel,
> Daß ich selber werde.
>
> Ich weiß nur, es wächst immerzu
> Dir in die Arme, bis daß Du
> Es festhältst als Dein Erbe.
>
> O sei Du meine Gärtnerin.
> Denn Deine Liebe formt mich hin
> Zu zärtlicher Gebärde.

Was ist »Liebe« anderes als ein solches Verhältnis zweier Personen, bei dem beide einander wechselseitig zur vollen Entfaltung führen durch einen Strom der Sympathie, der zwischen ihnen hin und her fließt? Nehmen wir ein physikalisches Bild: Gesetzt, in einem geschlossenen Behälter, gefüllt mit einer in Ruhe befindlichen Flüssigkeit, erregte jemand an der einen Wandseite eine Welle, die beim Aufprall an der anderen Wandseite in genau der gleichen Länge und Höhe zurückgeworfen würde, so daß alle Höhen und Täler der Schwingung sich gegenseitig verstärkten, und es gelänge, ein solches vollkommenes Schwingungsgleichgewicht über unabsehbar lange Zeit aufrechtzuerhalten, so wäre mit einer solchen Anordnung wohl ein höchst gelungenes Gleichnis der Liebe geschaffen. Einen anderen Vergleich liefern vielleicht auch die italienischen Seidenweber in Zürich, indem die Gefühle der Liebenden einem Weberschiffchen ähneln, das zwischen den Kettfäden hin- und hergeworfen wird und mit jedem Einschlag ein überraschendes Muster an Schönheit und Farbe hervorbringt...

Man mag die Liebe unter Personen beschreiben wie man will, eines ist klar: Es besteht zwischen den Erfahrungen zweier Liebender und den Wortklaubereien der kirchlichen Lehramtsverwalter in ihrem Reden über die drei Personen der Gottheit nicht die geringste Ähnlichkeit. Aus dem Wechselspiel zweier Personen, die durch ihre Liebe einander ihre Schönheit und ihre Größe schenken, wird in der herrschenden Theologie ein unbegreifbares Theorem gewisser »Hervorgänge« des Sohnes aus dem Vater und des Geistes aus Vater und Sohn; aus der spannungsvollen Begegnung zweier an sich selbständiger Personen wird ein Verhältnis der Abhängigkeit, das den Worten nach indessen ein Verhältnis der Gleichwertigkeit untereinander gründen soll. Der Kardinalfehler aber besteht in der Verkehrung aller natürlichen Verhältnisse: Aus dem Reichtum der Erotik zwischen Mann und Frau wird bei all diesen Konstruktionen über die inneren Verhältnisse Gottes unter den Händen der Priester und

Mönche aus lauter Prüderie und Angst, auf daß nur ja nichts Weibliches, nichts wirklich Partnerschaftliches, nichts wirklich Freies die Vorstellungen des Göttlichen heimsuchen kann, eine Familienbeziehung ohne Familie, ein Vater-Sohn-Verhältnis, das die Gattenliebe verdrängt, und statt daß, wie sonst auf Erden, die Liebe es ist, die getrennte Wesen miteinander verbindet, kehrt die fehlgeleitete Logik der Theologen alles bis dahin auf den Kopf, daß der »Heilige Geist« als die Verkörperung der göttlichen Liebe aus der Verbindung von Vater und Sohn allererst entstehen soll. Es scheint klar, daß derlei Absonderlichkeiten nichts weiter abgeben als ein verdrehtes Spiegelbild des menschlichen Verhältnisse zwischen Mann, Frau und Kind, doch wagt man es einfach nicht, die Geschichte so zu erzählen, wie sie sich allerorten zuträgt: Ein Mann liebt eine Frau, zeugt mit ihr ein Kind, und es entsteht eine heilige Dreiheit von Personen. Die christliche Scheu vor solcher Offenheit ist freilich verständlich. Denn würde man das Wesen Gottes nach Art einer Familiengeschichte erzählen, so wäre ja die Liebe selber etwas Göttliches, dann dürfte man nicht länger mehr den Patriarchalismus eines reinen Vater-Sohn- Verhältnisses als »Ursprung« der »Liebe« hinstellen, dann hätten ja die Erzählungen der »Heiden« so unrecht nicht, die von den Liebesabenteuern ihrer Götter in Hülle und Fülle zu berichten wissen, dann bräche das gesamte Machtverhältnis der Kirche in sich selbst zusammen.

Aber konnte ich, sollte ich von all diesen Zweifeln und Fragen den Vertretern der Heiligen Inquisition auch nur ein Sterbenswörtchen sagen? Ich hätte nur noch mehr ihren lächelnd geduldigen Haß erregt.

»Padre Inquisitore«, begann ich daher mühsam, »es gibt selbst beim Nachsprechen Euerer Formeln des richtigen Glaubens ein ernstes Problem.«

»Ein Problem?«

»Wir wissen nicht, was eine Person ist, geschweige denn, daß wir wüßten, was eine göttliche Person ist.«

»Wollt Ihr sagen, daß alle Christen, die in den Jahrhunderten der Geschichte ihren Glauben an Gott bekannt haben, so wie die heilige Mutter Kirche ihn lehrt, im Grunde nur ihre Unwissenheit im Sprechen von Gott bekannt hätten?«

Ich nickte. Er schaute mich durchdringend an, streckte seine linke Hand aus, wie um jede Gemeinschaft mit derartigen Gedanken zurückzuweisen, und hob unwillkürlich drohend den Zeigefinger; dann drehte er langsam die Handinnenfläche nach oben und wippte dabei mit den Fingerspitzen unruhig auf und nieder, als wollte er mich wortlos auffordern, diese meine ungeheuerliche Behauptung vor ihm näher zu erklären.

»Ich weiß nicht recht«, begann ich unbeirrt, »was Ihr eigentlich meint, wenn Ihr von der Person des Vaters und des Sohnes und des Heiligen Geistes sprecht. Das Problem ist, daß die Person selber etwas Unendliches darstellt; es ist aber unmöglich, etwas Unendliches zu definieren. Heute bin ich Filippo Bruno, vor Jahren noch war ich der Mönch Giordano…«

»Das seid Ihr noch immer, trotz der gegen Euch verhängten Strafe der Exkommunikation, die unsere Mutter, die Kirche, gegen Euch anzustrengen zu ihrer Bekümmernis sich leider gezwungen sah; nur wenn Ihr ordnungsgemäß durch die Gnade der Kirche gültig in den Laienstand zurückversetzt seid, erlischt Euer Mönchstum.«

Ohne auf seine pedantischen Erläuterungen der kirchenrechtlichen Willkürbestimmungen einzugehen, setzte ich meinen angefangenen Satz fort: »und morgen schon, falls Ihr mich nicht in Euerer Langmut doch noch begnadigt, werde ich gewiß nicht mehr sein, was ich heute noch bin. Allein zwischen Geburt und Tod sind die Wandlungsformen eines Menschen bereits so groß, daß man sich schwer tut, in einem heute Sechzigjährigen den damals sechzehnjährigen Jungen der Schulzeit wiederzuerkennen.«

Wart denn Ihr vielleicht immer schon so, wie Ihr mir heute erscheint? hätte ich ihn am liebsten gefragt. Wart Ihr vielleicht immer schon dieser fanatische Bluthund und Eiferer der rechten Lehre, als der Ihr heute vor mir sitzt? Ich hoffe nicht. Aber wenn Ihr es nicht wart, wenn Ihr nicht schon mit Hermelinpelz und Scheuklappen auf die Welt gekommen seid, was kann aus einem Menschen dann allein in wenigen Jahrzehnten werden?

»Denkt Euch«, wandte ich mich ihm wieder zu, »daß die Lehre der Kirche dem Menschen selbst eine unsterbliche, ewige Seele zuspricht. Der Mensch, mit anderen Worten, ist selbst nach kirchlicher Lehre unendliches Leben; und das gilt womöglich durchaus nicht für den Menschen allein. Ich jedenfalls bin mir nicht sicher, ob nicht auch die Tiere, zumindest die höheren unter ihnen, an der Unsterblichkeit teilhaben. In meinen Augen ist das gesamte unendliche Universum in all seinen Teilen beseelt, es ist aber nicht sinnvoll, von ‹Seelen› zu sprechen, ohne ihnen eine Materie zuzuordnen, in der ihre Lebenskraft sich entfalten kann; denn so wenig es ein materielles Gebilde gibt, ohne ein gestaltendes Prinzip in sich zu tragen, so wenig kann es eine ›Seele‹ geben, die nicht auf einen Körper hingeordnet wäre. Daraus folgt, daß das Leben sich nicht auf die wenigen Jahre seiner irdischen Existenz beschränken läßt; alles geht vielmehr ins Unendliche weiter. Alles ist alles; alles wandelt sich in alles, und eben diese Entgrenzung der Endlichkeit, diese Öffnung des Lebens in eine unendliche Folge von Möglichkeiten gibt allererst dem Tod einen Sinn. Wir lösen im Tode lediglich die Schranken einer zu eng gewordenen Lebensform auf. Die Seidenraupe sprengt den Kokon und wandelt sich in einen Schmetterling; damit hört sie in gewissem Sinne auf, noch länger ›nützlich‹ und ›verwertbar‹ zu sein; statt dessen aber breitet sie in einer nie gekannten Freiheit ihre Flügel im Licht und schwingt sich auf zu dem taumelig flatternden Brauttanz ihrer frühlinghaften Liebe. Eine Kraft, die jede Hülle zerbricht, ist die Liebe; sie ist die Innenseite der Unendlichkeit des Lebens selbst; und so steigert sie nicht nur alles, was lebt, zur höchsten Entfaltung seiner Anlagen, sie treibt es immer wieder über seine Grenzen hinaus, die sie niederreißt im Tod und die sie zugleich wiedererschafft unter den Bedingungen einer neuen Geburt. Ohne die Liebe gäbe es weder den Tod noch das Leben, weder Anfang noch Ende, denn die Liebe allein ist ohne Anfang und Ende, und jeder, der liebt, spürt dieses Verlangen einer unendlichen Sehnsucht. Die Liebe ist selbst ein nie endender Anfang, ein ewiger Frühling, eine Verwandlung aller Dinge in eine Botschaft der Geliebten an den Geliebten, und ehe nicht alles alles geworden, ist die Schöpfung selber noch nicht an ihr Ziel gelangt.«

Es·war während eines Spaziergangs im Monat April, am Rand von Neapel, da zeigtest, Morgana, zum ersten Mal Du mir diesen Zusammenhang aller Dinge. Der Frühling hielt gerade seinen Einzug, und seither auf immer verknüpft sich in meinem Fühlen das Erwachen der Natur mit der Erfahrung Deiner Liebe. Noch heute, sobald ich an Dich denke, ergreift mich eine Stimmung wie damals, als ich mein erstes Frühlingsgedicht an Dich richtete:

Du Liebste, alles ringsum spricht zu mir von Dir.
Ich sah die ersten Schwalben heute über'm Fluß,
Sah die Forsythien in ihrer goldnen Zier
Und nahm des Frühlings Schönheit auf als Deinen Gruß.

Ein Sperlingspärchen badete im warmen Sand,
Und honigduftend leuchteten die Weidenkätzchen;
Zwei Rehe ästen wie verträumt am Waldesrand;
Ein Schwan baute sein Nest an einem ruhigen Plätzchen.

In rosa Farben prangten Kirschbäume im Garten,
Die Blüten der Kastanien streckten sich zum Licht,
Und Rhododendronbäumchen malten ihre zarten
Weißroten Knospen in der Sonne Angesicht.

Zitronenfalter übten erstmals ihren Reigen,
Und trommelnd ließ ein Buntspecht sein Geklopf
    erschallen;
Die neugebornen Lämmlein grasten auf den Weiden,
Und über'm Feldweg klang der Schlag der Nachtigallen.

Und alles ringsum war wie eine Melodie,
Als ob die Bäume mit dem Himmel sich vermählten
Und alle Blumen wie in stummer Poesie
Sich mit der Liebe Zauberglanz beseelten.

Denn von Dir, Liebste, sprechen zu mir alle Dinge.
Du bist es, die als Glück und Licht in ihnen lebt.
Du machst es, Liebste, wenn ich laut im Frühling singe
Und wenn mein Herz sich lerchengleich zum Himmel hebt.

»Bruder Giordano…«

Es riß mich jäh aus meinen Träumen; wenn er »Bruder« zu mir sagte, war ich gewarnt. »Bruder Giordano, Ihr lehrt mit Eueren Worten nichts anderes als die Selbstvergottung des Menschen. Eben deswegen legt unsere Heilige Mutter, die Kirche, so großen Wert auf die Lehre von der Endlichkeit der Person, auf daß sie der Schrankenlosigkeit einen Riegel vorschieben könne. In einer Welt, in der, wie Ihr sagt, alles alles zu werden vermag, ja, in der sogar alles alles zu werden bestimmt ist, entsteht nicht nur das Problem, wer wir sind, es entsteht zugleich auch das moralische Problem, wer wir zu sein haben.«

Er spitzte seinen Mund, als berührte er in einer Mischung aus Widerwillen und Höflichkeit die unsichtbaren Lippen einer ungeliebten Frau, als er fortfuhr:

»Sollten wir wirklich ›alles‹ sein müssen, um uns zu vervollkommnen – der Ehebrecher, der Knabenschänder, der Transvestit? Meint Ihr, alle Laster, alle Freveltaten müßten durchlebt und durchlitten werden, um schließlich ›alles‹ zu werden und gemäß Euerer Auskunft vollkommen zu sein? Wohin versteigt Ihr Euch, Bruno?« Mit schriller Stimme schrie er seine Anklage jetzt offen heraus: »Das ist die Urketzerei der gnostischen Irrlehre, der Gesetzlosigkeit, der Zügellosigkeit, der Selbstvergottung, der unendlichen Anmaßung…«

Er ließ seine Hände, wie erschöpft von diesem Ausbruch einer allzu lang aufgestauten Empörung, mit einer sonderbar gemessenen Bewegung auf das Pult zurückgleiten, während sein Kopf, müde der ganzen Vernehmung, vornüber sank. Das entscheidende Wort war gefallen. Was irgend zu sagen war, jetzt war es gesagt; ich mochte erwidern, was immer ich wollte, er würde es anhören, in derselben Haltung, in der er jetzt dasaß: erschöpft und wissend im Anblick von so viel Verstiegenheit. Mich aber reizte gerade seine blasierte Ketzerhutmacherei in ihrer demonstrierten Theatralik bis zum äußersten.

»Ja, das kann ich mir denken«, sagte jetzt auch ich mit erhobener Stimme, »daß unsere Heilige Mutter, die Kirche, großen Wert darauf legt, die Person des Menschen zu begrenzen. Eine unendliche Person entzöge sich von vornherein Euerer Beaufsichtigung; eine unendliche Person ließe sich nicht halten in den Kerkermauern, die Euer abgeschlossenes Denken gegen die Freiheit errichten muß; eine unendliche Person wäre selber ein wahres Spiegelbild Gottes und bedürfte nicht Euerer göttlichen Repräsentanten in angemaßten Ämtern, Titeln und Würden. Da habt Ihr recht, Padre Inquisitore, es gibt nur eins von beidem: Entweder ist der Mensch ein göttliches Wesen, dann ist diese Kirche nicht länger die rechtmäßige Stellvertreterin Gottes auf Erden, dann ist sie selber nichts als verkörperte Anmaßung, oder der Mensch ist ein anmaßendes Wesen widergöttlichen Aufruhrs, das nur mit den Mitteln äußerer Zucht an den Boden, dem er entstammt, herabgedrückt werden kann, dann ist die Kirche unendlich im Recht. Wie aber kommt Ihr dann zurecht mit der Heiligen Schrift, die nur vom Menschen erzählt, daß Gott ihn erschuf als sein ewiges Abbild? Von der Kirche bekanntlich liest man ein Ähnliches nicht. Der Mensch, nicht die Kirche ist Gottes Ebenbild.

Eben deshalb irrt die Kirche sich groß, wenn sie sich auf die Unendlichkeit Gottes beruft, um den Menschen in die Endlichkeit zu verbannen. Ein Mensch zu sein bedeutet gerade, eine endliche Unendlichkeit zu bilden, *endlich*, weil niemals vollendet, *unendlich*, weil ohne Unterlaß strebend; ein werdender Gott, ein ewiger Widerspruch, das ist der

Mensch. Aber begreift Ihr, Padre Inquisitore, dieser Widerspruch gehört zu allem Geschaffenen; er ist die Triebfeder jeglicher Bewegung, und der Mensch ist nur ein Teil in dem Prozeß eines Werdens, das seine jetzige Gestalt ins Unendliche übersteigt. Denn nur in dem Übermaß und Unmaß seiner unendlichen Größe findet Gott einen Spiegel, fähig, sein Angesicht aufzunehmen. Dieses Weltall ist niemals Gott selbst; doch um ein Abbild Gottes zu werden, muß es in all seinen Teilen in einem Strom unendlicher Wandlungen in der Zeit nachzugestalten suchen, was Gott in Ewigkeit ist.

Deswegen aber gibt es im Universum keine andere Ordnung als diejenige, die in den Dingen selbst angelegt ist. Was in Eueren Augen wie ein Fehler der Schöpfung erscheinen mag, ist womöglich nur ein weiterer Knoten im Gewebe des Alls. Wir beklagen z.B. die Schäden, die ein Sturm oder ein Hochwasser anrichten kann; doch ohne den Austausch der Luft müßten wir sehr bald ersticken, und ohne die Zirkulation der Feuchtigkeit müßte die Erde unverzüglich verdorren. Wir fürchten zu Recht die verheerende Macht eines Erdbebens, doch auch wenn wir noch nicht recht wissen, welch eine Ursache der Entfaltung solch ungeheuerer Kräfte zugrunde liegt, so dürfen wir doch vermuten, daß in der Tiefe die Erde umgeschichtet wird so wie ein Bauer den Acker umgräbt, um die Fruchtbarkeit seiner Ernte zu steigern. Es gibt in der Natur selbst weder Tod noch Zerstörung, die nicht dem Leben und seiner Entfaltung dienen würde, und ich bin überzeugt: wenn wir die Welt auch nur einen Augenblick lang mit den Augen ihres Schöpfers selbst zu betrachten vermöchten, so würde es uns wie Schuppen von den Augen fallen, und wir würden erkennen, daß es kein Böses, keinen Makel, keine Unvollkommenheit an der Schöfung Gottes gibt, außer der Tatsache, daß sie nur Schöpfung und nicht selber schon Gott ist.

Ihr kennt die Geschichte des biblischen Hiob. Auch ihm erschien die Welt als ungerecht, sinnlos und willkürlich; auch er zeigte sich außerstande, die Weisheit des göttlichen

Plans zu begreifen; auch er litt an dem Widerspruch zwischen dem Bild eines Gottes, wie die Theologen ihn lehren, und der Welt seiner Erfahrung, so daß er all den Besserwissereien, die seine Gefährten ihm vortrugen, sein Ohr durchaus nicht länger mehr leihen mochte. Dann aber tat vor seinem inneren Auge der Himmel sich auf, und Gott selber leitete den schon Verzweifelten hinüber zu der Erkenntnis der Schönheit und Größe der Welt. Wir, Padre Inquisitore, befinden uns heute von neuem in den Tagen des Hiob, denn alles kehrt wieder in der Ordnung der Zeit, und nichts, was geschehen, ist einfach Vergangenheit, sondern immer schon Teil auch der werdenden Zukunft. Durch die Entdeckungen des Nikolaus Kopernikus ist die Erde in unseren Tagen endgültig aus dem Zentrum des Weltalls geschleudert worden. Der große Astronom zwar glich noch einem Kolumbus, der selbst nicht den Wert seiner eigenen Entdeckungen zu begreifen vermochte, sondern seinen Fuß auf altbekanntes Land zu setzen glaubte, während er einen völlig neuen Kontinent betrat. Ich um so mehr darf mich rühmen, der erste zu sein, der die eigentliche Größe des Kopernikus begriffen hat, indem ich den Sturz der Erde aus dem Zentrum der Welt als ein zutiefst religiöses Problem der Unendlichkeit des Alls bewußt gemacht habe. Man kann ein Problem nicht lösen, solange man bei den Voraussetzungen stehen bleibt, aus denen es entstanden ist; die Antwort auf eine wirkliche Frage erhält man nur, indem man die Ausgangsbedingungen der Fragestellung durch den Entwurf eines größeren geistigen Zusammenhangs erweitert; und so versuchte ich…«

»Ehe Ihr zu diesen uns sattsam bekannten Lieblingsideen Eueres Denkens übergeht«, unterbrach er mich in überraschend strengem Ton, »solltet Ihr zu unserer Ausgangsfrage zurückkehren. Ihr lehrt, wie ich nunmehr erfahre, zu unserer Zufriedenheit, daß Gott nicht identisch sei mit seiner eigenen Schöpfung und nicht etwa selbst zu Gott werde durch das Werden der Welt, wie jene verurteilungswürdigen Gnostiker zum Verderben der Menschen gelehrt haben; Ihr lehrt nur, wir verstehen doch recht, die Welt sei ein unendlicher Spiegel des unendlichen Gottes. Doch von der Eitelkeit eines ständig sich selber bespiegelnden Gottes einmal abgesehen, dessen Gestalt allzu sehr der Eurigen zu gleichen scheint, frage ich noch einmal: Wie kann der Dreifaltige Gott sich in einer Welt wahrnehmen, in der alles alles zu werden vermag, der Heilige ein Sünder, der Sünder ein Heiliger, der Verbrecher ein Edelmann, der Edelmann ein Verbrecher, wie kann, frage ich, diese Welt ein Spiegel des Göttlichen sein, wenn sie hin und her schwingt wie ein aufgewühltes Meer?«

Er hatte den Kern meiner eigenen Problematik getroffen, und ich war erstaunt, wie genau er in diesen Schwachpunkt meines ganzen Weltbildes stieß. Andererseits: »Wie ich nunmehr erfahre«! Was hatten diese Gotteshunde bisher nur in meinen Büchern gelesen, wenn ihnen nicht einmal meine Grundthesen bekannt waren, oder, da so viel Fahrlässigkeit und Dummheit denn doch nicht gut vorauszusetzen war, wie böswillig, nur um ihre verleumderischen Häresieverdächtigungen vor den Ohren der Öffentlichkeit untermauern zu können, hatten sie bisher meine Gedanken gegen sich selber gekehrt! Und dann diese Verengung eines reinen Weltanschauungsproblems auf die Perspektive ihrer beunruhigten Bürger- und Kirchenmoral! Wieder, statt durch das Fernrohr zu blicken, mußten sie durch das Schlüsselloch starren. Doch immerhin: Die Frage selbst war richtig gestellt, das hatte auch ich mir oft genug zugeben müssen, und ich wußte, daß meine Antwort ihn nicht überzeugen konnte; er würde auf der Reduktion des Problems bestehen und niemals zugeben, daß es sich nur durch Integration lösen ließ. Dennoch begann ich:

»Ich räume Euch ein, Padre, daß alles Leben sich als eine Verunreinigung der Ewigkeit betrachten läßt; alle Vorgänge in der Zeit müssen unvollkommen bleiben, gemessen an der Vollkommenheit Gottes selbst, der in einem einzigen immerwährenden Augenblick alles ist. Doch scheint mir, Gott habe das All eben deshalb geschaffen, um sich selbst zu betrachten in dem, was ganz anders ist als er selbst. Wie sonst sollte es möglich sein, Zeit zu begreifen im Angesicht der Ewigkeit?«

Mit dieser Frage ließ ich ihn allein; denn insgeheim liegt dort noch heute für mich eine offene, äußerst beunruhigende Frage: vielleicht gibt es eine Ewigkeit gar nicht, vielleicht gibt es auch Gott gar nicht, vielleicht sind Gott und die Ewigkeit nur die übrig gebliebenen Reste veralteter Vorstellungen aus einer Zeit, da man die Unendlichkeit des Alls und die Unermeßlichkeit der Zeit noch nicht zu ahnen, geschweige denn zu denken vermochte. Es ist wahr: Ich habe formal die Existenz Gottes niemals geleugnet; doch wofür, wenn ich ehrlich bin, braucht es noch »Gott«, um die Welt zu verstehen? Und die Welt zu verstehen war ich weitaus bemühter, als Gott zu begreifen. Andererseits: Wozu hätte ich ihm meine eigenen Zweifel und Sorgen anzeigen sollen?

»Indes«, fuhr ich fort, »vermag die Welt doch als ganze, trotz der Unvollkommenheit all ihrer Teile, vollkommen zu sein, so wie Ihr ein Musikstück, ein Gemälde, ein Gedicht vollkommen nennen könnt, selbst wenn jede einzelne Note, jeder einzelne Pinselstrich, jedes einzelne Wort, für sich selbst genommen, keinen Sinn ergibt. Mehr noch: zur Harmonie der Musik bedarf es gewisser Dissonanzen des Klangs, bedarf es gewisser Pausen zur Rhythmisierung der Melodieführung, bedarf es gewisser Wiederholungen des Aufbaus; zur Darstellung eines Gemäldes bedarf es eines gewissen Kontrastes von Licht und Schatten, bedarf es gewisser Gruppierungen der Form und der Farbgebung; zu der Wirkung eines Gedichtes bedarf es eines bestimmen Versmaßes, einer bestimmten Reimfolge, einer bestimmten Zeilenführung. Kurz, was ich sagen will, ist dieses: Ihr dürft die Vollkommenheit der Welt nicht in ihren Elementen suchen, sondern Ihr müßt die Geduld aufbringen, von der Betrachtung des Einzelnen hinüberzuschreiten zum Anblick des Ganzen, denn nur dort, im Begreifen des Gefüges des Alls, werdet Ihr Gottes Antlitz erblicken. Das Gefüge aber setzt sich zusammen aus einer Fülle geordneter Widersprüche und rhythmischer Wiederholungen.«

»Und was bedeutet das nun für das Problem von Gut und Böse?«

Wenn ich damals mutig genug gewesen wäre, so hätte ich unverblümt sagen müssen: "Es bedeutet, daß der Unterschied zwischen Gut und Böse insgesamt hinfällig wird, indem er sich als eine Bewertung des bloßen Augenscheins zu erkennen gibt. Gut und Böse – das ist so viel wie Heiß und Kalt oder Süß und Sauer; alles davon hat sein Recht an der rechten Stelle in der richtigen Mischung. Jeder muß leben, wozu er geschaffen wurde, er muß das Gesetz seines Wesens erfüllen, das als sein Dämon oder als seine Fee in seinem Inneren wohnt und all seine Lebensschritte begleitet.«

»So zerreißt Ihr nicht nur die Wertungen der Moral, sondern auch ihre Grundlage selbst – Ihr leugnet die Freiheit des Menschen?« hätte er, vermutlich lächelnd, doch bebend vor Zorn, mir entgegengeschleudert.

»Ja«, hätte ich ohne Umschweife bestätigen müssen. »Ich leugne, daß es eine andere Freiheit gibt als diejenige, die durch die Erkenntnis der Gesetze der Natur draußen und der Gesetze des eigenen Herzens drinnen zustande kommt. Innerlich mitzuvollziehen, was wir selbst sind und was das Schicksal uns zugedacht, das nur ist wahre Freiheit. Auch in dieser Frage steht Ihr vor einer Alternative. Entweder Ihr billigt dem Menschen zu, daß er das Gesetz seines Lebens in sich trägt, dann bedarf es all Euerer von außen gesetzten Zwangsanweisungen nicht länger, oder Ihr bleibt bei Euerer Behauptung, daß der Mensch ein haltloses und entartetes Wesen sei, dann allerdings seid Ihr mit Eueren Verordnungen zur Ordnung des Menschen ebenso unentbehrlich wie mit der Erhabenheit Euerer Lehren zur Wahrheitsfindung. Entweder spricht Gott selber zu den Menschen durch die Majestät seiner Werke und durch die Stimme des Gewissens in seinem Inneren, oder Ihr müßt Gott vor den Menschen vertreten und selber die Stelle des Gewissens einnnehmen.

Die Ohnmacht Gottes wandelt sich dann zur Macht seiner Kirche und die Gewissenlosigkeit des Menschen zu Euerer Moralität. Wem aber dient Ihr dann außer Euch selber? Ist Euch nicht klar, daß Ihr selbst zur Begründung Eueres Machtanspruches Gott für ohnmächtig und den Menschen für böse erklären müßt?«

Gewiß hätte er sich an dieser Stelle mit *dem Teufel* herausgeredet. Der Teufel, natürlich, hat alles durcheinandergebracht. Er hat als erstes die Schöpfung Gottes verdorben, und hernach hat er den Menschen zur Sünde verführt, ja, am Ende soll er es sogar noch fertig bekommen, den Menschen auf ewig in die Hölle zu stürzen. Dieser ganze mythologische Unfug war mir von Herzen verhaßt, erschien er mir doch als eine Herabmilderung Gottes ebenso wie eine Verleumdung des Menschen. Die Welt ist ein Meisterwerk Gottes, nicht aber ein Tummelplatz böser Geister, die nichts sind als die Ausgeburten von Angst und Unwissenheit. Richtig allein scheint zu sein, daß der Mensch sich selbst jederzeit die Hölle bereiten kann und sich oft genug gegen seinesgleichen benimmt wie der Teufel selber.

»Ja, es ist wahr«, hätte ich sagen müssen, »Gott ist zu groß, als daß er sich seine Welt von irgendeinem seiner Geschöpfe wegnehmen läßt. Was es an ›Bösem‹ in dieser Welt gibt, entstammt nicht weniger den Händen des Schöpfers als all das, was wir als ›schön‹ und ›gut‹ betrachten. Für einen ›Teufel‹ ist da kein Platz. Ja, ich frage mich sogar, wenn Gott Wölfe, Füchse und Hyänen unter den Tieren geschaffen hat, warum dann nicht auch unter den Menschen? War es nicht die Lehre des Aquinaten, der Mensch sei in gewisser Weise alles? Welch eine Heuchelei dann, in dem Menschenwesen nur den Engel, nicht aber das Tier anzuerkennen? Alles Böse, das Menschen verüben, ist niemals etwas zu Fixierendes, zu Isolierendes oder zu Justifizierendes; alles ist ein Läuterungsprozeß, ein Ringen aus dem Dunkeln zum Licht; Euere Morallehren hingegen, Padre Inquisitore, bestehen in dem Kunststück, vor die Augen der Menschen einen Filter zu legen, der die Welt nur in den Extremen von Schwarz und Weiß erscheinen läßt; die Wirklichkeit aber ist bunt und farbig. In der Welt, die es wirklich gibt, existiert das leidenschaftliche Rot gleich neben der Kühle des Blau, das lebenssatte Grün neben dem verlockenden Gelb, und dann erst die Mischfarben! Mit Eueren moralischen Wertungen indessen schafft Ihr Eindeutigkeit dort, wo die Wahrheit vieldeutig ist. Ihr anerkennt weder die Übergänge und Wandlungsstufen zwischen den Extremen noch wollt Ihr zugeben, daß das Leben selbst etwas Fließendes ist, das sich all Eueren Festlegungen entziehen muß, um lebendig zu bleiben. An jeder Stelle vergewaltigt Ihr die Welt, um sie besser verwalten zu können. Was Menschen tun können, mag schlimm sein – sie können plündern und morden in bestialischer Grausamkeit; doch schlimmer als all dies erscheint mir die lautlose Tötung des Lebens durch den Geist eines faulen und falschen Ordnungsdenkens. Ihr nehmt den Tod nicht nur in Dienst, um Euere Wahrheit an den Menschen zu erweisen, Ihr seid in Wahrheit selber der Tod für die Menschen.«

Noch einmal: So und nicht anders hätte ich sprechen müssen, und dieses *hätte* quält mich, jetzt, da ich es schreibe, immer noch unsäglich. Am 2. Juni des Jahres 1592 war ich zu schwach, um dieser funebren Institution, die sich Kirche nennt, den Kampf in der Schärfe anzusagen, der ihr gebührt, und jetzt, da ich es könnte, ist es zu spät. Weh über all die falschen Hoffnungen,ein sterbliches Leben für einen kurzen Augenblick der Lüge zu retten! Wahrhaft leben, das ist, wahrhaftig zu sein und die Wahrheit zu sagen, selbst wenn sie sich noch so schrecklich anhört oder sich noch so schädigend für die eigenen Interessen auszuwirken droht. Freilich, wenn ich allen Wesen auf Erden, den Skorpionen und den Schaben ebenso wie den Ehebrechern und Säufern, die Chance einer Wandlung zugestehe und in allem nichts anders zu sehen gewillt bin als die beginnenden Stufen einer unendlichen Reifung, wie sollte ich dann nicht auch im Urteil über mich selbst Milde vor Recht ergehen lassen? Und

sogar dem schmerzlichsten Gedanken, dessen Verwirklichung mir, Gott Lob, erspart bleibt, müßte ich eigentlich mutig ins Auge sehen können: daß nach dem Aufstieg der Ju-
gend- und Manneszeit bald schon die Bahn des Lebens sich
neigt. Wieviel von dem, was da »böse« heißt, ist nichts weiter
als Schwäche des Alters, Abbau und Verfall, als Starre, Ver-
härtung und verweigerte Wandlung? Das einzige Böse, das
es wirklich gibt, ist ein Zuwenig an Heroismus und Leidenschaft bzw. ein Zuviel an Trägheit des Herzens und an
Ängstlichkeit der Seele. Am schlimmsten aber sind die
schwarzweiß gekleideten Angstmacher und Herzensspalter
einer Behörde, die vorgibt, an Gott zu glauben, während sie
in Wirklichkeit das Vakuum des Göttlichen selber benötigt,
um ihre Macht über Menschen aufzurichten.

Doch statt an jenem entscheidenden 2. Juni 1592 die Chancen zu einer wirklichen Klärung zu nutzen, schweiften wir
rasch ab auf die Fragen der »Christologie«. Für den Inquisitionsvater stellte die Frage des Bösen und das Problem von
Moral und Freiheit verständlicherweise überhaupt nur einen
rasch zu durchmessenden Korridor auf dem Weg in sein eigentliches Vernehmungzimmer: die Lehre von Christus und
der heiligen Dreifaltigkeit dar, denn natürlich hatte er begriffen, daß er mit seinen Gedanken über die Heilsnotwendigkeit der Kirche und die absolute Gnadenwahl Gottes im
Grunde Ideen geäußert hatte, die auf der Ebene der Geschichte sich nicht sehr von meinen eigenen Ansichten über
die Macht Gottes in der Natur unterschieden. Wenn Gott
festsetzt, wer in Ewigkeit gerettet oder verdammt wird, wozu braucht es in einer solchen absolut gesetzten Machtwill-
kür noch einen Teufel? Und was wird im Schatten eines solchen absolutistischen Allherrschers aus der Freiheit des
Menschen? Nach all diesen Problemen hätte ich den Pater
selber liebend gerne befragt, doch, wie er mich hatte wissen
lassen, war es ja nicht sein Glaube, der hier zur Debatte
stand, sondern der meine. Gleichwohl bestehe ich darauf,
daß mein Gottesbild, recht verstanden, weit gütiger und

131

menschlicher ausfällt als die sonderbaren Spekulationen der katholischen und calvinischen Theologen über die Gnade. Es scheint mir zudem sehr wichtig, daß in meiner Konzeption der Mensch zumindest so viel an Freiheit besitzt, wie er von sich selbst und der Welt ringsum begreift. Eine Gottesherrschaft des äußeren Wollens und Befehlens, wie sie den Kirchenverwaltern als Ideal vorschweben mag, bedeutet schlechtweg das Ende des Humanismus; der Humanismus aber ist die gewiß wichtigste Errungenschaft unseres, Gott sei Dank, endlich dem Ende sich zuneigenden 16. Jahrhunderts; er ist weit wichtiger jedenfalls als z.B. die Reformation und geistig ohne Zweifel bedeutender als die römische Gegenreformation in Gestalt der bissigen Seelenschnüffelei ihrer Herrenhunde und der bigott-gelehrten Geistesverdreherei der Soldatenköpfe eines gewissen Ignatius von Loyola.

Es ist dies ein Punkt, den ich bis heute nicht begreife, nicht einmal wenn ich den Eigenegoismus und das Interesse am Selbsterhalt der römischen Kirche voraussetze. Ist es nicht sonnenklar, daß die Freiheit des Menschen die Erkenntnis der Natur zur Voraussetzung hat? Sie aber fürchten offensichtlich die wachsende Einsicht in die Gesetze des Kosmos, gerade weil ihnen die Befreiung des Menschen Angst einflößt. Sie geben vor, die Rechte Gottes zu schützen, und beteuern von früh bis spät die Größe seiner Allmacht, aber in Wahrheit fürchten sie einzig und allein die beginnende Entmachtung ihrer selbst. Die Zeit ist reif, daß man nicht länger mehr talartragenden Schwätzern folgt, die mit feierlicher Miene oder mit fratzenhaftem Grinsen versichern, in die Geheimnisse des Allerhöchsten durch ein besonderes Amt in besonderer Weise eingeweiht zu sein, und die dann, wie zum Beweis ihrer Fähigkeiten, in salbungvollen Worten erklären, die Erde müsse ein Scheibe sein, weil, wenn sie eine Kugel wäre, die Menschen unten auf der Kugel mit dem Kopf nach unten gingen und auf dem Boden keinen Halt finden würden. Es gibt Einsichten, in denen Aristoteles bei all den Ungereimtheiten, die er sonst verkündete, wirklich genial war, dazu zählt der Gedanke der inneren Ausrichtung, der Entelechie in allen Dingen. Die Bewegungsrichtung jedes Menschen, jedes Tieres, jeder Pflanze, jedes Steins folgt der inneren Natur des Wesens; eine Pflanze dreht ihre Blätter ins Licht, ein Kaninchen wird angezogen vom Geruch eines Löwenzahns, ein Mann ist fasziniert von dem Anblick einer schönen Frau, – in allem ist es die Seele, die den Motor der Bewegung bildet. Da es die Natur der Erdenbewohner ist, auf der Erde zu gehen, wie sollten sie da die Neigung verspüren, von der Erde herunterzufallen?

Das Problem all dieser Scheibentheoretiker hingegen ergibt sich einzig daraus, daß sie zu äußerlich denken. Auf den Gedanken, daß sich etwas von innen her, buchstäblich von selber, bewegen könnte, kommen sie niemals – es würde ja sie selber als die göttlichen Antreiber der Menschen auf der Stelle überflüssig machen. Wenn es bei dieser Äußerlichkeit in der Gottesgelehrtheit bleiben sollte, darf man sich wirklich nicht wundern, wenn parallel zu der seelenlosen Verwaltung der Kirche im Raum der Geschichte eine ebenso seelenlose, rein mechanistische Betrachtung der Natur ihren Einzug halten wird. Nachdem die Theologen selber Gott (d.h. immer sich selber!) meinten die Ehre erweisen zu müssen, alles Lebendige, alles Beseelte, alles Selbstbestimmte und Freie mit System aus der Natur zu entfernen, bleibt den Naturforschern nichts weiter übrig, als den Zusammenhang der getöteten, seelenentleerten Körper der Welt in den Gesetzen einer toten mechanistischen Mathematik zu beschreiben, und diese Gesetze einer seelenlosen Mechanik werden es sein, in denen man glauben wird, den Willen Gottes wiederzuerkennen. Das beste, was bei dieser Betrachtung herauskommen kann, ist die Vorstellung des Getriebes einer mechanischen Weltenuhr, deren Unruhe, Federn und Zeiger auf das präziseste eingestellt wurden. Aber wann, bitte schön, beliebt der liebe Gott, seine Uhr wieder aufzuziehen? Irgendwann muß jede mechanische Bewegung zum Stillstand kommen; das Weltall aber ist ewig, wie Gott, der Unendliche, selber. Man mag in einer Uhr die Phantasie ihres Herstellers bewundern, aber es ist völlig unmöglich, beim Anblick des Nürnberger Eies irgendetwas von der Person Peter Henleins zu erfahren, der es konstruiert hat. Wenn ein Gott existiert, der in seiner Schöpfung sich mitteilen, ausdrücken und offenbaren wollte, so kann er dies nicht mit Hilfe mechanischer Gesetze; dann muß er die Welt, statt von außen, von innen antreiben; dann muß er ein Stück seines Bildes in die Seele eines jeden Atoms legen; dann enthält jedes einzelne Ding, jedes Tier, jeder Mensch in sich ein Abbild des Ganzen, jedoch in einer Weise, die nur ihm selber, und zwar jetzt wirklich »in besonderer Weise« zukommt, und dieses besondere Abbild des Ganzen muß es befähigen, sich gerade so zu bewegen, wie es dem Gang des Ganzen entspricht.

Immer von neuem drängt es mich, diesen einfachen, aber alles entscheidenden Gedanken niederzuschreiben. Wenn man ihn nicht begreift, wird der Mensch bald einer Welt gegenüberstehen, die immer kälter und leerer wird; denn gewiß wird man bald schon Fernrohre bauen, die uns gestatten, in die riesigen Weiten des Weltalls zu blicken. In naher Zukunft schon werden wir sehen, wie in den Fernen des Universums neue Sonnen mit neuen Planeten entstehen, und wir werden womöglich mit eigenen Augen die Bewohner fremder Erden betrachten können. Aber wir werden inmitten dieser Welt uns zugleich immer einsamer und sinnloser fühlen, denn eine mechanisch erklärte Uhrmacherwelt antwortet auf keinerlei Fragen noch Klagen der leidenden Menschen. Verwaist und heimatlos werden sie sich bald schon den unendlichen schweigenden Räumen gegenübersehen, und das Schaudern über die Winzigkeit und Kurzlebigkeit ihres Daseins wird sie dazu bestimmen, sich mit aller Kraft an dieses irdische Leben zu klammern. Schon jetzt hört man, wie die Christen in fremde Kontinente einfallen und die Schätze der Natur ebenso rücksichtslos ausbeuten wie die dort lebenden Menschen; weigert sich aber die Kirche auch in Zukunft, meine Entdeckungen aufzunehmen, so wird man schon aufgrund der Überfülle an Schmerz und Sinnlosigkeit inmitten der Mechanik einer ebenso pünktlich genauen wie unerbittlich mörderisch ablaufenden Weltenuhr die Erde auszupressen suchen bis zum äußersten. Nachdem die Kirche die Menschen in das Verlies einer solch seelenlosen Welt versetzt hat, werden sie eines Tages aufhören, überhaupt noch an irgendeinen Gott zu glauben, und die Botschaft eines unsterblichen Lebens wortwörtlich »im Himmel« wird sich kehren in die kümmerliche Gier, sich auf Erden solange am Leben zu erhalten wie möglich. Die Menschen werden ganz richtig verstehen, daß im Munde der Kirche »Gott« nie etwas anderes bedeutet hat als Herrschaft und Macht, und so werden sie lernen, an die Stelle des Glaubens an den alten Gott fortan den Glauben an die neuen Formen von Herrschaft und Macht zu setzen. Aber wie kann man so dumm sein, nicht deutlich zu sehen, daß nach dem Ende des Gottesglaubens auch der Kirchenglaube zu Ende sein wird? Die Zukunft der Kirche in der menschlichen Geschichte wird sich entscheiden an der Einstellung zur Schöpfung Gottes. Eine Religion, die dem Menschen kein Zuhause gibt inmitten eines unendlichen Kosmos, widerlegt in Zukunft sich selbst. Man wird nur durchs Fernrohr zu schauen brauchen. Dies, Ihr gottesbeamteten Menschenverkrüppler, ist heute mein kostbarster Trost: Meine Ablehnung wird Euch noch teuer zu stehen kommen, teurer, als Ihr sie in Jahrhunderten werdet bezahlen können, denn erst in Jahrhunderten werdet Ihr den Preis präsentiert bekommen.

Ein anderer Trost in meiner Erinnerung liegt in der einzigen Szene an jenem unglückseligen 2. Juni, auf die ich, trotz allem, heute noch stolz bin.

»Und wie, Meister Bruno«, fragte er mich, »nachdem Ihr die Heiligste Dreifaltigkeit für ›undurchdringlich‹ erklärt habt und nichts weiter vorzubringen wißt als die zumindest gnostisch klingenden Irrlehren von einer ins Unendliche sich entwickelnden, jenseits von Gut und Böse befindlichen Welt, innerhalb deren es keinen Unterschied mehr gibt zwischen Gott und dem Teufel, wie, frage ich Euch jetzt zum letzten Mal, bekennet Ihr Gott?«

Padre Giovanni Gabriele di Saluzzo wollte einen ersten Schlußstrich unter die bisherige Verhandlung ziehen. Sein Körper war hoch aufgerichtet, es fehlte nur noch, daß er nach dem Vorbild des Kaiphas seine Kleider zerriß. In diesem Moment, einmal wenigstens, blitzte mein alter übermütiger Freimut auf. Ich sah an ihm vorbei; ich würdigte ihn absichtlich keines Blickes; ich schaute unverwandt in die Augen von Sebastiano Barbadico, der an diesem Tage die Rolle des Beisitzers anstelle von Aloysio Fuscari übernommen hatte; er war einer der wichtigsten Bürger Venedigs, und entsprechend gewichtig saß er da: eine gepflegte sonnengebräunte Haut umspannte sein fettes, glattrasiertes Gesicht, ein tunikaähnlicher Mantel aus rotem Samt verdeckte seinen mächtigen Bauch, seine wurstigen Hände lagen wie hingepatscht auf dem Tisch. Es machte mir Spaß, ihm direkt in die verquollenen rotgeränderten Augen zu blicken, während ich in dem Bewußtsein, daß dieser Mensch nicht ein Wort von dem, was ich jetzt vorzutragen hatte, verstehen würde, langsam, jedes einzelne Wort betonend, so als meißelte ich an meinem eigenen Denkmal, die folgenden Sätze als mein Glaubensbekenntnis und als mein Vermächtnis an die Menschheit vortrug:

Ich glaube an ein unendliches Universum als an die Schöpfung der unendlichen Allmacht, da ich es der göttlichen Güte und Macht für unwürdig erachte, wenn sie unzählige Welten schaffen kann, nur eine endlich begrenzte Welt geschaffen zu haben. Daher habe ich stets behauptet, daß unzählige, andere Welten ähnlich dieser Erde existieren, welch' letztere ich mit Pythagoras nur für einen Stern halte, wie die zahllosen anderen Planeten und Gestirne. Alle diese unzähligen Welten machen eine unendliche Gesamtheit aus im unendlichen Raume, und dieser heißt das unendliche All, so daß eine doppelte Unendlichkeit anzunehmen ist, nach Größe des Universums und nach Zahl der Weltkörper. In diesem unendlichen All setze ich eine universelle Vorsehung, kraft deren jegliches Ding lebt, webt und sich bewegt und in seiner Vollkommenheit dasteht, und diese begreife ich im doppelten Sinne; einmal in der Weise, daß sie gegenwärtig ist, überall und in jedem beliebigen Teile, so wie die Seele im Körper, und ich nenne sie Natur. Aber dieses ist nur eine Spur und ein Schatten der Gottheit. Das andere Mal ist sie auf eine unaussprechliche Weise mit Gott verbunden durch ihre Wesenheit, Gegenwart und Allmacht, in allem und über allem, nicht als ein Teil, nicht als eine Seele, sondern auf eine unerklärliche Art. Sodann glaube ich, daß in der Gottheit alle Attribute ein- und dasselbe sind, und mit anderen großen Philosophen und Theologen benenne ich in ihm drei Haupteigenschaften: All-Macht, All-Weisheit und All-Güte oder auch Geist, Vernunft und Liebe, wodurch alle Wesen zunächst ihr Sein haben auf Grund des Geistes, sodann die Ordnung und Besonderheit auf Grund der Vernunft und schließlich ihre Eintracht und Symmetrie auf Grund der Liebe. Diese Dreieinigkeit ist über allem und in allem; kein Ding ist unteilhaftig des Seins und kein Sein ohne Wesenheit; kein Ding ist schön ohne die Gegenwart der Schönheit, und kein Wesen kann von der göttlichen Allgegenwart ausgeschlossen sein. Aber die Unterscheidungen in der Göttlichkeit sind Gegenstand diskursiven Denkens und nicht Realität. Ich verstehe mit Aristoteles, daß alles, was existiert, von einer ersten Ursache abhängt, so daß es nicht im Widerspruch ist, von einer Schöpfung zu sprechen, wie der hl. Thomas es erklärt. Wie wir es auch auffassen, außerhalb unseres Zeitbegriffs oder zeitlich; alles ist die Wirkung einer ersten Ursache und unabhängig.

Mit diesem meinem Bekenntnis, dessen Wortlaut mir so präsent ist, wie ich wünsche, daß es zu allen Zeiten dem Gedächtnis der Menschheit sich einprägen möge, gab ich dem Padre Inquisitore jede Handhabe, gegen mich vorzugehen. Ich leugnete kategorisch, daß unsere Aussagen über die Dreifaltigkeit Gottes etwas anderes bedeuten als Unterscheidungen, in denen wir selber uns bestimmte Aspekte der Gottheit zu verdeutlichen suchen – das war eine Irrlehre, für die bereits Sabellius im 4. Jh. verurteilt worden war; nie und nimmer konnten diese Theologen zugeben, daß ihre Doktrinen über die Gottheit nichts weiter sein sollten als menschliche Vorstellungen oder bestenfalls als Erscheinungsformen eines unauslotbaren Geheimnisses vor unseren Augen. Desgleichen leugnete ich kategorisch den Glaubenssatz der Kirche von der Endlichkeit der Welt im Raume und von der Zeitlichkeit ihres Anfangs und Endes. Ich leugnete zudem, daß die göttliche Vorsehung etwas anderes sei als die Ordnung der Natur selbst, und es war klar, daß der Inquisitor sich förmlich verhöhnt fühlen mußte, wenn ich gleichwohl von einer Dreieinigkeit des Göttlichen in Allmacht, Weisheit und Güte, in Geist, Vernunft und Liebe sprach, die in der Dreieinheit von Sein, Wesen und Zusammenhang aller Dinge zum Ausdruck kommen sollte. Ich hätte ebenso gut von einer Dreieinigkeit des Wassers in Regen, Eis und Dampf sprechen können – von den Einbildungen einer Einheit dreier Personen in einer Wesenheit, wie das kirchliche Dogma sie verlangte, konnte keine Rede mehr sein. Ebenso wenig ließ ich von einem Gott übrig, der in Anbetracht seiner Schöpfung mit den Gesetzen der Natur verfahren konnte, wie es ihm beliebte, erklärte ich doch geradezu die Erkenntnis der Natur zur Voraussetzung jeder wahren Gotteserkenntnis und machte der theologischen Allwissenheit aufgrund einer besonderen Einweihung in speziell für sie ergangene Offenbarungen ein für allemal den Garaus. Ich rüttelte mit meinem Bekenntnis an den Grundfesten der Kirche, kein Zweifel, und daß ich den Mut dazu hatte, ist noch heute mein Stolz.

Freilich spekulierte ich nicht wenig auf die Begriffsstutzigkeit von Leuten wie diesem edelmännischen Beisitzer Barbadico, in dem ich mich nicht verrechnet hatte; er saß da und sah mich mit seinen wässrigen Augen an, wie wenn er gerade aus einer Trattoria gekommen wäre; Worte wie Wesen und Unendlichkeit schienen auf seinen Geist die gleiche Wirkung auszuüben wie eine Flasche Chianti oder drei Gläschen griechischen Branntweins. Nicht minder schläfrig gelangweilt schaute Patriarch Priuli drein, und selbst Giovanni Gabriele di Saluzzo verzichtete einen Moment lang darauf, bedeutungsvoll an seinem Brustkreuz herumzunesteln; es schien, als sei er für den Moment mit seinen taktischen Geländegewinnen zufrieden und als wolle er erst im nächsten Schritt zu dem entscheidenden Schlag ausholen. An welcher Stelle dieser Angriff geführt werden würde, konnte mir indes nicht zweifelhaft sein; natürlich jetzt endlich: die Christologie! Sie ist die Hauptwaffe der Kirche zur Einschüchterung ihrer Gläubigen, so sehr, daß kaum noch jemand zu unterscheiden wagt zwischen der historischen Person des Nazareners, die es wirklich gab, und dem abergläubigen Dogma des »Christus«, das die Kirche darüber geworfen hat. Selbst den Gegnern der Kirche scheint es weithin verborgen zu bleiben, daß der Streit um die richtige Lehre von Christus im wesentlichen ein Streit um die Definitionen der Kirche über die Person Jesu ist und letztlich um nichts anderes als um die Anerkennung kirchlicher Macht geführt wird.

Es lag auf der Hand: wenn es in Gott keine drei Personen gibt, kann nicht eine zweite Person der Gottheit in Jesus von Nazaret »inkarniert« sein – schon dieses Theologenkunstwort von der »Einfleischung« des »Logos« war mir als Kind bereits derart eingefleischt worden, daß ich sehr früh schon begonnen hatte, mich dagegen zu wehren. Doch wer leugnet, daß Jesus Christus der Sohn eines dreifaltigen Gottes sei, hört ab sofort auf, ein frommer Sohn des kirchlichen Dreigestirns, bestehend aus Machtgier, Unwissenheit und Abhängigkeit – Vater, Sohn und Kirchengeist, eines Wesens in der geistigen Beschränktheit – zu sein. Es kam, was kommen mußte.

Ich hatte es nicht anders erwartet. Aus dem Stoß meiner Bücher, die man ihm sorgfältig katalogisiert auf den Tisch gelegt hatte, griff er mit seinen spitzigen Fingern *Die Vertreibung der triumphierenden Bestie* heraus und schlug mit sicherem Griff das Schlußkapitel auf.

»Hört, Meister Bruno, bei Euerem famosen Gedächtnis kennt Ihr die Stelle; sagt uns nur, wie Ihr sie versteht, denn ganz klar, wie es einem ehrlichen und ehrenwerten Schriftsteller zukommt, drückt Ihr Euch nicht gerade aus. Die Götter, so schreibt Ihr hier, in Sorge um ihre schwindende Macht unter den Menschen, hätten über den Rat eines gewissen Momus zu beraten gehabt, Orion, den Sohn des Neptun, der ohnedies aus Angst wie ein Kind den Himmel bepißte, auf die Erde zu senden, um mit Wundern die Sterblichen wieder den Göttern geneigter zu machen. Und jetzt steht hier« – er drehte das Buch schräg in das seitlich einfallende Licht, um die kleinen Buchstaben durch seine Brille besser lesen zu können –:

»Da dieser …, wie Neptun weiß, auf den Wogen des Meeres gehen kann, ohne unterzusinken und ohne sich die Füße naß zu machen, und infolgedessen wohl auch noch andere artige Kunststücke fertig bringen wird, so wollen wir ihn zu den Menschen schicken, damit er ihnen alles einrede, was uns gut und nützlich erscheint, und sie dahin bringe, zu glauben, daß weiß schwarz sei, daß der menschliche Verstand dann, wenn er am schärfsten zu sehen glaubt, völlig blind sei und daß das, was der Vernunft vortrefflich, gut und als das beste erscheint, niedrig, verworfen und äußerst böse sei, daß die Natur eine feile Dirne, das Naturrecht eine Schurkerei sei, daß Natur und Gottheit nie zu einem gemeinsamen guten Zweck zusammenwirken können und daß die Gerechtigkeit der einen nicht der Gerechtigkeit der anderen untergeordnet, sondern ganz verschieden von ihr sei wie das Licht der Finsternis, daß die Gottheit nur den Griechen mütterlich gesinnt sei, den anderen Völkern gegenüber aber einer bösen Stiefmutter gleiche, und daß daher niemand auf andere Weise den Göttern wohlgefällig sein könne, als wenn er sich gräzisiere, das heißt zum Griechen mache, denn der größte Schuft und Taugenichts, den Griechenland aufzuweisen habe, sei wegen seiner Zugehörigkeit zu den Kindern der Götter unvergleichlich besser sogar als der gerechteste und hochherzigste Mann, der aus Rom zu der Zeit, als es noch Republik war, oder aus einem

anderen Volke hervorgehen konnte, möge dieses auch in Sitte und Wissenschaft, Tapferkeit, Verstand, Schönheit und Macht noch so weit vorgeschritten sein. Denn dies seien nur natürliche Gaben, die von den Göttern geringgeschätzt und denen überlassen würden, die viel höherer, das heißt jener übernatürlichen Privilegien unteilhaftig seien, wie zum Beispiel auf dem Wasser herumzuspringen, die Krebse tanzen zu lehren, zu machen, daß Lahme wie Böcklein herumhüpfen und daß die Maulwürfe ohne Brille sehen und unzählige andere schöne Dinge mehr. Dabei soll er ihnen vorreden, daß die Philosophie, jede Spekulation und jede Magie, die sie uns ähnlich machen können, nichts seien als eitel Narrenspossen, daß jede heroische Handlung nichts anderes sei als Torheit und daß die Unwissenheit die schönste Wissenschaft der Welt sei, weil sie sich ohne Mühe erwerben lasse und den Geist nicht mit Schwermut belaste...«

»... Dadurch wird er vielleicht den Kultus und die Verehrung, die wir eingebüßt haben, wiederherstellen und wiedereinrichten, ja vielleicht sogar steigern und bewirken können, daß unsere Schurken für Götter gehalten werden, nur weil es Griechen oder Gräzisierte sind.« Ich fiel ihm ins Wort und zitierte selber die Stelle auswendig weiter, weil seine witzlos pedantische Art, einen humorvollen Text kopfschüttelnd, wie ein dogmatisches Handbuch, vorzutragen, mir unerträglich vorkam; auch wollte ich ihm demonstrieren, daß ich den Inhalt meiner Bücher sehr wohl in- und auswendig kannte und zu jeder Zeile des Geschriebenen stehen könnte. Ach, hätte ich damals nur diesen Abschnitt mit Zähnen und Klauen in seinem ursprünglichen Sinne verteidigt, – ich wäre der triumphierenden Bestie wenigstens einmal wirksam zu Leibe gerückt.

Denn natürlich wollte ich mit der ganzen Passage den Christusglauben der Kirche lächerlich machen. Ein sterblicher Mensch als Gottessohn – wie hätte ich diese vermeintliche Exklusividee des »Christentums« nicht in den olympischen Himmel der Griechen zurückversetzen sollen, dem sie doch so offensichtlich entsprungen ist! Ich habe viel Verständnis für die Vergöttlichung des Menschen, aber gegen die Vermenschlichung des Göttlichen richtet sich notwendig das Gebot der Vernunft selber. Alles Geschaffene enthält etwas Göttliches in sich – das ist ein echter philosophischer Gedanke; doch sich die Gottheit in Menschengestalt vorzustellen, das ist nur gut zu homerischem Gelächter; also erfand ich eine homerische Szene, um das Christentum als ein sich selber mißverstehendes, unaufgeklärtes Heidentum bewußt zu machen.

Heidnisch in wahrstem Sinne ist vor allem die bigotte Wundersüchtigkeit schon der Kirchenväter. »Jesus aber hat Wunder gewirkt«, plärren sie von früh bis spät. Was denn für Wunder? Alberne Geschichten, wie sie sich Seeleute in den einsamen Stunden der Wache an Deck im Zwielicht des Mondes zusammenschnurren mögen oder wie sie die Haschischraucher in den Suks von Istanbul mit glänzenden Augen sich noch heute erträumen; – wer Legenden dieser Art für bare Münze nimmt, ist geistig nicht älter als ein achtjähriges Kind, selbst wenn er sich in der Rolle eines Inquisitors ein Hermelinfell umhängt oder sich als Bischof eine Mitra auf den Kopf setzt, deren zwei Spitzen wohl nur den Zweck erfüllen, die langen Ohren zu verdecken.

Zudem ärgert mich seit Kindertagen die aufgeblasene Rechthaberei der kirchlichen Theologen: Wer ein braves »Glied« der »Mutter« Kirche ist (dieser obszönen Hermaphroditentheologie ist doch nur die Sprachform der Satire gewachsen! also:) wer als »Glied« der »Mutter« Kirche, welche Christus selber ist (da wird der Sohn einer Jungfrau und seines himmlischen Vaters zur mystischen Mutter, erneut ein Zwitter, also:) wer als Glied der Mutter Kirche (die selber hinwiederum die »Braut« dieses »Sohnes« ist, das ist soviel wie Inzest, also:) wer als Glied der Mutter Kirche, welche der fortlebende Christus und zugleich die Braut Christi selber ist, bis ans Ende seines Lebens in treuer Ergebenheit ausharrt, der wird am Jüngsten Tage sicher zu den »Auserwählten« gehören, d.h. es bestätigt sich nur, was man immer schon wußte:

daß er bereits durch seine Kirchenmitgliedschaft als ein besonders Erwählter zu betrachten ist – eine famose Ideologie!

Denn was für Leute hat diese Kirche nicht schon alles »heilig« gesprochen und, wie die Griechen ihre Heroen und »Gottessöhne«, in den Himmel gehoben?

Bernhard von Clairvaux z.B. – ein Kreuzzugsprediger, der ungezählte Menschenleben auf dem Gewissen hat, oder Raimund von Peñafort – ein Sarazenenschlagetot reinsten Wassers, der den Orden der Mercedarier begründete, – ich frage mich nur, wann man einen Papst wie Paul IV. oder einen Mann wie diesen Ignatius von Loyola heilig sprechen wird. »Heilig«, das heißt hier ganz simpel: nützlich für die Kirche.

Was hätte ich zur Kennzeichnung eines derart engstirnigen, absolut gesetzten Gruppenegoismus anderes tun können, als statt »christlich« einfach »griechisch« zu setzen? Jeder, der seinerzeit nicht griechisch sprach, galt den Griechen selber als »Barbar«; das war so vor 2000 Jahren; sind wir, frage ich mich, im Christentum eigentlich besser dran, wenn wir jeden Nichtchristen als einen Ungläubigen etikettieren, der als solcher des ewigen Heils nicht teilhaftig zu werden vermag, selbst wenn er an menschlichen Tugenden und Vorzügen weit mehr aufzuweisen hat als so mancher Kirchenchrist?

Ich sage, wir sind weit schlechter dran.

Bei den Griechen stand immerhin die Philosophie hoch im Kurs und führte zu einem ganz erstaunlichen Wissen um die Wahrheit der Welt; das Christentum hingegen hat die freie Entfaltung der Gedanken durch einen sturen Dogmatismus boykottiert. Es hat sich das Begriffsnetz des Aristoteles angeeignet, als wenn damit die ganze Welt einzufangen wäre, und es hat dabei die wirkliche Welt, die schon den Griechen bekannt war, so sehr verkleinern müssen, daß es als erstes sich selber in dem Maschenwerk seiner zu engen Ideen und Fiktionen gefangengesetzt hat. Statt die Gesetze der Natur in ihrer unglaublichen Einfachheit und Vielfalt zu erforschen, pflegte es einen frommen Aberglauben, indem es die natürlichen Erscheinungen der Erde, der Sonne und des Kosmos lediglich als bloße Macht- und Kraftäußerungen einer willkürlich belohnenden und strafenden Gottheit betrachtete.

Freilich, das muß ich zugeben, die Rechnung mit der Dummheit der Massen ging auf; wo es nichts zu erkennen gab, gab es um so mehr zu verehren und anzubeten, und an die Stelle einer vernunftgeleiteten Einsicht in die Naturkräfte mit all den Möglichkeiten ihrer Nutzung zum Wohle des Menschen trat die allerabgeschmackteste Magie mit Wallfahrtsorten, Heiligenbildchen, geweihten Wässerchen, wunderwirkenden Reliquien, kirchlich patentierten Gebetsformeln und was des Irrsinns sonst die Schafsköpfe beeindrucken mag.

Um es auf den Punkt zu bringen: die gesamte Einstellung der christlichen Theologie zur Natur ist von Grund auf verkehrt; da stimmen weder die Proportionen und Dimensionen in Raum und Zeit noch die Struktur- und Ordnungsvorstellungen in ihren Gesetzen und Wirkzusammenhängen. Die gesamte äußere Natur, die Unermeßlichkeit des ganzen Weltalls wird hier verengt zur Bühne eines göttlichen Mysterienspiels, das sich einzig und allein um den Menschen dreht. Im Grunde ist das immer noch der Himmel Homers, nur monotheistisch verkleinert und dadurch doppelt verfälscht. Die griechischen Göttermythen vermittelten immerhin noch den Eindruck eines ständigen Aufstiegs und Abstiegs zwischen Göttern und Menschen; da wußte man wenigstens ahnungsweise noch um die Göttlichkeit der Natur und des menschlichen Wesens, und über allem lag in hellenischer Heiterkeit eine frivole Freude und strahlende Sinnlichkeit. Erst das Christentum mußte die Ordnung der Welt für »gefallen« erklären, es mußte die Triebe der Tiere als etwas Dämonisches verleumden, es mußte die Lustgefühle des menschlichen Körpers und der Seele als Sünde der Wollust verdammen, und es hielt in seiner Raserei nicht eher inne, als bis jeder Baum wie eine Sargplanke und jede Wiese wie ein Friedhof aussahen.

»Das Leiden und Sterben unseres Herrn Jesus Christus...«
Wie leid bin ich dieser perversen Mystifikation von Opfer,
Qual und Schuldgefühl! Eben deswegen doch habe ich damals das Kreuz aus meiner Klosterzelle entfernt. Das Geviert
des Kreuzes als kosmische Windrose, als Abbild der Höhe
und Breite der Welt – das war und ist nach meinem Ge-
schmack; aber der Daueranblick eines nackten angenagelten
Mannes mit schmerzverrenkten, blutüberströmten Gliedern
– das ist widerlich und zutiefst unanständig. Ich kann verstehen, daß die Griechen ihren Marsyas abbildeten, wie er am
Pfahl hängt, nachdem Apoll ihm die Haut vom Leib hatte
ziehen lassen; das Bild ist gräßlich und scheußlich, aber jeder, der es ansah, wußte doch, daß es sich hier um ein Sinn-
bild handelte für die »Häutung« der Fluren zwischen Spätherbst und Frühjahr; das Leiden des Marsyas war ein
Schmerz der Natur, wenn sie sich im Umlauf des Jahres ver-
jüngt und sich von neuem größer und schöner hervorbringt,
als sie je war. Ähnliches überliefern die Kulte des ägyptischen Osiris, des phrygischen Attis, des kanaanäischen Ado-
nis, des thrakischen Orpheus – wohin immer man schaut;
einzig die Christen hatten es nötig, die sinnreichen Bilder der
Natur als das historische Schicksal eines einzelnen Menschen mißzuverstehen, dessen Gestalt sie zum Vorbild aller
anderen Menschen aufrichteten. Das unschuldige Wachs-
tum der Natur verwandelten sie so in die Unnatur einer
schuldbeladenen menschlichen Geschichte, indem sie ver-
meinten, fortan selbst Menschenblut ebenso wohlfeil aus-
streuen zu müssen wie die Frösche ihren Laich und der Lö-
wenzahn seinen Pollen. Habe ich nicht wenige Seiten später
in der *Vertreibung der triumphierenden Bestie* sogar meinen
Unmut über das wahnsinnige Abschlachten der Tiere ange-
prangert und gesagt, daß die Fürsten auf ihren Jagden bei
der quasireligiösen Inbrunst ihres Waidwerkes sich selber in
Hirsche und Schweine verwandeln und dabei gänzlich ver-
wildern und vertieren? Ja, immer noch glauben sie, in ihrem
Sieg über die Tiere ihre Macht über die Feinde demonstrie-

ren zu müssen. Ein Rind zu schlachten ist in ihren Augen eine entehrende Tätigkeit, ausgeführt von einem gemeinen Metzger, aber zu Pferde, umkläfft von den Meuten ihrer Jagdhunde, wehrlose Füchse und Hasen vor sich herzutreiben, das gilt ihnen für eine heroische Tat.

Mein Rebhuhntraum fällt mir wieder ein. Ich habe mein Leben lang ein reines Grauen gegenüber jeder Art von physischer Gewalt, gleich, ob gegen Tier oder Mensch, verspürt. Es gab eine Zeit, da ich meinen Vater bewunderte, wenn er von den Übungen der Soldaten zurückkam; doch als ich begriff, was er eigentlich tat, zerbrach etwas in mir. Ein Riß ging durch die Welt, der sich nie mehr schließen ließ. Gewiß, ich bin eines Soldaten Sohn geblieben – meine Freude am Kampf, meine Lust am Florett, mein Spaß am Streit verraten das deutlich; aber das alles doch nur im Geiste! Mit Argumenten zu stechen, mit Witz und Wort zu treffen, mit guten Gründen dreinzuschlagen und im Wortgefechte zu obsiegen, das war für mich Pläsier, so daß ich jeden Hörsaal in eine Arena, jeden Marktplatz in ein Schlachtfeld wogender Gedankenlegionen verwandeln konnte. Alles künstlerische Schaffen besteht darin, sich die Dinge anders vorstellen zu können, als sie sind; Verneinung, Widerspruch, Veränderung, Umwandlung, Neuschöpfung, das erst ist Geist. Ich habe nie begriffen, wie die Stubengelehrten ihre Scheu vor Konflikten mit Besinnlichkeit und Weisheit verwechseln können. Geist ist die Kraft, den Widersprüchen standzuhalten. Abscheulich aber, stumpf und roh erscheint es mir, Konflikte mit ungeistigen Mitteln austragen zu wollen. Alle Gewalt ist ein zu wenig an Geist – und ein zu wenig an Mitleid. Mein Haupteinwand gegen den Christus der Christen lautet: er hat den natürlichen Instinkt, den Schmerz zu fliehen und das Glück zu suchen, für etwas Gottwidriges ausgegeben, und er hat einen Gott zu den Menschen gebracht, der das Leiden Unschuldiger braucht als Sühne für seine rächende Gerechtigkeit.

Eine schlimmere Sünde gegen den Menschen und gegen Gott kann niemand begehen.

Was mir vor allem nicht in den Kopf will, ist neben der maßlosen Demütigung des Menschen im Christentum die ebenso maßlose Überhöhung des Menschen. Bei den Griechen hatte alles sein Maß, seine Mitte, die Christen hingegen sind allesamt Exzentriker und Barbaren. Als kleinen Jungen faszinierte mich immer wieder das Wunder des Kreisels: Es ist möglich, ein haltloses Stück Holz vor dem Umfallen zu bewahren, wenn man es mit geschicktem Peitschenschlag nur rasch genug um seine Achse rotieren läßt. So erscheinen mir diese Christen als haltlos und labil, und sobald sie aufhören, sich wie rasend unter dem Schmerz ihrer Selbstgeißelungen um sich selber zu drehen, fallen sie in sich zusammen. Sie brauchen ihren Schmerz ebenso wie ihre Egozentrik; sie stehen selbst auf dem Kopf, und so stellen sie ihrerseits alles auf den Kopf. Man muß die Welt vor den Christen retten. Wohin sie ihren Fuß setzen, wächst Wahn und Zerstörung.

Ihre größte Verkehrtheit aber besteht in dem Glauben, Gott werde keinesfalls immer und allerorten »Mensch«, so wie er Stein ward und Blume und Stern im Verlauf seiner Schöpfung, sondern er sei genau vor 1600 Jahren ein einziges Mal und ein für allemal Mensch geworden in der Person des Jesus von Nazaret. Es ist die Absolutheit selbst, die das Christentum zur Absurdität macht und die es hindert, die einfachsten Dinge klar zu sehen: Der Mensch ist kein absolutes Wesen, daß es Gott endgültig umfassen könnte; der Mensch ist ein Übergang auf dem Weg zu sich selbst, und die einzige Art der Menschwerdung Gottes besteht in dem ständigen Reifen der Menschlichkeit.

»Ihr, Padre Inquisitore, beim heiligen Gabriel von der Verkündigung«, hätte ich sagen müssen, »Ihr nötigt die Menschen zum Stillstand, statt sie anzuhalten zum Fortschritt; Ihr historisiert die griechischen Mythen und mythologisiert mit ihren Bildern Euere eigene Geschichte; Ihr nennt Euere Angstträume und Mißverständnisse göttliche Offenbarungen, und Ihr seid unfähig zu sehen, daß Gott nicht ein unendliches Weltall erschafft, nur um sich in alle Zukunft ausschließlich mit der Geschichte der Bewohner eines einzigen kleinen Planeten zu beschäftigen. Des Menschen Größe besteht nicht in der Inkarnation eines Gottesssohnes, sondern darin, daß er sich selbst als Kind des unendlichen Kosmos zu sehen beginnt.«

Welch eine Chance hätte ich gehabt, zu Beginn des Venezianischen Prozesses offen heraus vor aller Welt und für alle Zeit meine Wahrheit: meinen Widerspruch und meinen Trost zu formulieren! Statt dessen dieses elende, entwürdigende Spiel der Leugnungen:

»Nein, ehrwürdiger Pater, wollet bemerken, daß es sich bei meinem Buch über *Die Vertreibung der triumphierenden Bestie* um eine humorvolle Abhandlung über die Einrichtung einer vernünftigen, sittlich geordneten Welt handelt; schon der Umstand, daß ich Jupiter, Minerva, Neptun und die ganze Heerschar der griechischen Götter zu Wort kommen lasse, mag Euch hinlänglich dartun, daß an eine Verunglimpfung der ehrwürdigen Gestalt unseres göttlichen Lehrers und Meisters Jesus Christus auch nicht von ferne gedacht werden kann…«

Mich ekelt vor mir selber, wenn ich mich an diese heuchlerischen Phrasen erinnere. Natürlich war er nicht so dumm, sich durch den Schutzwall meiner literarischen Fiktionen in seinem Vormarsch auf dem Weg der Verurteilung aufhalten zu lassen.

Milde lächelnd, den Zeigefinger vorsichtig an den schmalen Lippen befeuchtend, wendete er bedeutsam das folgende Blatt um, in dem sicheren Wissen, nunmehr das entscheidende Corpus delicti des ganzen Prozesses dem Hohen Gericht, das im Grunde einzig er selber verkörperte, präsentieren zu können.

»Wie aber nun, Meister Bruno, erklärt Ihr die folgende Stelle?« – Als wenn es da noch etwas zu fragen und zu erklären gegeben hätte! Er brauchte nur vorzulesen:

»*Für das Auge der Gottheit... kommt es nur darauf an, ob jemand gut und würdig sei, wenn ihn auch keiner der Sterblichen dafür erkennt; und mag ein anderer es durch falsche Vorspiegelungen auch dahin bringen, daß er von allen Sterblichen für einen Gott gehalten wird, er wird sich dadurch doch keine Würde erwerben können, da das Fatum sich seiner nur als Werkzeug und Hinweis bedient, um daran klarzumachen, daß die Unwürdigkeit und Dummheit aller, die ihn verehren, umso größer ist, je niedriger, unedler und gemeiner er selbst ist. Wenn daher nicht nur Orion, der doch ein Grieche und immerhin ein Mann von einiger Bedeutung ist, sondern auch ein Angehöriger des nichtswürdigsten und erbärmlichsten Volkes, das es auf Erden gibt, von der niedrigsten und schmutzigsten Gesinnung als Jupiter angebetet wird, so wird er sicherlich weder in Jupiter geehrt noch Jupiter in ihm verehrt, da er diesen Sitz und Thron ja nur unter falscher Maske, und weil man ihn nicht kennt, einnimmt, sondern er bringt vielmehr nur seinen Anhängern Schimpf und Schande. Niemals also wird ein Schurke ehrenwert erscheinen können, weil er mit Hilfe böser Geister zum Affen und Possenreißer blinder Sterblicher gemacht wird.*«

Was sollte ich, mit solchen Sätzen gegen den Christus der Christen konfrontiert, noch sagen, um mich aus der Schlinge zu reden?

»Ihr seht«, versuchte ich vorzubringen, »daß ich wirklich erst an dieser Stelle auf das Volk der Erwählung zu sprechen komme; alle Verdächtigungen, die sich auf das Vorhergehende beziehen, sind mithin als absolut haltlos erwiesen. Mit den Ausführungen hier aber will ich mich nicht gegen die Weisheit des göttlichen Heilswerkes aussprechen – wie stünde solches mir Irrendem zu! –, ich verwahre mich nur gegen den mißbräuchlichen Dünkel, den die Kinder Abrahams aus ihrer Erwählung zu ziehen belieben und mit dem sie schließlich sogar unseren Erlöser selber gekreuzigt haben. Eine gewisse Kritik an den Juden ist doch wohl nicht unchristlich zu nennen, zumal ich sie gar nicht mir selbst, sondern den Göttern Griechenlands, in diesem Falle der weisen Göttin Minerva, in den Mund lege, wenn ich mich recht erinnere. Was aber die Aussage über die Vergottung Christi angeht, so gibt sie, wie Ihr selbst soeben verlesen habt, die Ansicht der Götter Griechenlands wieder. Kein Schriftsteller, der eine dialogische Abhandlung schreibt, darf identifiziert werden mit einer einzelnen Äußerung seiner Dialogpartner. Wäre dies möglich, so bräuchte er nicht einen Dialog zu schreiben, sondern könnte sich einfach der Sprachform des Monologs befleißigen, wie Ihr sie gewißlich weit höher zu schätzen geneigt seid.«

Er ging auf meinen Spott mit keiner Miene ein. »Ihr laßt aber keinen Euerer imaginären Gesprächspartner die ungeheuerliche These, die Ihr da aussprecht, korrigieren oder auch nur abschwächen.«

»Daraus mögt Ihr erkennen, daß sie auch nicht weiter diskutiert zu werden verdient. Sie ist nichts weiter als ein Stilmittel, ein Aperçu, eine Meinung, die halt im Chor der Meinungen sich unter anderen vernehmen läßt. Ihr werdet doch nicht einen Hund exkommunizieren, nur weil er während der heiligen Wandlung bellt oder das Bein hebt; die Götter der Griechen aber, zumal die weiblichen unter ihnen, von denen wir wissen, daß sie nichts sind als Einbildungen der vorchristlichen Heiden…«

»… und die Produkte Euerer Einbildung, Meister Bruno.«

Ich war erstaunt, daß er die Schlinge immer noch nicht zusammenzog. Nach und nach begann ich endlich, die Art seiner Prozeßführung zu begreifen: Es ging ihm nicht darum, mich anzuklagen, zu überführen, schuldig zu sprechen oder abzuurteilen, vielmehr stand meine Schuld ihm längst schon fest – der Umstand allein, daß die Heilige Inquisition es nötig fand, sich mit meinen Gedanken zu befassen, war des Schulbeweises genug; es ging ihm ersichtlich allein darum, daß ich von mir aus meine eigenen Überzeugungen verriet und sie für Schuld deklarierte; die ganze Verhandlung hatte nicht den Zweck, mich hinzurichten, sondern mich dahin auszurichten, daß ich mich gewissermaßen selbst erhängte. Diese Leute wollten mich töten, kein Zweifel, doch auf eine Art, die es ihnen ersparte, mich töten zu müssen. Was sie planten, war der perfekte Mord – eine Tat ohne Täter. – Mein Traum von dem Rebhuhn, während ich diese Zeilen schreibe, fällt mir wieder ein: es strangulierte sich selbst, als ich darauf zuging. Freilich, im Traume wollte ich es retten. Aber das wollten meine geistlichen Henker wohl auch, damals vor acht Jahren in Venedig nicht anders als jetzt, drei Tage vor der Jahrhundertwende. Sie meinen es nur gut; das ist ja das Schlimme.

»Meister Bruno«, begann wieder mit der Stimme seiner unendlichen Langmut Padre Giovanni Gabriele di Saluzzo, »wie könnt Ihr an die Menschwerdung Gottes glauben, wenn Ihr leugnet, daß es in Gott drei Personen gibt, von denen die zweite, der Sohn, in der Person Jesu Christi inkarniert ist?«

»Das könnte ich in der Tat nicht, wenn ich die Dreifaltigkeit wirklich leugnete. Aber das ist nicht der Fall«, erklärte ich standhaft, »und ich bestehe auf dieser sehr wichtigen Tatsache«. Ich wollte mich zu meiner Rettung auf die Lehre von der doppelten Wahrheit berufen, die ich in der Tat all die Zeit über nach außen hin vertreten habe, wenngleich ich sie der Intention nach gerade überwinden wollte. »Ich habe niemals gesagt, daß es keine Dreifaltigkeit gibt, ich habe lediglich gesagt, daß ich nicht verstehe, wie es in Gott drei Personen geben kann. Ich habe nie geleugnet, daß der Logos oder der Sohn Gottes oder der Menschensohn, wer immer Ihr wollt, wahrhaftig und wirklich vor genau 1592 Jahren Mensch geworden sei, ich sage lediglich, daß ich nicht verstehe, wie so etwas möglich gewesen sein kann. Seit Jugendtagen fällt es mir viel leichter, die Lehre des Arius zu begreifen, der Jesus für das höchste aller Geschöpfe Gottes erklärte. Diese Meinung verstanden selbst die ungebildeten Germanen vor 1300 Jahren so gut, daß sie in Scharen sich zum Christentum bekehren ließen. Sie taten freilich, wie man weiß, nicht sehr gut daran; denn als auf dem ersten Konzil der

151

Christenheit Kaiser Konstantin selbst dafür sorgte, daß Arius als Ketzer verurteilt werde, standen die christianisierten Germanen als Arianer weit schlimmer da denn zuvor noch als Heiden; als Ketzer nämlich verdienten sie es, von unserer Heiligen Mutter, der Kirche, entsprechend behandelt zu werden.«

»Eine Belehrung über das, was man weiß, steht Euch bezüglich der vom Heiligen Geiste geleiteten Geschichte unserer Kirche nicht zu, Meister Bruno. Eröffnet uns lieber, ob Ihr bereit seid, zu glauben, wovon Ihr sagt, daß Ihr es nicht versteht.«

Ich war recht froh, daß er mit dieser Frage meine Bemerkungen über die Kinder Abrahams, über die Juden, einfach überging. Trotzdem fühle ich mich in der Gesellschaft christlicher Judenhasser sehr unwohl, und es gibt hier nachträglich etwas zu korrigieren. So wenig lieb wie die Verfolgung der »Ketzer« ist mir insgesamt die ganze Religionskriegerei. Nur um Recht zu behalten, wurden ganze Völker, wie die arianisierten Germanen, mit Gewalt wieder aus der Kirche herausgedrängt, als ob es nicht mit Händen zu greifen wäre, daß der Einsatz von Gewalt in Fragen des Glaubens jedwede Berufung auf das Recht durch sich selbst aufhebt! Das Volk der Juden aber wurde in aller Zeit gejagt und verfolgt, weil es nur zu gut verstanden hat, sich mit seiner Gesetzestreue allerorten als eine Minderheit unter den Völkern zu erhalten und mit seinem Anspruch auf eine besondere göttliche Erwählung sich menschlich bei seinen Zeitgenossen jeweils besonders unbeliebt zu machen. Dennoch, natürlich, muß man die Juden tolerieren, nicht anders als die italienischen Protestanten in Genf oder in Zürich oder als mich selber als Humanisten in London oder in Wittenberg.

Was ich an den Juden bemängele, ist allein ihre geistesgeschichtliche Rolle, die neben vielem Großartigen alle Fehler des Christentums vorbereitet hat. Großartig ist vor allem der radikale Monotheismus des jüdischen Glaubens; mangelhaft aber und arg ist seine ganze weitere Durchführung, denn es hat dieser Glaube sich nicht aus ruhiger philosophischer Überzeugung gebildet, sondern er entstand aus dem unduldsamen Machtdiktat eines durch und durch eifersüchtigen Despoten von Gott, der all seine himmlischen Konkurrenten mit Gewalt in den Orkus schleuderte. Dieser Glaube an die eifersüchtige Absolutsetzung ihres Gottes, den die Christen übernahmen, war so viel wie der Sieg des Zeus über die Titanen in den Fabeln des Hesiod, nur noch drakonischer durchgeführt. Einen Sokrates, einen Platon hatte diese Religion durchaus nicht nötig, um sich zu begründen. Und als wäre das allein noch nicht genug, ging mit der Reduktion des Religiösen auf den bloßen Machtanspruch eines einzigen Gottes in der jüdischen Frömmigkeit zugleich der Machtanspruch des Menschen über die ganze Welt einher.

Gleichwohl war dieser unphilosophische Vulgärstandpunkt des Religiösen in seiner Abstraktheit nicht lange zu halten, und so entstand das Christentum. Damit die jüdische Religion unter Verzicht auf den Nationalstolz eines einzelnen Volkes zu einer Haltung der Volksmassen werden konnte, mußte die gesamte antike Mythologie sich mit dem jüdischen Eingottglauben verpaaren und all die Chimären gebären, die schon aufgrund ihrer geistigen Monstrosität in der Folgezeit allein mit den Mitteln der Gewalt gegen alle anders Denkenden, ja, gegen alle überhaupt noch Denkenden einem gläubigen Volke schmackhaft gemacht werden konnten.

Ich nehme an, daß der Jude Jesus von Nazareth selber von all dem nicht das geringste gewollt hat und daß er seinen Aufstieg zur Gottheit als eine wahnsinnige Superstition, als einen gotteslästerlichen Rückfall ins Heidentum in aller Ehrlichkeit abgelehnt hätte; dennoch bot das Schicksal seines Todes den geeigneten Vorwand, die Riten und Mythen all der sterbenden und auferstehenden Götter in der Antike ihrer sinnreichen naturhaften Bedeutung zu entkleiden und mit der Historie des Menschen Jesus von Nazareth zu identifizieren. Es ist in der Tat schwer zu sehen, wie ein derart kompliziertes Amalgam von Verdrehung und Lüge, von

Machtanspruch und Eitelkeit sich hätte jemals erhalten können ohne den ständigen Einsatz von Zwang und Unterdrückung, von Gedankenzensur und Meinungskontrolle,
von physischer und psychischer Zerstörung.

Doch selbst die Art der Zerstörung, die in der Geschichte
des Christentums seit Jahrhunderten ausgeübt wird, ist eher
einem Welken und Faulen, einer langsamen Verwesung ver-
gleichbar als einer Aktion von Willen und Kraft. Mitunter
ereignen sich in den Gruben der Kohle- und Erzbergwerke
seltsame Explosionen, indem ein kleiner Funke zu genügen
scheint, um sich in den angesammelten Sumpfgasen in den
schlecht durchlüfteten Stollen mit der Gewalt eines einschla-
genden Blitzes zu entzünden. Die Kirche hat sich so lange
gegenüber der reinen Atemluft des Geistes verschlossen, daß
ihre Gänge und Schächte voll sind von den Fäulnissen aller
Jahrhunderte; ein einziger zündender Gedanke langt aus,
um dieses ganze Lehrgebäude der verordneten Selbstver-
dummung wie einen Pulverturm in die Luft zu sprengen.

Das ist der Grund, warum die kirchlichen Theologen in
der Verhältnisbestimmung von Erkennen und Glauben
nichts als Widersprüche zu formulieren wissen: »Ich glaube, weil es absurd ist«, sagt der eine und zitiert den Kirchenvater Tertullian; »ich glaube, um zu erkennen«, sagt
der andere und zitiert den Kirchenvater Augustinus; »ich
erkenne, um zu glauben«, zitiert ein dritter den »göttlichen«
Thomas und begreift nicht, daß die Grenzen des Erkennens
keinesfalls den prompten Weg in ein Reich des Glaubens
und Drauflosbehauptens freigeben. Was man nicht weiß,
das muß man zu erforschen suchen, und es ist eines denkenden Menschen unwürdig, an Inhalte, die man erforschen kann, glauben zu wollen. Zu meiner Beschämung
aber muß ich gestehen, daß ich all diese Meinungen und
Einsichten damals im Prozeß in Venedig nicht glaubte äußern zu dürfen; statt dessen versuchte ich, mich mit der
traditionellen Theorie von dem Unterschied zwischen Philosophie und Theologie herauszureden.

»Seht Ihr, Padre Inquisitore«, begann ich schleppend, in vollem Wissen um die tödliche Gefahr, in der ich mich befand, »eben weil ich all die theologischen Lehren von der göttlichen Dreifaltigkeit, von der Menschwerdung des Gottessohnes und von all den anderen Mysterien Gottes niemals bisher habe wirklich verstehen können, war es mein redliches Bemühen, sie als geheimnisvolle, nicht weiter durchdringliche Tatsachen des Glaubens einfachhin stehen zu lassen und nicht etwas für Wissen auszugeben, von dem Ihr selber ganz richtig bemerkt, daß man es um so mehr glauben müsse, als man es durchaus nicht zu erkennen vermöge. In dieser Weise, darf ich Euch versichern, habe ich es all mein Leben lang gehalten. Zum Theologen, trotz meines Eintritts in den Orden der Dominikaner und meiner Weihe zum Priester, offensichtlich ungeeignet, ließ ich es mir angelegen sein, nicht anders mich äußern zu wollen denn als Philosophen. Über die Heiligste Dreifaltigkeit, eben weil sie in ihrer Unerreichbarkeit für den menschlichen Geist ein philosophisches Thema nicht sein kann, habe ich niemals eine Abhandlung oder ein Buch veröffentlicht, ebenso wenig über irgendeinen anderen theologischen Lehrsatz der Kirche. Ich glaube daher nicht, daß es gerecht ist, mir eine Leugnung der Glaubenslehren der Kirche an Stellen vorzuwerfen, an denen ich lediglich meiner Unwissenheit und meines geistigen Unvermögens demütig genug geständig war – sehr in Übereinstimmung obendrein mit Euerer eigenen Auffassung über die Beschränktheit, ja, wie Ihr sagt, die Verderbtheit des menschlichen Erkenntnisvermögens.«

»Nein, Meister Bruno«, erklärte er mit Genugtuung, «zu meinem Bedauern vermag ich zwischen Euch und uns keinerlei Übereinstimmung zu entdecken. Wäret Ihr ein wirklich gläubiger Mensch, so würdet Ihr Eueren bedeutenden Intellekt in den Dienst des kirchlichen Glaubens stellen, nicht aber Euch an frivolen Späßen und agnostischen Redensarten erfreuen. Wenn auch die göttlichen Geheimnisse dem menschlichen Verstande verborgen sind, so daß sie geoffenbart werden müssen, um erkannt werden zu können, läßt sich doch hieraus, entgegen Euch, einzig folgern, daß die Lehren der Kirche an sich durchaus verständlich sind und dem Verstande geeignet gemacht werden müssen. Der Glaube als ein Akt des Verstandes, befohlen vom Willen…«

»Wie: ›läßt sich doch hieraus‹, entgegen Euch‹, einzig folgern‹?« Ich zuckte mit den Schultern, um weitere Auskünfte bittend. »Mir will scheinen, entweder sei etwas erkennbar, dann bedürfe es keiner Offenbarung, oder es bedürfe einer Offenbarung, eben weil es nicht erkennbar sei.«

»So leugnet Ihr die gesamte Arbeit aller Theologen, Lehrer und Väter der heiligen Kirche?« Er starrte mich so ungläubig an, daß ich gewissermaßen in einem Anflug von Mitleid nicht recht wagte, ihm auch diesen Tort noch anzutun, und so sagte ich beschwichtigend:

»Es steht mir nicht an, das Verdienst so vieler Gottesgelehrter zu schmälern oder zu schmähen, ich enthalte mich in bezug darauf lediglich jedweden Urteils. Ich hätte allerdings erwartet, daß Gott, wenn es ihm in seiner Güte gefällt, uns an den verborgenen Geheimnissen seines Wesens teilhaben zu lassen, uns daran auch wirklich teilhaben läßt und sich uns auf eine unzweideutige und unmißverständliche Art offenbart. Zudem will es sich mir nicht erschließen, wie etwas, das an sich dem menschlichen Verstande unzugänglich sein soll, für ihn dadurch begreifbar werden kann, daß es ihm durch eine ›Offenbarung‹, wie Ihr sagt, zwar nicht erklärt, wohl aber als Tatsache mitgeteilt wird.«

»Meister Bruno«, er lächelte mir zu wie einem vorlauten Kind, »wie einfach es doch ist, Eueren sophistischen Vorhaltungen zu antworten! Denkt Euch einen Lehrer, der seinen Schülern den Satz des Pythagoras demonstriert, den sie von sich her zu finden niemals imstande gewesen sein würden.«

»Padre Inquisitore«, entgegnete ich, »wie leicht es doch fällt, Euere Auffassung der Theologie in Frage zu stellen!« Ich fühlte mich wieder im Aufwind und war über die Maßen erleichtert, daß wir endlich von den peinlichen Einzelheiten der Dreifaltigkeitslehre herunterkamen. »Gar häufig habe ich Schülern den Satz von den Verhältnissen der Quadrate über den Seiten eines rechtwinkligen Dreieckes demonstriert, und niemals ergaben sich dabei irgendwelche Schwierigkeiten, wofern es mir gelang, das Denk- und Vorstellungsvermögen meiner Schüler anzusprechen. Ich entmündigte sie nicht mit der Erklärung, was ich jetzt zu erklären hätte, sei so schwierig, daß sie es von sich her gar nicht zu verstehen vermöchten. Im Gegenteil. Ich betonte immer wieder, es werde ihnen jetzt eine Wahrheit offenbar, die überaus wertvoll sei, die zu entdecken sie selbst aber leichthin imstande seien, wenn sie nur ihre Kräfte recht zu gebrauchen wüßten. Tatsächlich glaube ich, daß die Art, in der Gott sich uns mitteilt, sich nicht von dem Vorgehen eines guten Lehrers und Erziehers unterscheidet. Gott, wenn er sich uns mitzuteilen wünscht, wird uns als erstes nicht entmutigen, indem er uns zu dem bloßen Nachsprechen unbegreiflicher Doktrinen nötigt, er wird vielmehr unsere Phantasie, unsere Neugier, unser Denken anzuregen suchen, solange, bis wir selbst seiner Wahrheit teilhaftig werden. Ihr nennt das menschlichen Hochmut und Stolz, Ihr nennt das eine Sünde wider den Heiligen Geist? Wie aber, Padre Inquisitore, könnt Ihr nur die Rede vom Heiligen Geist derart ungeistig gestalten, daß sie in Euerem Munde stets klingt wie die Rechtfertigung einer enormen Rechthaberei und beamteten Anmaßung?«

Anders als erwartet, blickte Pater di Saluzzo mich keinesfalls drohend oder verärgert an; einzig die schmalen Finger seiner rechten Hand, die, leicht nach innen gebogen, wie die Krallen eines Raubvogels, jedoch in berechnender Langsamkeit auf die Tischplatte niederstießen, verrieten seine innere Erregung. »Und wie, Meister Bruno, werdet Ihr Euererseits, in Anbetracht der gebotenen pädagogischen Rücksichtnahmen, versteht sich, das Verhältnis von Gott und Mensch im Akte der Offenbarung bestimmen, wenn wir von der Polemik Euerer Ausführungen einmal absehen wollen?«

Mich ritt der Teufel. »Nein, durchaus nicht seht ab von der Polemik meiner Ausführungen!« rief ich. »Denn wie schon mehrfach erklärt, besteht eine unmittelbare Verbindung zwischen der Erniedrigung des menschlichen Geistes und der Erhöhung bestimmter kirchlicher Ämter. Was die Menschen nicht durch eigenes Nachdenken erwerben könnn, darauf, sage ich, erhebt Ihr ein Monopol des Wahrheitsbesitzes im Amt, und dagegen, freilich, polemisiere ich mit allen gebotenen Mitteln. Ich sage: Ihr beschuldigt die selbstbewußt denkenden Menschen der Hybris, doch nur zugunsten Euerer eigenen Hybris im Amte. Ihr vermeint, es genüge, einen Titel zu erlangen, und schon wäret Ihr die Wahrheit selbst. Sie hat Euch aber nichts gekostet, diese Wahrheit – keine schlaflosen Nächte, keine tragischen Irrtümer, kein qualvolles Fragen, nicht die Mißgunst der Menge, noch die Verfolgung der Regierenden, sie bringt Euch vielmehr allerhand ein, diese Wahrheit: an Ruhm und Gewinn, an Respekt und an Geld, an Achtung und Macht.

Soll ich Euch etwas sagen: Ihr macht Euch mit Euerem dreieinigen Gott lediglich wichtig gegenüber den Menschen. Selber zu denken erklärt Ihr für Hochmut, doch ohne zu denken die Wahrheit besitzen und sie geistlos im Amte verwalten zu wollen, das ist nicht nur Hochmut, das ist eine verbrecherische, infame Lüge, das ist wahrer widergöttlicher Stolz.«

Ruhiger geworden, fügte ich hinzu: »Die Offenbarung? Gott selbst benötigt Euch durchaus nicht, um mit den Menschen zu reden. Wenn er mit den Blumen reden will, läßt er die Sonne scheinen, wenn er mit den Regenwürmern reden will, durchtränkt er das Erdreich mit Feuchtigkeit, wenn er mit den Wolken reden will, läßt er die Winde wehen – ein jedes Ding hat seine eigene Sprache, in der Gott mit ihm redet. Alles, was dem Wesen eines Menschen, einer Blume, eines Wurms oder einer Wolke entspricht, spricht zu ihm von Gott, der es geschaffen. In der Anregung jedes einzelnen zu den intensivsten Formen seiner Existenz findet Ihr die

Art, wie Gott redet. Gott hat sich, wenn Ihr mich richtig verstehen wollt, niemals geoffenbart, er offenbart sich ständig und überall, seine ganze Schöpfung ist eine einzige Offenbarung, und sie währet seit Ewigkeit wie der Ewige selbst. Alles aber, was den Menschen oder irgendeinen Teil der Schöpfung daran hindert zu leben, wie es ihm entspricht, verdunkelt die Offenbarung Gottes. Und so denkt darüber nach, was Ihr dazu beitragt, die Offenbarung Gottes zu verstehen.«

»Ich frage Euch jetzt eindeutig und endgültig, Meister Bruno, – bedenkt darum wohl, was Ihr sagt!« – er schaute mich mit einem durchbohrenden Blick an, seine Lippen preßten sich zu einem schmalen Band zusammen, seine linke Hand umkrampfte sein Brustkreuz, während der Zeigefinger seiner rechten dolchartig vorschnellte: »Ich frage: leugnet Ihr die besondere Offenbarung Gottes in seinem Sohn, unserem Herrn Jesus Christus?«

Auf diese Frage war ich vorbereitet; irgendwann, das wußte ich, mußte er sie stellen, und so fiel die Antwort mir leicht. »Nein, Padre Inquisitore, ich leugne nicht die besondere Offenbarung Gottes in seinem Sohn Jesus Christus; wohl aber leugne ich, daß Gott sich in einem begrenzten Menschen vollkommen offenbaren kann; Gott ist größer, unendlich viel größer als jeder Mensch, auch als der Mensch Jesus von Nazareth. Philosophisch gesehen…«

Er winkte zornig ab. »Ich frage Euch nicht als Philosophen, sondern als Theologen. Ihr könnt beides nicht voneinander trennen.«

»Ich habe mich nie als Theologen betrachtet«, schrie jetzt auch ich. »Zwischen Theologie und Philosophie sehe ich durchaus keinerlei Gemeinsamkeit außer in der Beunruhigung durch die gleichen Fragestellungen. Was ist Gut, was ist Böse, wie kommt es zur Existenz einer Welt, ist der Kosmos ewig oder entstand er in der Zeit, ist der Mensch frei oder ist er in seinen Handlungen bestimmten Gesetzen unterlegen, gibt es ein ewiges Leben oder setzt der Tod allem ein Ende, worin liegt die Wahrheit der Religionen und welche Religion ist die richtige – all diese Fragen stellen die Theologen nicht anders als die Philosophen, aber die Weise ihrer Beantwortung unterscheidet sich wie Feuer und Wasser. Ja, ich bekenne offen, das Zeug zu einem Theologen niemals gehabt zu haben; denn wie hätte ich es jemals nach Theologenart für einen Beweis halten können, die Lehrmeinungen von Leuten zusammenzustellen, die vor mehr als 1000 Jahren gelebt haben, und ihnen, nur weil sie von der heiligen Kirche für heilige Kirchenväter erklärt wurden, blindlings zu glauben? In der Philosophie, wenn sie sich selber recht begreift, verschlägt es nicht viel, eine Autorität zu zitieren und beispielsweise von früh bis spät den Aristoteles im Munde zu führen. Es war ein Verbrechen am Geiste des Menschen, es bedeutet eine schlimme Blockade des Denkens, daß vom 2. nachchristlichen Jahrhundert an die Theologen der Kirche die griechischen Philosophen lasen wie ihresgleichen – wie dogmatische Dozenten. Statt ihre Gedanken von innen her mitzudenken, erklärten sie alles für gottgegeben und unbezweifelbar wahr, was ihren Bedürfnissen entgegenkam. Das bloße Ergebnis eines Gedankenganges entschied für sie über Wahrheit und Falschheit; wie es dahin kam, war ihnen egal, denn was wahr oder falsch war, wußten sie ohnedies schon, lediglich die Begründungen liehen sie sich aus. So hantierten sie mit den Gedanken der großen Philosophen wie ein Kind mit den Fertigbauteilen seines Setzkastens, und jeder, der mit ihren willkürlichen Setzungen nicht übereinstimmte, galt ihnen als ein gegen Gott gerichteter Geist, den sie mit allen Mitteln bekämpfen und eliminieren mußten. Padre di Saluzzo, ich sage Euch: Philosophieren ist nicht das Nachbeten fremder, kirchlich geheiligter Autoritäten, philosophieren – das heißt, allein den Gründen Glauben zu schenken und jede Meinung noch heut zu verwerfen, sobald sich die besseren Argumente auf der Gegenseite finden. Philosophieren heißt ringen, heißt kämpfen, heißt frei sein. Philosophieren heißt, Vater und Mutter zu verlassen und niemals ein fertiges Haus zu bewohnen. Philosophieren bedeutet, Gott zu vernehmen im Herzen der Dinge, im Geiste der Menschen, in der Größe des Alls. Philosophieren…«

Der Prozeßtag des 2. Juni 1592 neigte sich dem Ende zu. Er ist und bleibt der bitterste Tag meines Lebens. Denn wieder und wieder: auch diese letzten Sätze hätte ich unbedingt sagen müssen, doch ehrlicherweise muß ich gestehen: Ich habe sie nicht gesagt. Ich habe aus Angst vor dem Tode die Wahrheit zu oft verraten an jenem Tag– das heißt, nicht die Wahrheit, mich selber habe ich verraten. Ich wollte geschickt sein, ich wollte listig sein, ich wollte ihnen zeigen, daß sie zu dumm sind, um mich zu fangen; aber ich saß bereits in ihrer Schlinge, und all meine Ausflüchte waren nichts als das Zucken des Rebhuhns in der tödlichen Schlaufe. Es hätte nur eine einzige Rettung gegeben: das Rebhuhn hätte nicht am Boden fliehen dürfen, es hätte sich aufschwingen müssen, um seine eigene Höhe zu finden.

»Ich habe nichts zu verleugnen. Ihr seid mir gleichgültig. Macht, was Ihr wollt.«

Das hätte meine ganze Verteidigung sein sollen. Ich war für sie ohnedies wie ein jagdbares Tier in den Farben des Sommers mitten im Winter. Wie hätte ich mich tarnen sollen? Ich hätte mich ihnen »offenbaren« müssen in meinem ganzen Wesen, bis daß Gott zu ihnen geredet hätte. Ich hatte die Chance dazu, doch ich habe sie verraten. Aus Angst vor dem Tode habe ich sie verraten.

Heute weiß ich es besser. Kein Mensch fürchtet den Tod an sich. Was er fürchtet, ist eine bestimmte Art zu sterben. Ich zum Beispiel fand mich damals zu schade, durch die Hände der Inquisition mein Leben zu enden. Es schien mir so sinnlos, und dieses Gefühl war der Grund für all meine Halbwahrheiten und Ausflüchte. Doch weit mehr als die Sinnlosigkeit des Todes fürchtet der Mensch den Schmerz, der dem Tode vorausgeht. Ein Soldat wie mein Vater z.B. hatte nicht Angst zu sterben. »Irgendwann«, pflegte er lachend zu reimen, »irgendwann – kommt jeder dran.« Aber daß eine protestantische Kugel seinen Unterleib zerfetzen, daß ein osmanischer Krummsäbel sein Gesicht zerspalten könnte oder daß er, verwundet, tagelang im Niemandsland würde liegen müssen, bedeckt von einem Heer von Fliegen und wehrlos den Schnabelhieben der Krähen preisgegeben, wie es manchem seiner Kameraden schon geschehen, das ließ ihn erschaudern.

Ich erlebte den Schauder des Todes zum ersten Mal am Abend des 2. Juni, als ich begriff, daß es aus ihren Händen kein Entrinnen mehr gab. Die ganze Nacht, als endlich die »Hilfsgeistlichen« der Inquisition sich aus meiner Zelle entfernt hatten, zermarterte ich mir den Kopf, nach einem Ausweg zu suchen. Es gab keinen. Ich mußte mich reumütig zeigen. Und wahrhaftig, aus Todesangst wurde ich reumütig:

»Ich hasse und verabscheue alle die Irrtümer, die ich zu irgend einer Zeit gegen den katholischen Glauben und die Verordnungen der heiligen Kirche begangen habe, und ich bereue alles, was ich gesagt, getan, geglaubt oder bezweifelt habe in Hinsicht auf den katholischen Glauben. Ich flehe das Sant' Ufficio an, daß es mich, bewußt meiner Unwürdigkeit, aufnehmen möge in den Schoß der heiligen Kirche, daß es Gnade walten lasse und mir den rechten Weg zu meiner Erlösung weisen möge.«

Das waren meine Worte schon am Mittag des darauf folgenden Tages, des 3. Juni 1592. Man hatte mir ganz einfach die Protokolle vom Vortag vorgelesen; und ich wußte, daß ich unrettbar verloren war. All mein Denken kannte nur noch einen einzigen Wunsch: Ich wollte sie anflehen, mich frei zu lassen. Alles weitere würde sich finden, wenn ich nur endlich in Freiheit wäre. Sie aber hielten mir all die Texte vor, die ich in England auf Königin Elisabeth, in Wittenberg auf Martin Luther verfaßt hatte, lobende Texte, in Freiheit verfaßte Texte, und natürlich glaubten sie mir kein Wort von all meinen Beteuerungen über Reue und Rückkehr in den »Schoß der heiligen Kirche«.

Allerdings muß man sich fragen: was soll ein solcher Prozeß?

Da treiben sie einen Verdächtigen oder – in ihren Augen ist ohnehin alles eins – einen Angeklagten in eine solche Angst hinein, daß er schließlich alles gesteht, was er getan und gedacht und sogar was er niemals getan und gedacht hat, er »gesteht« ihnen, was immer sie hören wollen, sie aber können ihm selbst sein Geständnis, selbst seinen Widerruf nimmermehr glauben, da sie ganz richtig spüren, daß nicht Überzeugung und Sinneswandel, sondern einzig die Angst ihm das Wort diktiert.

Es ist die immer gleiche Tragik all derer, die ihren Frieden mit Gott erst finden, wenn sie den Menschen in amorphen Staub verwandelt haben: Selbst wenn es ihnen gelingt, den Menschen zu formen nach ihrem Bilde, müssen sie dennoch in Unruhe bleiben; denn einem Staub gewordenen Menschen kann jeder andere genau so gut sein Siegel einprägen, es hat nichts zu bedeuten. Die totale Macht entleert sich selbst, indem sie ihr Opfer vernichtet. Manchmal freilich kann es auch sein, daß wie durch ein Wunder aus dem Staube trotz allem ein neuer Mensch sich erhebt; dann wird er die Prägung des alten Siegels verleugnen und im Namen der Menschlichkeit sich widersetzen; er wird dem Terror der Macht widerstehen; und ein solcher wiedererstandener widerstehender Mensch wird weit gefährlicher noch den immer noch Mächtigen werden, als er es je zuvor war.

Daraus ergibt sich der Lehrsatz: *Endgültige* Macht schenkt einzig der Tod.

Folglich hätte ich meinen Richtern damals vor fast acht Jahren sagen können, was ich wollte, sie hätten mich niemals mehr in die Freiheit entlassen. Aber sie erreichten mit ihren Methoden immerhin das für sie Wichtigste: Ich versäumte es, meine Wahrheit zu sagen. Der 3. Juni, als ich schließlich nur noch um Gnade flehte, war im Grunde die logische Konsequenz der Jämmerlichkeit, mit der ich all die Zeit über zuvor zu taktieren versucht hatte. Zwar verhörte man mich im folgenden noch über die geheimen Künste sowie zu meinen Vorstellungen über die Magie, doch das blieb unwesent-

163

lich. Wesentlich ist und bleibt einzig dies: Als es darauf ankam, habe ich versagt.

Oder doch nicht? Vielleicht bist du wirklich zu streng mit
dir, Filippo. Wenn du dem Gericht eine so jämmerliche Figur
geboten hättest, wie du denkst, warum hätten sie dann
schließlich zum äußersten schreiten müssen, um dich gefügig zu machen?

Ich muß jetzt sprechen über die schrecklichsten Tage meines Lebens, und ich vermag es nur sehr schwer. Damals lernte ich die Lektion meines Vaters, daß es etwas Schlimmeres
gibt als die Angst vor dem Tode – das ist: die Angst vor dem
Schmerz. Die Angst vor dem Tod läßt sich überwinden, das
spüre ich deutlich, selbst jetzt, da ich mit klammgefrorenen,
zittrigen Fingern und unsäglich müde diese Zeilen noch zu
Papier bringe. Sterben zu dürfen kann etwas ganz Leises,
Erlösendes sein. Nicht so der Schmerz. Nicht so die Folter.

Wie wenig nur ist nötig, um einem Menschen die Würde
zu rauben? Selbst jetzt: wenn ich wüßte, sie kämen noch einmal und zeigten mir die Geräte von damals aus der Bleikam-
mer in Venedig, ich würde in ähnlicher Lage sofort wieder
jedes Geständnis ablegen. Was mich heute schützt, ist die
Gewißheit des Todes. Jede Schikane, jede physische oder
psychische Quälerei, die sie jetzt noch verhängen, kann doch
nichts weiter mehr sein als die endgültige Vorbereitung des
Todes. Heute ist mir diese Gewißheit ein wichtiger Trost.
Doch damals hing ich am Leben, und sie mußten jede Regung meines Willens erst aus mir herauspressen, bis ich
nichts mehr war als Schmerz, Angst und Klage.

Nach dem letzten Verhandlungstage am 4. Juni wurde die
Vernehmung ausgesetzt und erst wieder am 23., in meiner
Abwesenheit, fortgeführt. Allein diese Zeit eines fast drei-
wöchigen Schweigens kam einer ständigen psychischen Tor-
tur gleich. Würden sie meiner dringlichen Bitte um Gnade
vielleicht doch noch Gehör schenken? Hätte ich in den ersten
zwei Verhandlungstagen die arrogante Pose überlegener
Schuldfreiheit nicht doch mindestens mäßigen müssen? Was

blieb jetzt noch zu tun? Und: warum bedachten sie sich derartig lang? Lasen sie weiter in meinen Büchern? – das konnte ein gutes Zeichen sein; wenn sie erst einmal in meinen Büchern läsen, würden sie alles verstehen. Oder würden sie nur weitere »Häresien« darin entdecken? – welch ein philosophisches Buch, wenn man es unter dem Verdacht der Leugnung göttlicher Wahrheiten liest, wird nicht irgendwo neues Material für die Flammen des Scheiterhaufens liefern?

Mit solchen Fragen zermarterte ich mein Gehirn und fand keine Lösung.

War es denn denkbar, daß meine venezianischen Freunde in der Zwischenzeit untätig blieben? Andrea Morosini z.B., dessen Name mir der Buchhändler Ciotto schon in Frankfurt genannt hatte – in seinem Haus hatte ich wiederholt mit den gebildetsten Patriziern Venedigs diskutiert. Aber wie immer bei mir – ich hatte mir nicht einmal ihre Namen gemerkt, ich hatte in ihnen lediglich redende Köpfe gesehen, die den Kopernikus immer noch nicht richtig begriffen hatten. Was also sollten sie jetzt für mich tun? Und was für Freundschaften hätte ich mir bei ihnen erwerben sollen? Ich war verloren, das fühlte ich genau, und dieses verzweifelte Gefühl senkte sich zugleich mit der schweren Luft des Bleikellers lähmend in meine Glieder, legte sich auf mein Herz und drohte mich nach und nach zu ersticken. Jeder Morgen begann mit der Hoffnung, endlich gerufen zu werden – eine neue Vernehmung, das Urteil, egal, nur endlich ein Ende; dann wieder das Grübeln ins Leere – ließ sich beim nächsten Mal nicht doch noch eine alles entscheidende Wende herbeiführen?

Später erfuhr ich, daß wenigstens Andrea Morosini vor Gericht der Wahrheit gemäß ausgesagt hat, wie er mich zu seinen Gesprächskreisen eingeladen, mich, den Autor zahlreicher philosophischer Werke, und wie wir im Beisein hoher Würdenträger aus Kirche und Stadt allerlei wichtige Fragen diskutierten, ohne daß ihm jemals etwas Häretisches dabei zu Ohren gekommen war ... Ich weiß nicht, was aus diesem tapferen Manne und seinen Gefährten inzwischen geworden ist; vermutlich mußten sie damals schon ängstlich paktieren, um die Interessen Venedigs gegenüber den Römern zu wahren. Allein die Freizügigkeit wissenschaftlicher Disputationen mußte doch bei den machtbesessenen Gralshütern des rechten römischen Glaubens Verdacht erregen. Auch die Morosini wird man mittlerweile exkommuniziert und, wenn möglich, hinter Schloß und Riegel gesetzt haben. Armes Venedig! Wann je hat dein Löwe der Wölfin die Krallen gezeigt?

Die Stunden der Folter währten nicht lange, und doch erschütterten sie mich mehr als der ganze Prozeß. Ich habe mich oft über Menschen lustig gemacht, doch verachtet habe ich sie nie. Bis auf die Folterknechte der Inquisition. Sie dienten einer höheren Sache, das verlieh ihnen selber Größe und Würde; sie handelten befohlenermaßen, das gab ihrem Tun den Anschein des Guten; sie taten ihre Pflicht für den Glauben, das berechtigte sie zu jeder Gemeinheit mir gegenüber. Aber welch eine Niedrigkeit! Welch eine Erbärmlichkeit! Als Kind hörte ich manchmal im Haus meines Vaters erzählen, wie man Gefangene zu vernehmen pflegt, die wichtige Auskünfte über die Stärke und Stellung des Gegners im Felde verweigern; Folterungen dieser Art sind schrecklich, aber sie verfolgen wenigstens noch einen verständlichen Zweck, sie erzwingen Informationen, die sich anders nicht gut gewinnen lassen. Die Folterungen der Kerkermeister der Inquisition hingegen sind absolut sinnlos; sie erzwingen Geständnisse über Inhalte, die den Prozeßführenden längst schon bekannt sind; nicht etwas Neues, nur das Allerälteste ist hier das Ziel. Diese Art der Folter ist in ihrer ganzen Durchführung ein verzweifelter Kampf gegen den Geist. Im Rückblick aber muß ich gestehen, daß man mir tauglichere Schergen zu diesem Zwecke nicht hätte in den Kerker schicken können.

»Zeigt Euere feinen Hände, Meister Bruno. Ei so schöne, ei so gebildete Finger. Wartet, wir werden Euch die Krallen stutzen, daß Ihr unseren ehrwürdigen Prälaten beim Schreiben nicht länger das Fell aufreißt.«

Mit solchen und ähnlichen Worten trieben sie Metallplättchen unter die Nägel der festgeschraubten Finger, bis die Kuppen nichts weiter waren als blutendes, schmerzendes Fleisch – meinen Mund hatten sie mit dreckigen Lappen vollgestopft, um meine Schreie nicht mitanhören zu müssen.

»Und was für eine schöne Nase er hat – muß er die auch in alles stecken.« Sie verstopften sie mit Wachs und weideten sich minutenlang an meiner Atemnot.

»Jetzt wollen wir mal sehen, wie gut er sich auf die heiligste Dreifaltigkeit versteht«, schrie einer und riß meine Beinkleider auf; »erproben wir einmal die Herabkunft des Heiligen Geistes in Feuerzungen an ihm.«

Er langte nach einer brennenden Kerze.

»Nein, du Tölpel«, rief ein anderer, »so macht man das.«

Er zündete eine Pechfackel an und glitt mit ihr, von den Füßen an aufwärts, meinen Körper entlang, an den empfindlichsten Stellen haltend; um meinen Schmerz besser beobachten zu können, bog er sein Gesicht ganz dicht über meines, und ich sah direkt in seinen zahnlosen höhnisch grinsenden Mund. Vor Ekel und Schmerz schloß ich die Augen und biß mit aller Kraft in die knebelähnlichen Tücher. Mein Körper war so erschöpft, daß ich Stuhl und Harn nicht länger verhalten konnte. Welch eine Gelegenheit für meine Peiniger! Immerhin hatten sie offenbar Weisung, mich nicht ernsthaft zu verletzen, wie man es sonst zu tun pflegt, wenn man einen Verurteilten der Heiligen Inquisition auf dem Wagen durch die Stadt zum Gerichtsplatz fährt und ihm zur Belustigung des Pöbels Glied um Glied vom Körper schneidet; sie hatten nur die Erlaubnis, mich mürbe zu quälen; das freilich gelang ihnen.

Noch bis heute hasse ich meinen Körper für diese Stunden der Schwäche. Wieviel habe ich nachgedacht und geschrieben über die Einheit von Seele und Körper, doch all meine Theorien sind widerlegt durch die einfach Erfahrung der Folter. Gefesselt und geknebelt, den Händen der Peiniger ausgeliefert, beginnt die Seele den Körper zu verfluchen, in den sie gesperrt ist; ihr ganzer Wille ist Widerstand, aber ihr anderes Ich, ihr elender Körper, liefert sie aus, verrät sie den Schergen, zwingt sie zur Aufgabe. Der Körper ist in solchen Stunden nichts als die Ohnmacht der Seele. Viele Monate habe ich gebraucht, ehe meine Seele in den Körper zurückkehrte und in ihm wieder heimisch wurde wie in einer leergeplünderten, mühsam neu einzurichtenden Wohnung. Ich saugte wie ein Kind an meinen schmerzenden Fingern, ich streichelte meine Beine, meine Füße, meinen ganzen Leib, um ihn mit etwas Zärtlichkeit zu verwöhnen, ich versuchte in der Gluthitze der Sommertage des Jahres 1592 mit meinem Hemdlaken mir Kühlung zuzufächeln. Ich wollte in meiner Person das Leben verteidigen gegen ihren organisierten Tod.

Doch dann kam der 30. Juni und mit ihm mein vollständiger Zusammenbruch. Es war der letzte Tag der Verhandlung. Alles, das wußte ich, hing jetzt von meinem Verhalten ab. Endlich hatte man mich wieder zugelassen. Was würde ich sagen?

Vor mir sehe ich als neuen Beisitzer den Patrizier Tommaso Morosini; ich sehe seine noch jugendlichen gütigen Augen, seine dunklen lockigen Haare, sein fein geschnittenes Gesicht. Dieser Mann hat nichts zu tun mit dem bisherigen Prozeßverlauf. Er ist noch unvoreingenommen. Er ist ein freier Venezianer. Er wird meine Rettung sein.

»In tiefer Zerknirschung« beginne ich stockend auf ihn hin zu sprechen, »erflehe ich Gnade von Gott, dem Vater aller Menschen und von meinen hochwürdigen Richtern, flehe um Vergebung für alle die Missetaten, die ich begangen habe. Ich stehe vor Euch, bereit zu befolgen, was Eure Weisheit entschieden hat, und willig, meine Seele Eurem Urteil zu unterwerfen. Ich bete, daß meine Strafe, wie streng sie auch ausfallen möge, mich nicht der öffentlichen Schande aussetzen wird und das heilige Gewand meines Ordens, das ich getragen habe, nicht mit Schmach bedecken möge. Und wenn durch die Gnade Gottes und meiner hochehrwürdigen Richter mir mein Leben geschenkt werden sollte, so gelobe ich hiermit, ein gottgefälliges Leben zu führen

und durch einen geänderten Lebenswandel die Schande auszulö-
schen, die ich verursacht habe.«

Diese Worte habe ich wirklich gesprochen. Ich kann sie nicht mehr ungeschehen machen. Alles, was sie von mir hören wollten, habe ich gesagt. Einzig um mein Leben zu retten. Und nicht einmal, um mein Leben zu retten, sondern in Sorge um das Ansehen dieses gottverdammten Ordens herrischer Herrenhunde flehte ich sie an um Gnade! Tiefer konnte ich mich nicht bücken, tiefer mich nicht selber entwürdigen. Als Wiedergutmachung dieser tiefsten Erniedrigung habe ich nur meinen Stolz, meine Festigkeit, meine Hoffnungslosigkeit für dieses Leben. Jetzt macht mit mir, was der Wahnsinn Eueres Gottes Euch eingibt. Die ganze Welt gehört mir, denn ich als erster habe sie gesehen, und ich trete ihr entgegen ohne Furcht.

O Filippo, für heute ist es geschafft. Meine Hände zittern nach all dem Schreiben. Mein Hinterkopf schmerzt bis in den Nacken hinein, meine Augen brennen. Die letzten Bögen konnte ich nur in dem rußigen Schein einer Talgkerze schreiben. Mein ganzer Rücken ist verspannt. Doch ich fühle mich sehr glücklich. Den wichtigsten, den schmerzlichsten Teil meines Lebens habe ich noch einmal protokolliert; in dem, was ich gesagt habe ebenso, wie in dem, was ich hätte sagen mögen und sagen müssen. Alles ist ausgesprochen. Mehr brauche ich nicht mehr zu tun. Mehr kann ich von mir aus nicht tun.

Ein kleines Nachtgebet fällt mir ein, das ich an Dich gerichtet habe, als ich noch jung war, Morgana, und das ich für Dich erflehte, Diana; gern schreibe ich es auf, damit es mich selber jetzt in den Schlummer geleitet; es lautet:

Wenn sich die Nacht herniedersenkt,
Bitt ich zu Gott, der alles lenkt:
»Beschütze, die ich liebe.

Laß sie nie mehr alleine sein.
Nimm von ihr alle Angst und Pein.
Behüte ihre Wiege.

Wenn ich ihr irgend helfen kann,
So bitt ich, nimm mein Flehen an.
Helf ihr in Deiner Güt!

Schenk ihrer Seele einen Traum
Von Dir, vom Paradiesesbaum,
Vom Ort, da niemand litt.

Endet ihr Schlaf dereinst im Tod,
So öffne ihr die Himmelspfort!« –
Dann, Liebste, nimm mich mit.

Ich blase jetzt die Flamme der Kerze aus, nur den Docht lasse
ich noch etwas schwelen. Für eine kurze Zeit wird er ein
kleines qualmendes Fünkchen sein im Dunkeln der Nacht.
So Dein bald schon verlöschendes Leben, Felipe. Ahora: bue-
nas noches. Y vaya con Dios.

29. Dezember
Fallende Sterne

Welch eine wunderbare Nacht! Es gelingt mir also doch, im Angesicht des Todes ruhig zu schlafen – das Ideal des Boethius! Ich war vollkommen erschöpft, als ich mich gestern abend niederlegte. Minutenlang zitterte ich noch beim Einschlafen wie Espenlaub. Unter den gegebenen Umständen bestand der gestrige Tag in einer Konzentrationsleistung, wie ich sie all die Zeit über in der Gefangenschaft dieses Kerkers nicht zu bewältigen hatte. Doch es spielt keine Rolle mehr, wie sehr meine Kräfte sich verbrauchen. In spätestens zwei Tagen wird alles vorüber sein. Nur bis dahin verbleibt noch die Chance, ein Stück meines Lebens zu Papier zu bringen.

Der Himmel draußen ist wieder verhangen; graues Dämmerlicht flutet in das Innere der Zelle; aber es langt aus, um ohne Mühe schreiben zu können, und ich will keine Zeit mehr vertun, zumal ich mich erstaunlich gut erholt fühle.

Ein eigenartiger Traum begleitete mich soeben beim Erwachen. Ich gehe als Kind an der Hand einer Frau (meiner Mutter?) über den Kirchplatz eines Dorfes (von Nola?). Über uns stehen die Sterne am Himmel, so hell und klar wie kleine Lämpchen auf einer schwarz-samtenen Decke. Ich bleibe stehen und schaue fasziniert zum Himmel empor; die Frau (meine Mutter) hat sich inzwischen von meiner Hand entfernt. Als ich nach ihr suche, sind die Sterne vom Himmel verschwunden und haben in der Gestalt eines Skelettes vor dem Kircheneingang Platz genommen. Ein heller Schein geht von dem Gerippe aus und beleuchtet den ganzen Vorplatz. Ich stehe erschrocken da. Ich schaue mich um. Ich bin ganz allein.

Ein verwirrendes Bild, auch jetzt noch, da ich es niederschreibe. Aber wie stets in meinem Leben: alle Rätsel lösen sich nicht durch Grübeleien und Deuteleien, sondern durch das Leben selber. Ich werde also einfach meine Erinnerungen weiter zu Papier bringen; dann werden wir sehen.

Gestern abend hielt ich bei der Schilderung meines Zusammenbruchs am 30. Juni 1592. Man muß sich allein diesen Zeitraum klarmachen! Da wird jemand über sieben Jahre lang in Untersuchungshaft gehalten, rein rechtlich gesehen auf bloßen Verdacht hin, aber man kann sich das leisten, ja, man glaubt im Gewissen sich verpflichtet dazu, weil man auch ohne Verhör und Verhandlung, auch ohne ordentliche Beweisaufnahme, Akteneinsicht und Verteidigung, einfach nach eigenem Gutdünken klar genug sehen zu können vermeint, wer ein Häretiker, wer ein Häresiarch, wer ein Krebsschaden für die Kirche ist. Wer innerhalb eines solchen Systems beamteter Inhaber göttlichen Wissens Verdacht macht, schuldig zu sein, ist schon der Schuld überführt, und es kann nur noch darum gehen, wie er seine Schuld für sich selbst erkennt und vor den anderen bekennt, zur Rettung seiner Seele und zum Wohle der Kirche. Selbst die Scheußlichkeiten der Folter stellen sich, recht betrachtet, als ein Werk der Barmherzigkeit dar. Die Wahrheit gilt hier als eine vorgegebene Paßform, in die das menschliche Leben, das »Subjekt«, eingefügt werden muß. Das Bett des Prokrustes als kirchliches Mysterienspiel…

Dabei hatte ich in Venedig noch gehofft, in Rom auf so etwas wie einen fairen Prozeß zählen zu können. Den damals gerade neu gewählten Papst Clemens VIII. hatte ich für einen ehrlichen und klugen Mann gehalten; in seine Amtsführung hatte ich auch persönlich große Erwartungen gesetzt; allen Ernstes glaubte ich noch an eine baldige Versöhnung mit der Kirche. Ich wußte nicht, daß auch dieser Papst sich im wesentlichen als vatikanischen Diplomaten Gottes in weltgeschichtlicher Mission verstehen und betätigen würde, für den ein einzelnes Menschenleben gerad so viel bedeutet wie ein Bauer auf dem Schachbrett.

Meine Illusion hatte damals allerdings noch einen anderen Grund: Nach den 60 Tagen in den Bleikammern von Venedig wußte ich endgültig, daß ich auf Gnade vor diesem Tribunal nicht rechnen durfte. Zudem hatte die Folter mich in einen panikähnlichen Zustand versetzt. Ich wollte nur fort, fort aus Venedig; alles schien mir besser, als dort zu verbleiben. Es mag sein, daß ich mich objektiv damit um die letzte Chance einer Rettung gebracht habe. Aber auch darauf kommt es jetzt nicht mehr an. Wenn einer Maus nur die Wahl bleibt zwischen der Falle und der Katze, so zeugt es in gewissem Sinne von Charakter, in die Richtung der Katze zu fliehen.

Eines zudem muß ich zugeben: die äußeren Umstände der Haft sind in der römischen Gefangenschaft all die Zeit über weit besser gewesen als die quälenden Monate in Venedig. Zweimal die Woche werden hier Bettwäsche und Handtücher gewechselt, es gibt ein Bad, eine Näherei, sogar ein Friseur erscheint monatlich, um Bart und Haare zu ordnen. Auch für geeignete Lektüre, in ihrem Sinne freilich, ist Sorge getroffen: die Summa des Aquinaten gegen die Heiden soll mein ständiger Lehrmeister sein. Das alles, gewiß, zeugt nicht von größerer Menschlichkeit, es zeigt lediglich, daß die Römer die Inquisition längst als eine »ordentliche« Verwaltungsmaßnahme handhaben, während die Venezianer das ganze Verfahren überstürzt und sozusagen improvisiert durchführen mußten. Paradoxerweise ist die Wirkung eines Improvisateurs oder Amateurs der Unmenschlichkeit in aller Regel grausamer als die eines wirklich Professionellen; es ist ähnlich wie bei einem Metzger: seine Geübtheit, seine Routine ersparen dem Opfertier unnötige Schmerzen. Selbst Foltern und Hinrichten will wohl gelernt sein.

Zur römischen Routine gehört freilich auch eine weitgehende Nachrichtensperre. Seit Jahr und Tag weiß ich nicht mehr, was sich draußen begibt, ich weiß auch nur sehr unzureichend, was mit mir gespielt wird. Da waren die ungeübten Venezianer sympathischer. Sie plauderten alles aus; und so erfuhr ich ziemlich lückenlos den ganzen Hergang meiner Überstellung von Venedig an die römische Behörde.

In der Tat: ein politisches Schachspiel! Weder den Venezianern noch den Römern war es um meine Person zu tun, und am wenigsten ging es ihnen um Wahrheit, gleich, ob philosophischer oder theologischer Art. Wie unabhängig kann die Stadt Venedig sich dem römischen Einfluß gegenüber zeigen, wie unabhängig darf sie sich zeigen – einzig das waren ihre Fragen.

Ich muß es wohl als eine Art Ehrenerklärung verstehen, daß die Römer von Anfang an versuchten, mich in ihre Hand zu bekommen. Ich war es ihnen wert, daß sie sich selbst mit mir beschäftigten; schließlich wurden meine Bücher in Spanien, Frankreich, England und Deutschland gelesen, und vieles hatte ich in Italienisch geschrieben, so daß es auch den weniger Gebildeten zugänglich war. Und dann mein Stil – eine stete Mischung aus Reflexion, Argumentation, Poesie und Satire – so etwas machte Spaß zu lesen! So etwas durfte man wirklich nicht länger Amateuren zur Vernichtung überlassen.

Was Wunder also, daß nach zweimonatigem Hin und Her, im September 1592 bereits, der Kardinal-Großinquisitor Giulio Antonio Santa Severina an das Heilige Offizium zu Venedig offen heraus ein dringliches Ersuchen auf meine unverzügliche Überstellung nach Ancona richtete? Was Wunder auch, daß die venezianische Inquisitionsbehörde, an ihrer Spitze Padre Inquisitore Giovanni Gabriele di Saluzzo, ohne Zögern prompt am 17. September bereits dem römischen Dekret zustimmte?

Die Inquisition, wo immer sie tätig wird, ist ein Krake mit vielen Fangarmen, ihr freßgieriger Kopf aber sitzt im Vatikan und er nennt sich Papst oder Nachfolger Petri, und er hat keine andere Absicht, als seine Saugnäpfe an alles zu heften, was ihm in die Quere kommt. Auch das venezianische Sant' Ufficio war nichts als ein gehorsamer Fangarm des Kraken, allerdings von hoher Geschmeidigkeit. Auf sich allein gestellt, war selbst di Saluzzo formal ohne Macht. Es genügte, daß einer der Beisitzer des Inquisitionsgerichtes verlangte, die Angelegenheit der staatlichen Regierung zu überantworten, und schon mußte er in der entsprechenden Sitzung am 28. September, so viel er auch zugunsten des römischen Ersuchens und zu seiner eigenen Stellungnahme während des Prozesses vorbringen mochte, am Ende die Entscheidung dem Dogen selber sowie dem Senat überlassen. Zwar wies er noch darauf hin, wie günstig doch gerade ein Schiff nach Ancona im Hafen vor Anker liege – man vertagte gleichwohl die Abstimmung auf den 3. Oktober; und an diesem Tag entschied der Senat, wenn ich mich richtig entsinne, mit 117 Stimmen gegen 2 bei 6 Enthaltungen, dem römischen Ersuchen nicht stattzugeben. Kein geringerer als Leonardo Donato, dem ich schon irgendwann bei den Morosinischen Abendgesprächen begegnet sein muß, hatte die Genugtuung, diesen Entscheid an den römischen Gesandten weiterzuleiten. Für den Moment hatte der Löwe über die Wölfin gesiegt.

Doch nicht lange. Die nächsten drei Monate verbrachte ich in quälendem Schweigen, und ich erhielt Gelegenheit, noch deutlicher zu merken, daß es den Venezianern lediglich um die Behauptung ihrer Souveränität gegenüber Rom, doch gewiß nicht um das Wohl und Wehe eines einzelnen Häftlings ging. Ja, bis herunter zum Kerkermeister benahmen sie sich derartig hybrid und unverschämt gegen mich, daß ich mir vornahm, ihren Spielen sobald wie möglich einen Strich durch die Rechnung zu machen.

Unmittelbar vor dem Weihnachtsfest noch, am 22. Dezember 1592, trat in direktem Auftrag des Papstes Clemens VIII. der Nuntius, Ludovico Taberna, der ständige Richter während all der Verhandlungstage meines Prozesses, vor die Ratsversammlung und erklärte, daß ich, der Dominikanermönch Giordano Bruno, aus rechtlichen Gründen nach Rom überstellt werden müsse, da ich kein Bürger Venedigs sei und zudem meine Verfehlungen nicht auf venezianischem Gebiete verübt hätte; außerdem sei ich im Grunde seit eh und je nichts weiter als ein Flüchtling der römischen Inquisition.

All das war, selbst juristisch betrachtet, natürlich reiner Unsinn. Wenn ich schon »Vergehen« begangen haben sollte, dann weder auf venezianischem noch auf römischem, sondern allenfalls auf napolitanischem Gebiet, und nicht aus römischer Gefangenschaft, sondern aus dem Kloster San Domenico zu Neapel war ich entlaufen, freilich, um einer Festnahme durch die Heilige Römische Inquisition zuvorzukommen. Doch eine beabsichtigte Festnahme ist noch lange keine wirkliche Haft – wie mein Leben ja gezeigt hat. So wie die papistischen Behören indessen zwischen Verdacht und Schulderweis nicht unterscheiden können, so besteht für sie offenbar auch kein Unterschied zwischen einem Haftbeschluß und einer Verhaftung; sie sind und bleiben wie der liebe Gott persönlich, in dessen Kopf nach Theologenauskunft ebenfalls Wunsch und Wirklichkeit ein und dasselbe sind. Doch schließlich: Seit wann, nur weil ich als Kind katholisch getauft wurde, wäre ich damit schon automatisch ein Bürger Roms – ein Vasall des Papstes mit anderen Worten? Stünde es so, wäre der Papst der weltliche Herrscher einer Universalmonarchie und jedes Kirchenmitglied ein Staatsdiener.

Doch das wiederum war es bezeichnenderweise nicht, was der edle Leonardo Donato vor genau sieben Jahren gegen das päpstliche Ersuchen in meiner Sache geltend machte. Er berief sich auf eine Audienz mit dem Papst, in welcher dieser der Stadt Venedig ihre Rechtshoheit in Inquisitionsfällen ausdrücklich zugestanden habe. Im folgenden allerdings zeigte sich dann, daß man auch in eigener Rechtshoheit kuschen und sich der Macht fügen kann, denn genau das tat das weise Collegio dei savii der unabhängigen Stadt Venedig.

Wie mich all diese schleimigen Aale anekeln!

Man versicherte Nuntius Taberna, eine Entscheidung im Sinne des Papstes durchsetzen zu wollen, und man setzte sie durch. Der Doge selber, Laurentio Priuli, diese Schlafmütze des Herrn ausgerechnet, sollte die Entscheidung in meiner Angelegenheit fällen, doch wie üblich, wenn's den Regierenden peinlich wird: er setzte eine Kommission ein, er ernannte einen Prokurator in dieser schmierigen Angelegenheit, Federico Contarini, und der, schlußendlich am 7. Januar 1593, kam in seiner Expertise zur Rechtsmittelbelehrung des Senates zu dem Ergebnis, ich sei nach Rom zu überstellen. So hatte man gleichzeitig die Theatermaske der Souveränität sich aufsetzen können und ohne Ehrverlust sich tief vor dem Knurren der römischen Wölfin zu verneigen vermocht.

Wirklich eine diplomatische Lösung.

Mir aber war nicht nach solchen Späßen ausufernder Eitelkeit zu Mute. Wenn ich schon abgeschoben werden sollte, so wollte ich meinen eigenen Stolz bewahren. Gebrauchten sie ihre Souveränität nur noch zum Possen, so wollte ich ihnen aus dem Gefängnis heraus noch eine Lektion in Sachen Freiheit erteilen, indem ich selber meine Überstellung nach Rom verlangte, im Wahn freilich immer noch, bei einem Gespräch mit Clemens VIII. nur mein Buch über *Die sieben Künste* dem Papst überreichen zu müssen, um mit der Kirche mich versöhnen zu können.

Ich habe wohl niemals begriffen, was Macht, Diplomatie und politische Rücksichtnahmen sind. Bis zuletzt habe ich geglaubt, die Regierenden seien in ihren Entscheidungen freie Menschen, so wie ich selbst im Reich der Gedanken ein freier Mensch bin, und ich brauchte mich nur an die Kaiser, Könige und Päpste der Welt zu wenden, um der Vernunft die rechte Bahn zu weisen. Sogar als der Senat von Venedig schließlich mit 142 zu 30 Stimmen sich für meine Auslieferung nach Rom entschied, war ich immer noch bester Hoffnung, daß meine Sache gut bestellt sei, und ich war froh, daß ich endlich den Sargkammern Venedigs entrinnen konnte. Schon am 16. Januar 1593 meldete denn auch der Gesandte Paolo Paruta dem Papst die einvernehmliche Entscheidung Venedigs zu Gunsten seines Ersuchens, und am 19. Februar legte das Schiff ab, das mich nach Ancona bringen sollte. Dort übernahm mich der römische Gouverneur, und acht Tage später schon wurde ich in diesen Kerker der römischen Inquisition verbracht, den ich seitdem keinen Tag mehr verlassen habe.

Meine Zeit in Rom begann mit einer herben Enttäuschung. Ich fieberte danach, meinen Prozeß endlich fortgesetzt und entschieden zu sehen; ich erwartete, daß man das venezianische Anklagematerial und die Protokolle meiner Aussagen so rasch wie möglich bearbeitete und nur noch die offen gebliebenen Punkte ins Verhör nahm; ich wähnte mich sicher, sehr bald schon dem Papst gegenübergestellt zu werden.

Statt dessen passierte nichts, absolut nichts.

Über ein Jahr lang saß ich wie ein Tier im Käfig ohne die geringste Mitteilung, warum und wozu. So sehr sie an meiner Überstellung nach Rom interessiert gewesen waren, so gleichgültig an meinem Schicksal schienen sie jetzt. Mich in ihre Hand zu bekommen, war vermutlich ihr einziges Ziel gewesen; was aus mir wurde, war für sie gleichgültig. Sie raubten mir Tag für Tag völlig sinnlos die kostbarste Zeit meines Lebens, und sie besaßen nicht einmal ein Gefühl für das Unrecht, das sie mir damit zufügten.

Vieles spricht dafür, daß Zeit im Leben eines Menschen etwas sehr Unterschiedliches bedeuten kann. Oft als Kind konnten die Tage mir quälend lang werden; und ich begreife, warum. Ein Kind entwickelt sich offenbar so stürmisch, daß, gemessen an dem Tempo seines Erlebens, alle Ereignisse ringsum wie verlangsamt wirken. Ähnlich erscheint den sehnsuchtsvoll aufeinander Wartenden die Zeit, bis sie endlich sich wiedersehen, ins Ungemessene hingedehnt: – die Leidenschaft ihrer Liebe beschleunigt ersichtlich den Schlag ihres Herzens, die Regsamkeit ihrer Phantasie, die Raschheit ihrer Gedanken, und nichts kann ihnen schnell genug gehen.

O liebe Morgana, liebe Diana, so viele Stunden habe ich verbracht im Verlangen nach Dir, daß selbst in diesen Mauern ich mich oft unendlich viel reicher fühle als der ehrwürdige Kardinal Pucci, der vormals hier seine Residenz unterhielt. Gern denke ich zurück an die Abendstunden des letzten Tages der Überfahrt nach Ancona – es war das letzte Mal, daß ich den Anblick des Meeres in mich aufsog und ich trunken ward von der Sehnsucht nach der Weite des Horizonts und daß das Wiegen der Wellen mir das Gefühl gab, in Deinen Armen zu ruhen, Du liebe Diana. Unter den zahlreichen Gedichten, die ich in Gedanken an Dich schrieb, ist mir von damals auch dieses über den ewigen Rhythmus von Abschied und Wiederkehr noch erinnerlich; es lautet:

> So wie im Wiegen der Gezeiten,
> Im Spiel von Ebbe und von Flut,
> Wenn unter'm Mond sich Meere breiten,
> Daß rauscht die Welt und wieder ruht,
>
> Ganz so, Geliebte, ist das Schwingen
> Der Resonanz in uns'ren Seelen;
> Es ist ein Singen und ein Klingen,
> Und wie ein inniges Vermählen,
>
> Und ist ein Kommen und ein Gehen
> Das uns durch dieses Leben führt
> Bis hin zu jenem Wiedersehen,
> Das bleibt und nie mehr enden wird.
>
> Denn: wie im Wiegen der Gezeiten,
> Im Spiel von Ebbe und von Flut,
> So wird sich unser Glück bereiten:
> Es kommt, es wandelt sich, es ruht.

Es sind diese Gedanken der Sehnsucht, die mich drängen, die Zeit zu durcheilen, um endlich bei Dir zu sein, und die mich zugleich beruhigen und trösten in den Stunden eines allzu ungeduldigen Wartens.

In den ersten Monaten meines Aufenthaltes in diesen Mauern lebte in mir noch immer eine ungestüme wahnwitzige Hoffnung auf Rettung. Ich wollte etwas unternehmen, um meine Angelegenheit vor Gericht zu beschleunigen, und so quälte mich bis zum äußersten die ersichtliche Tatenlosigkeit dieser göttlichen Richter in den geistlichen Gewändern des Terrors und des Unrechts. Niemand von den Leuten, die da über fremder Menschen Leben zu Gericht sitzen, scheint jemals daran gedacht zu haben, daß ein Strafmaß von – sagen wir: – fünf Jahren Kerkerhaft ganz unterschiedlich lang oder kurz sein kann je nach dem Alter des jeweils Verurteilten. Das Leben eines 70jährigen verläuft von Natur aus langsamer als das Leben eines 20jährigen; dementsprechend verrinnt für ihn die Zeit viel schneller als für einen jüngeren. In meinem Alter jetzt vereinigen sich jugendlicher Elan mit der Reife der bereits vorgerückten Jahre; es ist die fruchtbarste, nützlichste, schöpferischste Zeit im Leben eines Menschen überhaupt; in dieser Zeit »blüht« ein Mensch, wie die Alten Griechen zu sagen pflegten. In dieser Zeit einem Menschen sinnlos Zeit zu stehlen ist ein unentschuldbarer Diebstahl, ein nie wieder gutzumachendes Verbrechen. Genau damit aber begannen meine Tage in Rom.

Anstatt den Prozeß an just der Stelle wieder aufzunehmen, da er in Venedig geendet hatte, mußte man sich als erstes offenbar beweisen, daß ein Prozeß in Rom natürlich etwas ganz anderes ist als ein Prozeß in Venedig. In den Augen der römischen Inquisitionsbeamten blieben Leute wie der Padre Inquisitore Giovanni Gabriele di Saluzzo und selbst der Nuntius Ludovico Taberna lebenslängliche Dilettanten und Stümper. Es scheint mir in der Tat ausgeschlossen, daß der römische Großinquisitor Kardinal Santa Severina, in dessen Hände mein Schicksal von nun an gegeben war, nicht schon bei der ersten Lektüre der venezianischen Protokolle gemerkt haben sollte, wie lächerlich ich über lange Strecken hin meine Ankläger in den Augen jedes Denkenden hatte erscheinen lassen. Etwas Ähnliches, selbstredend, würde sich in Rom kein zweites Mal mehr wiederholen.

In Wahrheit wiederholte sich alles bis in die Einzelheiten hinein, nur in Art und Umfang vergrößert. Aus den Monaten in den Bleikammern von Venedig wurden Jahre im Kerker von Rom, aus den Bekenntnissen vor dem venezianischen Tribunal wurden jetzt ausgedehnte Schriftsätze, und selbst die Charaktere haben allem Anschein nach keine wirkliche Änderung, sondern nur eine unerhörte Steigerung erfahren.

Kardinal Santa Severina selbst zum Beispiel – in allem steht er da als eine überhöhte Wiederkehr seines kleineren Gehilfen di Saluzzo: asketisch, schmal, amtseitel, pflichtbesessen auch er, dabei aber von ungewöhnlichem Weitblick und Scharfsinn geleitet – niemals würde er in eine so plump gestellte Falle laufen wie Padre Giovanni Gabriele in der Calvinismus-Frage; überhaupt würde er niemals so unvorsichtig sein, mit einer eigenen Meinung gegenüber einem Angeklagten herauszurücken. »Mein Glaube wird hier nicht verhandelt!« Das sagt er nicht nur, so verhält er sich auch: abweisend, undurchdringlich, von fanatischer Feindseligkeit. »Du bist der Angeklagte. Du bist der Schuldige. Du bist ein von Gott Verdammter.« So denkt er wirklich, und so lenkt er den Prozeß. Ich habe zu reden, am liebsten schriftlich, schwarz auf weiß, er aber wird lesen, anstreichen, exzerpieren, zusammenstellen, Dossiers erstellen, Urteile vorbereiten, Entscheidungen einleiten, Mehrheiten schaffen.

Er ist wie einer der Ärzte, dem ich vor Jahren in Rom begegnete: Er hatte gehört, daß die Mücken und Fliegen in den Sumpfniederungen des Tibers mit hoher Wahrscheinlichkeit bestimmte Krankheiten übertrügen; wie das möglich sei, wußte er nicht, aber er glaubte daran, und wann immer er einer Mücke oder Fliege habhaft werden konnte, spannte er sie in eine Klemme, betrachtete sie unter der Lupe von allen Seiten, um ihre Gestalt und Bewegungsart zu erforschen, und zerquetschte sie schließlich voller Befriedigung, ohne ihr freilich das Geheimnis ihrer Gefährlichkeit entlockt zu haben. Am liebsten hätte er alle Mücken und Fliegen in den Tibersümpfen auf diese Weise hingerichtet; er glaubte als Arzt sich dazu verpflichtet, nur daß leider die Zahl seiner Fanggeräte und Klemmen nicht ausreichend war.

Auch der Kardinal Großinquisitor versah im Grunde mir gegenüber nur eine ärztliche Pflicht; aber um wie viel größer und bedeutungsschwerer stellte seine Aufgabe sich dar, als die Maßnahmen seiner Hygiene nicht dem vergänglichen irdischen Wohl, sondern dem Heil der Seele in alle Ewigkeit galten!

»Mit dem Tod der Mücken und Fliegen«, hatte ich dem Arzt damals gesagt, »werden auch die Schwalben und Mauersegler sterben. Überlaßt ihnen doch den Kampf gegen die Insekten.« Schon er hatte diesen Gedanken nicht verstanden, wie da erst der Kardinal-Großinquisitor Santa Severina: Man würde den Sumpf selber trocken legen müssen – den ganzen protestantischen Norden, und auch die Schwalben im Süden… Gleich vor den Mauern des ewigen Roms der wabernde Pesthauch der Sümpfe, die dünstenden Miasmen des Todes, die ansteckende Berührung des Fleisches… Dagegen mußte man vorgehen.

Im Wesen dieses Kardinals aber gibt es noch einen anderen Zug, der wohl mit einer gewissen Zeiterscheinung zu tun hat. Wenige Jahre schon, nachdem Columbus den neuen Kontinent im Westen entdeckt hatte, suchte eine unbekannte Seuche Europa heim. Der leidenschaftliche Kuß einer schönen Frau, eine innige Umarmung konnte genügen, um ohne Rücksicht auf Alter und Geschlecht den Körper mit Fäulnis und Verfall bis zum Verlust selbst der geistigen Kräfte zu überziehen. Nicht wenige erblickten in der Krankheit eine gerechte Strafe Gottes für die Wollust und Ausschweifung des menschlichen Geschlechtes; der Ewige ahndete mit öffentlicher Schande die Schändlichkeit, die im geheimen begangen wurde, und er rächte sehr sinnreich mit einer Epidemie die ausufernde Sinnlichkeit der Epidermis. Kardinal Santa Severina nun erscheint mir selbst als die fleischgewordene Angst vor den Versuchungen des Fleisches und ihren Strafen.

Hoch aufgereckt steht er da; nur selten gönnt er sich die Erlaubnis sitzender Ruhe; sein Gang wirkt schleppend, jeder

Schritt bedachtsam, jede Bewegung gemessen. Er ist die verkörperte Körperlosigkeit, die verleiblichte Leibfeindlichkeit. Dabei durchzieht seine Gestalt eine chronisch gewordene Müdigkeit, so als würden seine Gliedmaßen, ganz wie ich selber nach jahrelanger Gefangenschaft mich fühle, nur gegen den Einspruch ihrer eigenen Schwere durch einen eisernen Willen zu ihrer Dienstbarkeit gezwungen. Am meisten beeindruckt mich sein Gesicht: Die schütteren vorzeitig grau gewordenen Haare lassen die hohe faltendurchfurchte Stirn noch betonter vor dem zurückweichenden Scheitel erscheinen; unter schmalen Brauen blicken zwei dunkle, schwermütig starre Augen den Betrachter an.

Merkwürdig: Immer wieder erinnern mich diese Augen an den Brunnen auf der Burgruine von Cicala, die ich als Kind mit meinem Vater besuchte: Ich beugte mich über die verwitterten Steine des Brunnenrandes und schaute in die Tiefe, als ich mit einem Mal einen starken Sog in die Tiefe verspürte, ein Bedürfnis, mich kopfüber hinabzustürzen.

Die Augen des Großinquisitors sind wie eine solche unausgesprochene Aufforderung, sich endlich ins Endlose fallen zu lassen.

»Wie tief ist dieser Brunnen«, hatte ich damals meinen Vater gefragt. Er nahm ein Steinchen und forderte mich auf zu zählen. »Ungefähr zwölf Meter für jede Sekunde, die es in die Tiefe fällt,« erklärte er. Dann ließ er das Steinchen los, und nach etwa sechs Sekunden hörte ich seinen Aufprall. »Über siebzig Meter!« rief ich erstaunt. »Sie mußten so tief graben, um an das notwendige Trinkwasser heranzukommen,« meinte mein Vater.

Die Tiefe der Augen von Kardinal Santa Severina habe ich nie ergründen können. Ihr Grund ist ein unergründlicher Abgrund, gefüllt nicht mit Wasser, sondern mit Kiesgeröll. So jedenfalls klingt bereits seine Stimme, sobald er seine schmalen blutleeren Lippen unter der scharf geschnittenen Nase öffnet und sein Wort an mich richtet. Es hört sich an, wie wenn man Steine gegeneinander reibt, rauh, ohne innere

Schwingung, gepreßt und unwillig, so daß ich jeden Augenblick zu ihm sagen möchte: »Bemüht Euch nicht, strengt Euch nicht noch mehr an; ich bin es nicht wert, daß Ihr Euch mit mir derart beschäftigt.« Erst als ich merkte, wie mitleidlos quälend sein zerquälter Mund sprechen konnte, verlor sich jedes Mitleid mit ihm.

Es ist nicht so leicht, einen Menschen von einem so komplizierten Charakter zu verstehen wie Kardinal Santa Severina, zumal wenn selbst im Verlauf von Jahren das Verhör die einzige Kontaktform zwischen zwei Menschen darstellt. Gleichwohl scheint mir dieser Mann unter allem zu leiden, womit ein verhindertes Leben sich selbst nur bestrafen kann. Dieser sittenstrenge asketische Mensch, dessen bin ich mir sicher, verzehrt sich in geheimen Süchten und Leidenschaften des Fleisches, deren er bis ins Alter noch durch Selbstunterdrückung und Freudlosigkeit vergeblich Herr zu werden sich bemüht.

Schon sein Ordensname!

Schlimm und unmenschlich ist es bereits, daß die Kirche den Menschen, die in ihre Orden eintreten, den eigenen Namen und damit ihre eigene Persönlichkeit, das Recht auf ihr eigenes Wesen fortnimmt. Ich zum Beispiel heiße und bin nicht Giordano, sondern Filippo Bruno. Filippo nannte mich meine Mutter, Felipe mein Vater, ebenso meine Spielkameraden, meine Lehrer, und auch Du, Morgana, nanntest mich »Giordano« nur, um mich aufzuziehen. Welch ein Recht nimmt die Kirche sich heraus, Menschen umzubenennen, als ob sie nichts weiter wären als der bloße Rohstoff aus Holz oder Stein zur Wiederverkörperung bestimmter Lieblingsgestalten ihrer Heiligengeschichte! Was soll aus Menschen werden, die man von früh bis spät mit dem Namen des heiligen Johannes oder des heiligen Gabriel von der Verkündigung anreden muß? Menschen sind keine Engel, und für gewöhnlich verheißen Männer auch nicht einem Mädchen, es werde gewiß seine Jungfräulichkeit bewahren und trotzdem ein Kind bekommen. Wie aber kann man einen Mann nur die »heilige Severina« nennen? Ich habe keine Ahnung, wer diese Heilige war, doch einen Mann nach ihr zu benennen, das ist pervers und lächerlich. Auf der anderen Seite drückt sich in einer solchen Namengebung natürlich im Sinne der Kirche eine tiefere göttliche Wahrheit aus. Soll nicht der unverheiratete Priester nach den Vorstellungen des Tridentinischen Konzils sich selbst als Braut Christi fühlen? Da wird die Männlichkeit der Männer beschnitten, um sie unter den langen Frauengewändern der Meßalben und Soutanen zu verbergen, und ein guter Priester ist jemand wohl erst dann, wenn er gelernt hat, die Welt mit den Augen einer Frau zu betrachten. Ob die brunnenhaften, einsaugenden Augen des Kardinals auf einer solchen Gefühlsumwandlung seines Geschlechtes beruhen?

Ich weiß es nicht.

Klar ist mir nur so viel, daß dieser Mann in seinem Herzen die kalte Glut einer Sehnsucht trägt, die er mit all seinen religiösen und asketischen Bemühungen vor einem neu anfachenden Windstoß bewahren muß. Würde ein Mann wie er jemals eine Frau liebgewinnen, so würde es seine Persönlichkeit aufs äußerste in Gefahr bringen, ja, es würde in gewissem Sinne seinen gesamten Lebensaufbau ruinieren.

Denn so ausgedünnt die männlichen Gefühle des Großinquisitors auf sexuellem Gebiet auch inzwischen sein mögen, so ausgeprägt haben sie sich auf dem Sektor der Macht zu entfalten vermocht. Vermutlich notwendigerweise. Ein Mann, dem verboten wird, eine Frau zu lieben, kann im Grunde nur noch sich selber lieben; gerade die Höhergesinnten aber können sich niemals nur mit sich selber begnügen. Sie brauchen eine Aufgabe, die im Verlaufe der Jahre alle persönlichen Gefühle und Neigungen absorbieren und in einem einzigen Worte zusammenfassen wird, das da heißt: Pflicht, oder: Verantwortung, oder auch: Geltung.

Ursprünglich muß Giulio Antonio Santa Severina ein Mann von stürmischen Plänen und hochfliegendem Ehrgeiz gewesen sein. Noch in Venedig habe ich gehört, daß er sich ernstliche Hoffnungen auf eine Wahl zum Papst gemacht hat. Die Zeit damals war freilich günstig für Papstspekulanten und Hasardeure aller Art. Als am 27. August 1590 Papst Sixtus V. starb, schienen die Römer mit ihrem Latein am Ende zu sein. Sixtus hatte versucht, das England Elisabeths als die stärkste protestantische Macht mit der spanischen Flotte anzugreifen, doch die Armada, d.h. die Reste, die der Sturm übrig gelassen hatte, wurden im August 1587 entscheidend geschlagen. Sixtus hatte versucht, eine Gleichgewichtspolitik zwischen Spanien und Frankreich herzustellen, doch das Spanien Philipps II. wurde auf dem Kontinent stärker und stärker und seine Reichtümer in den Neuen Spanien schienen unerschöpflich. Als Sixtus V. starb, hinterließ er, wie so viele hervorragende Herrschergestalten vor ihm, politisch und geistig ein Vakuum. Mehr aus Verlegenheit und zum Zeitgewinn wählten die Kardinäle am 15.9.1590 Urban VII. zum Papst – er verstarb schon zwei Monate später. Dann ließ man Monat um Monat ins Land gehen, bis endlich der neue Papst Gregor XIV. heißen sollte; er stellte sich entschieden auf die Seite Spaniens, weil er dort den weit energischeren Verfechter einer militanten Gegenreformation erblickte als in den leichtlebigen Bourbonen mit ihrer Toleranz sogar gegenüber den Hugenotten. Gregor bemühte sich, alles richtig zu machen zum Machterhalt des Kirchenstaates, aber er war offenbar politisch ein Kind, das mit den besten Absichten alles verdarb. Jedenfalls war man in den Kreisen der Papstwähler froh, daß er schon am 16. Oktober 1591 wieder verstarb. Um weiter Zeit zu gewinnen und um selber nichts falsch zu machen, wählten die hohen Herren bereits am 29. Oktober in Innozenz IX. einen alternden siechen Mann zum Papst, der ihnen ebenfalls den Gefallen tat, schon am 30.12.1591 pünktlich das Zeitliche zu segnen. Natürlich konnte es auf die Dauer so nicht weitergehen. Die Frage aber war, welch eine Richtung die vatikanische Politik jetzt einschlagen sollte.

Für Santa Severina muß es in dieser Situation eine überaus verlockende Vision gewesen sein, sich selbst an der Spitze der Kirche zu sehen. Nach dreißig vertanen Jahren würde er die große Linie des Caraffa-Papstes Paul IV. wiederaufgreifen: Strenge gegenüber dem Klerus und Unerbittlichkeit gegenüber den Abweichlern, die Inquisition als zentrale Behörde zur Festigung der päpstlichen Macht, und dann an der Seite eines vereinigten Spaniens und Frankreichs einen entschlossenen Kampf gegen den Sitz der Häresie – gegen das protestantische England; vor allem aber: das Papsttum! Es mußte als eine unfehlbare und unbedingte, von Gott selber eingesetzte Größe vor den Augen der Welt wieder aufgerichtet werden – Sixtus V. war da noch lange nicht weit genug gegangen. Das feige Venedig, das in seinem Krämergeist 1571 nach dem Seesieg über die Türken einen schmählichen Sonderfrieden mit den Heiden abgeschlossen und dabei sogar Zypern, den eigentlichen Zankapfel des Konfliktes im Mittelmeer, den Ungläubigen überlassen hatte, mußte in die Phalanx der gegenreformatorischen Kräfte zurückgeholt, zurückgezwungen werden. Nur ein Mann wie er, Kardinal Giulio Antonio Santa Severina, würde sich einer solchen Vielzahl unerhörter Herausforderungen stellen können. Statt dessen aber, zu seinem Entsetzen und zu seiner lebenslangen Enttäuschung, wählten die Römer, wie wenn man immer noch Zeit für Vorsicht und Nachsicht besäße, am 30. Januar 1592 den Aldobrandini als Clemens VIII. zum Papst, diesen windigen Diplomaten und prunkliebenden Feingeist.

Ich habe mich für politische Fragen nie sonderlich interessiert; die Wahrheit zu finden war mir mein Leben lang wichtiger als sie durchzusetzen; außerdem finde ich es barbarisch, mit den Mitteln der Macht geistige Inhalte verbreiten zu wollen, und obwohl ich mich immer wieder an den Höfen Europas herumgetrieben und die Gunst der Regierenden zu erringen versucht habe, bin ich in meinem politischen Verstand doch recht unerwachsen geblieben. So als sei ein Staatengebilde nichts weiter als eine große Familie, dachte ich, es genüge, wenn der Vater das Richtige befehle – die Menge würde schon folgen. Wie kompliziert, raffiniert, differenziert, kalkuliert – und wie ewig frustriert politisches Handeln sein kann, ist mir erst nach und nach in den Jahren meiner Gefangenschaft aufgegangen. Aber obwohl ich von den Nachrichten der Welt draußen nur wenig erfahre, frage ich mich, wie z.B. die Frage der Hugenotten in Frankreich inzwischen gelöst worden sein mag, wie Spanien und Frankreich heute zueinander stehen, wie die Beziehungen zwischen Rom und Venedig sich entwickelt haben mögen, ob die Vorherrschaft Englands zur See sich weiter ausgedehnt hat, ob es vielleicht zwischen den Türken und Engländern bereits zu ersten Konflikten gekommen ist … – Ich habe die Wahrheit über die Welt gesucht, aber die Wahrheit auf Erden ist ein Kosmos für sich, und an ihm bin ich achtlos vorüber gegangen. Jetzt ist es zu spät.

Es ist kein Trost, daß ich auch Santa Severina in gewissem Sinne für ein großes Kind halten muß. Er kann sehr geschickt sein, aber ein Diplomat ist er nicht. Sein Denken ist umweglos, und man wird schon gewußt haben, warum man ihn nicht zum Papst gewählt hat. Ihn selber freilich hat das verbittert; er hat es nie verwunden, und jetzt zerfrißt der gekränkte Ehrgeiz noch das Beste an ihm: – es läßt ihn zynisch werden, was er ursprünglich nicht war. Tagaus, tagein muß er Dienst tun für einen Papst, den er im Grunde verachtet und dessen Handlungen er nimmermehr gutheißen kann. Doch die Inquisition ist nur das Schwert in der Hand des Papstes, sie muß sich seinen Anweisungen fügen. Und Kardinal Santa Severina fügt sich. Er hat seine Machtgier in Diensteifer und Demut verwandelt, so wie seine Wollust in Inbrunst und Frömmigkeit; er ist nichts anderes mehr als ein nützliches Werkzeug seiner Mutter, der Kirche.

Lediglich in seinem Fanatismus kommt die ursprüngliche Grausamkeit dieses Mystikers der Selbstunterdrückung und des Leidens zum Vorschein. Wie doch sein großes Vorbild Papst Paul IV. unter Schwur gesagt hat: »Selbst wenn mein eigener Vater ein Häretiker wäre, würde ich das Holz zusammentragen, um ihn verbrennen zu lassen.« Solche Kreaturen sehen selbst in ihrer Unmenschlichkeit noch ein besonders heroisches, vorbildliches Beispiel ihrer unverbrüchlichen Glaubenstreue und unbedingten Kirchlichkeit; daß sie in Wahrheit alles verraten, was heilig ist, darauf kommen sie in ihrer Verblendung nicht. Kardinal Santa Severina vor allem ist ein offensichtlich vergrämter Mensch, der alles Glück, alle Hoffnung, alle Weichheit hat fahren lassen. Man muß nur seinen verbogenen Mund sehen, dessen Ränder sich wie ein mongolischer Schnurrbart in sein Gesicht gegraben haben, um von diesem Tartaren Gottes genug zu bekommen. Irgendwann, sollte man meinen, ist ein Mensch für sein Aussehen verantwortlich. Santa Severinas Aussehen ist die fehlgeleitete Verantwortung in Person. Oder die Blasiertheit. Oder die Anmaßung. Oder die Gefühlskälte. Oder der Wahnsinn.

Immerhin grinst und grimassiert er nicht immerzu an den unpassendsten Stellen wie sein Vorläufer, der Pater vom Engelsgruß. Santa Severinas Gesichtsausdruck ist ganz »severus«, ganz streng und herb, die heilige Severinität selber; darin paradoxerweise gefällt er mir schon wieder, weit besser jedenfalls als seine vornehmere Parallelausgabe, Kardinal Roberto Bellarmino. Santa Severina leidet ersichtlich an sich selber und an dem, was er für seine Aufgabe hält; Bellarmin hingegen hat schon längst nicht mehr die Wahrheit im Sinn, ihm geht es nur noch um *die Verwaltung* der Wahrheit, um die kirchlichen Strukturen, um die Kabinettstückchen der Diplomatie, um die Opportunitätsentscheidungen eines machtpolitischen Kalküls. Den Kardinal der Inquisition kann ich immerhin verstehen, dieser Bellarmin aber ist mir vollkommen fremd. Ich kann verstehen, daß man mich in diese Kerkerzelle steckt und mir dabei aus Überzeugung gönnt, ich sollte hier bei lebendigem Leibe verschimmeln, eben weil ich es als Ketzer nicht besser verdient hätte; aber daß man wie dieser gerade zum Kardinal ernannte Bellarmin mit weißen Handschuhen, umwölkt von süßlichem Parfüm, mit mildem Gesicht und sanfter Stimme in diese Totenhöhle treten kann, um sich galant nach meinem Befinden zu erkundigen, das ist des Üblen zu viel.

Ich höre, Bellarmin sei ein Kirchenjurist, der größte seiner Zeit; ich höre, Bellarmin habe Mut bewiesen – sein Meisterwerk, *Die Disputationen*, sei unter Sixtus V. sogar auf dem Index der verbotenen Bücher gelandet, weil es dem päpstlichen Integralismus widersprochen habe und im Gegensatz zu den Ansichten etwa von Paul IV. eine nur indirekte Vollmacht des Papstes in weltlichen Fragen habe anerkennen wollen. Es mag sein, daß dieser Jesuit geistig in der Tat moderner, gebildeter, kultivierter, dialektisch beschlagener ist als der gradlinige, leicht berechenbare Santa Severina; doch wenn Beschlagenheit zu Verschlagenheit wird, Wendigkeit zu Windigkeit, Geistigkeit zu Geistreichelei, was soll dann mit einem Menschen noch anzufangen sein? In spätestens drei Tagen wird Kardinal Bellarmin mich hinrichten lassen, und ich darf gespannt sein, mit welchen Worten er seinem »Bedauern« ob des »unliebsamen« und »unnötigen Vorfalles« Ausdruck verleihen wird. Nein, er wird mich auch späterhin nicht getötet haben wollen, er wird nur froh sein, daß ich tot bin.

Noch vor acht Tagen, am 21. Dezember, gegen 5 Uhr nachmittags, kamen, offensichtlich auf sein Geheiß, zwei Gesandte des Heiligen Offiziums in meine Zelle, um mich zu »Buße und Umkehr« anzuhalten. Ich war an diesem Tage der Inquisitionsbehörde ein letztes Mal vorgeführt worden, und natürlich hatte ich von meinen Thesen nicht das Geringste zurückzunehmen. Was erwartet dieses scheinheilige Jesuiten- und Dominikanergesindel denn eigentlich! Soll ich sagen, nur weil es ihnen so paßt, daß zwei mal zwei fünf ist oder, wenn's beliebt, sieben oder auch drei, je nachdem, wie es ihnen nützlich scheint?

Was Kopernikus errechnet hat, kann jeder nachrechnen; es ist zweifelsfrei richtig. Es ist durchaus nicht, wie Hochwürden Bellarmin sich auszudrücken belieben, eine geistreiche Hypothese; was der Ermländer gefunden hat, ist ganz im

Gegenteil die blanke Wahrheit: Die Sonne dreht sich nicht um die Erde und es gibt auch kein Weltall in Schalen mit angehefteten Silbernägeln von Sternen; es gibt desgleichen kein Kinderkarussell mit Planetengondeln an einem deferierenden Riesenrad;dieses ganze veraltete Weltbild war selbst in den Zeiten des Ptolemäus nichts weiter als eine geistreiche »Hypothese«, und dieser geniale Ägypter hat das natürlich gewußt. Er wollte mit seinen Konstruktionen überhaupt nichts anderes liefern als eine geometrisch exakte Beschreibung des Augenscheins unter der Annahme Platons, alle himmlischen Bewegungen müßten »vollkommen«, d.h. kreisförmig verlaufen. Es wart doch ihr, die christlichen Theologen, die aus den geistreichen Hypothesen eines ägyptischen Astronomen geoffenbarte göttliche Wahrheiten machen mußtet! Die Bibel mit ihrem ersichtlich falschen Weltbild – ja, das war euer Metier. »Sonne, steh still zu Gibeon, Mond im Tale Ajalon!« (Josua 10,12), das war euere Fundgrube. Selber zu denken – verboten. Zu forschen und zu lernen – verboten. Alte Ansichten aufzugeben durch neue Einsichten – verboten. Ihr wußtet alles, und wenn schon nicht alles, so doch alles besser. Und schon wer bezweifelt, daß ihr alles besser wißt, ist euer erklärter Feind. Denn er mindert euere Macht. Der Machterhalt anstelle der Wahrheit – das ist die Formel, nach der die Welt sich dreht, in deren Mittelpunkt ihr selber steht.

Aber ging es euch denn je um Wahrheit? Ausgerechnet den General meines eigenen Ordens Peter Hippolytus Maria Beccaria und den Prokurator Pater Paul Isario della Mirandola mußte mir Bellarmin pünktlich zum Sonnenuntergang in die Zelle schicken. Ich sollte mich ein letztes Mal »besinnen«.

Und worauf? Oder, besser, wozu?

Es ist ihnen peinlich, daß ein Mitglied »ihres« Ordens unter den Augen der Weltöffentlichkeit als Häretiker hingerichtet werden soll, das ist alles. Aber um es so deutlich wie möglich zu sagen: das Ansehen »meines« Ordens kann mir ebenso gleichgültig sein wie das Ansehen der Kirche. So viele Jahre lang habe ich versucht, den Tentakeln dieses Kraken mich zu entwinden, der sich Orden oder Kirche nennt. Warum nur können diese Menschenschinder und Seelenvergewaltiger nicht jemanden ganz einfach gehen lassen, der ihnen sagt, er wolle mit ihnen nichts mehr zu tun haben?

Das können sie nicht, weil sie selber das Heil sind.

Beccaria und Mirandola mußten mir immer wieder zureden, wie sehr sie für mich schon gebetet hätten – um meine Bekehrung, versteht sich. So sehr wissen diese Leute sich in der Wahrheit und auf der Seite Gottes stehend, daß es ihnen zusteht, den Allmächtigen zu bitten, er möge meinem verwirrten Geist aufhelfen und mich auf den Weg des Heiles zurückführen.

Mein Seelenheil!

Diese vermessenen, abergläubigen Fatzken verstehen etwas von meinem Seelenheil! Ich möchte ihnen in keiner der anderen Welten wiederbegegnen, so viel ist sicher. Und wenn Gott Gott ist, dann wird er sich nicht in Ewigkeit anhören, wie man Gebete an ihn richtet, die lediglich den eigenen Machtwillen gegenüber einem Wehrlosen durchsetzen sollen.

Erhört Gott überhaupt die Gebete der Menschen? Vielleicht wenn er sie bestrafen will, aber auch dann sicher nicht in der Art, wie die Theologen es den Menschen weiszumachen suchen. Nach ihrer Vorstellung thront über dem Empyraeum eine allmächtige Gottheit, die von außen her, wann immer sie will, in den Lauf der Welt eingreift, ganz so, als wollte sie vor dem jeweils größten Schreihals ihre Ruhe wiederherstellen; manchmal, so heißt es, lasse diese Gottheit sich auch durch die Tränen eines Kindes rühren oder durch die glaubhafte Reue eines bislang hartgesottenen Sünders, aber im großen und ganzen gleicht sie doch allzu sehr der vergrößerten Ausgabe eines orientalischen Mufti als einer Gottheit der Vernunft.

Denn was zum Beispiel soll ein solcher Gott beginnen, wenn ihn beim Kampf der katholischen Spanier gegen die katholischen Franzosen beide Seiten um die Gunst des Sieges angehen? Gehört es zu seiner Allmacht auch, die Gesetze der Logik außer Kraft zu setzen und das Unvereinbare, z.B. den Sieg beider Seiten, gleichmäßig herbeizuführen? Vielleicht. Denn nach jeder Schlacht noch bekommen die kämpfenden Parteien es fertig, Gott auf den Knien für den Sieg ihrer Sache zu danken. Nur: Was hat »Gott« damit zu tun?

Noch schwieriger wird es, wenn z.B. die Spanier gegen die Engländer ins Feld ziehen; wenn Gott dann im Sturm, wie geschehen, die Flotte der katholischen Armada versinken läßt, soll man denken, er selber sei mittlerweile zum Protestantismus konvertiert?

Und erst die Wunder im eigentlichen Sinne!

Da sollen die Menschen vor 2000 Jahren Jesus gebeten haben, fünf Brote für 5000 Hungernde zu vermehren; und natürlich konnte er ein solches Wunder nach Theologenmeinung ohne weiteres wirken, da er ja der Sohn Gottes war; wenn indessen in unseren Tagen Menschen nach einer Dürre oder nach einer Heuschreckenplage zu Tausenden Hungers sterben, so mögen sie beten, so viel sie wollen, der Himmel bleibt ihnen verschlossen.

Und was folgt daraus?

Daß Gott heutigen Tages keine Wunder mehr wirken kann, also ohnmächtig ist? Oder daß er sie nicht mehr wirken will, also inzwischen anscheinend abgestumpft ist?

Offenbar muß man die biblischen Wundergeschichten anders verstehen, als die Theologen es tun; man muß den Mut haben, in ihnen entweder Dokumente der Unwissenheit zu erblicken, wie in dem »Sonnenwunder« Josuas im Tale Ajalon, oder legendäre Geschichten, die allenfalls in übertragenem Sinne eine Wahrheit für sich beanspruchen können.

Es bleibt mithin dabei: So lange die Macht Gottes über seine Welt rein abstrakt und äußerlich bestimmt wird, rechtfertigt sie lediglich den Allmachtsanspruch seiner Stellvertreter auf Erden. Es gibt keinen »allmächtigen« Gott, den man als Nothelfer in den Stunden der Angst anrufen dürfte. Gott war, d.h. er *ist* nicht »frei«, eine Welt zu erschaffen; er *braucht* sie, um sich selbst anzuschauen, und um sich anschauen zu können, benötigt er eine in Raum und Zeit *unendliche* Welt, geordnet nach den Gesetzen der höchsten Weisheit. In einer solchen Welt läßt nichts von außen sich bestimmen oder korrigieren; Gott regiert alle Dinge durch ihr eigenes Wesen, indem er sein eigenes Wesen in ihnen betrachtet, so viel scheint klar. Wie also könnte man als denkender Mensch inmitten einer derartigen Welt sich willkürliche Änderungen oder spezielle Wunder zum eigenen Vorteile erbitten, wo doch die Gottheit selber an die Eigenart des Spiegels gebunden ist, aus dem ihr eigenes Antlitz vor den Augen der Einsichtigen strahlend hervorleuchtet?

Und dennoch gibt es eine Art zu beten, auf die ich auch hier im Kerker nicht habe verzichten mögen. Sobald ich an Dich denke, Du meine Morgana, meine Diana, beginnt in meinem Inneren ein Lied der Dankbarkeit und des Flehens zu erklingen, so innig und leise, wie ein Gebet irgend nur sein kann. Gott und die Welt – sind sie nicht selbst wie zwei Liebende, die sich einer im anderen suchen und die sich nur finden in dem Schimmer der Augen des andern? Beten – das ist für mich eben der Augenblick, da ich innehalte und durch das Fenster hinausschaue. »Werde auch ich vergehen in wenigen Tagen schon, so wird doch alles ringsum weiter bestehen, und sogar die Substanz meines Lebens wird sich austauschen in ein größeres Sein.« Ein Gefühl der Zufriedenheit und der Unerschütterlichkeit überkommt mich bei solchen Gedanken; und die Ruhe, die ich in mir selbst dabei spüre, ist all mein Gebet und meine Geborgenheit. Es entstünde aber ein solches Gefühl in mir niemals ohne die Hoffnung, auf immer Dich wiederzusehen, Morgana, und bei Dir zu verweilen, liebe Diana, und diese Hoffnung wiederum lebte niemals in mir ohne die Erinnerung an das vorgestellte Glück der schönsten Augenblicke unseres ungelebten Lebens.

Wie oft habe ich Gesänge der Freude verfaßt für jene zahllosen Stunden, die ich einzig in meiner Phantasie mit Dir verbrachte und die doch wie ein Vorgeschmack, ja, wie eine Anwartschaft sind für jenes unendliche Leben, auf das wir gemeinsam uns vorbereiten? Immer noch macht es mir Freude, in Gedanken die Wälder und Wiesen mit Dir zu durchstreifen, am Ufer des Meeres mit Dir zu wandern und verschwiegene Schlösser mit Dir zu besuchen; und am Abend dann schreibe ich Lieder wie diese für Dich als Erinnerungsgesänge an unsere gemeinsame Zukunft:

O Liebste, welch ein wunderbarer Tag mit Dir!
Die Sonne schien, am Himmel Silberwolken glänzten,
Und Rosenbäumchen, aufgebunden am Spalier,
Geleiteten den Pfad, den festlich sie umkränzten.

Grün-bläulich schimmerte der wohlumsäumte Weiher,
Und Schwäne glitten majestätisch drüberhin,
Goldüberzogen malten sich die Wasserspeier
Und formten die Fontänen wie ein Baldachin.

Die Putten lächelten verspielt in den Arkaden,
Und sommerlich verträumt gab sich der Pavillon,
Die Erlen dufteten mit Früchten überladen,
Und an den Felderrainen prangte rot der Mohn.

Die Schloßalleen säumten ehrwürdige Eichen,
Gemischt am Rand mit uralter Kastanien Grün,
Als sollte beider Laubdach bis zum Himmel reichen
Und manchen Wanderer in ihren Schatten ziehn.

Und draußen auf den feuchtdurchtränkten Tümpelwiesen
Sproß fernher glänzend Wollgras, wie für Dich gesät,
Und alle Fluren breiteten sich zum Genießen
Zu Deinen Füßen, Liebste, wie ein Dankgebet.

Jedoch was ist für mich der Silberglanz der Seen
Und aller Schlösser Gold auf dieser großen Welt?
Alles ist reich und weit, wenn wir zusammengehen,
Und nur Dein Dasein macht, daß mir die Welt gefällt.

So ist meine Art, in Dir, mit Dir zu beten, Du meine liebe Diana. Nun aber setze man daneben den Pater General Peter Hippolytus Maria Beccaria mitsamt dem ehrwürdigen Pater Prokurator Paul Isario della Mirandola.

»Wir haben für Dich gebetet, Bruder Giordano, und wir werden es auch weiterhin tun. In der Kapelle des Klosters Santa Maria sopra Minerva brennen unablässig für dich die Kerzen des Bußgebetes, das die Brüder vor dem ausgesetzten Allerheiligen zu Deinen Gunsten verrichten. Sie erflehen für Dich den Geist der Umkehr und der Besinnung, den Geist der Bußfertigkeit und der Demut, den Geist des Friedens und der Versöhnung.«

O wie ich dieses Geschmeiß der Scheinheiligkeit hasse!

»Ihr braucht nicht für mich zu beten, Brüder in Christo. Wie sagte doch der Herr selbst auf seinem Kreuzweg nach Golgotha: Weint nicht über mich; weint über Euch und Eure Kinder.« (Lk 23,28)

Sie merkten nicht einmal, daß ich sie, vor allem mit der Anspielung auf ihre »Kinder«, nur verspotten wollte. Sie waren blind vor missionarischem Eifer, waren sie doch soeben dabei, meine unsterbliche Seele vor der ewigen Verdammnis zu retten; – ich folglich hatte die Pflicht, ihre unaufhaltsame Seelsorge in brüderlicher Liebe dankbar zu erwidern.

Ich war zu müde, um mich auch noch mit ihnen anzulegen. Also hörte ich ihnen schweigend zu, in der berechtigten Hoffnung, sie auf diese Weise am schnellsten wieder loszuwerden. Ihrer vermessenen Selbstsicherheit und bigotten Frömmelei war ich so überdrüssig, daß ich einzig den Psalm 73 noch hätte beten mögen wider sie: »Keine Beklemmung gibt es für diese, heil und feist ist ihr Wanst, in der Menschenpein sind sie nie, an der Seite der Menschen ficht sie nichts an. Die Hoffart selbst ist ihr Nackengeschmeid, Arroganz behängt sie als Putz. Aus dem Fett (ihrer Visage) dringt ihr Auge hervor, darüber hin zieht das Maskenspiel ihres Herzens. Sie grinsen und reden im Bösen, von oben herab reden sie Vergewaltigung. Und ihr Maul setzen sie an den Himmel, und ihre Zunge ergeht sich auf Erden...«

Aber wozu? Viel lieber dachte und denke ich an Dich, Du meine liebe Diana. Du bist mein wahrer Trost in diesem Sumpf der Dummheit; und ich sage mir in einer nicht endenden Litanei der Liebe immer wieder die Gedichte auf, die ich an Dich schrieb. Dies ist mein einziger wirklicher Glaubenssatz: Gott hat sich selbst in dem Wesen der Dinge verborgen, und in der Entfaltung der Welt ist er unterwegs zu seinem eigenen Bild, unwissend und voller Verlangen, wie er sich selber erscheinen wird. Die Schöpfung Gottes gleicht der Legende jenes unbekannten Königs, der sich, gelangweilt von der Einsamkeit seines Palastes, eines Tages hinausbegab unter die Menschen, um herauszufinden, wer ihn im Gewand eines Bettlers als König wiedererkenne; einem jeden, der ihn in seiner Größe erkannte inmitten der Gestalt seiner Armut, schenkte er eine Münze mit dem Aufdruck seines Bildes. Auch wir Menschen können einander nicht anders lieben als Gott seine Schöpfung liebt: wir gehen einander nach, um im anderen bei uns selbst anzukommen.

Es war insofern ein wirklich philosophisches Gedicht, liebe Diana, als ich Dir schrieb, was uns beide verbindet:

Wie könnten wir einander lieben,
Trügst Du mein Wesen nicht in Dir
Und wär' Dein Bild nicht eingeschrieben
Als Allerkostbarstes in mir?

Erst seit mich Deine Augen sehn,
Seh ich mein eigentliches Wesen,
Du selber bist so wunderschön –
Ein Spiegel rein und auserlesen.

Und meine eig'nen Augen sind
Hell schimmernd, wenn sie Dich anschauen,
Du bist die Sonne, bist der Wind,
Ein Kleinod unter allen Frauen.

Oft fühl ich Dich so nah in mir,
Als wärst Du selbst mein bess'res Ich,
Mein ganzes Herz gehört nur Dir,
Denn in Dir, Liebste, lebe ich.

Es ist wirklich allein Deine Liebe, Diana, die mich singen macht im Sonnenaufgang und die mich zufrieden macht in den Stunden des Abends; es ist Deine Nähe, die mich wachen läßt in den Nächten und die mich träumen macht in den Stunden der Traurigkeit; und so wie Gott sich nur finden kann in allen Wesen seiner Schöpfung, so verwebt Deine Liebe mitten in der Einsamkeit dieses Kerkers mich mit allem, was mit Deinen Augen anzuschauen jemals mir vergönnt war. Mit Dir vereint zu sein auf ewig ist mein einziges wahres Gebet, und so spreche ich mir in Gedanken oft und oft die Verse vor, die mir damals, am Abend in dem kleinen Kaffeehaus von Noli, einfielen, als wir das erste Mal uns begegneten oder besser, als wir, wie Unbekannte und doch Wohlbekannte, zum ersten Male uns wiedersahen:

An Deiner Seite malt in mir der Himmel sich,
Und meine Seele spannt sich aus in weite Ferne,
Und alle Dinge spiegeln durch Dich innerlich
Den warmen Glanz der Sonne und das Licht
    der Sterne.

In Deiner Nähe, Liebste, werden alle Dinge
Zum Gleichnis auf Dich, auf Dein Wesen und
    Dein Sein
Und zur Verheißung, daß es immer uns gelinge,
Uns liebzuhaben und von Herzen treu zu sein.

Nie spür ich stärker als in Deinen Worten
Den Lebensodem Gottes, der nur Liebe ist.
Der Wind in allen Gassen und an allen Orten
Spricht nur von Dir, Geliebte, und wie gut Du bist.

Vom Fließen Deines Haars künden auf allen Fluren
Die Gräser und die Blumen, die im Wind sich neigen.
Die Kirschenblüten glühn, als trügen sie die Spuren
Der Liebe Deines Mund's im Kuß, im Gruß, im Schweigen.

Die sternenübersäte Nacht trägt Dein Gewand,
Der Mond erstrahlt wie ein Juwel auf Deiner Brust,
Und jede Wolke hebt sich auf wie Deine Hand
In ihrer Zärtlichkeit und ihrer sanften Lust.

Und jeder Flußlauf trägt und glänzt wie Deine Arme
Und fließt dahin, als wiegte er ein träumend Kind
Und nähme mich und bäte, daß sich Gott erbarme
Und machte, daß wir beide stets zusammen sind.

Und die Kastanienbäume stehn an den Alleen,
Als wollten sie uns zweifach bis zum Himmel leiten:
Indem sie stolz hinauf uns weisen zu den Höh'n
Und unsren Weg bis hin zum Horizont begleiten.

Denn was, Geliebte, wird für uns der Himmel sein,
Wenn nicht, daß wir in Ewigkeit zusammen leben
Und unsre Seelen prägen sich für immer ein,
Daß alle Dinge in der Liebe uns verweben?

Deshalb, o Gott, entferne gnädig von uns beiden,
Was sich mit Dir und Deiner Liebe nicht verträgt.
Laß uns vereint das Gute tun, das Böse meiden,
Und dann sei alles, Herr, in Deine Hand gelegt.

Die Frage des Inquisitors in Venedig: Was ist Gut, was ist
Böse, habe ich damals sehr allgemein beantwortet, indem ich
den moralischen Unterschied für oberflächlichen Schein erklärte und als »gut« einzig die Spannkraft des eigenen Seins
gelten ließ; jetzt aber müßte ich viel persönlicher und voller
Dankbarkeit sagen: Was »gut« an mir ist, Geliebte, das ist die
Wirkung Deiner Liebe. Sie ist in sich selbst die Entfaltung
meines Wesens, sie ist der Grund meiner Zuversicht; wenn

etwas gut an mir ist, so bist Du es, die mir das Fenster öffnet, um mich ins Unendliche schauen zu lassen. Alle Religion ist Ausdruck und Zeugnis der Liebe, oder sie ist gar nicht. Was aber verstehen die Beccarias und Mirandolas davon?

Ich habe sie beizeiten weggeschwiegen. Nach einer Weile gaben sie es auf: Ich blieb unbelehrbar; ich war verstockt. Mochte mich fortan der Teufel holen; sie hatten ihre Pflicht getan. Und ihr Auftraggeber Kardinal Roberto Bellarmino desgleichen.

Wenn ich überhaupt jemals verstehen will, was sich all die Jahre über in diesen steinernen Wänden des römischen Gefängnisses zugetragen hat, so muß ich mich in die Gedanken dieses Mannes hineinversetzen. Es ist seine Handschrift, die dieser ganze Prozeß trägt. Er will meinen Tod nicht, davon bin auch ich überzeugt. Aber er wird ihn wollen müssen. Weil ich so bin. Und das wird er mir nie vergeben. Seine schönen weißen Handschuhe werden an der Asche meines verbrannten Körpers sich beschmutzen, und er wird sie nie mehr reinigen können.

In gewissem Sinne ist der gesamte römische Prozeß, bei Lichte betrachtet, ein einziger vergeblicher Versuch meiner Henker, sich das Opfer meiner Hinrichtung zu ersparen. Wäre ich doch nur ein wenig nachgiebiger, ein wenig schwächer, ein wenig kleinmütiger, so hätte alles in ihren Augen ohne Schwierigkeiten ein gutes Ende nehmen können. Hätten sie mich *psychisch* oder *moralisch* töten können, so würde ihnen der Offenbarungseid meiner physischen Vernichtung erspart geblieben sein. Vor der Welt stünden sie dann besser da. Und um das zu erreichen, taten sie alles; ihr einziges Ziel war es, mich innerlich auszuhöhlen, mein Ziel aber war es, genau das zu verhindern. So werden sie mich hinrichten müssen. Sie werden ihren Offenbarungseid leisten müssen. Und eben dies wird mein Sieg sein. Der einzige, der mir verbleibt.

Zu Beginn des Prozesses hatte die Langsamkeit ihres Vorgehens mich noch irritiert und gequält. Inzwischen aber habe ich ihre Strategie begriffen. Ich hörte einmal im Kloster

San Domenico in Neapel, wie zwei ältere Mönche sich über einen jüngeren Mitbruder unterhielten, der ihnen zu aufgeregt und überschwenglich vorkam. »Ausglühen lassen, einfach ausglühen lassen,« meinte der eine, und er lachte dabei in sich hinein, wie wenn er gerade einen guten Stuhlgang gehabt hätte. Natürlich: »ausglühen«, das war es, was sie mit mir beabsichtigten. Deshalb dauerte es schon zu Beginn des römischen Prozesses ganze zehn Monate, bis sie mich endlich im Dezember 1593 zum ersten Mal überhaupt dem obersten Inquisitionsgerichtshof gegenüberstellten. Und dann kam in bedächtiger Gründlichkeit das Übliche: alles noch einmal von vorn: Name, Stand, Geburtsort, Name des Vaters, Familienname der Mutter – wie wenn ich gerade vom Monde zu ihnen in ihr Gefängnis herabgekommen wäre. In Wahrheit wußten sie selbstverständlich schon alles über mich, vor allem, daß ich ein Ketzer war, und nur zum Beweis dieses ihres längst fertigen Urteils über meine Person sammelten sie mit Bienenemsigkeit alle möglichen Anklagepunkte. Und in all dieser Zeit ist es mit all diesen Kirchenvertretern nicht ein einziges Mal zu einem einzigen offenen und unbelasteten philosophischen Gespräch gekommen. Das ist das wahre Urteil über sie selber.

»Wir sind katholisch. Wir sind gläubig. Wir sind christgläubig. Auf unserer Seite steht die Kirche. Wir vertreten den Heiligen Vater an der Spitze der Kirche. Wir kennen die Wahrheit der Kirche, welche ist der fortlebende Christus, welcher ist der ewige Logos, der in der Zeit inkarnierte, um sich seinen Aposteln zu offenbaren, welche sind gegenwärtig in ihren Nachfolgern, den Aposteln der einen heiligen römisch-katholischen Kirche ... Und jetzt beweise uns Du, daß auch Du ein katholischer, ein gläubiger, ein christgläubiger, ein auf der Seite der Kirche stehender, ein den Heiligen Vater vertretender Mensch bist...«

Welch ein gewalttätiger Wahnsinn.

Ein für allemal lehne ich es ab, mich noch länger befragen zu lassen, ob diese oder jene Ansicht mit der Lehrmeinung dieser famosen Kirche übereinstimmt; die Kirche selber muß sich fragen lassen, ob ihre Lehrmeinungen mit der Wirklichkeit übereinstimmen; so stehen die Dinge. Doch Wahrheit zu suchen ist nicht gerade das, was diese Würdenträger der Kirche im Sinn tragen, und Kardinal Bellarmin ist dafür das wohl beste oder vielmehr das wohl schlimmste Beispiel. Wenn es doch wenigstens im Ansatz einmal möglich gewesen wäre, mit ihm über die Größe der menschlichen Seele oder über die Größe des Weltalls zu diskutieren!

Doch nein, nicht, niemals, auf gar keinen Fall. Was für ein merkwürdiger Mensch.

Er ist anders als all die anderen. Er quält sich nicht, wie Santa Severina; er verhört mich nicht wie Padre di Saluzzo; er schaut im Gegenteil stets so freundlich drein, als stünde er gerade bereit, einen Freund zu einem Glas Rotwein einzuladen. Geschmeidig und galant, kultiviert und vornehm, vermittelt er stets den Eindruck von Großzügigkeit, von Humanität, von Bildung und sogar von Toleranz. Und doch erscheint gerade er mir als der verlogenste von allen. Schon weil er sich niemals wirklich mit einer Frage auseinandersetzt. Er schwebt über allem. Seine Frage ist niemals: ist etwas wahr oder falsch, seine Frage ist stets, wie es wirkt, wenn man etwas für wahr oder für falsch erklärt; nicht was der Fall ist, sondern wie es den Augen der Regierenden gefällt, interessiert ihn. Er scheint die Ungeheuerlichkeit nicht einmal zu merken, mit der er bei dieser Einstellung jeden philosophischen Gedanken in ein Instrument der Macht verwandelt. Davon jedenfalls bin ich fest überzeugt: Im Leben dieses Menschen hat es nicht eine Sekunde gegeben, in der er darüber nachgedacht hätte, daß seine ganze Theologie nichts weiter ist als eine Ideologie des Machterhaltes. Für ihn ist es eine unerschütterliche Selbstverständlichkeit, ein Grundaxiom seines Denkens, eine unbezweifelbare Gewißheit, daß Jesus Christus just die katholische Kirche von Rom gegründet hat und daß eben deshalb im römischen Papsttum die Weisheit Gottes selber den Menschen sich kundtut. Der Bau von Sankt

Peter, diese unvollendbare Phantasmagorie aller Päpste dieses Jahrhunderts – Kardinal Roberto Bellarmino unzweifelhaft fühlt sich als der Mann, der sie geistig vollenden wird, ein Michelangelo der Theologie sozusagen, ein wahrer Künstler unter den Hierarchen zum mindesten, der Schlußstein im Gewölbe dieses mittelalterlichen Geistesgefängnisses, dessen Schlüsselwart und Kerkermeister er hauptamtlich selber ist.

Es gibt Wahrheiten, die ein Bellarmin niemals verstehen wird: z.B. daß zur Freiheit der Zweifel gehört, zum Forschen das Recht zum Irrtum, zum Leben die Möglichkeit des Scheiterns, zum Glauben die Ungewißheit und das Wagnis, zur Liebe der Tod und die Auferstehung, zum Menschsein die unendliche Wandlung, zum Geist der Gehorsam gegenüber dem eigenen Wesen; zu Gott die Verborgenheit und das Schweigen, zur Kirche wahrhaft gläubiger Menschen der Respekt und die Achtung vor der Überzeugung, der Eigenart und der Freiheit des anderen... Ein Bellarmin wird einzig verstehen, daß man bestimmte architektonische Gesetze beachten muß, um einen Spannbogen oder ein Gewölbe für den Bau einer Kirche zu konstruieren, und daß man, analog dazu, um eine Gruppe von Menschen in übersichtlicher Weise verfügbar und dirigierbar zusammenzuhalten, gewisse Anordnungen, Erlasse, Konstitutionen und Präambeln benötigt, nach denen sie sich ausrichten müssen wie die Steine in einer Mauer. Der Mittelpunkt der Erde, das Zentrum des Weltalls ist für einen Kardinal wie Bellarmin der Platz von Sankt Peter; der Heilige Geist selber hat Wohnung genommen in den vatikanischen Gemächern, und wer das bezweifeln sollte, dem wäre besser, daß ihm ein Mühlstein um den Hals gehängt und er im Tiber ersäuft würde (Mt 18,6). Infolgedessen kann es für ihn jetzt nur noch darum gehen, diesen Ort, da der Heilige Geist in der Mitte der Welt Wohnung genommen hat, recht hübsch und angemessen zu überbauen und einzurichten.

Nur unter solchen Denkvoraussetzungen des Absurden vermag ich zu verstehen, wie ein solcher Ästhet und Schöngeist wie Kardinal Bellarmin sich ausgerechnet in die Rechtswissenschaft und in die Politik gedrängt hat: Er möchte sozusagen den Edelstein des lieben Gottes, den er zu seinem Pläsier bereits am Ringfinger trägt, nur noch in vollkommener Schönheit in seine Fassung bringen. Die Kirche als Schmuckkästchen des lieben Gottes – das ist die Hauptidee seines Lebens, der er alle anderen Interessen unterordnet und für die er notfalls auch über Leichen gehen wird, gehen muß. Denn leider: die Menschen taugen nicht als Steine in den Zierfassungen des Kronjuwels seiner theologischen Einbildungen. Die Menschen gruppieren sich nicht als eine »vollendete Gesellschaft« um den Geistbesitz des Heiligen Vaters, nur weil ein Kardinal Bellarmin es gerne so haben möchte.

Ich entsinne mich, wie ich als Kind die Fronleichnamsprozession in Nola erlebte. Der Pfarrer hatte uns Kindern befohlen, möglichst viele Blüten verschiedener Farben zu sammeln, um daraus Blumenteppiche auf all den Straßen zu formen, durch die das Allerheiligste getragen werden sollte. Mir aber taten die Tulpen, die Rosen und Stiefmütterchen zu leid, um ihnen die wunderschönen bunten Blättchen abzureißen; mir schien es ein Akt der Grausamkeit zu sein, Blumen zu töten.

»Warum hast Du keine Blumen mitgebracht?« – »Ich finde sie lebend zu schön!« Die ganze Schulklasse lachte.

Und doch bin ich heute noch überzeugt: Gott wird weit mehr geehrt durch die üppige Vielfalt des Lebens selber als durch die künstlichen Arrangements von etwas Totem. Gott wohnt auch nicht in einem toten Stück Brot, das man in eine goldene Kirchenmonstranz sperrt. Doch in dem Brot, das meine Mutter am Tisch unseres kleinen Hauses in Nola brach und uns Kindern reichte, schmeckte ich manchmal etwas von Gott; und ihr leises »Hier, nimm, Filippo« war ein wirksameres Wandlungswort als das feierlich gemurmelte »Hoc est enim corpus…« des Priesters am Altar. In allem, was lebt, lebt etwas von Gott, und ohne Unterlaß geht er und weht er durch die Dinge seiner Schöpfung. Es ist durchaus nicht nötig, aus dieser wundervollen Erfahrung des Lebens ein besonderes Fest zu machen, wie die Kirche es bei jeder Gelegenheit liebt. Man sollte die Menschen vielmehr lehren, die Feste der Kirche als Grundtatsachen ihres Daseins zu betrachten. Täte man das, so ließen sie sich freilich nicht länger mehr wie abgerissene Blütenblätter unter die Füße der Kirchendiener legen, die, im Wahne, damit auf besondere Weise Gott zu dienen, über sie hinwegschreiten und sie, als verwelkende schon, in die Erde zurückdrücken, aus der sie kamen. Die Schöngeistigkeit eines Bellarmin ist grausamer noch als der Fanatismus der Inquisitoren; sie rechtfertigt ästhetisch selbst noch das Ungeheuerliche: die Verwandlung von Menschen in Marmorblöcke und -statuen zur Verzierung des Doms von Sankt Peter. Aber ein Bellarmin wird das niemals begreifen. Das Vernichten der Seele kann ja erlaubt sein, wenn sie dadurch gerettet wird. Das »Ausglühen« eines Menschen kann ja von Nutzen sein, wenn die erkaltete Lava hernach sich architektonisch verwenden läßt. O meine liebe Diana, Du meine Vestalin, Du Priesterin meines heiligen Feuers, Du hast die glimmende Glut meines Herzens gerettet, über Monate und Jahre hinweg, bis in diese Stunde hinein. Sie können mich vernichten. Aber töten werden sie mich nicht. Denn an Dein Geheimnis rühren sie niemals.

Bitter freilich macht mich ein anderer Gedanke, den ich nicht abweisen kann und der mich nach wie vor quält bis zu Niedergeschlagenheit und Verzweiflung: ihr Spiel mit der Zeit, das sie in bezug zu mir nicht gewinnen können, werden sie gegenüber der Öffentlichkeit wohl oder übel eines Tages ganz sicher gewinnen. Es ist eine einfache, aber doch unwiderleglich richtige Rechnung: Irgendwann werden sie jeden einzelnen Menschen überdauern. Ein Mensch, wenn es hochkommt, lebt 70, höchstens 80 Jahre, sie aber gibt es schon länger als anderthalb tausend Jahre; darin liegt ihre Zuversicht, die ihnen einen unschätzbaren Vorteil verschafft: Sie werden das Urteil der Nachwelt über jeden einzelnen Menschen festlegen; sie selbst werden die Nachfahren ihrer eigenen Geschichte sein, und sie werden alles daransetzen, um von sich her zu bestimmen, was z.B. in meiner Sache wirklich sich ereignet hat; und alle folgenden Geschlechter werden glauben, daß alles mehr oder minder sich wirklich so verhalten habe, wie sie es schildern. Wer einmal mit der katholischen Kirche gebrochen hat, den wird sie nicht nur sein Leben lang jagen, um ihn in den Tod zu hetzen; selbst in Jahrhunderten und Jahrtausenden noch, bis zum Jüngsten Tag, wird sie ihn beschuldigen, beschimpfen und sein Ansehen besudeln. Selbst ihre eigenen Dossiers, Plädoyers und Protokolle wird sie von Jahrhundert zu Jahrhundert neu fassen, umschreiben, verbrennen, verbessern, ergänzen, ganz wie sie es braucht; denn sie ist nicht nur die Herrscherin über die Zukunft, sie ist auch die Herrscherin über die Vergangenheit. Darum wird der abtrünnige Dominikanermönch Giordano Bruno in der Geschichtsschreibung der Kirche in alle Zeiten und für alle Menschen ein niemand sein, eine marginale Gestalt, deren Bücher man verbieten oder in den Bibliotheken verfaulen läßt, und wenn all das noch nicht hilft, so wird er gelten müssen als ein charakterloser Verräter, als ein Mensch ohne jede geistige Bedeutung oder als ein trauriger Fall der Psychopathologie, den man unter den Bedingungen seiner Zeit damals trotz allen Bemühens nicht besser »anzugehen« wußte. Sie werden im Recht sein gegen mich, schon weil sie die Macht haben, *nach* mir zu sein, und wenn sie mich auch nicht »ausglühen« können, totschweigen oder totreden können sie mich allemal.

Was ich mir da als zukünftige Möglichkeit ausmale, ist in gewissem Sinne ja längst schon gegenwärtige Wirklichkeit. Man kann die ganze schleppende Langeweile dieses römischen Prozesses nur als ein Bellarminsches Kalkül begreifen: Je länger ich in diesen elenden Kerkermauern sitze, trägt mich der Lethestrom wie einen Toten weiter und weiter aus dem Gedächtnis der Lebenden fort. Hätte man mich vor sieben Jahren schon hingerichtet, so hätte man in vielen Städten meines Wirkens: in Toulouse, Paris, London, Oxford, Wittenberg, Prag, Helmstedt oder Frankfurt mit Widerstand und Protest rechnen müssen. Selbst wenn ich den Neid und die Schadenfreude vieler unter den sogenannten Kollegen in Rechnung stelle, so hätten doch auch sie begreifen müssen, daß es hier nicht nur um die gewalttätige Unterdrückung einer bestimmten Lehrmeinung geht, sondern als erstes um einen Angriff auf die Freiheit des Denkens. Man hätte im Falle meiner allzu frühen Hinrichtung vielleicht doch begriffen, daß der gesamte Katholizismus am Ende des 16. Jh.'s nichts weiter ist als das erklärte Ende des Humanismus. Zudem habe ich mir in unzähligen Vorträgen und Büchern, wenn schon nicht bei den »Dozenten«, so doch um so mehr bei den Studenten einen hohen Grad an Beliebtheit, zumindest an Aufgeschlossenheit und Interesse geschaffen. Es ist nicht denkbar, daß man die Neugier einer ganzen Generation junger suchender Geister abfertigt mit den jahrhundertealten Phrasen eines absurden Bibelglaubens. Eben deswegen muß man versuchen, als erstes das akademische Umfeld auszudünnen und mich dem allmählichen Vergessen zu überliefern; und als nächstes dann darf man wie von selbst darauf zählen, daß die »einfachen« Leute mit den lächerlichsten Argumenten zu übertölpeln sein werden. Immer noch hat die Menge an dem Schauspiel der öffentlichen Quälerei und Hinrichtung eines Verurteilten ihre Freude gehabt.

Immer wieder gehen meine Gedanken in die Kindheit zurück, so als wenn dort alle Themen des späteren Lebens bereits vorgeformt wären, gleich Samenkörnern, die in den Fächern der rundlich-braunen Zapfen einer Pinie verschlossen liegen und nur auf den Zeitpunkt ihrer Entfaltung warten. Ich war etwa 13 Jahre alt und ging jeden Morgen vom Haus meines Onkels Agostino zum Studium Generale hinüber zu dem Gebäude der Universität von Neapel, als es an einem Nachmittag im Pausenhof einmal zu einer handfesten Keilerei unter zwei Knaben kam. Niemand wußte, worum sie sich eigentlich zankten, doch im Nu hatte eine große Gruppe von

Zuschauern sich gebildet, die von allen Seiten die beiden Streithähne mit Beifall anspornten und mit sachkundigem Rat ihre Prügelei noch blutiger und bissiger zu gestalten suchten. Keiner griff ein, um den Streit etwa zu schlichten; keinen interessierte die Frage nach Recht oder Unrecht. Das blutige Spektakel selber erfreute sie. So ist die Menge. Dieselben Leute begaben sich später zu einer der Vorlesungen über die rechte Gottesanschauung entsprechend den mystischen Lehren des Areopagiten; sie haben sich in den anderthalb tausend Jahren des Christentums kein bißchen geändert, nicht seit den Tagen, da man im Kolosseum unter tosendem Gegröle dem Schwertkampf der Gladiatoren in den Zirkusspielen der Caesaren beiwohnte und das Publikum selber entscheiden durfte, ob es gleich jetzt oder erst etwas später einen Menschen unter dem Schwertstoß des Siegers sterben sehen möchte.

Schuld oder Unschuld – wer fragt schon danach?

Wenn die Kirche befindet, daß jemand im Unrecht ist, wenn sie im Namen Gottes ihn ausstößt aus der Gemeinschaft unseres Herrn und Heilandes Jesus Christus, dann wird es in den Augen der Menge schon richtig sein; dann wird es eine christliche Pflicht sein, sich an seiner Verurteilung durch die heilige Mutter Kirche zu weiden. Alles ist so simpel, wie wenn man eine Meute Jagdhunde von der Leine läßt.

Die Gründe der Verurteilung?

Man wird sie den Leuten schon plausibel machen. Feiste Patres und pfründensüchtige Pastöre werden auf den Kanzeln stehen und den »Gläubigen« ihrer »Gemeinde« bedeuten, was für ein wahnsinniger, vom Teufel verführter Irrlehrer ein gewisser Giordano Bruno war. In der Tat: Ich habe bezweifelt, daß das Blut des heiligen Gennaro in Neapel, just wenn der Kardinal die Glasschatulle in die Hand nimmt, aufwallt wie ein lebendiges Herz; ich habe gesagt, das Blut könne einem in Wallung kommen, wenn man Jahr für Jahr mitansehen müsse, wie die Armut und die Unwissenheit der Menge durch den Aberglauben und die Geldgier der Kirche ausgebeutet würden. Ich habe auch gesagt, der Mönch Martin Luther habe völlig zu Recht den Ablaßschwindel einer Kirche gegeißelt, welche die Menschen in Höllenangst stürzte, nur um ihnen das Geld für den Petersdom abzupressen; ich füge gut und gerne auch jetzt noch hinzu, daß ich an eine Hölle so wenig glaube wie an einen Teufel.

Doch auch die Reformatoren sind Stümper. Nicht ein einziger von ihnen hat in den Rechnungen des Kopernikus ein vollkommen neues Weltbild heraufziehen sehen.

Aber was da auch Weltbild!

Man wird den guten Leuten erklären, daß ich die Gottheit Christi geleugnet und die Heiligste Dreifaltigkeit gelästert hätte. Mag ich doch erklärt haben, was ich will, sie werden's schon richten. Es braucht alles nur seine Zeit, und kein Mensch mehr wird sich daran erinnern, was ich wirklich gesagt habe. Und sollte wirklich jemand noch fragen: »Aber dieser Bruno, war das nicht der Mönch mit der Idee eines unendlichen Universums«, so braucht man ihm nur einen Kinderball zu zeigen und dabei zu sagen: »So, ihr Leute, dachte dieser Bruno sich die Erde: Seht ihr diesen Bleisoldaten hier? Ich stelle ihn oben auf den Ball. Und was passiert jetzt? Ich drehe den Ball von oben nach unten – da fällt, pardautz, der Bleisoldat nach unten. So dachte sich Giordano Bruno die Erde.« Und alle Leute werden sich den Bauch halten vor Lachen. Noch in den Tavernen am Abend werden sie, weinselig sich in den Armen liegend, ihre Spottlieder singen:

> Es war mal ein Mönch aus Nola,
> der legte ab seine Stola.
> Dann ging er mit bloßen Füßen,
> auf der Milchstraße Sterne zu grüßen.
>
> Da begegnet ihm San Severina
> und fragt ihn: »Wer bist denn du da?
> So hoch hinaus darfst du nicht gehen.
> Sonst könnten die Englein dich sehen.

Denn wer sich vermißt bis zum Himmel
der hat doch wohl einen Fimmel.
Drum komm jetzt mal schön auf die Erde,
daß noch was rechts aus dir werde.«

Der Bruno aber weigerte sich.
Das ärgerte alle ganz fürchterlich.
Und so setzt' man das Mönchlein in seinem Stolz
zu Lebzeiten noch auf brennendes Holz.

Da stieg er nun wirklich zum Himmel
und roch dabei faulig wie Schimmel. –
»Wer nicht auf die Kirche will hören,
der muß halt die Würmer vermehren.«

Und die Frauen werden sich an den Händen fassen und im
Kreis dazu tanzen, und die Kinder werden mit leuchtenden
Augen dazu klatschen. Sie alle werden endlich mal wieder
richtig Spaß haben. Die Voraussetzung dafür ist nur, daß die
Sache sich lang genug hinzieht. Diese feine Rechnung des
Herrn Bellarmin wird aufgehen, kein Zweifel. Jahr um Jahr
hat er mit Erfolg ihre Posten zusammengestellt.

Nach dem ersten Verhör im Dezember 1593 hatte ich tagelang gehofft, daß jetzt ein Prozeß nach venezianischem Muster geführt würde: lieber 10 Stunden Verhör am Tage als 10
Tage untätigen Wartens! Aber genau das taten sie natürlich
nicht. Das ganze Jahr 1594 ging hin mit drei lächerlichen
Vorladungen im April, im Mai und im September, die mir
lediglich zeigten, daß sie bemüht waren, sich wie ein Drill-
bohrer immer wieder über den gleichen Stellen im Kreise zu
drehen. Inzwischen hielten wir schon nicht einmal mehr bei
den Anschuldigungen des adeligen Dummkopfs Zuane Mocenigo, inzwischen fuhren wir im Kutschwagen durch die
Zeit zurück nach Neapel, um dem Schnüffler und Ketzerma-
cher Montecalcini wiederzubegegnen. Als ob ich nicht wieder und wieder zu diesen irrwitzigen und verleumderischen
Anschuldigungen Stellung genommen hätte!

Vor lauter Zorn und um ihnen auf die Sprünge zu helfen, bat ich mir aus, eine eigene Stellungnahme in schriftlicher Form vorlegen zu dürfen, um dem ganzen Spuk ein für allemal ein Ende zu bereiten. Am 10. Dezember 1594 schon legte ich in der Tat eine Art Weißbuch vor, in dem ich die Verdächtigungen aus der Zeit in Neapel in Bausch und Bogen zurückwies. Ich war es schlechtweg überdrüssig, diese zum Teil schon 20 Jahre alten Geschichten immer neu aufzurühren. Selbst wenn ich damals den Opferstock einer Kirche aufgebrochen hätte, so hätte eine solche Straftat doch längst verjährt sein müssen. Sie aber können sich die Gedanken eines Menschen offenbar nicht anders als ausgestattet mit Ewigkeitswert vorstellen. Wer irgendwann in seinem Leben einmal einen Gedanken geäußert hat, der mit ihren überkommenen Formeln nicht übereinstimmt, macht in ihren Augen zeitlebens Verdacht, ein möglicher Gesinnungstäter, ein potentieller Häresiarch zu sein, den man unbedingt weiter beobachten muß. Drum verschlägt es nicht, ihnen Erklärung um Erklärung zu geben. Ihr Raffinement besteht ganz einfach darin, ein Thema niemals zu Ende zu besprechen, sondern in der Grauzone schwebender Verdachtsmomente zu belassen; ungerührt hören sie sich einen Kommentar nach dem anderen an, nur um irgendwann zu erklären, das alles sei ja schön und gut, es habe sie aber noch nicht »befriedigt«.

»Und was, bitte schön, ist jetzt noch nicht befriedigend?« Keine Antwort. Grundsätzlich keine Antwort.

Gäben sie auf eine Frage eine Antwort, so würde ja ihre Autorität selber in ein Gespräch hineingezogen, sie selbst würden zu möglichen Gesprächspartnern, die mithin befragbar und folglich auch fragwürdig werden könnten. Ihre ganze Macht basiert auf Verneinungen: nicht reden, nicht argumentieren, nicht gemeinsam etwas klären. Sie selbst sind das Nichts; schon deshalb können sie nichts als vernichten.

Normal wäre es wohl gewesen, auf meine ausführliche Denkschrift in irgendeiner Weise einzugehen. Doch statt dessen das charakteristische Ausweichen und Auswechseln der Themen.

Der wochenlange Prozeß in Venedig hielt ihrer Gründlichkeit selbstverständlich nicht stand; eben deswegen hatte ich ja meine schriftliche Erklärung abgegeben; doch was folgte daraus? Am 9. Februar 1595 faßten sie den Beschluß, in Obliegenheit ihrer Sorgfaltspflicht als erstes eine umfassende Sichtung all meiner Schriften einzuleiten. Drei Jahre lang hatten sie mich inzwischen in Kerkerhaft gehalten, verhört, gefoltert, beschuldigt, bedroht, und jetzt gaben sie indirekt selber zu, meine Schriften, mein Gedankengut, den Ertrag von zwei Jahrzehnten angestrengter Arbeit überhaupt nicht zu kennen; sie kannten von mir durchaus nichts als den Wust ihrer Verleumdungen, Verdächtigungen und Vorurteile! Die offizielle Lesart dieses offensichtlichen Skandals indessen lautete, daß sie mir gegenüber schon aufgrund der philosophischen und theologischen Bedeutung meines Werkes zu strenger Objektivität und gewissenhafter Prüfung verpflichtet seien; in keiner Weise sollte man ihnen den Vorwurf der Parteilichkeit und der Fahrlässigkeit machen können. Natürlich konnten sie auch nicht zugeben, daß sie meine Bücher fortan einzig in der Absicht lesen würden, irgendwelche verdächtigen Stellen darin anzustreichen und »Beweise« zur Erhärtung ihrer längst gefaßten Meinungen zu sammeln.

Von der Qualität ihrer Lese- und Lernfähigkeit allerdings konnte ich mir ein Bild machen, als man mir am 1. April 1596 endlich mitteilte, die »Erfassung« meiner Schriften sei nunmehr »in Angriff genommen« worden. Am 10. September 1596 erfuhr ich schließlich, es seien sogar schon »Theologen« für eine Kommission benannt worden, die eine Sammlung prozeßrelevanter Zitate aus den klärungsbedürftigen Stellen meiner Bücher vorbereiten sollten. Wer da was im Zusammenhang welcher Fragestellungen gelesen haben will oder gelesen haben soll, ist mir nie mitgeteilt worden. Selbst diese Zuträger und Helfershelfer der Verdächtigung und Intrige mußten im verborgenen bleiben; und man versteht gewiß, warum: Wie soll einer dieser Hoftheologen seiner Pflicht zu einer vorurteilsfreien Expertise nachkommen können, wenn er bei Bekanntgabe seines Namens später die Kritik der Öffentlichkeit an seiner Kompetenz und an seinem Urteilsvermögen gewärtigen muß? Anonymität, Clandestinität, Apersonalität – das ist der sicherste Schutzwall ihrer Autorität. Am Ende sitzen nicht Menschen über Menschen zu Gericht, sondern man merke: Gott tut durch den Mund seiner obersten Diener sein Urteil kund. Und »Gott« – das ist: die vollständige Ausgesetztheit und Hilflosigkeit des Opfers. Wie soll man als Autor von rund dreißig Büchern seinen »Glauben« vor einem Gremium von Leuten verteidigen können, deren Namen man nicht einmal kennt? Eine der Finten dieser Heiligen Inquisition besteht darin, selber undurchsichtig zu bleiben und statt dessen den Angeklagten zu ständigen Erklärungen über Äußerungen zu zwingen, die er irgendwann irgendwo vielleicht einmal getan hat. Aus dem Zusammenhang gerissene Sätze, zusammengestellt unter sachfremden Gesichtspunkten, ohne erkennbare Einbindung in die Methode des Denkens, dem sie entstammen, werden zu »Aussagen« montiert, die nach der Schätzung der anklagenden Behörde gewissermaßen für sich selber reden.

Tatsächlich wurde ein entsprechendes Kompilat von Sentenzen aus meinen Büchern am 16. Dezember 1596 dem Gericht vorgelegt, und mir ward zugemutet, in diesem gedankenlosen Machwerk, einer Fleißarbeit, unwürdig eines Seminaristen, die eigentliche Anklageschrift des ganzen Prozesses zu erkennen. Das heißt, es verging noch einmal ein Vierteljahr, ehe man mir schließlich am 24. März 1597, sozusagen zum Jubiläum meiner fünfjährigen Kerkerhaft, zum ersten Mal schwarz auf weiß zu lesen gab, worin eigentlich die Hauptpunkte der Anklage gegen mich bestehen sollten.

Es macht keinen Sinn mehr, inhaltlich noch einmal auf die einzelnen Vorwürfe einzugehen; sie unterschieden sich in nichts von den Vorwürfen, die Padre di Saluzzo schon vor einem halben Jahrzehnt in Venedig gegen mich erhoben hatte. *Sie* hatten nichts Neues vorzubringen, und *ich* hatte nichts Neues vorzubringen – eine Pattsituation. Neu war lediglich eine Variante des Prozesses, die sich Bellarmin selber ausgedacht haben wird.

In Venedig hatte ich mich mit der Behauptung aus der Schlinge gezogen, daß ich in meinen Büchern keinerlei theologische Fragen aufgeworfen oder zu lösen versucht hätte, sondern einzig und allein philosophische Ansichten verträte. Jedem, der meine Bücher liest, wird klar sein, daß es sich wirklich so verhält. Ein Problem entsteht hier erst, wenn man begreift, daß ihre »Theologie« im Grunde nichts anderes ist als die Ideologisierung bestimmter philosophischer Lehrmeinungen im Dienste bestimmter kirchlicher Doktrinen. Thomas von Aquin hat da offenbar seine eigene Wirkung unterschätzt: Die Philosophie ist keinesfalls die »Dienstmagd« der Theologie, vielmehr muß diese »Dienstmagd« als erstes vor dem Heiligen Vater ihren Rock hochheben, um ihm ein dienstbares Mägdlein zu werden. Einzig durch die schändliche Prostitution des freien Denkens an das Rechtfertigungsbedürfnis der beamteten Wahrheitsbehauptungen der Kirche wird aus der ehrbaren Philosophie die Hure Theologie. Klar, daß unter diesen Umständen jemand schon als verdächtig erscheinen muß, der sich weigert, sein Denken der Kirche »dienstbar« zu machen, und der nichts weiter sein will als Philosoph! Andererseits ist Bellarmin so dumm wieder nicht, daß er den Unterschied zwischen Denken und Glauben schlechtweg ignorieren würde.

Wären die »Wahrheiten« des Glaubens lediglich eine andere Form der Resultate des Denkens, so müßte die Kirche letztlich identisch sein mit dem Staat, und derart mittelalterlich, daran immer noch ernsthaft zu glauben, will seine Eminenz nun wohl doch nicht erscheinen. Gleichwohl spürt ein Bellarmin natürlich die Gefahr, die der Kirche droht, wenn sich an ihrer Seite die Freiheit des Denkens allzu sehr ausbreiten sollte: Wenn erst einmal Erlaubnis besteht, alle Behauptungen über bestimmte Sachverhalte zu bezweifeln und solange nachzuprüfen, bis sie sich entweder als zweifelsfrei wahr erweisen oder als irrig herausstellen, so dürfte es der Kirche unmöglich werden, ihren Anspruch auf unfehlbaren Wahrheitsbesitz vor dem Tribunal der Vernunft noch länger aufrecht zu erhalten. In meiner Angelegenheit jedenfalls müßte man mich auf der Stelle von jeder Schuld freisprechen und mir zur Entschädigung für die sinnlose Kerkerhaft auf lebenslänglich einen einträglichen Lehrstuhl der Philosophie in Padua oder, warum nicht, an der päpstlichen Lateran-Universität anbieten.

Hier mußte ein Mann wie Bellarmin natürlich bereits den Anfängen wehren: Die Kirche ist zwar nicht selbst schon ein weltliches Regiment, doch muß sie sich das Recht offenhalten, in alle möglichen weltlichen Angelegenheiten hinein*regieren* zu können, und das, selbstverständlich, geht nur, solange sie sich das Recht nimmt, in alle möglichen weltlichen Fragen hinein*reden* zu können.

Ist die Welt endlich oder unendlich? Gibt es im Universum nur einen Planeten, der von vernunftbegabten Lebewesen bewohnt wird, oder sind derselben unzählige? Man sollte meinen, solche Fragen, die von der menschlichen Vernunft an die Natur gerichtet werden, ließen sich nur mit Hilfe der menschlichen Vernunft selber beantworten. Aber es dürfte keine Theologen geben, wenn diese geheimnisverwaltenden Geheimniskrämer es nicht wieder einmal anders wüßten. Sie verfügen über eine göttliche Offenbarung, die in ihrem *1500* Jahre alten Buch enthalten ist; drum muß, was in diesem Buch steht, als die Wahrheit geglaubt werden, basta, selbst wenn es jedem vernünftigen Denken ganz und gar ins Gesicht schlägt. Schon die simple Frage freilich, wie denn jene Offenbarung Gottes den Menschen vormals habe zuteil werden können, versetzt sie in Verlegenheit; denn die einzig sinnvolle Antwort hierauf könnte nur lauten, daß die Gottheit, selber enthoben der Ordnung von Raum und Zeit, sich dem Denken in Israel oder in Griechenland oder in Indien vor tausenden von Jahren eben so, wie es damals beschaffen war, mitgeteilt habe. Doch gegen eine solch einfache und natürliche Erklärung des »Offenbarungsgeheimnisses« richtet sich sofort und notwendig die Dreinrede der gesamten Theologenschaft. Eine solche Ansicht ist häretisch, und sie muß für häretisch gelten, entkleidet sie doch die gesamte kirchliche Beamtenschaft ihres weihrauchumwölkten Nimbus.

Wenn Gott sich jemals dem Denken der Menschen einer bestimmten Zeit offenbart hat, dann liegt es nahe zu denken, daß die Offenbarungen Gottes wesentlich in den Entwicklungen des menschlichen Denkens selber bestehen, und das nun ist ja die These, die ich selber vertrete. Ich sage: Nur der erkennt Gott, der selber zu denken wagt; nur derjenige wird würdig einer göttlichen Offenbarung, der die Grenzen der überkommenen Erkenntnisse in Richtung des Unbekannten und Verborgenen überschreitet; drum erhält jede Zeit und jede Kultur ihre eigenen Offenbarungen des Göttlichen. In den aufsteigenden Phasen der Bewegung des Geistes fällt helleres Licht in die Augen des Menschen, in den absteigenden Phasen verdunkelt sich wieder ihr Blick, und so geht es unablässig ins Unendliche fort. Keine Zeit hat ein absolutes Besitzrecht der Wahrheit, eine jede ist gebunden an ihren Augenblick, und doch gibt es wahre Erkenntnisse, die immer wiederkehren und die den großen Geistern in ihren Tagen gegeben sind. Eine dieser großen Wahrheiten ist das Wissen um die Unendlichkeit der Welt. Es gibt keine Möglichkeit, diese Einsicht mit der sinnlichen Wahrnehmung gewinnen zu wollen – sie widerspricht im Gegenteil allem äußeren Augenschein; und doch es ist auch nicht erfordert, sie glaubend hinzunehmen; sie leuchtet vielmehr jedem Denkenden hell und klar sogleich ein, wenn er die Entdeckungen heutiger Astronomie als ein glaubender Mensch zu verstehen versucht.

Sind denn Leute wie Bellarmin wahrhaft Glaubende?

Das ist der Punkt, an dem ich mich entschieden und leidenschaftlich gegen den Vorwurf des Unglaubens oder der

Irrlehre zur Wehr setze. Würden sie meine Bücher im Zusammenhang lesen und in ihrem gemeinten Inhalt begreifen, so müßten sie wissen, wie unentbehrlich mein Beitrag in alle Zukunft hin sein wird, um die Botschaft der Religion mit dem Bewußtsein aller denkenden Menschen von morgen zu verbinden. Was sie hingegen heute noch Glauben heißen, ist nichts als die geistlose Rezitation der längst zu Ende gedachten, der längst überholten Gedanken anderer, deren Begrenztheit und Zeitgebundenheit ihnen sofort klar werden würde, wenn sie nur nötig fänden, philosophische Überlegungen lebendig von innen her mitzuvollziehen, statt sie von außen wie fertige Tatsachen auswendig zu lernen und unverändert wie Kinderbauklötzchen an die künftigen Generationen weiterzugeben.

Da vermißt sich selbst Bellarmin, von der Offenbarung der Bibel her wissen zu wollen, wie das Weltall beschaffen ist. Statt einzugestehen, daß alle Offenbarung Gottes nur der Schimmer des Lichtes im Spiegel des menschlichen Geistes sein kann und folglich abhängig sein muß von der Beschaffenheit dieses Spiegels selber, nimmt er die bildhaften Vorstellungen der Bibel für die Weltwirklichkeit selbst. Er, der ästhetisch gebildete Feingeist, dieser fortschrittlich sich dünkende Kardinal der römischen Kurie, dieser größte Kirchenjurist unter den lebenden Menschen erweist sich in Wahrheit als ebenso engstirnig, abergläubig und machtbesessen wie all diese Inquisitionstheologen sonst. Ganz als säße er selbst an der Stelle Gottes, weiß er und diktiert er die Einrichtung der Welt, und er hat es in dieser überaus glücklichen Lage natürlich nicht nötig, mit meinen Argumenten sich länger auseinanderzusetzen. Was immer ich sage und schreibe, so hofft er, wird ohnedies durch andere »Philosophen« der Kirche »widerlegt« werden, oder, wenn das partout nicht gelingen will, so handelt es sich bei meinen Thesen lediglich um intelligente Denkmöglichkeiten, die von der Wirklichkeit selbst, wie er weiß, seit Schöpfungsbeginn widerlegt wurden.

Ein »Glaube«, wie Bellarmin ihn verkörpert, besteht nicht nur in der Weigerung, die Wahrheit über die Beschaffenheit der Welt herauszufinden, ein solcher »Glaube« läuft auf das strikte Verbot hinaus, die Wahrheit überhaupt kennenzulernen. Derart arrogant, derart zynisch, derart tödlich muß ein rein theologischer Offenbarungsbegriff in den Händen der Wahrheitsbeamten der Kirche gegenüber allen Denkenden wirken. Die gesamte Inquisition ist nichts weiter als der Terror des Geistes aus Angst vor dem Denken.

Gerade deshalb aber ist dieser so ruhig wirkende, dieser so sympathisch sich einschmeichelnde, dieser so wohlgesetzt redende Kardinal Bellarmin, er vor allem, ein Produkt purer Angst, ein Ideologe der Denk- und Dialogverweigerung auch er. Den Beweis für diese Behauptung liefert das Verhalten dieses Mannes selber.

In den Augen der meisten gilt er für eine angesehene Autorität; es genügt, ihn in den kirchlichen Seminarien auch nur zu zitieren, und schon erübrigt sich alles weitere Nachdenken in den Hirnen der Priesteramtskandidaten. Doch wäre er wirklich die Persönlichkeit, für die alle ihn halten, so würde er spätestens nach dem März 1597 meinen Prozeß in eigener Regie zu irgendeinem Ende geführt haben.

Aber was tat er?

Der Papst hatte in jener Zeit andere Sorgen als die Fragen der Unendlichkeit der Welt; die allzu endlichen Grenzen des Kirchenstaates beschäftigten Seine Heiligkeit damals weit mehr. In Ferrara war soeben die legitime Linie des Hauses Este ausgestorben – welch ein Glücksfall für die Kirche! Schleunigst verlegte Clemens VIII. seine Residenz nach Ferrara, um durch sein Einsitzen am Ort den Besitzanspruch der Kirche auf die Stadt zu demonstrieren. Über ein halbes Jahr nahm dieses Ersitzen neuer Besitztümer durch den Heiligen Stuhlgang nach Ferrara in Anspruch, und all die Zeit über saß auch Herr Bellarmin auf meinen Prozeßakten und tat nichts. Weder wagte er es, eine eigene Entscheidung zu treffen, noch brachte er es über sich, wenigstens von anderen ein gültiges Urteil sprechen zu lassen. Kaum war die väterliche Autorität verzogen, agierte dieser Großmeister juristischer Spitzfindigkeiten selber vollkommen hilflos von Aufschub zu Aufschub. Sein ganzes Denken ist ein bloß gehorsames, abhängiges, weisungsgebundenes, niemals selbstermächtigtes Denken, das weiß ich seitdem. Von der Freiheit des Geistes hat ihn nie noch ein Hauch nur umfächelt. All sein Charme ist eitles Blendwerk. Wollte ein Maler einen Menschen wie Bellarmin wahrhaftig portraitieren, so müßte er einen kleinen Jungen malen, der auf seinem niemals alternden Körper einen riesigen, greisenhaften Schädel trägt. »Was soll ich denken, Heiliger Vater, was soll ich sagen, Heiliger Vater, ich werde alles zu rechtfertigen suchen, was Ihr nur wollt, Heiliger Vater...« – das ist das wirkliche geistige Leben dieses großen Kindes unter dem Deckmantel eines Kardinals. Doch eine absolute Machtfülle, wie die Kirche sie besitzt, in den Händen spielender Kinder bedeutet immer und immer wieder die Erniedrigung von allem, was wirklich menschliche Größe besitzt.

Das ganze Jahr 1597 ging hin mit kleinlichen Folterungen, physischen wie psychischen. Erneut war die Zeit der Handwerker der Heiligen Inquisition gekommen. Da es ihnen an klaren Anweisungen, was nun zu tun sei, gebrach, suchten sie die Antwort im Zerbrechen meiner Widerstandskraft: irgendwann, dachten sie, würde ich schon klein beigeben und ihnen wimmernd und winselnd meine Schuld gestehen, und dann, im Besitz meines eigenen Schuldspruches, würden sie endlich ihr angemessenes Urteil verkünden können: Tod durch Verbrennen. Ein wirkliches System war hinter ihren Schikanen nicht zu erkennen. Ich war ihnen lästig mit meinem bockigen Widerstand, folglich ließen sie ihren Unmut ungehemmt über mich ergehen; so ähnlich war es. Spott, Beleidigung, Drohung, Ermahnung, Prügel, Nahrungsentzug, dann wieder brüderliche Belehrung – auf jedem Wege versuchten sie es, doch unterschätzen sie offenbar immer wieder den Mut derer, die wissen, daß sie nichts mehr zu verlieren haben außer ihrer Würde. Man lockert keinen Nagel in der Wand, indem man mit dem Hammer darauf einschlägt, und ihre Schläge bestätigten mich nur in dem Gefühl meiner Überlegenheit.

Wann würde der Papst zurückkommen? Das war die einzige Frage, die unter diesen lächerlichen Umständen noch von Belang war. Man tagte inzwischen in meiner Sache nur noch in sozusagen heiligem Zeitmaß – im März und Dezember, zu Mariae Empfängnis und kurz vor Weihnachten; so im Jahre 1597, so im Jahre 1598. Dann endlich stand die Rückkehr des Heiligen Vaters bevor, und erst seitdem, seit genau einem Jahr, verrät ihr Vorgehen die zielgerichtete Absicht, wohl oder übel mit mir zu Ende zu kommen.

Im Dezember des vergangenen Jahres war es, daß sie mir in diesem Prozeß ein zweites Mal, ganz wie in diesen Tagen, Schreibmaterial zur Verfügung stellten, um sich nach all den Verhören und Peinigungen noch ein letztes Mal meines weltanschaulichen Bekenntnisses zu versichern. Es muß bei einiger Übersicht in den Prozeßakten für sie nicht wenig verwunderlich gewesen sein, daß ich mich in den Vorweihnachtstagen des Jahres 1598 bis in den Wortlaut hinein durchaus nicht anders vernehmen ließ als in den Sommertagen des Jahres 1592 in Venedig. Doch wie denn auch? Welch eine neue Information oder Erkenntnis hätte ich in diesen Mauern gewinnen sollen? Schon in der Absicht, so lange wie möglich das kostbare Schreibmaterial bei mir behalten zu können, um hier und da ein kleines Gedicht, einen Aphorismus, ein treffendes Bonmot notieren zu können, war diesmal ich es, der den Fortgang ihrer »Untersuchungen« verzögerte. Sie hatten mich sechs Jahre lang sinnlos warten und warten lassen. Dieses Mal würden sie warten, wenigstens ein paar Monate; – es dauerte bis zum 5. April dieses Jahres, daß ich meine »Verteidigung«, meine »Klarstellung«, oder wie auch immer sie es zu nennen pflegten, für »vollendet« erklärte.

Man hatte mir am 14. Januar knapp und bündig acht Punkte genannt, die ich zu widerrufen hätte.

»Die Welt ist unendlich in Zeit und in Raum.« Widerrufe!

»Die Erde steht nicht im Mittelpunkt der Welt, sondern es gibt unendlich viele Erden und Sonnen ohne einen bevorzugten Ort im All.« Widerrufe! – Niemals, ihr Herren, niemals!

»Gott ist einer und nicht drei.« Widerrufe! – Meine Lehre von Gott enthält keine theologischen Aussagen; – ist nicht zu widerrufen, da niemals theologisch behauptet! Nicht einen Zentimeter mehr würde ich vor ihnen zurückweichen. Das ganze zurückliegende Jahr, so erschöpft und todmüde ich auch bin, war ein gutes, ein aufrechtes Jahr. Du hast Grund, mit dir zufrieden zu sein, Filippo.

Wie ich erfuhr, war Clemens VIII. in der Januarsitzung dieses Jahres sogar persönlich anwesend. Einzig an seiner Präsenz also lag es, daß man nun endlich eine einigermaßen klare Sprache zu reden begann. Man wußte sich der Zustimmung des obersten katholischen Gerichtsherren sicher, und jetzt plötzlich wußte man auch, was eigentlich man mir vorzuwerfen hatte. Ja, plötzlich konnte alles gar nicht schnell genug gehen. Schon vier Tage später, am 18. Januar, forderte man mich auf, binnen sechs Tagen, bis zum 25. Januar, zu den acht Punkten ihrer Anklage Stellung zu nehmen. Ultimativ!

Allein diese Form des Vorgehens genügte, um den letzten Rest an Kooperationsbereitschaft in mir zu ersticken. Eine Behörde, die selber nichts kann als den vermuteten oder wirklichen Befehlen ihres Vorgesetzten nachzukommen, wollte mir befehlen, was ich zu tun hätte! Noch in Venedig war es mein Wunsch gewesen, mich direkt an den Papst zu wenden, um mich mit der Kirche in irgendeiner Form auszusöhnen; jetzt hatte ich nur noch den Wunsch, diesen ganzen Prozeß als ein päpstliches Narrenspiel zu entlarven. Wenn sie schon selber sich zu einer eigentlichen gerichtlichen Wahrheitsfindung außerstande zeigten und jeden Schritt von Wink und Weisung Seiner Heiligkeit Papst Clemens VIII. abhängig machten, warum dann nicht gleich an den

Papst appellieren? Wenn dieser Mann schon als kirchlicher All- und Alleinherrscher auftritt, warum dann nicht ihm in alle Zeiten die alleinige Verantwortung an dem Ausgang meines Prozesses zuschieben? Wenn die Wahrheitsfrage in den Händen von Leuten wie dem fanatischen Santa Severina und dem vornehmen Roberto Bellarmino schon zu einer reinen Machtfrage verkommt, warum dann nicht die ganze Willkür dieses Vorgehens offenbarmachen und den Papst selber um das fällige Machtwort bitten? Vielleicht versteht ein Papst, eben weil er ein Papst ist, doch ein bißchen mehr von den Geheimnissen Gottes auf dem Gebiete der Astronomie als ein Großinquisitor oder als ein Kirchenjurist? Am 25. Januar dieses Jahres jedenfalls erklärte ich ihnen, einzig und allein eine Entscheidung des Papstes in meiner Sache anzuerkennen. Deutlicher als auf diesem Wege konnte ich ihnen nicht sagen, für wie inkompetent und dumm ich das ganze römische Inquisitionsgericht ansah. Ich wollte nicht den Papst für kompetent erklären, ich wollte lediglich demonstrieren, daß für sie die Wahrheit einzig in dem Glauben an die päpstliche Autorität besteht.

Daß ich mit meinem Schritt Erfolg gehabt hätte, kann ich nicht sagen. Ich saß in der Zwickmühle, und sie brauchten nur so weiter zu sticheln, wie sie das Garn bereits eingefädelt hatten. Immerhin erreichte ich, daß am 4. Februar schon Clemens VIII. selber erneut einer Sitzung des heiligen Offiziums vorsaß und Order erteilte, man solle mir »ein letztes Mal« die Textstellen in meinen Büchern vorlegen, die nach der Lehrtradition der heiligen Kirche, vor allem nach dem Zeugnis der heiligen Väter, als Leugnung des Glaubens verstanden werden müßten. Bellarmin selber, soeben erst zum Kardinal ernannt, und Bischof Alberto Tragagliolo, der Kommissar des Sant' Ufficio, erschienen zehn Tage später schon, am 15. Februar, in meiner Zelle, unter dem Arm ein ausgedehntes Register von Stellenangaben über die Irrlehren in meinen Büchern. Ihre Mission war ebenso eindeutig wie lächerlich: sofortiger Widerruf oder Androhung härtester Strafen. Ich sehe noch Bellarmins ernst sich gebendes Mienenspiel vor mir, ich höre noch immer das melodramatische Tremolo in seiner Stimme: die Last der Verantwortung, der Schaden für die Kirche, das Heil meiner unsterblichen Seele, die vielen Gebete um Einsicht und Umkehr, die unvermeidbare Folge von Unbelehrbarkeit und Unbußfertigkeit... Ich war diesen redseligen Schönling so leid, daß ich mich lieber an den biederen Tragagliolo hielt, einen beschränkten Befehlsempfänger, der von der Welt gerade so viel verstand, daß der Papst immer recht hat.

»Eminenzen«, erklärte ich, »verstehe ich richtig: Es können, ja es dürfen die Erkenntnisse eines Kopernikus in der Mitte des 16. Jahrhunderts schon deshalb nicht wahr sein, weil sie dem heiligen Hieronymus und dem heiligen Augustinus im 4. Jahrhundert bei der Auslegung des Sechstagewerkes Gottes noch nicht geläufig waren? Folgere ich richtig, wenn ich demgemäß denke, daß auf Erden nur das für wahr gelten könne, was von den Kirchenvätern vor rund 1000 Jahren bereits gewußt wurde, wohingegen alle spätere Erkenntnis schon deshalb für falsch erachtet werden muß, eben weil sie später gewonnen wurde? Die Entdeckung Amerikas zum Beispiel und die Kugelgestalt der Erde...«

Ich kam nicht dazu, ihnen den offensichtlichen Widersinn des katholischen Traditionsprinzips näher zu demonstrieren. Tragagliolo drängte sichtlich auf ein rasches Ergebnis der im Prozeßverfahren vorgesehenen »Belehrung«.

»Man muß denken, daß es seit der Offenbarung Gottes in Christus keine neue Offenbarung mehr geben kann«, bemerkte er schneidend. »Alle Wahrheiten, die den Glauben betreffen, hat Gott uns in seinem Sohne mitgeteilt. Das Geheimnis der Schöpfung zählt zu diesen Wahrheiten.«

»Die Bibel sagt aber, daß Gott nur eine knappe Woche benötigte, um die Welt in ihrer jetzigen Form zu installieren.«

»Wir wollen hier nicht diskutieren, Bruder Giordano. Wir sind gekommen, Euch ein letztes Mal auf Eure Irrtümer hinzuweisen. Übrigens: die Bibel sagt auch: Vor Gott sind tausend Jahre wie ein Tag.«

Auch ich hatte keine Lust mehr, diese absurde Debatte länger fortzusetzen. Andererseits wollte ich ihnen auch nicht einfach zu Willen sein; also machte ich Formfehler geltend.

»Ich weise darauf hin, daß mir die beigebrachten Textstellen in dieser Zusammenstellung und Bewertung zum ersten Mal vorgelegt werden. Ich kann nicht ohne weiteres dazu Ja oder Nein sagen. Ich muß mich erst einmal darin einlesen. Ich muß vergleichen. Ich muß nachdenken. Zudem arbeite ich seit Dezember vergangenen Jahres weisungsgemäß an der Fertigstellung einer kurzgefaßten Formulierung meiner religiösen Hauptaussagen. Für all das brauche ich Zeit.«

Zu meiner Überraschung bewilligte man mir tatsächlich etwa fünf Wochen Zeitaufschub. Das war viel. Denn was ich zu sagen hatte, wäre in ein paar Stunden niederzuschreiben gewesen, konnte es doch unter den gegebenen Umständen ohnehin nur auf eine stereotype Wiederholung meiner alten Verteidigungspositionen hinauslaufen: Philosophie ist nicht Theologie; es gibt zwei Arten von Wahrheit; eine ewige und unendliche Welt widerstreitet Gott nicht, sondern offenbart ihn... Im April dieses Jahres habe ich es endgültig aufgegeben, noch etwas erklären, beweisen oder widerlegen zu wollen. In ihren Augen war ich längst schon ein überführter Häretiker, der selbst mit einem reumütigen Widerruf allenfalls seine Seele, doch gewiß nicht mehr sein Leben hätte retten können. Ich aber will meine Seele nicht »retten«, ich will sie bewahren. Ich möchte in jener anderen Welt mich selber wiedererkennen können. Niemals also, niemals werde ich etwas widerrufen, das so einfach und so erhaben ist wie die Wahrheit von der Unendlichkeit der Welt, die zu erkennen mir in diesem Leben vergönnt war. Gewiß, solange der borniere Aberglaube der kirchlichen Theologen mit der lebendigen Wahrheit Gottes verwechselt wird, muß ich für einen todeswürdigen Gottesleugner und Irrlehrer gelten. Was aber verstehen diese Leute von Gott? Das möchte ich sie immer wieder fragen. Ich werde sie nicht ändern können. Aber ich kann mir selber treu bleiben. Bellarmins herablassende Zurückweisung meines Memorandums vor vier Monaten vermag mich in dieser Haltung nur zu bestätigen. Sollen sie mich doch töten. Was ich bin, werden sie niemals erreichen.

Wenn es möglich ist, in einer Todeszelle zwei Tage vor der zu erwartenden Hinrichtung sich uneingeschränkt glücklich zu fühlen, so fühle ich mich beim Schreiben dieser Zeilen hier vollkommen glücklich. Was ich für heute zu Papier bringen wollte, habe ich so weit abgeschlossen; und glücklicherweise ist ein Rest des Tages noch verblieben. Es tut gut, die Glieder zu strecken und etwas ans Fenster zu treten. Sobald die Nacht anbricht und der Wind die Wolkenschleier hinweghebt, werden einzelne Sterne hervortreten.

Seit Kindertagen war es mein allabendliches Spiel, ihre Namen zu raten. »Das ist der Beteigeuze. Das ist der Rigel. Das sind die Gürtelsterne des Orion. Und dann links nach unten der Südpunkt: der Prokyon und der Sirius… Und da im Stier der Aldebaran. Und darüber die sieben Plejaden – Orion, der Jäger, stellt ihnen nach. Und dann gegenüber: der Arktur im Bootes, der Deneb im Schwan, der Atair im Adler – das Dreieck des Nordens…«

Vor allem, wenn ich an der Hand meiner Mutter des Abends spazierenging, machte es mich stolz, vor ihr all die Leuchtfeuer des Himmels wie neu im Spiel gewonnene Glasperlen auszubreiten, und manchmal fuhr sie mir dann lächelnd mit der Hand durch das Haar und flüsterte leise: »Filippo, mein kleiner Filippo…«

Warum nur mußte meine Mutter im Traum mich über den Kirchplatz von Nola führen?

Alle Liebe und Zärtlichkeit hat sich auf jenem Platz vor der Kirche verloren; all meine lebenslängliche Einsamkeit wuchs auf im Bereich ihres Schattens. Alle heidnische Freude Neapels erstarb dort; alles naturhafte Glück meiner Jugend entschwand dort. Selbst die singenden Sterne erscheinen am

Eingang der Kirche wie Totengerippe und Moderdekor ihres eigenen Anspruchs auf himmlische Größe und göttliche Weisheit. Nichts wißt ihr in Wahrheit, ihr Sternenverdunkler, ihr Gottesmörder; klein und niedrig werden in euerer Nähe sogar die Gestirne; und wo ein Mensch sonst aufblickt, Hoffnung zu schöpfen, da zwingt ihr seine Augen zur Erde. Das Leben selber formt sich für euch zur Sargkammer des Todes, und alle Schönheit gerinnt unter eueren Händen zu Staub.

Erleichtert vom Pensum des heutigen Tages, stehe ich am Fenster des Kerkers und schaue hinaus auf die gegenüberliegenden Häuser, umrahmt von den kahlen Wipfeln der Bäume, und wie an so vielen Abenden denk ich an Dich, Du meine geliebte Diana, Du Stern des Nordens, der niemals untergeht. Es waren die Alten Ägypter, die sich angesichts des sicheren Todes mit der Aussicht trösteten, es gebe einen Ort am Firmament, um den alles sich dreht, weil er selber feststeht in vollkommener Ruhe; und so zu leben, daß es den Menschen zu diesem Zentrum des Alls hinaufhebt, galt ihnen für Weisheit. Für mich, Du liebe Diana, liegt alle Weisheit in der Liebe zu Dir. Du erhebst mich, Du beruhigst mich, Du tröstest mich, und all mein Leben kreist gänzlich um Dich. So viele Wiegenlieder und Sternenlieder habe ich an Dich geschrieben, und sie alle kehren in diesen Abendstunden zu mir zurück, und ich singe sie leise Dir vor als ein Vermächtnis unserer Liebe und als ein Unterpfand unserer Hoffnung. Denn:

Alle Sterne, Liebste, schreiben Deinen Namen
Mit goldnen Lettern an das Firmament.
Sie zeigen uns den Ort, von dem wir kamen,
Und einen Weg, den nur die Liebe kennt.

Wir werden diesen Weg der Liebe gehen
Bis an das Ende unserer Lebenszeit,
Bis wir in einer anderen Welt uns wiedersehen
Und beieinander sind in Ewigkeit.

Diana, nichts wird unsere Liebe trennen,
Kein Abschied, keine Trauer und kein Leid.
Wir werden, was uns schmerzt, einander nennen,
Und jedes Wort macht unsere Seele weit.

Und mag das Leben uns auch kurz erscheinen,
Ein jeder Tag mit Dir ist ein Gewinn.
Ich liebe Dich im Lachen wie im Weinen,
Und all mein Inneres drängt zu Dir hin.

So laß des Nachts uns zu den Sternen schauen,
Wenn unsere Herzen zärtlich sich berühren.
Die Sterne sterben nie. Laß uns vertrauen:
Was auch geschieht, es wird zum Guten führen.

Immer wieder beim Niederschreiben solcher Zeilen tritt
Dein Bild vor meine Augen und verwandelt mein Gefühl in
Zärtlichkeit und Sehnsucht. Welch eine göttliche Poesie ruhte in den Sternensagen der Alten, wenn sie ihre Liebesge-
schichten hoch hinauf an den Himmel warfen und sahen im
Dunkel der Nacht das Haar der Berenike aufleuchten oder
erschauten das Himmels-W als das silbern schimmernde
Kleid der äthiopischen Königin Kassiopeia. All ihre Mythen
und Erzählungen liegen da wie ein reiner Ausdruck der Liebe, und schwerlich werden den Liebenden jemals andere Bilder aufsteigen, als sie von altersher den Dichtern und Sän-
gern von den Sternen in schweigenden, flüsternden, singenden, tanzenden Nächten geschenkt wurden. Immer wieder
sind es deshalb dieselben Vergleiche, die mir einfallen, um
Dich zu malen, meine liebe Diana, und um Dich zu bitten,
niemals mehr von mir zu gehen.

Denn Deine Haare, Liebste, zieren Silbersterne,
Als wenn der Himmel selbst Dein Haupt umhüllen wollte
Und alles Glück der Seligen aus weiter Ferne
In Dir schon jetzt hernieder auf die Erde holte.

So goldumflossen wie in Sonnenlicht getaucht
Gibst Du Dich hin im Königsmantel Deiner Liebe,
Während Dein Haupt sich neigt, daß drüber hingehaucht
Der Atem meines Mundes Deine Seele wiege.

Und meine Hand hebst Du in inniger Gebärde
Zu Dir empor, daß sie Dich hülle und umspiele
Und wie ein Reif um Deinen Hals zum Schmuck Dir werde,
Der Deines Herzens Schlag und seine Wärme fühle.

Und wie ein Vöglein, das in seinem Nest sich kauert,
Schließt Du die Augen und schmiegst Dich in meine Hand
Und weißt ganz fest, daß unsre Liebe ewig dauert,
Indem sie uns bekleidet wie ein Prachtgewand.

O Liebste, drück mich an Dich wie ein Königssiegel
Und präge meine Seele wie ein Bild Dir ein;
Denn selber bist Du für mich wie ein reiner Spiegel,
Um Gott darin zu sehen und der Sterne Schein.

Noch zweimal werde ich warten dürfen auf den Heraufzug
der Sterne. Dann wird mein Leben verlöschen. Möge die
Wolkendecke in dieser Nacht wenigstens für kurze Zeit noch
einmal aufreißen. Denn noch einmal möchte ich euch sehen,
ihr freundlichen Sterne. Auch wenn ich den Fixstern des
Nordens von diesem Kerker aus nicht zu sehen vermag, so
zeigt mir doch euer ewiger Reigentanz deutlich genug, an
welcher Stelle die steht, die ich suche, im Leben wie im Sterben. Die Ruhe des Polarsterns kehre ein in mein Herz und
segne uns beide, Dich, liebe Diana, und mich. Jetzt und für
immer. Vor genau einem Jahr, zugleich mit dem Schreibmaterial für die Dokumentation meines Bekenntnisses, über-
reichte man mir ein Brevier meines Ordens. Ich habe es niemals benutzt. Mein einziges wahres Gebet ist der Gesang der
Sonne und der Klang meiner Liebe zu Dir. Nur noch zwei
Tage, liebe Diana, und ich werde dich wiedersehen.

30. Dezember
Ein etruskischer Prinz

Immer wieder staune ich beim Erwachen über das Phänomen des Schlafes. Was geschieht da? Ich verstehe es nicht. Das Bewußtsein verlöscht, und alles versinkt, was mein Ich ausmachte. Gleichwohl existiere ich weiter. Ich kann gut schlafen oder schlecht schlafen, ich kann angenehme Träume haben oder von Alpträumen gequält werden, ja, ich habe am Morgen sogar noch eine gewisse Erinnerung an all diese Erlebnisse der Nacht. Anderes wiederum geschieht im Schlaf ohne mein Wissen und ohne jedes Erinnern, und doch wird es offenbar von mir selber verursacht: Ohne es zu registrieren, spüre ich im Schlaf, wie sich die Nackenmuskeln auf dem Kopfkissen zu überspannen drohen, und ich bewege daraufhin die Schultern, das Becken, die Beine, bis sie zu einer bequemeren Lage gefunden haben; ich spüre, wenn es mir unter der Decke zu heiß oder zu kalt wird, und ich weiß durch entsprechende Bewegungen darauf zu reagieren. Ich kann also höchst komplizierte Tätigkeiten ausführen, ohne sie bewußt zu steuern, sie gehen von mir aus, auch wenn ich nicht an sie denke; ja, ich habe schon erlebt, daß bestimmte Bewegungsabläufe sogar gestört werden können, wenn ich sie bewußt ausführen will. Wer aber bin dann ich selber, und was ist das eigentlich: Ich und Bewußtsein?

Ich, das steht entgegen meinen früheren Annahmen fest, bin etwas, das es auch ohne Bewußtsein gibt, für mich selbst aber existieren offenbar nur die Seiten an mir, auf die mein Bewußtsein sich jeweils richtet. Entscheidend jedoch ist nun dies: Nur die Teile an mir, die für mich selber gegenwärtig sind, unterliegen meiner willentlichen Beeinflussung; nur in ihnen bin ich ein freier Mensch; nur in diesen schmalen Oa-

sen des Bewußtseins blüht etwas auf von der Selbstbestim-
mung, Verantwortung und Größe meiner wahren Person.
Ein deprimierender und ein zugleich tröstlicher Gedanke, je
nach dem: Ich bin nichts als ein suchender, wandernder, ta-
stender Versuch der Bewußtwerdung inmitten meiner eigenen Wüstenei… Mein Bewußtsein – das ist eine kleine Oase
im Treibsand des Nichtwissens, das ist ein vorübergehender,
undefinierter, schwebender Zustand – nichts Festes, kein
Ding unter Dingen, und dennoch ein Sein, das wird, indem
es sich selbst gegenübertritt und indem es sich hingibt an ein
anderes Sein von gleicher Beschaffenheit.

Mit dem Bewußtsein verhält es sich ähnlich wie mit dem
Aufgang und Untergang der Sonne: Alle Dinge existieren,
gleichgültig, ob es Tag ist oder Nacht; für unsere Augen aber
gibt es alle Dinge nur in der Helligkeit des Lichtes, und sie
entziehen sich uns, sobald die Dämmerung anbricht. Ganz
entsprechend dazu fällt mein Bewußtsein über die Dinge,
indem es sie selber beleuchtet.

Wer ich bin, der sich da seiner selbst inmitten des Dunkels
bewußt wird, hängt offenbar ab von der Perspektive, in der
ich die Dinge der Welt und meine eigene Lage darinnen »be-
leuchte« und anschaue. Es ist wie damals am Ufer von Noli:
Mein eigener Standpunkt entscheidet darüber, wie das Licht
der Sonne auf den Wellen des Meeres sich reflektiert; andererseits aber bin ich selber auf einen bestimmten Standpunkt
der Betrachtung verwiesen, den ich nicht wählen kann. Zum
Beispiel: in diesem Kerker mein Leben zu verhocken und
dem Tod entgegenzuwarten – das habe ich nie gewollt; doch
gerade dieses Schicksal gehört offensichtlich zu mir, und die
Art, wie ich es erlebe und gestalte, entscheidet mit darüber,
wer ich für mich selbst und für die Menschen aller Zeiten
sein werde.

Oder auch nicht. Die Handwerker der heiligen Inquisition
brauchen nur wie damals in Venedig mich wieder mit der
Folter zu peinigen, womöglich grausamer und maßloser
noch als vor sieben Jahren – worauf auch sollten sie Rück-

sicht nehmen, willens, in wenigen Tagen oder Stunden meinem Leben ein Ende zu bereiten, und im Wahn, gerade so meine Seele vor dem ewigen Tode zu retten? – da wird der klägliche Rest meiner Widerstandskraft wahrscheinlich bald schon zusammenbrechen, und sie, triumphierend, werden sich endlich ihr Lieblingsschauspiel bereiten: einen Menschen, der nichts mehr sein wird als das fleischgewordene Flehen um ein Erbarmen, das sie gewähren, indem sie's verweigern, Wohltaten spendend in göttlicher Weisheit, geeignet, den Unbußfertigen bußfertig zu stimmen und den verstockten Sünder zu heilsamer Reue zu führen… Das Erwachen des Bewußtseins ist keinesfalls wie der Aufgang der Sonne; allenfalls wie das mühsame Entzünden einer Kerze: An die Sonne rühren sie nicht; doch ein einziger Windhauch genügt, und das Licht einer Kerze verlischt, und alles ringsum sinkt wieder zurück in die Nacht. Dein Ich, Filippo, ist nichts als solch ein flackerndes Kerzenlicht. Jedenfalls, solange Du nur auf Dich selber schaust. Doch schauend auf Dich, siehst Du Dich nicht. Darin liegt das ganze Geheimnis des Selbstbewußtseins.

Sehe ich denn in diesem Raum jemals mich selber? Ich sehe die Wände, den Tisch, das Papier, das Fenster, ich sehe meine Hand, meinen Körper, doch niemals mich selbst. Das Bewußtsein, in dem mein Ich auftaucht im Gegenüber der Dinge, ist niemals ein wahres Bewußtsein meiner selbst. Um mich selber zu sehen, brauchte ich, im Schimmer mindestens einer Kerze, die Scherbe eines zerbrochenen Spiegels; ich benötigte etwas, in dem das Bild, das ich nach außen hin abgebe, auf mich selber zurückgeworfen wird. Doch auch in einem solchen Spiegel, besäße ich ihn in diesem Kerker, würde ich nur das Ich meines Körpers gewahren; niemals vermöchte ich in einem toten Stück Glas mir ein Bewußtsein davon zu verschaffen, wer ich selber als ein bewußtes, freies, persönliches Wesen für mich selbst und für andere bin. Nur einen einzigen Spiegel gibt es auf dieser Welt, in dem ich mich selbst zu erkennen vermag, das sind Deine Augen, Diana, das ist der Glanz Deiner Liebe, Du meine Geliebte. Doch Deine Augen – das ist der flüchtige Augenblick am Strande von Noli, da Du mich anschautest, wie um durch mich hindurchzusehen. Selbst Deine Liebe ist für mich nichts weiter als ein Lied aus Sehnsucht und Traum, und so ist wohl auch mein Ich, zwei Tage vor dem Verlöschen der Kerze, nichts als ein Lied aus Sehnsucht und Traum.

Mit Dir gemeinsam jedenfalls sah ich mich in der vergangenen Nacht. Bei einem Besuch im Museum der Stadt war ich auf das Fresko eines etruskischen Prinzen gestoßen. Ich weiß nicht recht, woran ich seine königliche Abkunft erkannte, ich sehe nur die fein geschnittenen Züge seines noch jugendlichen Gesichtes vor mir, die in der Profilzeichnung besonders deutlich hervortraten; seine Stirn schmückte ein Efeukranz, seine von lang geschwungenen Brauen überwölbten dunklen Augen blickten wie wehmütig ins Weite, sein Mund, die Lippen leicht geöffnet, schien etwas sagen zu wollen, doch verstand ich nicht, was; ein weißes Hemd, mit einem Goldsaum an Hals und Armen verziert, bedeckte seinen schlanken Leib, während er ruhig unter den Ästen eines Olivenbaumes stand. Das Bild dieses Jünglings wirkte so lebendig, daß es im Traum jenseits der mehr als 2000 Jahre, die der Zeit nach doch eigentlich zwischen uns lagen, mir wie gegenwärtig erschien. Ja, es war mir, als wäre dieses Porträt erst vor wenigen Tagen bei Grabungsarbeiten am Fuß des Vesuvs unter einer Schicht von meterhoher Lava wie zufällig freigelegt worden und als hätte es all die Zeit über nur darauf gewartet, vor meinen Augen sichtbar ins Leben zu treten.

Wenig danach, geliebte Diana, so als hätte die Gestalt des etruskischen Jünglings unmerklich sich in meine eigene gewandelt, sah ich uns beide oberhalb eines Talkessels stehen, der, nach Norden gerichtet, in ewigen Schatten getaucht war. Unmittelbar zu unseren Füßen erhob sich ein quaderförmiger Block aus dunkel schimmernder Kohle, dessen Ober- und Seitenkanten durch schmale Linien gebändert wurden.

Noch sann ich darüber nach, welche Kräfte im Erdinneren diesen Stein aus der Tiefe nach oben gepreßt und freigelegt haben könnten, da bemerkte ich, daß die verschiedenen Bänder sich allem Anschein nach mühelos von einander ablösen ließen. Ungläubig noch, holte ich ein kleines Messer hervor und schob es probeweise in eine der Fugen, und wirklich öffnete sie sich wie von selber so leicht, als wenn man ein Buch zwischen zwei Seiten aufklappt. Wie groß aber war unser Erstaunen, als die geöffnete Spalte der Kohle den Blick auf ein eigentümliches Schuppenmuster freigab, das mir zunächst wie der rätselhafte Abdruck eines Farnes erschien, wie ihn mir Bergleute einmal gezeigt hatten. »Ein Fisch, der Abdruck eines Fisches«, sagtest Du plötzlich überrascht, und jetzt erkannte auch ich die deutlichen Umrisse von Kopf und Schwanzflossen, die an den beiden Enden des Bildes reliefartig aus dem Stein hervortraten.

»Jedes Band dieses Steinblocks wird sich genau so leicht öffnen lassen«, bemerkte ich, »und jede Seite, die wir nach und nach aufschlagen, wird uns einen ähnlich gut erhaltenen Abdruck vergangenen Lebens in die Gegenwart holen.«

Du lachtest schelmisch: »Dann tu's doch.« Ich ergriff Deine Hand. Da wachte ich auf.

Liebste Du, Tag für Tag begleitest Du mich unsichtbar durch den Ring der Zeit, der allmorgendlich mit dem Gedanken an Dich beginnt und sich allabendlich mit dem Verlangen nach Dir schließt; Gedicht um Gedicht habe ich Dir gewidmet, die Du gleich der ägyptischen Göttin Nut des Morgens die Sonne in Deinen Armen für mich zum Himmel emporträgst und sie am Abend hinwegküßt mit der zärtlichen Zauberkraft Deines Mundes.

Denn jeder Tag beginnt, indem ich an Dich denke,
Du lebend Traumbild, meine Sonne, mein Erwachen,
Und all mein Sinnen, Liebste, das ich zu Dir lenke,
Möchte die ganze Welt mit Deiner Lieb' entfachen.

Du bist die Wolke, die am Morgenhimmel steht:
Sie kleidet sich ins Rot der ersten Sonnenstrahlen
Und legt sie an, mit gold'nem Schimmer übersät,
Als wollt' sie festlich sich in Samt und Purpur malen.

Du bist die Mittagswärme, die mich sanft umfächelt,
Du bist der Frühlingswind, der in den Blättern spielt,
Du bist die Mandelblüte, die von fernher lächelt,
Du bist das Schwälbchen, das den Sommer nahen fühlt.

Und immer, Liebste, wenn ein Tag zur Neige geht,
Bist Du das Sternenband am Firmament hoch droben;
Du bist mein Licht, mein Glück, mein Dank und
    mein Gebet;
Du bist der Himmel, in das Kleid der Zeit gewoben.

In der Wärme Deiner Liebe, Du meine Diana, vergingen inmitten der Kälte dieses Kerkers die Stunden, die Monate, die
Jahre, und es ist mir ein vertrauter Gedanke geworden, Dich
verehren zu dürfen als die geheime Hüterin meiner Zeit, als
die Wächterin meines Schlafes und als die Gefährtin all meiner Wege im Unsichtbaren. Doch mit dem heutigen Morgen
ist Deine ständige Gegenwart noch umfassender geworden,
und es kommt mir so vor, als sollte ich gemeinsam mit Dir
noch einmal Seite um Seite die Hauptstationen meiner geistigen Wanderschaft durchgehen, wie sie mir selber erscheinen
mögen, wenn ich versuche, sie Dir zu erzählen und mit Deinen Augen zu sehen.

  Wie vieles hätte aus mir werden können, wäre es auf dem
Wege zu mir selbst nicht allzu früh verschüttet und gewissermaßen in einer Zwischenstufe versteinert worden! Dies
jedenfalls darf ich sagen: Mein ganzes öffentliches Leben war
ein einziger Opfergang der Dummheit in ihren beiden
Hauptspielarten: des religiösen Dogmatismus und der scholastischen Pedanterie, die in ihrer Verblendung sich für Gottesoffenbarung ebenso wie für Menschenweisheit geben. Wo
immer ich diesen beiden Bastarden des Ochsentums und der
Eselei begegnete, erfaßte mich ein Veitstanz der Gedanken,

daß ich hätte mit schäumendem Munde und zuckenden
Gliedern unter ihnen wüten mögen wie weiland Elias unter
den Priestern des Baal. Stets wohnt für sie die Gottheit just in
Rom, in Genf oder in London, und niemand von ihnen läßt
sich träumen, daß er unter dem Namen Gottes nichts weiter
verehrt als den Machtanspruch seines jeweiligen Lokalre-
genten – eines Tages wird seine Majestät es doch noch zum
Universalherrscher bringen, und dann erst wird Gott würdig
verehrt sein! Ach, hol sie der Teufel! Und dann die eitlen
Wortkrämer und geistigen Besitzstandverwalter der überkommenen Lehrmeinungen! Immer verwechseln sie Erinnern mit Denken, Zitieren mit Begründen, Auswendiglernen
mit Forschen, und immer noch dupieren sie die einfachen
Leute, von denen sie im übrigen sich schamlos aushalten
lassen, mit ihren lateinischen Phrasen. Wie hätte ich ihnen in
meinem *Aschermittwochsmahl* nicht die rechte Abmagerungs-
kur verordnen sollen! Doch, erneut, der Reihe nach.

Beschrieben habe ich schon, aus Anlaß der Verhöre in Venedig, wie es mir nach meiner Flucht aus Neapel erging und
welch einen Ausgang mein Aufenthalt in der Calvin-Stadt
Genf nahm; dort am besten, im Jahre 1579, knüpfe ich an.

Toulouse

Die finstere Askese der Reformation konnte zu meiner Überzeugung nicht werden, so viel hatte ich damals begriffen. Ich
war Italiener, und so lag der Katholizismus mir im Blut wie
die Sonne Neapels in der Süße der Weinreben an den Hängen des Vulkans; er war für mich ein Teil der Kultur, nicht
eine Weltanschauung. Aber Italien lag in den Händen der
Inquisition – dorthin war einstweilen der Rückweg ver-
sperrt. Also wandte ich mich nach Frankreich, durchstreifte
Lyon und faßte recht bald Fuß in Toulouse. Ein faszinieren-
der Gedanke: An derselben Stätte, da mein großer Lehrmeister Raymundus Lullus gelebt und gelehrt hatte, begannen

die ersten Schritte meiner »akademischen« Laufbahn. Zunächst allerdings erteilte ich, wie bisher, Privatunterricht in Philosophie; als aber nach einem halben Jahr die Gelegenheit sich dazu bot, bewarb ich mich um den Lehrstuhl für Philosophie, indem ich rasch eine Magisterarbeit über Thomas von Aquin und Petrus Lombardus erstellte. So war es das einfachste. Hätte ich über mein Lieblingsthema: Raymundus Lullus und die Magie der Erinnerung schreiben wollen, so hätte ich vermutlich von Anfang an nur Schwierigkeiten bekommen. Aber Thomas von Aquin – das bedeutete das Sesam-öffne-Dich für alle theologischen Gutachten, und Petrus Lombardus, dieser »Meister der Sentenzen« aus dem 12. Jh. mit seinem Kompendium der Dogmatik, war noch unverdächtiger – bis heute folgt der Aufbau der Theologie seinem Grundkonzept: Gott, die Schöpfung, Sündenfall und Erlösung (inklusive die Lehre von den Tugenden), schließlich Kirche und Sakramente – als ob man von Gott etwas wissen könnte, ohne mit der Schöpfung zu beginnen, und als ob man die Stellung des Menschen zu sich selbst und zur Welt anders bestimmen könnte, als indem man zunächst eine ordentliche Kosmologie entwickelt!

Doch all diese Vorbehalte stellte ich damals zurück; wenn ich erst einmal den Lehrstuhl für Philosophie innehätte, so würde man schon sehen.

Ich bekam den Lehrstuhl, schon weil die Studenten mich mit großer Mehrheit bei den Abstimmungen unterstützten. Kein Wunder, sie brauchten nur meine Art des freien Vortrags mit den trockenen und gestelzten Phraseologien anderer Dozenten zu vergleichen, um mich als ihren Lehrer zu wünschen. Im übrigen kostet es so wenig, Studenten zu beeindrucken – es genügte, ein paar unverständliche Ausdrücke oder gelehrt klingende Gedankengänge mit dem entsprechenden Pathos der Wichtigkeit vorzutragen, und man durfte ihrer aufmerksamen Hochachtung sicher sein. Zu meiner Schande muß ich gestehen, von derlei Mätzchen in den Vorlesungen damals reichliche Verwendung gemacht zu haben.

Doch gerade die so offensichtliche Gunst der Studenten verschaffte mir auch Neider unter den Kollegen. Wenn jemand philosophische Fragen wie die Unsterblichkeit der Seele nach dem Traktat des Aristoteles »*Über die Seele*« so spannend entwickelt, daß er bei seinen Vorträgen großen Zulauf erhält, während andere Lehrveranstaltungen allenfalls pflichtweise besucht werden, so kann das wohl nur an seinem Mangel an methodischer Strenge und akademischer Disziplin liegen. Wie oft habe ich schlechte Dozenten darüber klagen hören, wie dumm und faul doch ihre Studenten seien, und es erwies sich stets als unmöglich, ihnen die Einsicht zu vermitteln, daß es ihre eigene stroherne Ungeistigkeit und Gedankenträgheit sei, die gerade die Regsamsten unter den Studenten zu gähnender Langeweile und Lernverdrossenheit treiben müsse. Es genügte, zu bemerken, wie belebend mein Auftreten auf die Zuhörer wirkte, und es entspann sich bei manchem Kollegen eine feindselige Stimmung gegen mich. Vollends wenn ich die Studenten vor ihren ungerechtfertigten Jeremiaden in Schutz nahm, erschien ich ihnen wie ein Verräter an der Solidaritäts- und Loyalitätspflicht gegenüber dem akademischen Lehrkörper.

»Ich wußte noch gar nicht, daß wir uns als Dozenten gegenüber unseren Scholaren im Kriegszustand befinden.«

»Wir bekämpfen sie nicht, Meister Bruno, doch obliegt uns die Pflicht, sie durch Zucht und Strenge zu Fleiß und Zuverlässigkeit zu erziehen. Das solltet Ihr wissen.«

»Nun, ich wußte tatsächlich noch nicht, daß wir uns als Dozenten gegenüber den uns anvertrauten Scholaren in der Rolle von Gefängniswärtern und Landsknechtsausbildern zu sehen haben.«

»Meister Bruno, Ihr wollt nicht verstehen.«

Richtig, ich wollte nicht verstehen. Zwei, drei solcher Bemerkungen, heiter dahingeworfen des Abends, halbtrunken von ihrem ordinären Vin du pays, und schon stand ich in dem Ruf eines Mannes, der es sich bei seinen Studenten bequem machen will auf Kosten seiner Kollegen.

Als ich dann gar mit meiner Arbeit *Der große Schlüssel* über die lullische Technik des Gedächtnisses anhub, mag ich diesen tolosanischen Theologen wohl erst recht wie ein Storch zur Winterszeit erschienen sein, und sie rückten noch weiter von mir ab.

Gott sei Dank, schrieb man in Toulouse den Dozenten nicht wie anderenorts vor, an der Meßfeier teilzunehmen. Es zählt zu den Widersinnigkeiten der katholischen Kirche, daß ihre Gesetze auch für diejenigen gelten, die laut Gesetz an ihrer Einhaltung gehindert sind. An den meisten Universitäten in katholischen Landen ist ein Dozent verpflichtet, regelmäßig in die Kirche zu gehen; mir als Exkommuniziertem war die Mitfeier der Messe untersagt, und so hätte ich niemals einen Lehrstuhl bekommen dürfen. Ich konnte von Glück sagen, daß die Universität von Toulouse in diesem Punkte liberaler dachte. Aber natürlich blieb ich unter den gegebenen Umständen von vornherein ein Verdächtiger, und die persönlichen Divergenzen ließen sich nur allzu leicht hinter religiösen Vorbehalten gegenüber meiner Person verbergen. Ich habe mich damals ehrlich bemüht, zur katholischen Kirche zurückzufinden; ich sprach bei den Jesuiten vor, sie sollten mir helfen, eine Aussöhnung herbeizuführen. Sie weigerten sich. Ich war ein Verdächtiger, das war genug. Ich bekam nicht einmal die Chance, zu erfahren, was ich denn hätte tun müssen, um als entlaufener Dominikanermönch Vergebung zu finden und der Verfolgung durch die Heilige Inquisition ledig zu werden. Diese Kirche, das kann ich in meinem Falle mit aller Sicherheit sagen, erschafft sich immer wieder ihre eigenen Ketzer selber, und am schlimmsten ist es, mitansehen zu müssen, wie die Angst, die sie mit ihren Verdächtigungen verbreitet, auch ganz normale menschliche Kontakte nicht länger zuläßt, auf daß sich das Bild eines Verdächtigen noch einmal ändern könnte. Ein Sprechen von Gott, das sich Theologie nennt und das doch immer wieder an den Rändern der eigenen »Definitionen« Menschen wie Abfall ausstanzen muß, was hat das mit

»Gott« zu tun oder mit »Weisheit« und »Offenbarung«? In ihrem Sinne wollte ich niemals ein »Theologe« sein. Doch Philosophie bedeutet ihnen seit jeher nicht Gedankenfreiheit und Redlichkeit, sondern Steine klopfen und Bauschutt aufkarren beim Errichten ihrer Geisterkathedralen.

Auch als Philosoph in Toulouse mit einem eigenen Lehrstuhl blieb ich der theologischen Zensur unterstellt. Was half mir der »Trost«, daß mein Schicksal in Frankreich, weit schlimmer noch als in meiner Lage, von den calvinischen Hugenotten gewissermaßen geteilt wurde? Das Haus Guise, unterstützt von den Spaniern nicht minder als vom Papst, führte seit 1562 einen regelrechten Religionskrieg gegen die Hugenotten, in dem, wie stets zur Ehre Gottes, der erhabene Zweck der katholischen Sache jedes noch so grausame Mittel heiligte. In aller Erinnerung war insbesondere die brutale Ermordung vieler dieser mutigen Gläubigen in der Bartholomäusnacht am 24. August 1572. Doch die Hugenotten gaben nicht auf, und sie fanden in Heinrich von Navarra aus dem Geschlechte der Bourbonen einen fähigen Führer, der mit ihrer Hilfe auf den Thron zu gelangen hoffte. Damals im Jahre 1581 konzentrierte der Kampf gegen ihn sich gerade auf die Gegend von Toulouse. Ich war niemals ein wirklich politisch engagierter Mensch. Ich wollte nichts weiter, als in Ruhe den Fragen der Philosophie nachgehen. Und so verließ ich Ende 1581 Toulouse. Ich gab freiwillig meinen Lehrstuhl auf und begab mich nach Paris, in der vagen Hoffnung, als Italiener dort bessere Aufnahme zu finden – eine berechtigte Hoffnung, doch ein entwürdigender Kompromiß.

Paris

In Paris regierte damals Heinrich III., ein Halbitaliener, der als Sohn der Katharina von Medici ein Jahr nach der Bartholomäusnacht auf den Thron gekommen war. Was war ich damals für ein Mensch, daß ich bei allem Verlangen nach

Religionsfreiheit vollkommen gleichgültig blieb gegenüber dem Elend der Hugenotten? Gewiß, die Calvinisten hatte ich in Genf soeben erst auf meine Art kennengelernt. Aber kann das die Art entschuldigen, wie ich mich jetzt in die Gunst ihres Unterdrückers einzuschmeicheln suchte? Wenn es eine »Entschuldigung« für mich gibt, so liegt sie in dem Zynismus, der aus allen Religionskriegen hervorzugehen pflegt: Als schließlich Heinrich von Navarra im Jahre 1589 tatsächlich als erster Bourbone König von Frankreich wurde, nahm er zur Beruhigung des Landes unverzüglich den katholischen Glauben an. »Paris ist eine Messe wert«, soll er gesagt haben; wohl wahr! Ich jedenfalls handelte damals nicht anders als er. Als Heinrich IV. erließ der neue König übrigens im selben Jahr noch das Edikt von Nantes, das auch den Hugenotten freie Religionsausübung zusicherte. In gewissem Sinne war er ein kluger Mann. Immer, wenn man beginnt, um Fragen des Glaubens willen erbarmungslos Menschen abzuschlachten und Kriege zu führen, so zeigt sich am Ende nur, daß die Religion längst aufgehört hat, einem unendlichen, gütigen und weisen Gott zu dienen, sondern daß sie vielmehr zu einem Werkzeug der Partikularinteressen der jeweils Herrschenden verkommen ist. Unter diesen Umständen gibt es rein logisch schließlich nur zwei Wege: entweder man löst irgendwann die Religion gänzlich von der Politik ab, in der Hoffnung, daß sie, jenseits der verwalteten Macht, zu ihrem eigentlichen Wesen wieder zurückfindet, oder man setzt die Religion konsequent als Kalkül in das Spiel der Macht ein, Sinnes vielleicht, gerade in Wahrnehmung politischer Verantwortung, solange sie nur den Menschen dient, auch der Gottheit einen Dienst zu erweisen. Den letzteren Weg erwählte sich Heinrich IV.

Gemessen an der calvinischen Schläue dieses Bourbonen, war Heinrich III. ein echt katholischer Medici-Fürst. In meinem Gespräch mit dem Buchhändler Ciotto habe ich ihn meinen »Freund« genannt; in Wirklichkeit aber war dieser Valois korrupt, wollüstig, abergläubig, machtbesessen, verspielt, furchtsam, skrupellos, närrisch, asketisch, reumütig, bigott – ein Bündel extremer unverbundener Widersprüche. Doch gerade auf ihn gründeten sich damals all meine Hoffnungen. Das heißt: nicht nur!

Der Einfluß der Medici hatte spätestens nach der »Bartholomäus-Nacht« (im Jahre 1572) das Paris jener Zeit auf charakteristische Weise verändert. Aus der Lombardei und aus der Toskana, aus Florenz und aus Pisa, hatten italienische Händler und Geldverleiher Einzug gehalten, gefolgt von Predigern, Sternendeutern, Schauspielern, Ärzten, Gesangeslehrern, Rittmeistern und Unterhaltungskünstlern aller Art. Zu diesem bunten Heer von geistigen Vaganten fühlte auch ich mich seit jeher hingezogen, durfte ich in ihrer Nähe doch darauf hoffen, wenn schon nicht den Boden des italienischen Festlandes, so wenigstens an ihrer Seite gewissermaßen eine italienische Insel betreten zu können. Zudem verblieb mir als Doktor der Universität von Toulouse das Recht, an jeder anderen Universität Frankreichs eigene Vorlesungen abzuhalten und mein Spiel mit Dozenten und Studenten aufs neue zu versuchen. Freilich wußte ich, daß die Sorbonne in Paris ganz im Banne der Gegenreformation stand und keinen weiteren Spielraum ließ, als es der Katalog der traditionellen theologischen Fächer vorsah.

Doch warum nicht?

Wenn ich zum Beispiel über *Die dreißig göttlichen Eigenschaften* in der Summa theologica des seraphischen Thomas von Aquin eine Vorlesung hielt, konnte ich eigentlich nicht viel falsch machen. Außerdem liebte ich es, eine Vielzahl von Themen aus dem Stegreif reproduzieren zu können, und ich verabscheute von Herzen die Trägheit, mit der manche »Lehrer« der Theologie oder Philosophie alle paar Semester wieder ihre alten, oft schon vergilbten Manuskripte bzw. ihre längst gedruckten Bücher hervorholen, um Wort für Wort ihren Schülern daraus vorzulesen. Diese Leute scheinen noch nicht recht begriffen zu haben, wie sehr die geistige Welt sich gewandelt hat, seit vor über 130 Jahren Johannes

Gutenberg die Buchdruckerkunst erfunden hat. Wer in einem akademischen Diskurs partout bestimmte komplizierte Zusammenhänge bzw. eine Menge unübersichtlicher Informationen vermitteln will, dem stehen dazu allemal die entsprechenden Bücher zur Verfügung, und es genügt vollkommen, die Studenten darauf zu verweisen. Ein mündlicher Vortrag indessen muß unbedingt *frei* gehalten werden, schon damit die Persönlichkeit des Vortragenden zur rechten Geltung gelange, anderenfalls ja jeder beliebige Lektor die gelehrten Aufzeichnungen eines Kollegen zu Gehör bringen könnte. Für gewöhnlich lautet ein Einwand dagegen, man könne beim Vortrag eines Referates sich doch nicht alle Einzelheiten des Stoffes auswendig merken. Das stimmt. Doch gebe ich zur Antwort: Was nicht einmal der Dozent selbst, nach Jahren des Studiums, sich einzuprägen vermag, wie soll das der Erinnerung im Kopf seiner unbedarften Studenten wert sein? Man lasse es getrost und ohne jeden Schaden einfach beiseite.

Nicht zuletzt aus solchen Gründen lag mir gleichwohl die Schulung des Gedächtnisses meiner Hörer immer wieder besonders am Herzen. Es geht eine gewisse Gefahr mit der Verwendung von Büchern einher, und mir scheint, es gelte, diese Gefahr rechtzeitig mit geistigen Mitteln zu bekämpfen. Bücher werden heutzutage nicht nur mechanisch gedruckt, sie verführen auch zu einer unlebendigen Mechanisierung und rein äußerlichen Archivierung des Wissens. Dieser Gefahr wollte ich wehren. »Behaltet Euch nur, was Euch selber auch wert scheint, behalten zu werden«, pflegte ich meinen Studenten zu sagen. Schallendes Gelächter an dieser Stelle mit Regelmäßigkeit. Mir aber war es sehr ernst mit diesem Ratschlag. Als Lehrer sah ich es durchaus für meine Pflicht an, in den Schülern ein lebendiges Interesse an dem jeweiligen Lernstoff zu wecken, denn ich war überzeugt, daß sich jeder beliebige Inhalt mühelos dem Gedächtnis einprägen könnte, wenn er subjektiv nur als bedeutsam genug erlebt würde. Im ganzen kann ich rückblickend nur sagen, daß es, weit mehr als alle Ideen über die Unendlichkeit der Welten oder über die Natur des Allergrößten und des Allerkleinsten, gerade die Techniken der lullischen Gedächtniskunst waren, mit denen ich, schon aufgrund des Eindrucks meines eigenen für fabelhaft gerühmten Erinnerungsvermögens, den größten Nachhall bei meinen Hörern erzielte. In Paris insbesondere öffnete die Gedächtniskunst mir sogar Zugang zum Hofe Heinrichs III. und rettete mich damit wieder einmal aus einer akuten Notlage.

Anders als in Toulouse, waren die Mitglieder des Lehrkörpers an der Sorbonne zu regelmäßigem Meßbesuch verpflichtet, und solange eine Aussicht auf eine reguläre Versetzung in den Laienstand nicht gegeben war, stand diese unsinnige Forderung mir, einem Exkommunizierten der Kirche, als ein unüberwindliches Hindernis für jeden akademischen Erfolg im Wege. In dieser Lage traf mich die Einladung Seiner Majestät wie ein Lichtstrahl im Dunkeln. Meine Vorlesungen hatten mittlerweile ein derartiges Aufsehen erregt, daß selbst höchste Kreise daran Anteil zu nehmen begannen. Man wollte, wie oft in meinem Leben schon, wissen, wie es möglich sei, einen noch so langen Text sich auf einfachen Vortrag hin wortgenau merken zu können, und der König selbst sah darin so etwas wie eine besondere Form von Hexerei. Fast erleichtert wirkte er, als ich ihm anhand bestimmter Zeichen und Figuren erläuterte, auf welchen durchaus vernünftigen Prinzipien meine Gedächtniskunst basierte, und ich zeigte mich sogar erbötig, zur Übung seiner Merkfähigkeit das Buch Genesis für ihn nach den entsprechenden Regeln meiner Erinnerungstechnik als Lernstoff des Gedächtnisses einzurichten.

Wenn ich ehrlich bin, verfüge ich bis zum heutigen Tage über kein einziges Beispiel, daß es jemals einem Menschen gelungen ist, sein Gedächtnis nach meinem System zu verbessern. Auch im Falle des französischen Königs genügte die Versicherung, daß er leichthin, wenn er nur meine Anweisungen sorgsam befolge, viele Seiten der Bibel sich werde einprägen können, und schon gab der Monarch sich hochzufrieden mit meinem Vortrag. Ja, er machte sich augenblicklich daran, meine Angelegenheiten energisch zu fördern. Mein neues Buch *Vom Schatten der Ideen*, das ich mit Freuden ihm widmete, ließ er selber in Druck geben; damit nicht genug, richtete er mir am Collège de Cambrai einen eigenen wohldotierten Lehrstuhl ein. »Wenn auch ich selber die Bibel niemals auswendig lerne«, schien er zu denken, »so kann es für meine Untertanen doch nur nützlich sein, ihnen einen Lehrer zur Seite zu stellen, der ihnen beim Auswendiglernen der heiligen Texte derart behilflich ist.«

Längst ja haben in diesem endlich aus der Geschichte sich verabschiedenden 16. Jh. die Regierenden die Entdeckung gemacht, es sei ihres Amtes nicht länger, gewisse Fertigkeiten und Tugenden bei sich selbst auszubilden, wofern sie nur Sorge trügen, sie dem Volk zu vermitteln. Zufolge dieser Philosophie ist es geradewegs für ein Zeichen besonderer Machtvollkommenheit zu erachten, wenn ein Herrscher über alle sittlichen Gebote, deren Befolgung er dem gemeinen Manne zur strengen Auflage macht, in großem Stil sich hinwegsetzt; denn eben darin erzeigt sich, so meint man, die wahre Größe eines Menschen, daß für ihn die kleinlichen Fesseln der Menge nicht gelten. Nicht ob ein König selber Weisheit besitzt, ist da die Frage; wenn er weise genug ist, wird er das Bildungswesen seines Volkes zu heben trachten. Auch die Moralität der Macht erzeigt sich nicht darin, selber moralisch zu handeln, sondern die Untergebenen zu moralischem Handeln zu nötigen. Von daher glaube ich nicht, einem König wie Heinrich III. in der Kunst des Gedächtnisses von wirklichem Nutzen gewesen zu sein; allein, er glaubte an die Vortrefflichkeit meines Systems, und ich war schamlos genug, mir auf meine Kabinettstückchen wer weiß was einzubilden. Ich wollte Erfolg haben. Ich wollte angesehen sein. Ich wollte berühmt werden. Und hier endlich bot sich die Gelegenheit dazu. Hier endlich schätzte einer der Mächtigen mich so ein, wie ich es ehrlich, wenngleich aus anderen

Gründen, wohl zu verdienen meinte. Es war, wie wenn die Hand meines Onkels Agostino am Strand von Neapel sich ein zweites Mal auf meinen Kopf legte und seine Bitte nunmehr erhört würde: »Fliege, Felipe, fliege, der Möwe gleich fliege empor.«

Wie ein Besessener stürzte ich mich in jenem Jahre 1582 in die Arbeit und verfaßte ein Buch nach dem anderen über mein Erfolgsthema: *Gedächtniskunst, Der Gesang der Circe, Kurzgefaßtes Kompendium der Lullischen Kunst* – es floß mir nur so aus der Feder, und ich suchte, mit meinem Talent, so gut ich konnte, zu wuchern. Das *Kompendium* zum Beispiel dedizierte ich damals dem Legaten von Venedig, Giovanni Moro. Wäre er nicht vor sieben Jahren um Monate zu früh verstorben, so hätte meine Widmung damals zu Beginn des Venezianischen Prozesses mir vermutlich das Leben gerettet. Manchmal habe ich wohl einfach Pech gehabt. Doch was ist »Pech«, was ist »Glück« im Verlauf der menschlichen Geschichte? Jeder zieht aus der Trommel des Schicksals sein Los, und was er dann findet, muß er bejahen. Eine andere Eintrittskarte ins Leben wird er niemals erhalten.

Immerhin kann ein jeder versuchen, der offensichtlichen Tragik des Daseins auch heitere Seiten abzugewinnen. Als ich erst einmal merkte, wie doppelbödig das höfische Leben, aus der Nähe betrachtet, sich im Kreise des Königs selber gestaltete, griff ich zurück auf meine Jugendkomödie vom *Kerzenanzünder*. Ich hoffte auf ein wahrhaft königliches Einverständnis, wenn ich im Schatten des Schutzes der höchsten Autorität augenzwinkernd Rache nahm an der bigotten Heuchelei jener alten Böcke, die sich im Ordensgewande trotz all ihrer nur schlecht verhohlenen Lüsternheit verwegen genug für »Bräute Christi« ausgeben, an der Geldgier und Geilheit so mancher, die da für »Edelleute« und Honoratioren gelten in Kirche wie Gesellschaft, an dem ebenso abergläubigen wie geschäftstüchtigen Mystizismus, der immer wieder das Absurde mit Weisheit verwechselt, oder an dem redseligen Zitatengestammel jener pedantischen Faselhänse, die nach dem Vorbild meines Manfurio sich für »Wissenschaftler« ausgeben, nur weil sie, wie das Kamel seine zwei Höcker, stets zwei Säcke Gelehrsamkeit auf ihrem Rücken tragen, prall gefüllt mit lateinischen Sprichwörtern der eine, vollgepfropft mit philosophischen Sentenzen der andere. In Wahrheit jedoch steckt mein *Kerzenanzünder* nur vordergründig der Dummdreistigkeit der Dunkelmänner und Finsterlinge in Kanzel, Kanzlei und Katheder ein Licht auf; all sein scheinbarer Zynismus ist vor allem eine glühende Liebeserklärung an Dich, meine liebe Diana.

Tatsächlich bin ich davon fest überzeugt, daß ein Mensch in den Abgrund der Sinnlosigkeit, den man gemeinhin als »Normalität« bezeichnet, nur hinabzuschauen vermag, wenn ihm das Licht einer vollkommen ungewöhnlichen, ganz und gar unnormalen Erfahrung dabei zu Hilfe kommt; die allerungewöhnlichste Erfahrung aber inmitten des schattenverwirrten Daseins grauer Alltäglichkeit ist zweifellos die Entdeckung der Liebe. Nur mit Deinen Augen, liebe Morgana, Du meine geliebte Diana, erkenne ich den Schleier, den die Menschen über die Dinge legen. Nur Deine Liebe schenkt mir Hoffnung auch jenseits der Vergänglichkeit, und nur die Wärme Deines Mundes macht mich glauben an einen Frühling jenseits dieser Tage der Kälte und des Dunkels.

Noch deckt der Schnee die waldigen Höhn,
Und auf den Feldern flirrt der Reif;
Die Nebel durch die Täler wehn,
Und kalt grüßt fern ein Lichterstreif.

Doch unterm braunen Laube schon
Reckt sich das Schneeglöckchen hervor
Und läutet keck mit frohem Ton
Den Frühling bald in jedes Ohr.

Und auch der bunte Schmetterling
Taucht in den hellen Sonnenschein
Und küßt ganz zärtlich jedes Ding
Und haucht ihm seine Schönheit ein.

So komm, Diana, daß Dein Mund
Die Augen mir mit Licht erfüllt
Und diese Welt, so reich und bunt,
Sich ganz in Deinen Zauber hüllt.

Es ist der ständige Traum Deiner anderen schöneren Welt,
der es mir unmöglich macht, ihre »Wirklichkeit« anders zu
sehen denn als ein verzweifeltes Possenstück. Wie selbstverständlich verleugnen sie jedes wahre Gefühl, ganz so, als
hätten sie ein solches niemals empfunden; über jeden eigen-
ständigen und originellen Gedanken mokieren sie sich,
schon weil ihnen selber dergleichen niemals gedämmert;
und wie mutwillig zertrampeln sie jedes Stück reifender
Zärtlichkeit unter den Menschen, und sie nennen ihr Spie-
ßertum am Ende auch noch Moral. Einzig bei Dir zu verweilen und in Deiner Nähe zu sein schenkte mir all die Jahre
über den Mut meines Andersseins, die Ausdauer meines Widerstandes und die Überzeugung von der Existenz einer anderen unendlichen Welt, in der die Seele nicht stirbt und die
Liebe nicht untergeht. Mitten in diesen Wintertagen entsinne
ich mich sehr genau noch der vielen Frühlingslieder, die ich
im Aufbruch der Liebe Dir widmete und die mir jetzt, zwei
Tage vor meiner vermutlichen Hinrichtung, zu Sehnsuchts-
liedern einer bald schon sich erfüllenden Hoffnung werden.
Eines davon hieß:

Wie gern geh' ich mit Dir über die Frühlingswiesen,
Wenn an den Hängen blau die ersten Veilchen blühn
Und silberstämmig uns die schlanken Birken grüßen,
Die Blätter an den Zweigen schon smaragden-grün,

Und spielerisch verträumt atmet der Wind darüber
Und streichelt sanft Dir über Augen, Stirn und Haar
Und flüstert leis Dir zu, daß ich Dich immer lieber
Und inniger noch bei mir fühle, Jahr um Jahr.

O zeig mir, Liebste, wo Dein Herz zu Hause ist.
Ich möchte immer sein und bleiben, wo Du wohnst.
Denn jedes Veilchen, jeder Birkenzweig, der sprießt,
Sagt mir, wie Du mit Deiner Liebe mich belohnst.

Meinen *Kerzenanzünder* freilich ließ ich damals sehr im allgemeinen sprechen, wenn ich ihn als Quintessenz seiner Liebe zu Dir eine philosophische Einsicht von der Vergänglichkeit der Welt und der Ewigkeit Gottes formulieren ließ, die er, so als hätte er sie nicht von Dir empfangen, auch noch als Mahnung mit den Worten an Dich richtete:

Laßt Euch gemahnen, hohe Frau, meines Bekenntnisses, das keiner Erklärung bedarf; die Zeit gibt uns alles und nimmt es uns wieder. Denn alles ändert sich, aber nichts vergeht. Nur einer unterliegt keinem Wechsel. Er allein ist Einzig und Ewig und bleibt in alle Ewigkeit ein und derselbe. Mit dieser Philosophie erhebt sich meine Seele, und mein Geist schwingt sich auf zu den Höhen der Herrlichkeit. So diese Wandlung wahr ist; Ich – der ich in dem Dunkel der Nacht, strebe zur Helle des Tages, und Ihr, die Ihr wandelt im Lichte des Tages, gehet ein in das Dunkel der Nacht. Denn alles, was ist, hier oder später, stetig oder flüchtig, erfreut Euch seiner, so Ihr es vermögt, in seiner Fülle und liebet die, die Euch geliebt.

Mit der letzten Empfehlung widersprach ich scheinbar der Weisung des Evangeliums: »Liebet, die Euch hassen« (Mt 5,44); doch wie ich sehe, sind die Menschen ja nicht einmal fähig, ihre eigenen Wohltäter zu erkennen und die zu lieben, die sich ihnen in aller Aufrichtigkeit und mit allem Wohlwollen zuwenden, und ehe sie diese Kunst nicht beherrschen, sollte man ihnen von jener anderen gar nicht erst reden.

Ich für meinen Teil mußte erleben, daß mein *Kerzenanzünder* ihnen einen Fackelzug bösgesichtiger Spukgestalten bescherte, die sie alsbald auf mich selber zu hetzen trachteten. Statt ihre eigenen Gesichter in dem blendenden Spiegel meiner Postille sorgfältig anzuschauen, drehten sie das fein geschliffene Glas gegen mich selbst und erklärten, einzig mein widerwärtiges Antlitz in dem Konterfei schlimmster Grimassen daraus hervorlugen zu sehen. Kurz, es hielt in Paris mich nicht länger, und selbst meine glänzende Stellung am Hofe vermochte mich nicht zu bestimmen, noch weiter das Gedächtnis von Leuten zu schulen, die des Denkens selber derart beharrlich sich weigerten.

Wenn ich ehrlich bin, hatte die Streiterei mit meinen Pariser Kollegen freilich auch einen Grund, der zutiefst in mir selbst lag. Allem Anschein nach schleppte ich bei meinen Pariser Avancen immer noch das Trauma meiner Zeit in Neapel mit mir herum, denn kaum daß ich, wie damals der Gunst von Prior Ambrogio Pasqua, so jetzt der Zuneigung des Königs mich sicher glaubte, da schwoll mir auch schon der Kamm, in das eitle Gefieder gewisser allzu stolzer Hähne am Orte zu fahren und ihr geckenhaftes Geprotze zur Stalltür hinauszubeißen, um den Preis freilich, daß ich selbst nach errungenem Sieg jetzt den Platz tunlichst zu räumen hatte. Ich war und bin wohl vom Schicksal dazu verurteilt, ein Pyrrhus des Geistes zu bleiben. Was mir zum Weggeleit ward, das allerdings konnte sich sehen lassen: Der König selber empfahl mich dem französischen Legaten in London, Michel de Castelnau, dem Marquis de Mauvissière, dem vielleicht einzigen Menschen in meinem Leben, von dem ich sagen darf, daß er mich wirklich verstanden hat.

London

London, – damit verband sich für mich die Erwartung einer aufgeklärten, klugen Geisteshaltung, wie sie mir in der Person von Königin Elisabeth weithin leuchtend verkörpert schien. Der Wahn der Religionswirren, wie sie in Frankreich noch tobten, war auf der Insel ein für allemal überwunden. Nachdem Heinrich VIII. im Jahre 1534 wegen seiner neuen Ehe mit Anne Boleyn sich selbst an die Spitze der Kirche von England gesetzt und die Lösung von Rom zum Staatsgesetz erhoben hatte, war unter seinem Sohn Eduard VI. die anglikanische Kirche, gestützt auf die Gedanken der Reformation, begründet worden. Wohl hatte zwischen 1553 bis 1558 die Tochter Heinrichs VIII., Maria die Katholische, verheiratet mit Philipp II. von Spanien, bei ihrem Versuch, den katholischen Glauben mit Feuer und Schwert wieder einzuführen, sich als Bloody Mary einen schrecklichen Namen gemacht; doch war mit dem Regierungsantritt Elisabeths I., ebenfalls einer Tochter Heinrichs VIII., doch aus seiner neuen illegitimen Ehe, schon aus Gründen der Staatsräson die anglikanische Kirche neu errichtet worden, und der katholische Widerstand durfte seither für endgültig gebrochen gelten. Soziale Gesetzgebung, Flottenbau, eine umsichtige Wirtschafts- und Handelspolitik machten England fortan zu einem aufstrebenden Dominium. Elisabeth I. – von ihr schwärmte ich in meinem *Aschermittwochsmahl* als wie von einer irdischen Gottheit, *»die vom kalten nördlichen Himmel aus ihr helles Licht über den ganzen Erdball verbreitet«*, und ich urteilte über sie: *»Im Verständnis der Künste, in der Kenntnis der Wissenschaften, in der Beherrschung aller Sprachen, die die Völker und Gebildeten Europas sprechen, ist sie ohne Zweifel allen Fürsten voraus, und ihre Überlegenheit ist so groß, daß sie die einzige Herrscherin des Erdenkreises sein würde, wenn ihre weltliche Herrschaft der Kraft ihres erhabenen Geistes angemessen wäre.«*

Die Wahrheit zu sagen, hatte England eine solche Herrscherin, wie ich sie hier schilderte, wohl bitter nötig, glich doch selbst das viel gepriesene London in vielem weit eher einem morastigen Fischerdorf als einer europäischen Großstadt, von Oxford gänzlich zu schweigen. Zumindest im Vergleich mit Paris machten die englischen Städte mit ihren sonnenleeren Häuserzeilen einen geradewegs erbärmlichen Eindruck. Ich selber, gewohnt an gepflasterte, nachts hell beleuchtete Straßen, empfand allein schon die Wegverbindungen entlang der Themse als unwürdig eines gebildeten Menschen, und so schilderte ich sie wahrheitsgemäß, freilich wieder spaßhaft das Beste aus dem Schlimmsten machend, in meinem *Aschermittwochsmahl.*

Eingeladen in den Palast von Lord Buckhurst zum Beispiel, vormals bekannt als Sir Thomas Sackville, einem geistig aufgeschlossenen Adligen, erlebte ich als uneingeweihter Besucher zu meinem Erstaunen, daß es an einem Bootssteg zu Oxford, laut rufend, wohl länger dauern mag, auf die Fährleute zu warten, als den Weg über die nächste weit abgelegene Brücke zu Fuß zurückzulegen, pflegen doch die englischen Nachfahren des Charon auf der Themse sich so langsam dem Ufer zu nähern, als wartete auf sie die baldige Hinrichtung, die sie bei ihrem Betragen allerdings denn auch wohl verdient haben. Zu ihrer Entschuldigung oder, je nachdem, wohl auch zu ihrer Belastung sei freilich angemerkt, daß die Boote, die sie verwenden, von einem Alter zu sein scheinen, als ob weiland schon Noah mit seinen Tieren sie zusätzlich als Beiboote zu seiner Arche hätte anheuern können, und in einem Zustand befindlich, daß ihr Holz, unzweifelhaft nun doch ein Überbleibsel der Sintflut, von den Holzwürmern und dem Zahn der Zeit so morsch gefressen ist wie Kork; mühsam deshalb nur, mit einem Knarren und Zischen, als führte der Fährmann der Unterwelt selbst noch das Ruder, lassen diese Kähne, bleischwer vom eingesogenen Wasser, sich im Wasser kaum noch bewegen. Drum: niemals, – Fremder, der Du, sei es aus dem geordneten Frankreich, sei es aus dem sonnigen Süden Italiens, die launigen Gefilde der britischen Insel bereisest, wähne, im Boot eines solchen englischen Fährmannes sitzend, Dich sicher, Dein Ziel zu erreichen; jäh denn verläßt Dich der Mut, wenn Du siehst, wie längst vor Erlangung des Hafens, ganz wie der Sinn ihnen steht, ein solcher Bursch Dich an Land setzt, um in einem dieser unsäglichen Pubs sich an Ale-Bier und Schnaps zu betrinken, dieweilen Du selber – vergiß nie die Stifel! – kniehoch durch den Schlamm und die Nacht zu marschieren gezwungen sein wirst, gleich dem stets ungestiefelten, doch um so erfolgreicher fröschesuchenden Reiher.

Ich hätte gedacht, daß jeder, der Witz genug im Kopfe trägt, eine solche Schilderung für witzig genug finden würde, um nicht ins Grollen und Schmollen darüber zu geraten. Doch der englische Humor, schwarzgallig, unterkühlt, alle Welt kennt ihn, verläßt den echten Engländer sogleich, wenn ein loser Scherz sich nicht mehr nur auf alle Welt, sondern gerad auf ihn bezieht. Da ist der Witz so witzig nicht, daß er nicht sehr bald kitzlig oder hitzig werden könnte. Da steht die nationale Ehre auf dem Spiel – für mich gerade das rechte Fressen.

Oxford

Ich muß erwähnen, daß ich London zunächst nur als Reisestation auf dem Wege nach Oxford ansah. Wenn überhaupt mich irgend etwas mit den Engländern verband, so war es Oxford, diese eigentliche Wiege und Brutstätte all der wesentlichen Gedanken meiner eigenen Philosophie, zudem in merkwürdiger Partnerschaft zu Paris, sind doch beide Universitäten um 1200 fast gleichzeitig als die ersten Europas gegründet worden.

Oxford – das bedeutete für mich zuvördert die Erinnerung an Johannes Eriugena, der im 9. Jh. von Alfred dem Großen dorthin berufen worden sein soll, ehe er um 845 auf Bitten Karls des Kahlen zum Leiter der Hofschule in Paris wurde. Mit seltenem Mut war es dieser Mann, der als erster den christlichen Glauben an die menschliche Vernunft binden wollte, indem er die Erkenntnisfähigkeit des Menschen in jedem Falle höher stellte als die Autorität des kirchlichen Lehramtes. Autorität, sagte er, ist »nichts anderes als die durch die Kraft der Vernunft entdeckte Wahrheit.« So etwas schrieb dieser erstaunliche Mann vor über 700 Jahren! Wahre Philosophie bestand für ihn darin, die Gedanken Gottes zu denken; sie war deshalb für ihn ganz und gar eins mit wahrer Religion. Wer sich versenkt in das Wesen der Dinge, so lehrte er, der tritt ein in die Sphäre einer eigenschaftslosen Gottheit, die, selbst noch das reine Nichts der Gedanken, sich selber bewußt wird im Akt der Schöpfung aller Dinge, die aus den ewigen Ideen der göttlichen Weisheit selber hervorgehen. Alle Dinge deshalb sind nichts als Erscheinungen Gottes, das menschliche Leben aber sollte sich vollziehen als Selbstoffenbarung Gottes in uns, und die Weise, in welcher die Gottheit sich mitteilt, ist nichts als gelebte Menschlichkeit selber. Als das Ziel der Schöpfung betrachtete Johannes Eriugena die Rückkehr aus der Vielheit in die Einheit, und er erblickte darin die fortschreitende Gottwerdung der Welt selbst, welche die ursprüngliche Weltwerdung Gottes wieder aufhebt. Am Ende schließt sich in seinen Augen der Kreis, und ewige Ruhe kehrt ein. Nur dieser letzte Gedanke mißfiel mir – die Welt selbst ist ewig, wie Gott, denke ich, und es gibt in Ewigkeit keine Ruhe. Das Hauptwerk des Johannes *Von der Vielfalt der Natur* indessen galt allein schon für so gefährlich, daß es noch vierhundert Jahre später, 1225, in Paris als häretisch verbrannt wurde. Tröste Dich, Felipe, bei Dir wird man rascher vorgehen. Du bist noch gefährlicher.

Oxford – das war für mich auch der Lehrer und Kanzler der Universität im 13. Jh., Robert Grosseteste. Er war der erste große Philosoph der Natur, ein Schüler des Albertus Magnus, er war sogar Bischof von Lincoln, und er war, wie ich selbst, ein glühender Verehrer des Lichtes. Das Licht hielt er für »das Instrument, mit welchem die Seele auf den Körper wirkt«; und selbst der Grund aller Schönheit war für ihn ganz und gar in Licht getaucht. Das Licht war für ihn die Grundenergie der geschaffenen Welt und eben deshalb ein universelles Symbol religiöser Erkenntnis. »Wie ... die schwachen Augen des Körpers die gefärbten Körper nur sehen«, schrieb er, »wenn das Sonnenlicht darüber ausgegossen liegt, sie aber das Sonnenlicht in sich selbst nicht schauen können, sondern nur insofern es über die gefärbten Körper ausgegossen ist, so schauen auch die Augen des Geistes die wahren Dinge nur im Lichte der höchsten Wahrheit, die höchste Wahrheit selbst in sich (aber) können sie nicht schauen, sondern nur in Verbindung und bei einer gewissen Ausgießung über die wahren Dinge.« Man muß diesen Sätzen nur hinzufügen, daß die »Ausgießung des Lichtes« über die geschaffenen Dinge nur Sinn macht, wenn sie selbst als ein endlicher Spiegel des unendlichen Gottes verstanden werden, und schon erblickt man vor 300 Jahren bereits das Gebäude meiner eigenen Gedanken in Oxford in meisterhafter Vollendung vor Augen gestellt. Wäre ein Robert Grosseteste Bischof von Neapel – mit welcher Freude wollte ich sein Priester und Diener sein! Der christliche Glaube als eine Religion des Lichtes! Die Welt als ein Kaleidoskop der Ewigkeit in der Zeit! Der Mensch als ein sonnenhungriger Anbeter des Lichtes – das atmete den Geist der Alten Ägypter, das verwandelte die dunkle Kathedrale von San Marco in Venedig zurück in einen sonnendurchfluteten griechischen Tempel, das erweckte die heitere, etruskische Natur des Menschen wieder zum Leben! Das rief den Menschen zurück zu Freiheit und Selbstbewußtsein!

Selbstbewußtsein! Das wurde in *Oxford* alsbald zum Schlüsselwort des allzu früh, mit ganzen 38 Jahren, in Köln verstorbenen Johannes Duns Scotus. Er ist der erste wirkliche Skeptiker, der erste ehrliche Zweifler unter den Theologen, der begriff, daß sich die christliche Lehre und die menschliche Vernunft keinesfalls, wie Sankt Thomas noch glaubte, ergänzen; Duns Scotus ahnte zumindest ihre Verschiedenartigkeit und Widersprüchlichkeit. Gott hat die Welt in sechs Tagen gemacht, so steht es in der Bibel; er hat sie, vorsichtiger geredet, zumindest *in der Zeit* geschaffen, erklären die Theologen. Doch woher will man das wissen? Man weiß es nicht nur nicht, es ist sogar falsch, sage ich. Aber so weit war noch nicht Duns Scotus. Dafür bezweifelte er, daß man die Unsterblichkeit der Seele beweisen könne; alles Materielle zerfällt, warum da nicht auch alles Geistige? An dieser Stelle wiederum scheine ich selbst hinter den Fragen des 13. Jh.'s zurückgeblieben zu sein. Für mich ist alles Stoffliche nur eine Erscheinung des Geistigen, das sich in den einzelnen Stufen seiner Verleiblichung zu seinem wahren Wesen hin zu wandeln sucht. Nur wenn man in der Seele selber nichts weiter sieht als eine Funktion von Körpervorgängen, so löst sich das menschliche Leben im Tode als ganzes auf. Aber Materie – das ist immer Bestimmung von außen, das ist Mechanik in Raum und Zeit, das ist Unfreiheit und Gesetz. Schon deshalb muß es mehr geben als nur die Materie. Und doch spüre ich, daß hier mehr Fragen verborgen liegen, als ich mir zugeben möchte.

Immerhin aber gibt es zwei entscheidende Punkte im Denken des schottischen Johannes, die ich hätte erfinden müssen, wenn er sie nicht selber bereits gefunden hätte; das ist zum einen: die Vorrangstellung des Wollens vor dem Erkennen, das ist zum anderen: die Lehre von der Irreduzierbarkeit des Individuums.

Erkennen besteht, wie Duns Scotus richtig sah, in einer Wechselwirkung von Subjekt und Objekt, von Seele und Außenwelt, aber solange ich nicht weiß, was ich erkennen will, bleibt alles diffus und unscharf; es ist ein Akt meines Willens, der dem Erkenntnisvermögen die Richtung bestimmt. Diese Ansicht gilt von Gott nicht weniger als vom Menschen. – Ich freilich spreche nicht so gern vom Willen, als vielmehr von Sehnsucht, Leidenschaft und Liebe. Doch ein früh verstorbener Franziskaner- Mönch muß seine Seele sorgfältig hüten vor solchen Worten, das verstehe ich schon.

Aber dann: Das Individuelle steht höher als das Allgemeine! Bravo! Und der einfache Grund für diese These: Das Individuelle enthält geistig mehr an Bestimmungen als das Allgemeine, indem es die Washeit des Allgemeinen ergänzt durch die Diesheit! Zudem ist zwar das Allgemeine abzuleiten aus dem Individuellen, niemals aber das Individuelle aus dem Allgemeinen. – Es fehlte nur noch, diese Gedanken in ihren *politischen* Konsequenzen zu begreifen, und es wäre sogleich der Humanismus und die Reformation daraus hervorgesprungen! Dementsprechend hoch veranschlagte Duns Scotus auch den Wert der konkreten Erfahrung, vor allem im Bereich der Psychologie, sowie die Unabhängigkeit und Selbständigkeit des menschlichen Willens, der sich sowohl über die Gesetze der Materie erhebt als auch von Gott nicht versklavt wird.

Das alles bereits läßt sich wohl hören, wird aber gänzlich in den Schatten gestellt von einem anderen Franziskanermönch desselben Jahrhunderts in *Oxford*, der von den kirchlichen Theologen ebenso schmählich übergangen wird wie man meine Werke übergehen wird; ich meine den großen, unvergleichen Roger Bacon, einen Zeitgenossen des Thomas und Schüler des großen Grosseteste.

Schon rein äußerlich ähnelt sein Schicksal dem meinen wie ein Ei dem anderen, indem er bereits im 13. Jh. klar gesehen hat, welch eine dramatische Veränderung das christliche Weltbild durch die Naturwissenschaften erleiden müsse. »Es kann über Gott als den Schöpfer nicht richtig denken, wer über die Welt als seine Schöpfung verkehrte Ansichten hegt.« Solches konnte Roger Bacon schon lernen, als er von Oxford nach Paris ging, um die Vorlesungen seines Lehrers Albert des Großen zu hören. Aber wie anders griff er solche Gedanken auf als der »ewige«, der »engelgleiche«, der »seraphische« Lehrer Thomas von Aquin, dessen *Summe gegen die Heiden* hier auf meinem Tisch liegt, ohne daß ich jemals nur hineingeschaut habe. Mit ihrem vergilbten Papier habe ich im Gegenteil vor drei Tagen, um endlich Ruhe zu bekommen, damit begonnen, die Löcher der Zellenwände gegen die Ratten abzudichten – eine passendere Lektüre für intelligente Nagetiere läßt sich schwerlich finden.

Roger Bacons Schriften aber stehen in meinem Herzen geschrieben; ich brauche nur die Augen zu schließen, um sie zu lesen. Auch er war ein früh Vollendeter. Allein zwischen 1266-1268 schrieb Roger sein *Opus majus*, nebst einem Erläuterungsbuch und einer Einleitungsschrift, die er, wie ich, allesamt Papst Clemens IV. widmete; doch im Unterschied zu mir, hatte er Glück. Dieser Papst nämlich war erst nach dem

Tod seiner Frau in den geistlichen Stand getreten, und er hatte Rom als Papst nie betreten – zwei gute Gründe augenfällig, sich an ihn zu wenden; hätte der heutige Clemens VIII. auch nur ein wenig von diesem Papst, wahrlich, ich wollte meine Tage in Frieden mit seiner Kirche beschließen. Doch Papst hin, Papst her, auch Roger Bacon, kaum war Clemens IV. am 29.11.1268 in Viterbo verstorben, wurde der Häresie und der Hexerei angeklagt – siehe zur Erklärung Prediger Salomonis (1,9): »Was gewesen ist, wird wieder sein, und was geschehen ist, wird wieder geschehen, es gibt nichts Neues unter der Sonne« – zehn Jahre mußte auch er in Klosterhaft verbringen. Tatsächlich aber, das muß man zugeben, waren seine Gedanken auch derart unzeitgemäß, daß manchmal sogar er selber vor der eigenen Kühnheit zurückzuschrecken scheint. Während man in Paris in jenen Tagen immer noch glaubte, die Naturphilosophie unter das Diktat der Theologie stellen zu können, erkannte man in Oxford längst schon die fundamentale Bedeutung empirischer Forschung, gestützt auf experimentelle Beobachtung und mathematische Berechnung. Roger Bacon seinerseits erfand die ersten Vergrößerungsgläser und beschäftigte sich mit der Strahlenbrechung in Prismen und Linsen, er versuchte sich an Berechnungen über die Größe von Sonne und Mond, er widmete sich der Erforschung chemischer Reaktionen und wußte um die Wirkung des Schießpulvers, vor allem aber: er ließ als wahre Erkenntnis nichts gelten, was nicht durch sorgfältige Erforschung der Dinge selber zu gewinnen war. Wer außer Roger Bacon hätte schon dem »großen« Albert und dem noch viel »größeren« Thomas vorzuwerfen gewagt, daß sie Kindern glichen, die sich als Lehrer aufspielen mochten, noch ehe sie nötig fänden zu lernen!

Aber nur recht so!

Der göttliche Thomas etwa hielt es für richtig, umfangreiche Kommentare zu den Schriften des Aristoteles zu verfassen ohne jedwede Kenntnis des Griechischen und ohne die notwendigen Voraussetzungen in Mathematik und Physik –

seine gesamte Naturphilosophie basiert auf nichts als theologischen Vorurteilen und den entsprechend zurechtgelegten Zitatensammlungen der Kirchenväter! Er konnte sich lang und breit über die arabische Philosophie und über den Koran ergehen, ohne auch nur den Namen Allahs auf arabisch schreiben zu können! Auf diese Weise, meinte ganz richtig Roger Bacon, trägt man nicht zur Vermehrung wirklichen Wissens bei, sondern nur zur Verbreitung tradierter Voreingenommenheit und blinder Autoritätshörigkeit – den beiden Hauptfeinden wissenschaftlichen Fortschritts! Sprachphilosophie und Sprachenstudium hingegen, Naturphilosophie und Naturwissenschaft galten ihm als die wirksamsten Waffen im Kampf gegen die scheinbar allmächtigen Gegner aller Vernunft: gegen Konvention und Tradition, Ignoranz und Arroganz, Autoritarismus und Totalitarismus.

So konnte Roger Bacon sprechen, solange er *Philosoph* war; da war er großartig; sobald er indessen zum »*Theologen*« wurde, widerrief er oftmals seine besten Einsichten. Da galt ihm die Theologie, die ohne das Autoritätsprinzip des kirchlichen Lehramtes nicht einen Tag überleben könnte, nach wie vor für die Königin der Wissenschaften, da beteuerte er in heiliger Unschuld, alles Wissenswerte sei schon in der Bibel enthalten, und der Heilige Vater zu Rom sei geradewegs der Stellvertreter Gottes auf Erden. Ohne es selber zu wissen, steht Roger Bacon ohne Zweifel schon im 13. Jh. für den beginnenden Zerfall zwischen Glauben und Vernunft, zwischen Theologie und Naturwissenschaften, den ich mit meiner Konzeption des Kosmos gerade überwinden wollte.

Immerhin hat Bacon für alle Zeiten doch bereits den richtigen Weg zur Lösung des Problems gewiesen, das er selbst geschaffen hatte: Man kann die Lehren des Christentums mit der Freiheit des Denkens nur versöhnen, wenn man in der Botschaft Jesu nichts anderes erblickt als einen Ausdruck dessen, was allen Menschen in ihren religiösen und sittlichen Überzeugungen gemeinsam ist; unter der Offenbarung Gottes, mit anderen Worten, ist die Bewußtwerdung der Grundlagen der natürlichen Religiosität des Menschen zu verstehen. Dieser These stimme ich uneingeschränkt zu. Denn nur so scheint eine sinnvolle Synthese von Göttlichem und Menschlichem möglich.

Allein diese Perlenkette ehrwürdiger Namen, die ich hier aufzähle, würde der Ehre *Oxfords* zur Genüge gereichen; doch kann man an diese ruhmreiche englische Universitätsstadt nicht denken, ohne des größten von allen: William von Occam, geboren um 1295 in der Grafschaft Surrey, zu gedenken; denn obgleich er als Lehrer erst in Paris sich hervortat, ward er doch gebildet im Geiste des englischen Empirismus. Auch er verfaßte, wie ich selbst in Toulouse, einen *Kommentar zu den Sentenzen des Petrus Lombardus,* und, gleich mir betonte auch er die Unterschiedlichkeit, ja die Gegensätzlichkeit von Theologie und Philosophie, von Glauben und Wissen; auch bei ihm rangierte, schon aus Gründen der Erkenntnistheorie und Logik, die individuelle Existenz ganz zuoberst, und auch er wußte um die fundamentale Bedeutung des Willens und damit um die letztlich irrationale Grundlage von allem, was ist. Nicht zuletzt aber liebte er es, ganz wie ich auch, bestimmte Thesen, um sie recht plastisch zu illustrieren, in bizarrer Gestalt in den Stein zu meißeln. Gott, erklärte er zum Beispiel, hätte, um seine Allmacht unter Beweis zu stellen, durchaus auch in der Natur eines Esels, statt eines Menschen, zur Welt kommen können – das war gerade so viel wie mein trinitarisches Ochsengemächte – die übliche Aufregung unter allen Esen, natürlich, begriffen sie doch mal wieder nur allzu spät, daß der geduldige und gütige William Occam mit solcher Rede lediglich der Hoffnung nicht hatte gänzlich entsagen wollen, es möchte Göttliches selbst zwischen den charaktervoll geschwungenen Ohren seiner niemals hörenden Hörer irgendwann doch noch sich zeigen. Es zeigte, selbstredend, sich nicht, vielmehr zerrte man ihn im Jahre 1324 vor das Inquisitionsgericht von Johannes XXII. in Avignon, und wie stets, wenn solch ein »Prozeß« erst einmal im Gange ist, verurteilte man seine Lehren in Bausch und

Bogen, allerdings damals in der erfreulich kurzen Dauer von nur zwei Jahren Bedenkzeit. Auch das Inquisitionsgericht ist erkennbar nicht mehr das, was es einmal war.

Mit solchen Vorbildern an meiner Seite also überquerte ich auf der etwa 80 Kilometer langen Straße von London nach Oxford das sanfte Hügelgelände der Chiltern Hills, um nach einer Fahrt von zwei Tagen ans Ziel zu gelangen, nach Oxford, meinem Oxford, nicht ahnend, daß mein Herz mich zu einer modernen Vergangenheit trug, während die Hufe der Pferde mich just in eine veraltete Gegenwart brachten. In London selbst hatte ich nur kurz bei meinem verehrten Gönner und Gefährten, dem Marquis de Mauvissière, verweilt, traf ich ihn doch voller Verständnis für meinen Plan, auf eigene Faust das Glück eines Lehrers in Oxford zu suchen. Unterstützung fand ich bei meinem Plane vor allem auch in meinem altbekannten Freund Sir Philip Sidney, der mir seit unserem flüchtigen Treffen damals in Mailand die Treue hielt – in gewissem Sinne mir gegenüber ein Seelenverwandter in seinem Mut, die Freiheit des Denkens in Kunst und Wissenschaft zu fordern und zu fördern, und ebenso in der Romantik des Gefühls, die seine Werke auszeichnet: Seine Sonette in dem Gedichtbändchen *Astrophel und Stella* verrieten ebenso unsterblich die Sprache der Liebe wie meine philosophischen Gedanken an Dich, Du meine liebe Diana; ja, genauer besehen, waren sie allesamt gerichtet an die zauberhaft schöne Penelope Devereux, die Sir Philip in jungen Jahren schon kennen und lieben gelernt hatte, ehe sie als Lady Rich bekannt wurde. Beide, der französische Legat nicht weniger als der englische Adlige, unterstützten meine Absichten zur Weiterreise nach Oxford. Und was also hätte mich hindern sollen?

Meine Tage im Frühjahr 1583 in Oxford ließen sich ausgezeichnet an, indem ich durch Sir Philip auf John Florio verwiesen wurde. In diesem ausgezeichneten Manne gewann ich sehr bald einen unschätzbaren Freund und Helfer. Er war damals gerade 30 Jahre alt, doch reifer als die meisten Menschen dieses Alters. Durch das Schicksal seines Vaters war er zutiefst in den Wahn der religiösen Streitereien unserer Tage hinein*gezogen*, das hieß für ihn: zu Toleranz und Weisheit hin*erzogen* worden.

Michelangelo Florio, so der Name seines Vaters, war als Waldenser von der römischen Inquisition inhaftiert worden, hatte aber aus dem Kerker fliehen können. – Es ist, nebenbei bemerkt, äußerst seltsam, daß ich in diesen Mauern niemals überlegt habe, wie ich durch Flucht mein Leben retten könnte. Die Wände, der Boden, die Türen, die Schlösser, die Wachen – ich habe nie überprüft, wie viele Chancen sie mir ließen. Offenbar will ich entweder ein Recht auf geistige Freiheit *oder* den Tod; *das* ist meine Haltung geworden. Um mein äußeres Leben kämpfe ich nicht mehr. – Johns Vater aber, in London zum Prediger der protestantischen Italienergemeinde bestellt, mußte sogar noch ein zweites Mal fliehen, als Maria die Katholische, nach ihrer Heirat mit Philipp II., sich daran machte, »ihr« Land durch rücksichtslose Razzien von den Bekennern der Reformation zu reinigen. Er nahm Zuflucht in dem abgelegenen Val Bregaglia in der Schweiz – äußerlich ein Ort der Ruhe, innerlich aber erschloß gerade die Zeit dort dem kleinen John eine ganze Welt. Sein Vater lehrte ihn Lateinisch, Italienisch, Englisch, so als wollte er seinem Sohne die Anschauungen des Roger Bacon von der Wichtigkeit der Sprache geradewegs in die Wiege legen.

Tatsächlich wurde für den gelehrigen Sohn des Michelangelo Florio das Bemühen um die Sprache später zu einem philanthropischen Bekenntnis: Wenn Menschen, so dachte er, nur erst miteinander richtig zu reden beginnen, so würden sie schon anfangen, einander besser zu verstehen, und aus dem Verstehen würde hervorgehen das Lieben und aus der Liebe der Friede. Dieser kleinwüchsige, zierliche, kraushaarige Angloitaliener mit seinen dunklen, stets traurigen Augen begriff das System von Grammatik und Wortschatz allen Ernstes als ein Instrument zur Befriedung der Menschheit, das er für wichtiger hielt als alle Grenzverträge und Handelsabkommen der Staatsmänner.

»Um die Seele eines Menschen zu verstehen«, erklärte er mir, »mußt Du hören, wie er spricht; das meiste bleibt ja ungesagt, es steht nur zwischen den Zeilen; aber dieses Ausgesparte wird doch angedeutet durch das Ausgesagte, während es seinerseits den Sinn der Aussagen allererst festlegt.«

»Wie meinst Du?« fragte ich erstaunt.

»Nun, die Sprache der Menschen ist wie ein Gemälde. Ihre Worte sind die Farben, die grammatikalischen Regeln bestimmen die Muster und Formen der Schönheit, das Verschweigen aber ist wie die Schattierung und Konturierung der Gestaltung. Manchmal genügt ein kleiner schwarzer Punkt oder Strich, um das Auge oder den Mund eines Menschen zu malen, und Du siehst darin sein Lachen oder seinen Schmerz, seine Hoffnung oder seine Verzweiflung. So muß man auch beim Zuhören oft mehr achtgeben auf die dunklen Punkte und Striche, in denen jemand schweigt, als auf das, was er ins helle Licht rückt. Allerdings, um das Schweigen zu verstehen und richtig zu deuten, muß man die Sprache eines Menschen bereits ziemlich gut kennen.«

»Ist das nicht eine Sache der Phonetik und der Rhetorik?« wandte ich ein.

Ich hatte diese Bemerkung fast wie gelangweilt hingeworfen; Sprachphilosophie war nie eigentlich mein Thema gewesen; er aber sah mich erstaunt an. »Das stimmt,« murmelte er leise, und ich wußte, was er *nicht* sagte: er würde ein neues Werk über die Sprache schreiben. Vor fünf Jahren erst, kaum in seinen Geburtsort London zurückgekehrt, hatte dieser ebenso sensible wie zähe Mann als erstes sich hingesetzt und die *First Fruits* (Erste Früchte) zu Papier gebracht, in denen er in 44 Dialogen nebst einem grammatikalischen Teil die Engländer in die italienische Sprache einzuführen suchte. Die Italiener mochten Katholiken sein oder Protestanten, die Engländer mochten Protestanten sein oder Katholiken – wäre es nicht möglich, daß sich selbst die Religionsunterschiede eines Tages nur als Sprachprobleme erwiesen? Man müßte die Menschen nur dahin erziehen, von ihren Erfahrungen zu reden, nicht von den Doktrinen, die andere ihnen als Vorurteile über ihr Leben beigebracht hatten, dann würden sie doch die Möglichkeit gewinnen, sich, jenseits der willkürlichen Grenzziehungen der theologischen Doktrinäre, einer im anderen wiederzuerkennen. Doch dazu müßte man sie lehren, als Menschen, nicht als Interessenvertreter einer bestimmten Partei oder religiösen Gruppierung, miteinander ins Gespräch zu kommen. Und eben das, so hoffte John, wären die »ersten Früchte« der Menschlichkeit vermittels der Sprache.

»Filippo«, sagte er, »Deine Bemerkung über die Rhetorik vorhin ist genial. Ist Dir schon aufgefallen, wie vieles von dem, was wir sagen, gar nicht dem Zweck dient, eine bestimmte Absicht kundzutun, sondern sie im Sprechen selber überflüssig zu machen? Wenn wir z.B. auf jemanden sehr wütend sind, weil er gegen uns ungerechtfertigte oder nur halbberechtigte Vorwürfe erhebt, so können wir ihm den Worten nach ernsthaft versichern: Ich kratz Dir die Augen aus, oder: Ich schlag Dich tot. Doch indem wir in solch wüsten Worten unseren Ärger äußern, entlädt er sich schon, und wir werden im Sprechen schon wieder einigermaßen vernünftig und friedfertig. Gewiß, für gewöhnlich, in Verhandlungen etwa, bereitet das Sprechen ein Handeln vor; manchmal aber ersetzt eben das Sprechen geradewegs das Handeln.«

»Und woran erkennst Du nun, wann jemand Dich totschlagen will oder gerade dabei ist, friedfertig zu werden?«

»Nein, spotte nicht, Filippo, mir ist die Sache sehr ernst. Du hattest ganz recht: Auf die Phonetik und Rhetorik kommt es an. Vieles in der Sprache hängt von der Betonung ab. Derselbe Satz kann eine Aussage oder eine Frage enthalten, er kann mit einem Ausrufezeichen enden oder mit einem Fragezeichen, je nach Senkung oder Hebung der Stimme. Zu solch feinen Unterscheidungen aber sind wir offenbar nicht mehr imstande, wenn wir sehr zornig sind. Jeder Satz, den wir dann reden, wird zu Gekreisch und Gebrüll. In solchen Momenten scheint es sogar, als wenn wir gar nicht mehr selber redeten, sondern irgend etwas, ein bellendes, fauchendes, grunzendes Tier, sich unserer Sprache bediente.«

Dieser Gedanke leuchtete auch mir ein. Wenn doch sogar unser Erinnerungsvermögen, wie ich schon früher gesagt hatte, einer gewissermaßen »tierischen« Magie folgt, warum dann nicht auch unsere Sprache?

»Was aber folgt jetzt für Dich daraus?« fragte ich aufmerksam. – In meinem Leben ist es nicht oft geschehen, daß ich ehrliche Fragen an einen anderen Menschen gerichtet habe; vorzugsweise spielte ich vor anderen die vorteilhafte Rolle des Maestro, der, ungeduldig mit den Unbelehrbaren, die gerade noch Belehrbaren belehren will: »der Nolaner sagt«, »der Nolaner hat gesagt«, »der Nolaner würde sagen« – derart selbstverliebt geisterte ich durch die meisten meiner Dialoge. John Florio aber verstand es, immer wieder meine Neugier zu wecken. Anders als ich, schüchterte er mit seinem Wissen niemanden ein. Er war seiner ganzen Natur nach ein wirklicher »Übersetzer«, nicht nur weil er mit seinen Arbeiten den Engländern die Werke wichtiger italienischer und französischer Autoren erschloß, sondern weil alles, was er tat, im Dienst einer humanen Vermittlung geschah.

»Ich glaube«, meinte er nachdenklich, »daß wir in besonderen Augenblicken, wenn wir aufhören, eine persönliche Sprache zu führen, in Redensarten ausweichen. Wir sagen dann Dinge, die schlimm klingen sollen, die wir selbst aber so gerade nicht meinen. Oder ein anderer Fall: Manchmal behaupten wir etwas als feststehende Einsicht und Weisheit, obwohl wir genau wissen, daß wir von dem angesprochenen Sachverhalt nicht die geringste Kenntnis besitzen. Jede Sprache verfügt über einen riesigen Schatz solcher Redensarten, zur Selbstentlastung oder zur Täuschung. Daraus folgt: Um ein Volk zu verstehen, muß man vor allem den Schatz seiner Sprichwörter und Redensarten kennenlernen!«

»Ich glaube sogar«, nickte ich zustimmend, »daß es im Rahmen ganzer Sätze, vor allem wenn sie so anschaulich und witzig sind wie die Redensarten des Volkes, einem Lernenden viel leichter fallen wird, sich die einzelnen Vokabeln und grammatikalischen Regeln einer fremden Sprache zu merken, als wenn er sie isoliert dargeboten bekommt.«

Es war nur konsequent, daß wir sehr bald schon, in London, die *Second Fruits* herausgaben, die ein besonderes Gewicht auf die Redensarten legten, – manche besonders amüsante Zitate übernahm John aus meinem *Kerzenanzünder*.

Allerdings – daß wir uns »sehr bald« schon von Oxford nach London begaben, hatte einen Grund, den ich gerne verschweigen würde, da ich von ihm bis heute nicht weiß, ob ich mich für ihn schämen oder rühmen soll: Ich meine damit nicht den albernen Plagiatsvorwurf, mit dem man mich von der Universität jagte, nur weil man eine nicht weiter gekennzeichnete Probe meiner Gedächtniskunst als einen angemaßten Vortrag eigener Gedanken mißverstand oder mißverstehen wollte; ich meine mein *Aschermittwochsmahl*, das heißt die Begebenheit, die im 4. Dialog dieses Buches erwähnt wird.

Ich lehrte gerade drei Monate an der Oxforder Universität, als der Besuch des polnischen Prinzen Alberto a Lasco der ganzen Stadt Anlaß zu einem gesellschaftlichen Spektakel ersten Ranges bot. Man tat, wie üblich, das Beste. Der Prinz war katholisch – er war also fromm, nicht eben zwar in der richtigen, in England also der protestantischen Religion, doch das ließ sich dezent überspielen: In einem großen Festzug, Krethi und Plethi waren auf den Beinen, ward er vom Stadteingang zu einer der zahlreichen Kirchen Oxfords geleitet und ihm eine besonders wertvolle Bibelausgabe überreicht. – »Gebet alles, was ihr habt, den Armen«, steht zwar auch in dieser Bibelausgabe, doch wenn man ein solches Wort in Goldbuchstaben schreibt und es zusätzlich noch mit Edelsteinen einfaßt, zeigt sich doch so recht, für wie wertvoll man das Gotteswort selber einschätzt. Die ganze Prachtentfaltung der Mächtigen im Namen der Religion muß man offenbar nur richtig verstehen. Wie pflegtest Du selbst doch zu sagen, Du weiser Filippo: Es liegt ganz an dem Standpunkt, ob Dir die Woge des Meeres hell oder dunkel erscheint. – Was die Religion angeht, so ist mein Standpunkt inzwischen gewiß sehr einseitig geworden; genauer gesagt: es ist mir mittlerweile egal, was sie da treiben; aber die Fragen der Philosophie erregen mich immer noch mit der seltsamen Glut göttlicher Begeisterung. *Hier* war und ist jede Form von Heuchelei mir nach wie vor unerträglich.

Daran mag man ermessen, wie unerträglich mir der Besuch dieses polnischen Prinzen werden mußte. Der Prinz sprach Lateinisch – er war ein Gelehrter! Also: Die Universität gab sich die Ehre, ihn drei Tage lang bei sich zu Gast zu bitten!

Das Programm: 1. Tag: ein Festessen im Beisein der Studenten. Richtig! Die Alumni müssen beizeiten lernen, was Adel und Kultur ist, – spätestens nach dem vierten Glas Freibier werden sie eine solche Lektion in alle Zeit auf lullische Weise kommemorieren können.

2. Tag: Vorlesungen und Theatervorführungen. Noch besser! So lernten die Studenten gerade noch rechtzeitig, wie gering der Unterschied zwischen beidem sein kann – das Theater als Katheder und das Katheder als Theater!

Im Unterschied zu den englischen Dozenten sind die Schauspieler auf der Insel wirklich hervorragend. Auf jedem beliebigen Marktplatz, mit wenigen Requisiten, schaffen sie wahre Wunderwerke der Mimik und der Phonetik, und wie John mir versicherte: die Texte ihrer Stücke, die sie zum größten Teil selber schreiben, sind von erlesener Sprachkraft, lyrischer Freiheit, aggressiver Polemik, tragischer Bitterkeit, sehnsüchtiger Zärtlichkeit und fast immer von einer nicht zu besiegenden Wehmut. Einen gewissen William Shakespeare erwähnte John manchmal als ein besonders begabtes, junges Talent. Nun, so wird auch er vermutlich schon im Tower of London sitzen wegen Majestätsbeleidigung, oder Elisabeth müßte denn wirklich die Königin sein, für die ich sie ausgab – wenn sie denn überhaupt noch regiert.

Doch zurück zu den Vorgängen in Oxford – irgend etwas scheint mich zu hindern, darauf ohne Umschweife zu sprechen zu kommen; gleichwohl: 3. Tag und krönender Abschluß: eine öffentliche Diskussion.

Mit dieser Diskussion eigentlich, nicht wegen einer unterlassenen Zitation fremder Autoren, begann für mich das Ende meines Wirkens in Oxford.

Welch ein Teufel an diesem Tag mich geritten hat, weiß ich nicht. Ich ging bei dieser Diskussion, wenn das eine Erklärung sein kann, von zwei Voraussetzungen *aus* und mit einem festen Plan *hinein*, und um es kurz zu sagen: alles, was ich an diesem Tag unternahm, geriet zu einer Katastrophe. Denn die »Voraussetzungen« erwiesen sich, trotz ihrer inneren Logik, als vollkommen irreal, und mein »Plan« war von vornherein von aberwitzigem Ehrgeiz geprägt.

Näher gesprochen: Die *erste* Voraussetzung bestand in der euphorischen Annahme, nun endlich, in dem für seinen Pragmatismus und Realismus weltweit gerühmten Oxford, in den Fußspuren eines Johannes Eriugena und Roger Bacon, in aller Offenheit und mit allem Freimut meine naturphilosophischen Ansichten darlegen zu können. Jetzt oder nie! das in der Tat war meine Stimmung. Schluß, ein für allemal Schluß mit den mnemotechnischen Gaukeleien! Schluß auch mit den falschen Rücksichtnahmen auf die Kleingeisterei der römischen Inquisition! Schluß schließlich vor allem mit dem ewigen: »Der Stagirite aber ist der Meinung…« oder: »der große Ptolemäus aber hat gezeigt…«

»Hier, Ihr Herren«, würde ich sagen, so meine *zweite* Voraussetzung, »steht jemand vor Euch, ein Königssohn aus Polen, ein Mann von Adel und Bildung, in dem wir einen Landsmann, ja, in gewissem Sinne einen Landes*herren* jenes großen Astronomen und Mathematikers begrüßen und verehren dürfen, der wie kein anderer uns die Fenster der Welt zur Unendlichkeit geöffnet hat.«

Die Hoffnung auf wissenschaftliche Redlichkeit sowie das Kalkül diplomatischer Klugheit gegenüber der Ehrpuzzeligkeit eines polnischen Prinzen, diese beiden Axiome der Menschenkenntnis vereinigten sich in meiner Phantasie zu der wohlüberlegten Absicht, die Gelegenheit dieser Disputation zu nutzen, um dem Kopernikanischen Weltbild ebenso wie meiner eigenen Weltsicht vor den Augen des gelehrten Publikums zu einem endgültigen Durchbruch zu verhelfen. Der polnische Prinz, angesprochen auf den Genius seiner Heimat, die englische Königin, angesprochen als die Hüterin und Schirmherrin europäischer Wissenschaft, das geladene Kollegium des hochgelehrten Oxford, angesprochen als Zeuge eines welthistorischen Augenblicks, gekrönt fortan durch eine weltentscheidende Entdeckung unendlicher Bedeutsamkeit – in meinem Kopfe überschlugen sich die kühnsten Erwartungen und Hoffnungen und formten sich zu einem Kollosalgemälde heroischer Geistesart und weltüberlegener Berühmtheit, in dem ich selber natürlich den Matador markierte.

Die Wahrheit zu sagen, schätzte ich alle Faktoren der Handlung vollkommen falsch ein, indem ich sie *über*schätzte, mich selber mit eingeschlossen. Die Fairneß der Wissenschaft – sie erwies sich als Farce, und ich hätte es mir denken können! Denn selbstredend wußten die Herren Theologen wieder einmal genauestens Bescheid in allen Belangen der Schöpfung, und der allwissende und allmächtige Gott als der Herr und Urheber der Schöpfung hatte es ihnen seit eh und je schon geoffenbart – wer an der ehrwürdigen Universität zu Oxford gab sich in dieser Diskussion da eigentlich nicht als »Theologen«, wo doch ein so frommer und gläubiger polnischer Prinz eigens in das fromme England gekommen war! Ein polnischer Prinz hat natürlich auch einen Anspruch darauf, in den Stunden gastlicher Großzügigkeit nicht durch häretische Äußerungen beunruhigt oder belästigt zu werden; immerhin war er doch sogar des Lateinischen mächtig und folglich imstande, bei der Diskussion zu-

mindest die Thesen, wenn schon nicht gerade ihre Begründung zu verstehen. Man muß nur den königlichen Kaplan
Dr. John Underhill in seiner Eigenschaft als Rektor des Lincoln College sich vorstellen, um einen Begriff von der wissenschaftlichen Qualität dieser ausgemachten Posse von einer Podiumsdiskussion zu erlangen.

Alles hub damit an, daß seine Exzellenz Herbert Westpha-
ling dem Prinzen eine lateinische Begrüßungsrede hielt, in
der er den Geist der Universität zu Oxford beschwor wie
eines der berühmten englischen Schloßgespenster, um hernach seine müden, schleppenden Redensarten über die Ehre
des fürstlichen Besuches, über die Beehrung seiner Person
mit der festlichen Laudatio, über die Ehrwürdigkeit der versammelten Festgäste sowie all der geladenen Honoratioren
vorzutragen, ganz so, als wollte er dem edlen Prinzen vor
der eigentlichen Hauptspeise ein wahres Krabbenragout
kurzfüßiger, glitschiger und hirnloser Absonderlichkeiten
vorweg servieren. Nein, lieber John Florio, gewisse Redensarten charakterisieren keinesfalls zunächst den Geist eines
Volkes, sie kennzeichnen als ersten den Ungeist bestimmter
Volksvertreter! Ich jedenfalls kochte vor Zorn, als ich Rede
um Rede diesen sinnlosen Artigkeiten einer eitlen Etikette
beiwohnen mußte. Um so gespannter wartete ich natürlich
auf die Gelegenheit meines eigenen Auftritts. Sie kam, nach
anderthalb Stunden nichtiger Nettigkeiten.

»Meine Herren«, begann ich – von den ebenso kühlen wie
koketten englischen Damen war keine einzige anwesend –,
»mir will scheinen, daß alle Formen der Ehrung eines Menschen weder dem Adel seiner Geburt noch dem Titel seines
Ranges noch der Seltenheit seiner Gegenwart, sondern einzig dem Grad seiner Einsichtsfähigkeit gewidmet sein sollten. Denn grundlos ist die Gnade der Geburt, philosophisch
belanglos die Würde eines Amtes und vollends nebensäch-
lich die Befindlichkeit eines Menschen an seiner Stelle im
Raume, es sei denn, wir wollten einen Ochsen, der sich auf
das Dach eines Wirtshauses verirrt hat, höher achten, als

wenn er sich, wie gewöhnlich, unter seinesgleichen im Hof oder Stall aufhielte.«

»Hört, hört!« »Unerhört!« »Aufhören!« Tumult entstand. Ich aber, gelassen mich gebend, fuhr fort:

»Wenn wir nun also dem polnischen Prinzen Alberto a Lasco am heutigen Tage die Ehre erweisen, an einer Stätte der Gelehrsamkeit zu weilen, die einen Robert Grosseteste und Roger Bacon hervorgebracht hat…«

»Unsinn.« »Alte Geschichten!« »Zur Sache!«

Manche Studenten, aber auch manche Dozenten werden es nie lernen, zuerst zuzuhören und nachzudenken, statt zu quieken und zu grunzen wie jene Tiere, die man in England besonders gerne zu essen pflegt und deren Säfte irgendwie in das Gehirn ihrer Verzehrer gedrungen sein müssen.

»…, so sollten wir ihn ehren auf den einzigen Grund hin, um dessentwillen einem denkenden Menschen Ehre gebührt – eben daß er als denkendes Wesen zu denken imstande ist.«

»Tautologien! Nichts als Tautologien!«

Wie um die selbst entfachten Wogen zu glätten, fuhr ich mit beiden Händen langsam über die Köpfe des Auditoriums hin, um unversehens mit ausgestrecktem Zeigefinger auf den Prinzen selber zu deuten: »Denken, das heißt, in ein vernünftiges Verhältnis zur erkennbaren Wirklichkeit zu treten. Das Insgesamt der Wirklichkeit aber ist der Kosmos. Die Größe des Denkens folglich zeigt sich daran, für wie groß in Gedanken die Maße des Kosmos selber gehalten werden. Begrenztes Denken beliebt, das Weltall eng zu begrenzen, unendliches Denken hingegen ermißt die Maßlosigkeit einer wesenhaft unendlichen Welt.«

»Wie das?«» »Schluß jetzt!« Das Rumoren ging weiter.

»Man fragt allen Ernstes«, erklärte auch ich jetzt mit erhobener Stimme, »was das soll? Ja, ist man denn hierorts so ungebildet und roh, über die Einladung eines polnischen Prinzen nicht augenblicklich des größten Astronomen nicht nur des lokalen Gebiets seiner Herkunft, sondern der Welt insgesamt zu gedenken?«

»Großsprecher!« »Wichtigtuer!« Die Zwischenrufe nahmen an Heftigkeit eher noch zu; und so wenig ich mich von ihnen beeindruckt zeigen wollte – da es niemanden gab, der zu meinen Gunsten die Ordnung des Rederechts in dieser »wissenschaftlichen Disputation« hätte wiederherstellen wollen, sah ich mich doch unvermittelt zu Kürze und Konzinnität gedrängt.

»Ich fasse zusammen und stelle als These auf, …«

»Endlich!« »Nun also!«

»…, daß wir in dieser Stunde, in Anwesenheit des hochgeladenen und hochgelehrten polnischen Prinzen Alberto a Lasco, über kein Problem, weder der Gotteslehre noch der Schöpfung noch der menschlichen Natur, ja, daß wir, sage ich, auch über kein Problem der politischen Beziehungen noch der wissenschaftlichen Ausbildung vernünftig werden sprechen können, ohne daß wir unseren eigenen Standpunkt innerhalb der Dimensionen der Zeit und des Raumes recht wollen positionieret haben. So wie es des Prinzen allein würdig ist, seines Landsmannes Nikolaus Kopernikus Erwähnung zu tun, so ist es Gottes, dessen wir als Theologen und Männer des Geistes Boten und Zeugen sind – oder doch sein sollen –, würdig allein, ein Weltall uns vorzustellen und als denknotwendig zu denken, daß in der Zeit so unendlich ist, wie jenseits des Raums und der Zeit in ewiger Gegenwart die Gottheit selber. In Anbetracht dessen, erkläre ich und behaupte, in offenem Widerspruch zu den zweitausendjährigen Lehren des Stagiriten und des Ptolemäus sowie zu den vierhundertjährigen Lehren des heiligen Thomas: daß die Sonne *nicht* stillsteht im Tale Ajalon, sondern daß die Erde sich dreht um die Sonne, und daß es keine Fixsternschalen gibt noch ein Empyraeum noch eine Quinta Essentia; was es gibt, ist ein allseits offenes unendliches Weltall mit unendlich vielen Sonnen und Planeten, ähnlich den unsrigen, bewohnt von unendlich vielen Intelligenzen, ähnlich den unsrigen, aber befindlich in unterschiedlichen Wandlungsstufen der Reifung auf dem Weg der Verwirklichung einer unendlichen

Vielfalt von Möglichkeiten, die in jedem einzelnen angelegt sind. Dies, kurz gesagt, ist meine Proposition, die ich in aller Form zu wissen kundtue und hiermit zur Diskussion stelle.«

Das Jojo und Hoho, das sich darob erhob, bleibt selbst für einen sprachlich nicht ungewandten Schreiber wie mich wahrhaft unbeschreiblich. Diese Engländer haben ein Herz, das so ungestüm rauscht wie die Wogen des Meeres an den Klippen von Cornwall, aber ihr Kopf scheint die halbe Zeit ihres Lebens so neblig umwölkt wie ihre königliche Hauptstadt zur Hälfte des Jahres. Ihr Enragement steht in krassem Mißverhältnis zu jeder Form eines vernünftigen Engagements. Mit anderen Worten, sie wissen mit sich so wenig wohin wie ein Blasenleidender, den man zum Harnverhalten verurteilt. Sie müssen sich äußern, schon um sich zu entleeren. Sie sind wie die Hunde, auf deren Zucht sie so stolz sind: Wo irgend diese einen Baum erspähen, müssen sie ihr Bein daran heben. Was also sollte es mich wundernehmen, daß sie auch an mir, in ihren Augen einer wohl veritablen Eiche, an diesem Nachmittag ihre Notdurft verrichteten! Ich hätte es mir denken können! Wie denn auch konnte ich nur in diesem gepuderten und aufgeplusterten Doktor John Underhill einen Overhill des Geistes vermuten, einen ebenbürtigen wissenschaftlichen Gesprächspartner und leidenschaftlichen Wahrheitssucher gleich mir? Er jedenfalls spannte sogleich alle Pferde vor seine aristotelische Retour-Kutsche, nur um mit Hüh und Brr den von mir gewiesenen Weg so schnell wie möglich in umgekehrter Richtung zurückzulegen.

»Unser geschätzter italienischer Kollege«, hub er an, »der ehrwürdige Meister Bruno, scheint nicht zu sehen, daß man zwischen den Kategorien des Möglichen und des Unendlichen – d.h. des schier Unmöglichen – wird unterscheiden müssen. Eine unendliche Welt ist logisch ein Widerspruch in sich. Denn wenn seit Unendlichkeit eine unendliche Anzahl geschaffener Seiender als in Entwicklung zu sich selber befindlich gedacht wird, so müßte sie längst schon als an ihr

Ende, sich zu entwickeln, gelangt und befindlich vorgestellt werden. Zu allem Geschaffenen gehört seine Endlichkeit, zu allem Ungeschaffenen seine Unendlichkeit. Das Unendliche, anders gesagt, ist die höchste Realität an sich selbst, und eben deshalb schon vermag es an Sein weder zuzunehmen noch abzunehmen, wohingegen das Endliche, eben wie sein Name schon sagt, niemals ins Unendliche sich zu entwickeln imstande ist!«

Jetzt hätte es diesen Oxforder Studenten angestanden, »Tautologie« zu brüllen und »Aufhören« zu fordern! Jetzt wäre ihr Protest eine geistige Pflicht gewesen, die wahrzunehmen ihnen Ehre und Respekt würde eingetragen haben. Statt dessen aber starrten sie wie gebannt auf den Kaplan Ihrer Königin und schienen wie berückt allein schon von seiner weißgelockten Perücke, einem Meisterwerk, wirklich, der adligen Coiffure.

»Eben daran, ehrwürdige Herren«, durchbrach ich mißmutig das Schweigen, »erkennt man unfehlbar den Fehler des aristotelischen Denkens, daß es trennt zwischen Seele und Körper, Geist und Materie, Freiheit und Gesetz. Die Seele des Menschen, wer wollte das leugnen, ist ein geschaffenes Seiendes, und doch lehrt uns der christliche Glaube in Einklang mit den Lehren des großen Griechen Platon sowie in Übereinstimmung auch mit den Überzeugungen der weit älteren Religion der Alten Ägypter, daß sie, geschaffen in der Zeit, bestimmt ist zu ewigem Leben. Gott erschafft in der unsterblichen Seele sich selber das Gegenüber eines nicht endenden Dialogs. Mein Kontrahent und Kollege, Herr Underhill, hat darin wohl recht, daß die geschaffene Welt als ganze an Sein und an Realität weder zunimmt noch abnimmt, doch darin mag ich ihm nicht rechtgeben, daß ein einzelnes Seiendes inmitten der Welt nicht einem ewigen Werden unterworfen sein könnte. Mit Ehrerbietung gegenüber meinen theologischen Disputanten – oder Debütanten – verwende ich ganz im Gegenteil als Philosoph einmal folgendes Gleichnis: All die Zeit über habt Ihr in Gottesgelehrsamkeit göttlich gelehrt, Gott habe den Menschen zur ewigen Freude des Himmels oder zur ewigen Strafe der Hölle bestimmt. Was auch immer mit Himmel und Hölle des näheren gemeint sein mag – fest steht, daß ein ewiges Leben ein unendliches Dasein voraussetzt, nur daß Ihr das ewige Sein der Seele stets in ein Überirdisches, Extramundanes, Weltüberlegenes setzen zu müssen vermeint habt; selbst nach Euerer Vorstellung aber ist die Seele, die Ihr in Euch tragt, keine andere als jene in alle Ewigkeit fortexistierende. Ihr selbst also sagt es und lehrt es und leugnet es nicht, daß es ein geschaffenes Unendliches gibt, das in alle Ewigkeit sich vervollkommnet in der Anschauung Gottes. Ich lediglich drücke mich umgekehrt aus, indem ich sage: Gott schaut sich an in dem, was er selber geschaffen. Freilich begrenze ich die Form der geschaffenen Unendlichkeit nicht, wie Ihr, auf die Seele allein, sondern in allem Materiellen erblicke ich gleichermaßen nichts anderes als gestaltgewordene Metamorphosen beseelter Zustände. Ihr, meine Herren, glaubt an einen Auferstehungsleib, bestehend aus der angenommenen Quinta Essentia jenseits der Sphären. Ich sage dagegen noch einmal: Es gibt keine derartigen Sphären, es gibt auch keinen derartigen Stoff, um Auferstehungsleiber daraus zu formen. Vielmehr: Was wir rings um uns her zu sehen vermögen, sind, wenn das Wort Euch gefällt, schon hier und jetzt die Auferstehungsleiber der vormals Verstorbenen inmitten einer Schöpfung, die immerzu den Tod benötigt, um ihn in immer neuen Formen des Daseins zu überwinden. Es gibt, wenn Ihr richtig versteht, nach meiner Überzeugung also durchaus kein Diesseits noch Jenseits, kein Hüben noch Drüben, nicht Zeit noch Ewigkeit, sondern alles in dieser Welt ist ein und dasselbe – ein unendlicher Strom in unendlicher Zeit. Schon hier inmitten der Welt durchleben und durchleiden wir daher alle Zustände eines irdischen Himmels, einer irdischen Hölle. Nichts ist endgültig, alles in Wandlung, um in seiner Wandlung aufzunehmen das Bild des unendlichen und unwandelbaren Gottes...«

Ich sprach immer erregter, immer exstatischer. Ich wollte nicht länger mehr aristotelisches Heu zerkauen und ausscheiden, ich wollte endlich meine kosmische, meine göttliche Vision vor den Augen der Weltöffentlichkeit darstellen, um sie zur Einsicht in die religiöse Herausforderung der kopernikanischen Erkenntnis förmlich zu zwingen. Als dann aber der gute John Underhill, dieser meditierende Maulwurf, wie schon sein Name sagt, sich nicht entblödete, seine veraltete Metaphysik auch noch mit veralteten »Argumenten« der Astronomie rechtfertigen zu wollen, da platzte mir, schlicht gesagt, vor lauter Blähungen der Kragen, und es entfuhr mir unversehens die Frage, ob es denn er, der edle und gebildete Doktor Underhill, Rektor des Lincoln College und geistlicher Würdenträger am Hof Ihrer Majestät, jemals für nötig befunden, die Schriften jenes ermländischen Astronomen, dieses edelsten und würdigsten Geistes auf dem Gebiete des hier anwesenden polnischen Prinzen, auch nur einmal in die Hände zu nehmen. »Natürlich nicht«, hätte er ehrlicherweise antworten müssen; dann aber hätte er allem weiteren in Ruhe zuhören und meinem Vortrag fortan mit eben solcher Geduld oder Ungeduld lauschen müssen wie ich selber vorhin den Lobhudeleien auf jenen polnischen Genius, dessen wahrer Genius Loci all diesen Schafsköpfen selbst in den 90er Jahren des 16. Jahrhunderts immer noch vollkommen fremd ist.

Unter »wissenschaftlichen« »Kollegen«, nebenbei bemerkt, schon weil sie in ständiger Konkurrenz um den Ruhm und Nachruhm ihrer Werke befindlich sind, ist es allemal üblich, Fragen nach der Belesenheit eines anderen »Lehrstuhlinhabers« nur aus der Position eigener Überlegenheit heraus zu stellen; der jeweils Unterlegene, wenn er, so angesprochen, nicht gänzlich blamiert dastehen will, hat, um seine Reputation zu retten, in solcher Lage im Grunde nur zwei Möglichkeiten: die unserer Hauskatze oder die meines Vaters.

Unserer Hauskatze, wenn sie von einem nolanischen Hunde verfolgt wurde, geschah es mitunter, daß sie sich nach wilder Flucht in den Wipfeln eines nahe gelegenen Baumes wiederfand, kläglich miauend, wie sie wohl wieder hätte aus solch luftiger Höhe auf den Boden heruntergelangen können; als Jungen oblag es dann mir, mit einer Leiter bewehrt auszurücken, um das ebenso dumme wie verängstigte Tier wieder mit seinen vier Beinen auf die Erde zu stellen. Eine solche Taktik hätte ich meinem Kontrahenten in jenem Augenblick nur gewünscht; denn so viel war klar: einen John Underhill, wenn er nach dem Vorbild unserer Hauskatze sich etwa zu der Behauptung hätte versteigen wollen, ihm sei der Kopernikus längst schon geläufig, würde ich nie und nimmer von seinem Lügenbaum wieder heruntergeholt haben; ich hätte ihm wollen vielmehr ein Feuerchen um seine Schnurrhaare entfachen, daß er selber, um seine bloße Haut zu retten, kopfüber den freien Fall bis zum Boden der offenkundigen Tatsache seiner bloßen Unwissenheit und Dummheit hätte zu üben gehabt.

Doch so dumm war auch ein John Underhill nicht, daß er in seiner Lage nicht lieber zu der Methode *meines Vaters* Zuflucht nahm: »Wenn Du«, pflegte dieser zu sagen, »im Krieg einen Mann fangen willst, der sich auf einem Baume versteckt hält, so darfst Du ihm nicht nachklettern – das ist zu gefährlich; wenn Du kannst, nimm eine Axt oder Säge und fälle den Baum, oder säg ihm den Ast ab, auf dem er sitzt.« So jetzt versuchte es er, Rektor John Underhill, indem er die astronomischen Grundlagen meiner Thesen insgesamt in Zweifel zog. Umständlich, um Zeit zu gewinnen, rückte er sich die Perücke zurecht und deklamierte alsdann in getragener Feierlichkeit:

»Ich stelle fest: Die Thesen unseres verehrten Kollegen (so reden sie immer, wenn sie jemanden so sehr hassen, daß sie ihn beruflich wie persönlich vernichten wollen) sowie seine zusätzlichen Auslassungen und Einlassungen lassen, in aller Bescheidenheit, mich, der ich an diesem Tage die Gunst habe und den Vorzug genieße, sie zum ersten Mal in meinem Leben zu vernehmen, vermuten (ich verstehe nicht Englisch genug, doch dieser Mann sprach ein Latein, so unbeholfen und stilwidrig, als hätte es Cicero niemals gegeben), daß er, logisch unstatthaft, zwei Fragen miteinander vermengt, die erneut (wieso erneut? der Punkt war doch eben schon widerlegt!) unterschieden sein wollen (seit wann haben Fragen einen Willen? Phrasen nichts als Phrasen): Maestro Bruno, wenn ich ihn richtig verstehe, postuliert, wohlgemerkt ohne selbst Astronom zu sein, aufgrund einer bestimmten astronomischen Hypothese eine neue Form der Theologie und, als sei dies allein noch nicht genug, versucht er darüber hinaus, aus dem so postulierten Gottesbild eine bestimmte astronomische Weltsicht abzuleiten. So gewichtig und wortreich Herr Bruno indes seine Meinungen auch wie bewiesene Tatsachen und logisch zwingende Folgerungen vorzutragen bestrebt ist, so zeigt sich bei näherer Betrachtung doch leider nur allzu deutlich, daß er nichts in der Hand hält als eine zur Glaubensfrage hochgespielte Vermutung über die Beschaffenheit des Kosmos sowie einen Zirkelschluß, der aus dem Wesen der Unendlichkeit Gottes als des Schöpfers die Endlichkeit der Welt als seiner Schöpfung ableitet. Einmal ganz abgesehen von den rein formalen Schwierigkeiten, die uns die Brunonische Argumentationsweise denkend bereitet, will es mir last but not least doch scheinen, als geschehe es keinesfalls zufällig, daß unser geschätzter Kollege, der ehemalige Dominikanermönch Giordano Bruno, die Willensfreiheit Gottes im Akt seiner Schöpfung in das Kalkül einer logischen Ableitung verwandelt. Indem er selbst zugibt, Diesseits und Jenseits als identische Momente innerhalb ein und derselben Weltdynamik auffassen zu wollen, will er im letzten über den göttlichen Willen selber verfügen. Das aber,« er reckte drohend seine Rechte, »ist die Urversuchung aller Hexenmeister und Magier, daß sie geheime Einsichten in das Wesen des Göttlichen den unwissenden Menschen vorgaukeln, um selber göttliche Macht auszuüben. Herr Bruno, erkläre ich, leugnet mit seinen Thesen letztlich die göttliche Willensfreiheit, die er mit den Gesetzen der Welt, wie er sie versteht, identifiziert, um seinen eigenen Willen desto willkürlicher walten und schalten lassen zu können.«

Sichtlich erregt, am ganzen Körper zitternd, klappte er seinen faltigen Mund auf und zu, als wenn er noch vieles zu sagen hätte, doch schnappte er tonlos dabei nach Luft wie ein Fisch, der auf der Flucht vor einem übergroßen Verfolger bei einem allzu großen Sprung aus dem Wasser, statt sich zu retten, versehentlich auf den Sand des Themseufers geraten ist. Zwei seiner Studenten sprangen vor und geleiteten ihren vorzeitig ermatteten Heros sanft zu dem hinter ihm stehenden Stühlchen, auf dem er erschöpft, er hatte alles gegeben im Kampf für die Wahrheit, nicht eigentlich Platz nahm, sondern in sich zusammenfiel.

Zu einer geordneten Antwort fand ich nicht länger Gehör. Nur so viel gelang mir, die folgenden Worte wie Öl in das bereits hell lodernde Feuer zu gießen: »In aller Form verwahre ich mich gegen die arrogante Insinuation meines Herrn Collega von der theologischen Fakultät, als stellten die Lehren des Nikolaus Kopernikus nichts weiter dar als eine Hypothese unter anderen. Darin zeigt sich ja gerade, daß Herr Underhill von dem gesamten Problem, dessen Lösung ich als gegeben voraussetze, um, davon ausgehend, weiterreichend zu folgern, nicht einmal den Ansatz begriffen hat. Kopernikus, wie ich bemerken darf, hat nicht irgendeine beliebige Ansicht vertreten, so als wenn er der gelehrten Welt zur Prüfung die Frage aufgegeben hätte, ob der Mond nicht möchte sein eine Kugel grünen Käses; Kopernikus, versteht mich recht, das ist William Occam im Oxford unserer Tage: *Erfinde nicht mehr Hypothesen als nötig, wenn du die Welt begreifen willst!* Occam hätte auch sagen können: Setze Dir nicht eine Perücke auf, solange Du noch Haare hast. Kopernikus in unseren Tagen sagte: Erfinde nicht neun oder, wenn es beliebt, zehn kosmologische Sphären mit 39 oder gar 40 zusätzlichen Epizyklen, solange Du auskommen kannst mit einer einzigen Sonne, die da steht im Mittelpunkt einer kreisenden Welt sich bewegender Planeten. Daß es sich so verhält, meine Herren, ist nicht länger zu betrachten als eine Theorie oder Spekulation zur Erklärung der Wirklichkeit, es ist zu betrachten als die Wirklichkeit selbst. Ja, meine Herren,« schrie ich fast zornig, »ich lehne es ab, über Kopernikus an dieser Stelle auch nur zu diskutieren, so wie ich es ablehne, darüber zu diskutieren, ob Makkaronis aus Mehl, Wasser und Eigelb bestehen – ich kann nicht dafür, wenn den geladenen Herren des königlichen Englands diese vorzügliche napolitanische Speise noch nicht recht bekannt geworden ist. Ich empfehle sie hiermit der schleunigen Einführung!

Kopernikus seinerseits ist doch nur ein Anfang. Er selber hat im Grunde noch gar nicht gewußt, was er mit seinen Berechnungen herausgefunden hat. Wenn es endgültig keine Himmelsschalen mit silbernen Sternennägeln mehr gibt, dann richten wir unsere Augen des Nachts wie am Tage in der Tat in einen allseits offenen Himmel ohne Grenzen des Raums noch der Zeit. Dann ist diese Welt die Unendlichkeit selbst. Dann ist alles, was wir sind und was uns umgibt, geschaffene, also endliche Unendlichkeit, ein grenzenloses Suchen und Streben. Gott aber, als die ungeschaffene, als die in jedem Augenblick gegenwärtige Fülle der Unendlichkeit, war frei nicht darin, etwas zu schaffen, das geringer ist als sein Vermögen, sondern seine Freiheit besteht gerade darin, sich selbst zu verwirklichen in seinem Werk.

Gott, als der Schöpfer, erschafft diese Welt nach der Weise der Künstler. Ist denn ein Michelangelo unfrei, wenn er in jede seiner Skulpturen, in jegliches seiner unsterblichen Fresken sein ganzes Wesen, sein ganzes Dasein zu legen versucht, wohl wissend, daß keines seiner Werke ihn gänzlich auszudrücken vermag, so daß er, titanenhaft groß schon am Anfang, zu immer größerer Größe noch aufwächst in all seinen Plastiken, Bildern und … *Sonetten*«, wollte ich noch sagen. Man nahm mir das Wort weg, das heißt, es ertrank im Gewoge der wie trunken wirkenden Menge.

»Du hast eben alles falsch gemacht«, tröstete mich am Abend der gute John Florio. Wir saßen in einem verkommenen Pub dicht am Ufer der Themse, möglichst weit weg von der St. Edmunds Hall, dem Studentenwohnheim, dessen Bewohner, wie ich seit diesem Tag endgültig wußte, ihrem Bewußtseinszustande nach wohl schon zu seiner Gründungszeit im 13. Jh. eine reine Fehlbelegung gebildet hätten. Großer William Occam – in nichts als in arabesken Tiraden und machtbesessenen Phrasen wurden diese Küken ausgebrütet. Nicht einen einzigen von ihnen wollte ich mehr wiedersehen! Einen solchen Pöbel auch noch unterrichten! Diesen denkenden Dünkel auch noch bedüngen! Und ihre Professoren! Wie Fliegen über dem Haufen müssen sie herumsummen! Ja, Florio, an diesem Abend hattest Du Gelegenheit, die Redensarten des Volkes zu vernehmen, Sonderausgabe: napolitanische Spezialitäten. Maccaroni und Käse. Ich raste und schäumte vor Wut.

»Du hättest Dich nicht so sehr als Italiener aufspielen dürfen«, meinte er begütigend. »Es ist nun mal schon 1400 Jahre her, daß wir als Römer von Gallien aus den hiesigen Briten erklären konnten, was Bildung, Kultur und Realität ist.«

»Ja, aber damals wohnten hier Kelten. Diese Angeln und Sachsen haben doch ihre hörnernen Helme wohl immer noch nicht von ihren lausigen Schädeln gezogen.«

»Nein, Filippo, ich sage Dir ehrlich, Du selbst trägst die Schuld an dem heutigen Desaster. Du bist überzeugt, daß Kopernikus recht hat. Gut. Aber wenn Du genauer hingehört hättest, würdest Du bemerkt haben, daß Du mit dieser Meinung gar nicht so alleine dastandest. Gabriel Harvey zum Beispiel traf durchaus Anstalten, sich auf Deine Seite zu schlagen. Da hat es Chancen gegeben…«

»Traf durchaus Anstalten… Höre, John, wer im Getümmel der Schlacht *Anstalten* trifft, statt sich anstellig zu zeigen, der ist wie ein Schauspieler, der aus Angst vor dem Publikum sein Textbuch so lange lernt, daß er darüber seinen Auftritt verpaßt. Und was war mit den anderen Herren, mit Dr. Leyson, mit Arthur Yeldard? Sie saßen einfach ungerührt da, als ob die ganze Sache sie nichts weiter an-

ginge. Längst hätte die Stadt ›Oxford‹ solche Ochsen fort
schaffen müssen.«

»Das ist ja richtig«, beschwichtigte er. »Doch Du darfst
nicht der philosophischen Sache die Schuld geben, wo es sich
lediglich um einen Fehler des Vorgehens handelt.«

»Ein Fehler des Vorgehens? Ein Fehler ist es, daß diese
Leute über lauter Dinge reden, die sie nicht verstehen, ja, von
denen sie nicht einmal auch entfernt nur gehört haben. Sollte
man nicht auch auf einer britannischen Insel erwarten dürfen, daß man in einer wissenschaftlichen Diskussion Argumente austauscht und würdigt, statt dem anderen, nur weil
er anderer Meinung ist, gleich Gotteslästerung und man-
gelndes Denkvermögen vorzuwerfen?«

»Darum geht es nicht, Filippo. Ich meine, Du hast Dich benommen wie ein Jäger, der den Hirschen, statt ihn waidge-
recht zu erlegen, unbedingt bereits fertig gebraten in den Wald
tragen will; wie sollen da seine Hunde, statt für ihn die Fährte
aufzunehmen, nicht weit lieber über ihn selber herfallen?«

»Das ist wohl eine ganz neue angloitalienische Redewen-
dung«, bemerkte ich knurrig. Doch natürlich gab ich ihm
recht. Statt in Ruhe für die richtige Sache die richtigen Argumente vorzutragen, hatte ich ihnen den Mund wässerig gemacht oder, besser, ihnen das Maul gestopft mit dem fertigen Ergebnis meiner eigenen langjährigen Arbeiten. Außerdem erstaunte es mich, wie genau mein Freund auf den Mythos von Aktaion und Diana anspielte, um mein Verhalten
zu kennzeichnen.

»Ich habe aber durchaus keine Lust mehr, immer wieder
gewissen Eseln Manieren beizubringen«, schimpfte ich trotzdem weiter.

»Drum siehst Du«, schlug John vor, »Du solltest an der
hiesigen Universität getrost die Segel streichen und mit mir
nach London gehen. Für diese störrischen Studenten fehlt
Dir die Geduld; das ist, widersprich nicht, doch ganz offensichtlich. Du solltest Dir vor allem zu schade sein, vor diesen
Engländern noch länger den Clown zu mimen. Du hast Er-

staunliches zu sagen, Filippo. Also sage es. Vergeude nicht
Dein Talent an diesen Hyperboreern. Erwähle Du Dir als
Publikum die gesamte gelehrte Welt. Setze Dich hin und
schreibe auf Lateinisch, unbedingt auf Lateinisch, alles, was
Du über die Welt, über die Stellung des Menschen, über das
Göttliche zu sagen weißt. Du solltest Dir selber zu schade
sein, Dich auf weitere Dispute von der Art des heutigen Ta-
ges einzulassen.«

Ich schaute versonnen, müde des Streites, in das blakende
Talglicht, das vor uns auf den massiven Eichenbohlen des
langgezogenen Tisches dieser englischen Taverne stand und
sonderbar flackernd das gütige Gesicht meines Freundes
Florio umspielte.

»Was ist nur los mit diesen Themsefischen«, wechselte
ich das Thema, um noch ein bißchen weiterschimpfen zu
können, und stocherte dabei verdrossen in dem fettigen
Aal herum, der sich wie ein Eselsschwanz quer über den
Teller gelegt hatte. »Ich höre, diese Tierart hält es mit de-
nen, die sie verzehren: Sie fressen ihr Leben lang nur
Schlamm und winden sich überall durch. Das englische
Nationalgericht offenbar.«

»Ja, Aale sind so etwas wie unsere italienischen Tinten-
fische«, nahm John erleichtert das neue Thema auf. »Du
mußt sie essen wie Scampi, verstehst Du. Und vergiß nicht
das herrliche Bier hier. Es muß Dir wohl oder übel den
sonnigen Falerner Wein am Fuß des schneebedeckten So-
racte ersetzen.«

»Das herrliche Bier hier«, ach, lieber Florio, beim heiligen
Horaz, an jenem Abend hätte ich nicht nur das Königreich
England mitsamt seinem altehrwürdigen Oxford, sondern
gleich die ganze Welt verlassen mögen. Gleichwohl erwies
sich John's Plan, als Privatmann nach London überzusie-
deln, keinesfalls nur als Flucht vor dem Feind, sondern als
ein ernstgemeintes Projekt. Er selber verfügte seit längerem
über eine Einladung unseres gemeinsamen Freundes, Michel
de Castelnau, des Marquis de Mauvissière, zu einem länge-

ren Aufenthalt in dessen Haus an der Butcher Row. Dem französischen Gesandten war sichtlich daran gelegen, die Erziehung seiner Tochter durch gediegene Kenntnisse in der italienischen wie in der spanischen Sprache zu vervollständigen, und ihm selber, doch mehr noch seiner anmutigen, sensiblen Gemahlin, die an der Seite ihres damals schon 63jährigen Gatten sich nicht zum geringsten zu langweilen schien, stand der Sinn just nach einem Menschen wie Florio.

»Wir fragen ganz einfach nach, ob Du mitkommen kannst«, meinte John.

Ich war eher skeptisch.

»Und daß Dein Vater ein Waldenser ist, bedeutet einem französischen Katholiken in England nicht viel? Du weißt, wie sehr ich den Edelmut des Marquis schätze. Aber ihm nun auch noch auf Dauer einen exkommunizierten Dominikanermönch aufzubürden, erscheint mir doch als des Guten zu viel. Auch denke ich, daß der Marquis durch seine Unterstützung Maria Stuarts schon genügend Schwierigkeiten hat.«

»Es ist richtig, daß Lord Walsingham, der Polizeiminister der Queen, ein Auge auf jeden geworfen hat, der auf englischem Boden die katholische Karte zu spielen versucht«, gab John zu. »Doch wenn Du so willst, tut er damit nur seine Pflicht. Obwohl Du Dich mehr für die Fragen des Weltalls als für die Fragen der Politik interessierst, dürftest Du wissen, wie sehr die Welt sich in den letzten zehn Jahren, seit dem 24. August 1572 geändert hat.«

»Die Bartholomäusnacht?«

»Ja, die Bartholomäusnacht. 6000 Menschen, Du weißt, wurden damals das Opfer eines heimtückischen Meuchelmordes. Du kannst Dir denken, was passiert, wenn das höchste Oberhaupt der Katholiken, wenn der Nachfolger Petri, wenn der Stellvertreter Christi auf Erden, wenn Papst Gregor XIII., ein solches Verbrechen am Ende auch noch als den Sieg der katholischen Kirche in Frankreich mit einem feierlichen Te Deum begeht.«

»Aber mir wurde gesagt, der Papst habe damals die ganze Wahrheit noch nicht gekannt; als er sie dann erfuhr, sei er in Tränen ausgebrochen ›über das unerlaubte und von Gott verbotene Verfahren des Königs‹ – ich glaube, so sagte er wörtlich.«

»Ach Filippo«, mein Freund sah mich an mit einem Blick, daß ich ihn verstand auch ohne weitere Worte. Wir hatten uns angewöhnt, die Doppelbödigkeit der Regierenden als das König-David-Spiel zu bezeichnen: Stets, wenn der israelitische König unliebsame Thronprätendenten oder gefährliche Konkurrenten hatte aus dem Weg schaffen lassen, pflegte er vor den Augen des Volkes zutiefst zu bereuen, was er getan hatte, und er erdichtete Psalmen, um seinem Gotte den Schmerz und die Trauer über sein Vergehen zu gestehen. Was eigentlich in dem Verhalten der Mächtigen hat sich bis heute geändert? Ob Könige, Kaiser oder Päpste – es ist alles das gleiche, vor allem die Dummheit des Volkes, das immer noch alle Lügen der Mächtigen glaubt, so wie sie ihm aufgetischt werden. Es braucht anscheinend seine göttlichen, seine stets richtig handelnden Herrscher; es macht irgendwann immer noch seinen Frieden mit den Regierenden, und stets frißt es am Ende die Wurst, ohne der Qualen der Sau zu gedenken, die man dafür schlachten mußte.

»Filippo«, fuhr John fast flehentlich fort, bedenke, was es bedeutet: seit 1570 ist unsere Königin Elisabeth I. exkommuniziert; seit 1580 ist der Prinz von Oranien exkommuniziert. Immer noch hofft man, Schottland und England unter Maria Stuart im katholischen Glauben vereinen zu können; da sind die Regierenden der Gegenseite nichts als die Zielscheiben des konfessionellen Hasses. Exkommunikation – das bedeutet, Du stellst jemanden außerhalb der Gemeinschaft mit Gott, Du stellst ihn außerhalb der Gemeinschaft aller rechtgläubigen Menschen, Du stellst ihn mithin außerhalb jeder Rechtsgemeinschaft, Du erklärst ihn für vogelfrei. Jeder, der einen solchen tötet, tut in gewissem Sinne ein gottwohlgefälliges, ein menschennotwendiges

Werk. Es ist gerade so viel, wie wenn er einen tollwütigen Hund erschlagen würde.«

»Hör mal, John, Du mußt mir nicht erklären, was eine Exkommunikation ist.«

Er sah mich an wie verwirrt, während er stammelnd fortfuhr: »Filippo, Du hast immer nur Dich selber gesehen. Dein Schicksal aber ist kein Einzelfall. Du bist der Teil eines gigantischen wahnsinnigen Ringens, nicht um Gott, aber um die Macht. Der Papst als erster hat die Botschaft Jesu von der Befreiung des Menschen in die Lehre von der Heilsnotwendigkeit der Kirche umgewandelt; er hat ganz einfach Gott ersetzt durch die eigene Macht, und sogar all diejenigen, die ihm widersprechen, handeln nicht anders als er. Sie müssen so handeln. – Gott – das war bisher die Garantieerklärung päpstlicher Unfehlbarkeit; jetzt, seitdem der Kirchenstaat unter den Brandungswogen der Reformation zerfällt, zieht sich der Anspruch auf Wahrheit auf die Bewahrung des eigenen nationalen Machtanspruches zurück. Filippo, mir graut vor der Welt, die ich heraufziehen sehe. Ich lehre die Menschen, Italienisch und Englisch und Französisch zu sprechen, ich versuche, jedem die Sprache seines Gegners beizubringen, und obendrein lehre ich die Leute Lateinisch, denn ich glaube an die Sprache der Vernunft, der Bildung, der Universalität der Kultur; aber in allem bin ich ohnmächtig. Was sich heute nachmittag begeben hat, wird sich immer wieder begeben. Selbst die lateinische Sprache wird man nur benutzen wie eine Waffe im Kampf für den Sieg der eigenen Dummheit und Eitelkeit. Auch Du bist nur ein Anfang, Filippo. Der Marquis de Mauvissière will nichts als den Frieden. Doch es ist ein offenes Geheimnis, daß man in Spanien längst schon die Ermordung der englischen Königin geplant hat. Man will die Rückkehr Maria Stuarts, man will eine neue Maria die Katholische. Niemals kann in ihren Augen Blut genug fließen. Ich weiß von dem Marquis, daß der spanische Gesandte Mendoza die Tötung der englischen Königin immer wieder als politisches Ziel verkündet, ich weiß, daß Erzherzog Alba genauso unverblümt die Ermordung Wilhelms von Oranien plant, ich weiß, daß der spanische König Philipp II. im Escorial darum betet, daß Gott diese Pläne segnen und zum Erfolg führen möge. Die Inquisition ist nicht eine Verfolgung einzelner Ungläubiger im Innenraum der Kirche, wie Du noch zu glauben scheinst, sie ist die Spannsehne des Katapults, mit dem man den politischen Gegner draußen in der Kraft der eigenen Geschlossenheit zu zerschmettern hofft. Da ist kein Gott im Himmel mehr, der uns von diesem Wahn erlösen könnte. Wer heute Gott sagt, der schwört dabei zugleich auf den Egoismus seiner eigenen Partei. Gott hat aufgehört, der Vater aller Menschen zu sein. Es gibt nur noch einen Gott der Päpstlichen, einen Gott der Reformierten, einen Gott der Spanier, einen Gott der Engländer, einen Gott der Türken – es gibt keinen wahren Gott mehr. Wir müssen froh sein, wenn wenigstens die Regierenden selber einen kühlen Kopf behalten; die aber besaufen sich lieber an den eigenen Lügen, die sie ihren Untertanen erzählen. Maria Stuart etwa hätte allein Grund, in ihrer Lage vorsichtig sich zu verhalten. Doch sie selber beginnt schon, ihren Aufstieg zur Königin von Schottland und England vorzubereiten; und darauf wiederum warten nur Leute wie Lord Walsingham; er spioniert überall herum, und es scheint nur eine Frage der Zeit, wer in Madrid oder London schneller den Dolch zieht. Mörder sind sie doch alle. Manchmal denke ich, alles, was wir je reden und schreiben und tun werden, sei völlig sinnlos, solange es nicht dazu beiträgt, die Menschen friedfertiger zu machen.«

»Und da rätst Du mir, mit Dir nach London zu gehen, um auf ein kleines Mädchen aufzupassen und Betrachtungen über das Weltall zu schreiben?«

»Allerdings tue ich das. Was bleibt uns denn sonst? Deine Ansichten über das Weltall enthalten, wie ich vermute, nicht einen einzigen Gedanken über die Regierung der Welt. Doch dafür öffnen sie den Regierenden die Augen für die Weite der Welt und die Kleinheit ihrer Sonderinteressen, um derentwillen sie einander bekämpfen und töten. Du wirst in keinem Deiner Bücher Anweisungen und Richtlinien aufführen, wie man eine Ordnung des friedfertigen Zusammenlebens zwischen den Nationen, Konfessionen, Völkern und Religionen einrichtet, aber Du wirst die Dummheit bekämpfen, die Einbildung und die Unwissenheit, die jeder vernünftigen Lösung der großen Probleme der Menschen im Wege stehen. Und wir werden ein wunderbares Mädchen kennenlernen, das uns jederzeit zeigen wird, welch eine Wirkung unsere Pläne zur Verbesserung des Zustands der Menschheit in der Seele eines unverbildeten Gemüts hinterlassen müssen.«

»Ich werde die Dummheit bekämpfen, John, bei Gott, das werde ich«, murmelte ich vor mich hin, »aber nicht auf Lateinisch, sondern auf Italienisch. Man muß das Volk mehr noch als die unbelehrbaren Gelehrten warnen vor der Dummheit seiner Führer. Man kann die Welt nur ändern, indem man die Leute lehrt, selber zu denken und mißtrauisch zu werden gegen das Eseltum ihrer Herren, als da sind: Mönche und Kardinäle, Päpste…«

»Und Professoren…«

»Magnifizenzen und Magistrate…«

»Eminenzen und Exzellenzen…«

»Peripatetische Philosophen…«

»und antikopernikanische Theologen…«

»Gegen die alle, John: Sprachwissenschaft und Astronomie.«

»Gegen die alle, Filippo: Humanität und Weite des Geistes.«

Erneut: London

Wir reisten ab ohne Reue, mit der Zuversicht, etwas wirklich Wichtiges zu tun. Statt der holprigen Kutsche wählten wir die gemächliche Fahrt mit dem Schiff themseabwärts. Ein

herbstkühler Morgennebel lag über dem Fluß. Die Sonne
verhüllte sich vor unseren Augen; doch der Strom erglänzte
grausilbern vor uns wie geschmolzenes Blei, und er trug uns
hinüber zur Butcher-Row, wo in der französischen Botschaft
die Castelnaus schon auf uns warteten.

»Schlächter Gasse« – einen besseren Namen hätte man für
die Politik unseres Jahrhunderts wohl nicht erfinden können. Der Marquis erklärte uns beizeiten, daß Walsinghams
Spitzel von früh bis spät sein Haus umlauerten; sie würden
uns überall begegnen, beim Einkaufen, beim Spaziergehe-
hen, in den Pubs und Trattorias, in den Docklands am Hafen
oder im St. Jame's Park. Sie würden uns auf ganz einfache
Weise ins Gespräch zu ziehen suchen:

»›Dieser Park hier war ein Moorgebiet, das Heinrich
VIII. trockenlegen ließ und in den Vergnügungspark um-
wandelte, den Ihr hier vor Euch seht. Heinrich VIII., das
war die Befreiung von dem katholischen Sumpf ...‹ So
ähnlich werden sie mit Euch anbändeln.« Wir mußten
lachen.

»Und wer, Marquis, sind dann wohl die Eber und Hirsche,
die wir gestern in den Gehegen gesehen haben – der Papst
oder Philipp II.?«

»Ihr dürft Euch zu keiner politischen Äußerung von Belang hinreißen lassen. Ich flehe Euch an.«

Er meinte es ernst. Und nicht nur John, auch ich war diesmal gewillt, mich danach zu halten.

Denn die Lage war wirklich höchst angespannt. Das Haus
eines französischen Gesandten stand in stetem Verdacht der
Konspiration. Man mißtraute nicht dem Marquis noch seiner
liebreizenden Gattin persönlich, man mißtraute dem Katholiken, dem Franzosen in ihnen. Insbesondere der Marstall
der Queen, William Gryse, versuchte auf seine rauhbeinige
Art unter allen möglichen Vorwänden von Zeit zu Zeit kräf-
tig den Busch abzuklopfen: Mal hielt sich nach seinen Informationen ein spanischer Agent auf dem Gelände der französischen Botschaft versteckt, dann wieder galt es, die jüngste

Depesche aus Paris zu kontrollieren, ein anderes Mal hatte sein Hund eine Spur aufgenommen, die just zu dem Haus des Marquis hinüberführte...

»Sie sollten Ihrem Hund mehr zu fressen geben, sonst bringen die Gerüche in der Butcher Row ihn noch um den Verstand, soweit er welchen hat«, bemerkte bissig der Marquis.

Doch wichtiger als diese Mätzchen war die Tatsache, daß es sich hier um plumpe Ablenkungsmanöver handelte. Irgend etwas braute sich da zusammen. Aber was? An den langen Sommerabenden konnte es passieren, daß der betrunkene Pöbel, in der Begeisterung des englischen Bieres, Front machte gegen alles Katholische und in jener nationalen Überzeugungstreue und religiösen Selbstgewißheit, wie sie allein eine bestimmte Form der Geistesschwäche zu schenken vermag, vor der Tür des Marquis herumrandalierte, die kostbaren Glasscheiben einwarf und, »God save the Queen« und »Drink the Blood of Bloody Mary« rufend, die wüstesten Drohungen aussprach. Gewiß, diesen Leuten war alles zuzutrauen. Mehr und mehr aber mußte man den Eindruck gewinnen, als ob hier ein ständiger Ausnahmezustand von königlicher Seite her künstlich erzeugt und in der Schwebe gehalten werden sollte, ja, als ob der schottischen Thronrivalin in ihrer Gefangenschaft eine Mitwisserschaft, ja, eine Mittäterschaft an einem Mordanschlag gegen die Queen zumindest in den Augen der Öffentlichkeit förmlich zugeschoben werden sollte. Es wunderte mich jedenfalls gar nicht, als ich viel später, 1587 in Wittenberg, hörte, Maria Stuart sei hingerichtet worden, weil sie einen gewissen Anthony Babington zum Mord an Elisabeth I. aufgewiegelt habe. Ich bin überzeugt, daß beide Königinnen einander gehaßt haben bis aufs Blut; aber ich glaube auch, daß man die schottische Königin dahin gelockt oder sogar gedrängt hat, auf eine Weise schuldig zu werden, die man dem Gesetz nach mit dem Tode bestrafen konnte. Elisabeth, ohne Zweifel, ist klüger und berechnender als jede andere Herrscherin ihrer Zeit; doch wie schon meine

Mutter Fraulissa zu sagen pflegte: Felipe, Politik ist ein schmutziges Geschäft! Ich weiß noch, daß sie in solchen Augenblicken meinen Namen stets auf Spanisch rief. Der spanische Katholizismus aber ist doch nur die Frucht des römischen Papsttums in den letzten 500 Jahren, verbunden mit dem Fanatismus der Maurenvertreibung und der Judenverfolgung. Also, Felipe, bekämpfe die Dummheit!

In den folgenden zwei Jahren war ich literarisch so produktiv wie noch nie zuvor in meinem Leben: sechs Bücher entstanden auf Italienisch, die philosophisch wie belletristisch zu dem Besten zählen, was ich je geschrieben habe. Die Umstellung von dem gehetzten Leben eines Flüchtlings zu der beschaulichen Schriftstellerei in der Nähe eines französischen Adligen fiel mir bedeutend leichter, als es eigentlich zu erwarten stand. Im Grunde bin ich ein ruhiger, kontemplativer Mensch; all meine Unruhe liegt in mir selbst. Unablässig tätig ist mein Geist von sich selbst her; äußerer Anregungen bedarf ich sehr selten. Wie instinktiv meide ich deshalb den Lärm der Menge, und nur weil ich mich ihrem Verlangen niemals gebeugt habe, umbrandete mich ihr Tumult, wo immer ich auftauchte, wie das Meer im Sturm die Felsen eines Eilandes. In mir selbst aber toste und tobte damals noch ungemildert der Sturm der Oxforder Disputation und wollte eher nicht Ruhe geben, als bis er mit aller Leidenschaft gegen die Dächer, Giebel und Säulen sämtlicher Gelehrtenburgen Oxfords und Londons wütete. Mein *Aschermittwochsmahl* entstand daher als erstes – wie alles Folgende bewußt auf Italienisch geschrieben, und zwar nicht nur zur Aufklärung des Volkes – das auch –, sondern vor allem, um es meinen englischen Kritikern nicht gar so leicht zu machen: Wenn sie schon ohnedies mich behandelten wie einen Fremdling, warum dann nicht gleich in einer Fremdsprache zu ihnen reden? Ich wollte sie vorführen, diese Oxforder Ochsen, allesamt, in ihren eigenen Karikaturen, doch verlegte ich den Ort der Handlung des *Aschermittwochsmahl* passenderweise nach London, wo im Hause von Sir Fulke Greville gleich nach unserer Ankunft die Diskussionen in aller Heftigkeit weitergingen.

In den Kreis von Sir Fulke Greville gelangte ich erneut durch Philipp Sidney; – beide waren alte Schulfreunde, und die guten Beziehungen, die sie zum Königshaus unterhielten, hätten mir bei einiger Vorsicht erneut eine glänzende Karriere ermöglichen können. Doch meine Abrechnung mit den englischen »Gelehrten« war mir damals wichtiger.

Mein Traum von heute nacht fällt mir wieder ein; wohl nicht zufällig, denn irgendwie hat er recht. All die Bücher, die ich geschrieben habe, sind wie einzelne Seiten in dem zusammengepreßten Buch meines Lebens. Ich hätte dieses Buch mit königlichem Bewußtsein verfassen und schreiben sollen. Doch irgendwann kamst Du, meine liebe Morgana, meine geliebte Diana, Du nahmst mich bei der Hand und zogst mich fort aus dem Schatten des friedlichen Olivenbaumes hinüber an den Rand eines Abgrundes, der fortan mein Leben war. Meine Liebe zu Dir hat mein Leben ausgesetzter, gefährdeter, abenteuerlicher gemacht, als es mit der versonnenen, philosophischen Muße im Garten Epikurs vereinbar war. Gewiß, auch sonst hätten die »Gottesgelehrten« mir vorgeworfen, daß meine Ahnungen vom Leben ursprünglicher, sinnenfroher und weltverliebter anmuteten, als es ihre triste Kreuzesmystik im Rahmen der christlichen Religion jemals zugeben darf. Denn von den Etruskern haben die kirchlichen Theologen lediglich die Äußerlichkeiten: das Priesterkönigtum des Papstes sowie die langen Gewänder ihrer Oberhirten, übernommen, nicht aber den Geist, nicht das unbefangene Verhältnis dieser träumerischen Religion zu der uns umgebenden Natur. Nach ihrer Vorstellung haben die Christen die Pflicht, die Natur zu »erlösen«, statt in der Natur sich selber zu läutern. Wie also hätten sie unter solchen Voraussetzungen akzeptieren können, daß ich in allem, was ich schrieb und dachte, in der Kraft Deiner Sehnsucht, Diana, die Kleinheit ihrer Maße zersprengte? Unausweichlich legte sich auf mich ein Druck, der alles, was ich hätte sagen können, zu einer noch unausgereiften Frühform seiner selbst versteinerte. Gewiß, ein Michelangelo legte in jedes Werk sein ganzes Dasein; er konnte das, weil er die Gunst der Umstände für sich hatte: er arbeitete im Auftrag des Papstes; er ward nicht wider Willen gezwungen, gegen die Kirche und gegen alle Instanzen und Institutionen, die von ihr abhängen, anzuarbeiten. Wohl: auch Michelangelo war im Grunde ein Heide; – schon daß er es wagte, seine herrlichen Gestalten, Männer wie Frauen, in olympischer Nacktheit an die Wände einer päpstlichen Kapelle zu malen, zeigt deutlich, daß er die Religion, genau so wie ich, als Einheit von Christlichem und Heidnischem, von Göttlichem und Menschlichem begriff. Aber: die griechische Vergöttlichung des Menschen, die Michelangelo betrieb, ließ sich immer noch als Kehrseite der Vermenschlichung Gottes in Christus rechtfertigen. Mit einer solchen Kunst konnten die Vertreter Christi auf Erden ihr Auskommen finden.

Mit mir nicht.

Ich habe ihnen die Nacktheit des Menschen nicht als ein ästhetisches Stilmittel für die Augen ihrer verborgenen Lüsternheit zu betrachten gegeben, ich habe die Ausgesetztheit des Menschen als eine kosmologische Tatsache beschrieben, und das entzückte sie nicht, es machte ihnen Angst. Es war Dein Vorübergang, Diana, es war Deine fesselnde Unnahbarkeit, die mich trieb, Dich im Unendlichen zu suchen; und die Unendlichkeit des Strebens selbst erschütterte ihr Verlangen nach Gemütlichkeit. Instinktiv mußten sie sich gegen mich wehren.

Selten deshalb habe ich einen Gedanken einmal in Ruhe aussprechen können. Zumeist wurde, was ich zu sagen hatte, in einem noch gewissermaßen vormenschlichen Stadium fixiert. Statt der Zeugnisse eines etruskischen Prinzen, wird man in meinen Büchern wohl nur die Vorstufen eines allzu früh verschütteten und versteinerten Lebens antreffen – in Kohle gepreßte Fische, Fossilienreste eines Lebens, das gewissermaßen noch darauf wartete, zu sich selbst aufzusteigen, so wird mein Dasein der Nachwelt erscheinen.

Und doch zeige und erzähle ich Dir hier mein Leben, Du meine liebe Diana, die Du mein Tod bist und mein Verlangen, meine Steigerung und mein Scheitern, meine Einheit und meine Zerrissenheit. Von ganzem Herzen sehne ich mich nach einem Leben mit Dir jenseits all der Zerspaltenheiten und der Trennungen, und so wünsche ich vor allem Dir selber ein Reifen ohne die Ernte des Todes. Du bist so schön, meine liebe Diana, Du darfst nicht sterben; und oft stelle ich mir vor, daß für Dich, daß für uns beide das Ende des irdischen Lebens nur eine Tür öffnen, nicht schließen wird in ein größeres Leben.

Als wenn im Spätherbst eine goldne Ähre
Mit ihrer schönsten Kraft sich selbst vollendet
Und nun heranreift in des Kornes Schwere,
Voll Trunkenheit dem Lichte zugewendet,

So reifst und greifst Du, Liebste, mit den Jahren
Zu Deiner eigentlichen Schönheit Schimmer,
Indem Du alles, was Du je erfahren
An Dunkelheit, in Licht eintauchst für immer.

Als wenn im Spätherbst eine goldne Ähre
Sich wohlig wiegt und wagt im warmen Winde,
Auf daß die Luft sanft ihre Hülle wäre
Und jeder Dunsthauch streichelte sie linde,

So sei mein Lied, mein Leben, meine Lehre
Für Dich, Geliebte, wie ein Angebinde,
Das Dich erfreue und das Dir gewähre
So viel an Glück, wie ich es bei Dir finde.

Nur eines nie. Nie werde Du inmitten
All Deiner Reife, Deiner lieben Güte
Von Dir, von mir im Tode abgeschnitten
Wie eine Blume, die zu früh verblühte.

Wohl, daß im Spätherbst eine goldne Ähre
Gemäht wird und gedroschen und gemahlen,
Auf daß im Tod sie neues Leben nähre
Und andren Speise sei aus ihren Qualen;

Doch Du, Geliebte, meine goldne Ähre,
Sei nie dem bittren Tod anheimgegeben.
Gott gebe, daß Dein Leben ewig währe.
Denn Du, damit ich sei, mußt ewig leben.

Freilich, ich habe halt nicht nur Liebesgedichte geschrieben
oder religionsphilosophische Betrachtungen über die Natur
des Weltalls und der menschlichen Seele angestellt, ich habe
beides miteinander vermengt und mich damit selber in ihren
Streit hineinziehen lassen. Die unendliche Sehnsucht der
Seele inmitten einer unendlichen Welt – das war zu viel für
ihre Kleingeisterei. Ich brauche sie nur vor mir zu sehen,
diese parfümierten Harlekine, mit ihren mühseligen Para-
phrasen zu den Phrasendreschereien ihrer Meisteresel – und
schon bin ich wieder bei meinem *Aschermittwochsmahl* über
ihren geistigen Karneval. Recht so! An Deiner Seite, geliebte
Diana, konnte und durfte ich sie sowenig dulden wie Feuer
das Eis; mit allen Mitteln der Satire, des Spotts, der beißenden Ironie versuchte ich, sie abzuschmelzen, sie in Wallung
zu bringen, sie zu erhitzen bis zum Verdampfen. Wie sollten
sie mir das vergeben! Alles, was ihnen starr und fertig schien,
lehrtest Du mich als eine ausgeglühte Form ursprünglich höherer Hitzegrade zu betrachten, so wie das Gestein am Fuß
der Vulkane nichts ist als die gefrorene Glut aus dem Innern
der Erde.

Natürlich zollte man mir für die Revitalisierung ihrer er-
starrten Geistigkeit nicht gerade Anerkennung. Selbst Sir Fulke Greville, in dessen Haus ich mein *Aschermittwochsmahl* ver-
legt hatte, zeigte sich indigniert ob der offensichtlichen Beleidigung gewisser offizieller Würdenträger des englischen Gei-
steslebens, und er verstand durchaus nicht, daß ich gerade
dies schmerzlich vermißte: ein Leben des Geistes in England.

Gewiß gab es Leute auch auf der Insel, mit denen ich gern hätte diskutieren mögen, wie den Astronomen Thomas Digges, der schon 17 Jahre zuvor bei der Lektüre des Kopernikus auf die Idee der unendlichen Ausdehnung des Universums gekommen war; es handelte sich bei ihm aber mehr um einen Zufallsfund, den er nicht systematisch klar vertrat: allen Ernstes glaubte er immer noch an die Himmelssphären des Aristoteles, und vor allem die religiöse Dimension seines eigenen Gedankens hat er nicht entfernt auch nur zu ahnen vermocht.

Anders verhielt es sich da schon mit William Gilbert, der als Leibarzt der Queen zwar kein großer Philosoph, dafür aber ein hervorragender Naturforscher war.

Schon in der Antike wußte man um das Phänomen des Magnetismus: Wenn man zum Beispiel ein Stück des geheimnisvollen Bernsteins, wie er in größeren Mengen an den deutschen und englischen Küsten angeschwemmt wird, mit der Hand in einer Richtung gleichmäßig reibt, gewinnt es die Kraft, leichtere Stoffe, wie eine Seite Papier oder die Haare auf dem Kopf, in die Höhe zu ziehen. Im 12. Jh. hatten die europäischen Seefahrer von den Arabern die Magnetnadel zur Orientierung auf hoher See übernommen: Ließ man eine magnetisierte Eisennadel frei schwingen, so richtete sie sich stets in die Nord-Südrichtung aus. Derlei war bekannt. Gilbert aber entwickelte als erster die Vorstellung, daß die Erde selber als ein großer Magnet zu betrachten sei, der die kleineren Magnete in seinen Bann zieht, und daß die Kraft des Bernsteins, die »Elektrizität«, irgendwie mit dem Phänomen des Magnetismus in Verbindung stehen müsse.

Auch über die Beschaffenheit der Oberflächenstruktur und über die Kräfte im Inneren der Erde vertrat William Gilbert höchst überraschende Ansichten.

»Hast Du«, sagte er einmal im Hause von Lord Buckhurst zu mir, »schon die sieben Schwestern besucht?«

»Was für Schwestern?« Alle lachten.

»Nun, ich meine die berühmten Kreideklippen, die sich an der Südküste von Brighton aus nach Osten hin erstrecken; die äußerste Klippe, der Beachy Head (Strand-kopf), fällt in der Nähe von Eastbourne 200 Meter tief steil ab ins Meer.«

»Und was ist daran so bemerkenswert?« entgegnete ich ironisch. »Mit welchen Worten könnte ich rühmen die Steil-küsten im Norden und Süden Italiens, bei Genua, Salerno, Reggio…, wenn in das azurblaue Meer, unter strahlendem Himmel, die weißen Kronen der Wellen den rotbraunen Fel-sen umspielen…«

»Nein, hör auf«, winkte er lächelnd ab. »Ich möchte durchaus nicht die liebliche Schönheit Italiens in Frage stel-len gegenüber der herben Kraft der englischen Küste. Ich möchte Deine Aufmerksamkeit lediglich auf ein bedeutsa-mes Naturschauspiel richten.« Immer verstand dieser Mann es, meine Neugier zu wecken. Ich hörte gespannt zu, als er fortfuhr: »Nicht selten findest Du in den Kreidefelsen die Abdrücke von Muscheln. Untersucht man die Muschel-abdrücke, so stellt man fest, daß sie aus demselben Material bestehen wie die Felsen selber. Mit anderen Worten: all die riesigen Kreideformationen an der Steilküste von Sussex müssen aus gewaltigen Ablagerungen von Muscheln ent-standen sein.«

»Und was folgt daraus?«

»Vieles!« lächelte er mir zu. »Zum ersten: Da, wo heute die Kreidefelsen sich erheben, muß früher eine Meeresbucht ge-wesen sein, in der die Unzahl von Muscheln abgelagert wur-de. Zum zweiten: Die Zeiträume, in denen das geschah, müs-sen unvorstellbar groß gewesen sein, viele Hunderttausende von Jahren. Das Alter der Erde muß mithin weit größer sein, als im allgemeinen angenommen wird. Und weiter: Die Zahl der offenen Fragen übertrifft bei weitem die heutigen Mög-lichkeiten ihrer Beantwortung; ich nenne nur ein paar: Wie lassen sich begründete Zahlenwerte über die Ablagerungs-geschwindigkeit von Muscheln in Meeresbuchten erstellen? Oder: Was hat dazu geführt, daß die Bruchkanten der Klip-pen an der Südküste von Sussex heute so steil abfallen? Und

vor allem: Was kann einen Anstieg des Meeresspiegels weit
über die Höhe des oberen Klippenrandes hinaus bewirkt haben, und was wiederum hat dann dazu geführt, daß das
Meer später absank auf seinen heutigen Stand? Das alles wissen wir nicht.«

»Wir wissen noch nicht einmal«, meinte ich nachdenklich, »ob diese Fragen wenigstens richtig gestellt sind.
Zum Beispiel könnte es ja auch sein, daß die Kreideklippen von Sussex später hochgedrückt worden sind. Ihr
werdet es schwerlich glaubhaft finden, doch ich habe mit
eigenen Augen Muschelabdrücke hoch oben in den Alpen
gesehen. Und das heißt doch, daß die höchsten Gebirgs-
züge in Europa einmal auf dem Grund des Meeres gelegen haben. Niemand wird wohl mit einem Meeresan-
stieg über die Gipfel der Alpen rechnen. Was für Kräfte
aber, frage ich Euch, schlummern dann im Inneren der
Erde, wenn sie imstande sind, solche Wirkungen hervorzubringen? Der Magnetismus scheidet doch als Erklärung
wohl aus?«

»Der Magnetismus ja«, konzedierte Gilbert sogleich,
»nicht aber die Kraft des Vesuvs, – Du Kind aus Neapel«,
fügte er scherzend hinzu.

»Wie? Seit wann haben die Kinder Neapels sieben englische Schwestern?« ahmte ich seinen Ton nach. »Ihr seid unserer Zeit wohl auch politisch noch ein wenig voraus.«

»Was ich meine«, erklärte er ruhig, »ist dies: Der Vulka-
nismus erscheint vielen immer noch als ein seltenes Phänomen, vielerorts gilt er sogar als eine Geißel Gottes – selbst
die Christen verhalten sich bei einem Vulkanausbruch immer noch ganz wie die Heiden, die voller Angst zu dem
zürnenden Gott ihrer Berge beteten. In Wahrheit aber dürften die Schlote der Vulkane wohl nur die Abzugsrohre
jener Gluthitze bilden, die das ganze Erdinnere erfüllt. Die
Erde ist offenbar ein einziger gigantischer Ofen, und nur
ihre äußere Haut hat sich einigermaßen abgekühlt. An manchen Stellen aber bricht die Glut aus der Tiefe von unten

her durch – weiter im Norden, bei Island zum Beispiel, liegt ein reines Vulkangebiet, das vielleicht gerade eben erst neu geboren wird.«

»Dann hätte Heraklit also doch nicht ganz unrecht: Alles kommt aus dem Feuer und versinkt im Feuer?« fragte ich staunend.

»Nicht ganz. Keineswegs alle Gesteinsarten entstammen dem Schmelzfluß vulkanischer Lava. Es muß in der Erde noch viel mehr enthalten sein als bloßes Feuer. Auch ein Ofen wird ja erst einmal mit Holz und Kohle gefüllt, ehe man das Brennmaterial entzündet. Woraus aber besteht das Brennmaterial im Inneren der Erde? das ist die Frage. Das Feuer jedenfalls ist nur ein vorübergehender Zustand der Materie.«

»Soll das heißen, daß die Erde sich nach und nach abkühlt?«

»Genau das. Aus Gründen, die wir nicht kennen, muß sie irgendwann diese unvorstellbare Hitze in sich aufgenommen haben, die sie jetzt nach und nach an die Umgebung abgibt und die sie irgendwann verlieren wird.«

Aus Gründen, die wir nicht kennen… Was eigentlich auf dieser Erde kennen wir schon? Wir sind in die Nacht unserer Unwissenheit vor allem verbannt worden durch die Theologen des Christentums, die auf jede Frage, die schon im Alten Griechenland diskutiert wurde, den Willen ihres lieben Gottes zur Erklärung parat hatten; und wer mit dieser ihrer Universalauskunft sich nicht zufrieden gab, galt ihnen sogleich als Häretiker.

»Soll das ferner heißen«, fragte ich weiter, »daß womöglich auch das Leben nicht immer auf dieser Erde bestanden hat – daß es nicht existierte, als die Erde noch zu heiß war, und daß es vielleicht nicht mehr existieren wird, wenn die Erde sich zu weit abgekühlt hat?«

»Mag sein«, meinte Gilbert anerkennend. »Vielleicht ist das Leben selbst nur eine vorübergehende Erscheinung, ein Intermezzo in der Temperaturentwicklung des Planeten. Wieder einmal: Wir wissen es nicht! Aber wir wissen immerhin, daß die Ausbrüche der Vulkane keineswegs nur etwas Schreckliches sind; sie sind im Gegenteil so etwas wie der notwendige Trommelwirbel zur Musik des Lebens. Der Krater Eueres Vesuvs führt also nicht sogleich in die Hölle hinein, sondern recht eigentlich zu dem wahren Quell des Lebens.«

»Die Stadt Neapel fühlt sich geehrt…«

Es machte mich glücklich, solchen Leuten zu lauschen. Manche von ihnen erwähnte ich später in meinen Büchern ausdrücklich; Matthew Gwynne z.B., der damals mit John Florio an einer Übersetzung des Montaigne arbeitete, habe ich im *Aschermittwochsmahl* verewigt; so betrachtet ist es durchaus nicht wahr, daß dieser wichtige Dialog meiner Londoner Zeit eine bloße Schmähschrift gegen die englische Gelehrsamkeit darstellen würde; – der edle Sir Fulke Greville hätte so ungehalten gar nicht sich äußern müssen.

Immerhin nötigte er mich zu einer korrigierenden Darstellung meiner »Schmähungen«, wie er fand, in meiner nächsten Schrift *Von der Ursache, dem Prinzip und dem Einen*, in dem ich meinen neu gewonnenen Freund und Schüler Alexander Dickson unter dem Namen des gelehrigen *Discono* auftreten ließ; er seinerseits dankte mir meine Freundschaft mit einem eigenen englischen Buch *Über den Schatten der Vernunft und der Urteilskraft*, in dem er viele meiner Gedanken aufnahm.

Etwas Ähnliches gilt von dem jungen Oxforder Theologiestudenten Francis Godwin, der meine metaphysischen und kosmologischen Gedanken von einer unendlichen Welt begeistert aufgriff; ich höre, er habe es inzwischen zum Bischof von Chester gebracht – nun, möge Gott ihn segnen.

Trotzdem bleibt es dabei: Nicht einmal der Astronom Thomas Hariot aus dem Kreis um Sir Walter Raleigh, den Entdecker Virginias, oder ein Mann wie William Gilbert haben mein eigentliches Anliegen wirklich verstanden – für Godwin blieb das, was ich sagte, eine recht amüsante Idee, für die anderen bedeutete es lediglich eine naturwissenschaftliche

Hypothese unter anderen; – für mich selbst aber bedeutete es das ganze Leben! Niemand ringsum scheint bis heute zu verstehen, daß vor allem die gesamte religiöse Frage neu aufgenommen werden muß, wenn die Idee eines unendlichen Weltalls sich durchsetzt. Das aber ist einer der Punkte, die ich bis heute nicht verstehe: Wie ist es nur möglich, daß man so zwiespältig denkt – hier als Geologe, als Astronom oder als Arzt und dort als ein gläubiger Christ? Ein solches Verhalten scheint mir ebenso absurd wie das Unterfangen, gleichzeitig Mönch und Soldat sein zu wollen; – doch auch solche Kunststücke bringen ja die Engländer auf ihre Weise nicht schlechter zu Wege als ihrerseits die Spanier und Franzosen. Die tradierte Welt der christlichen Religion zerfällt mittlerweile in viele Teilbereiche der Wirklichkeit, die sich gegeneinander verselbständigen und miteinander neu gruppieren; niemand offenbar will jedoch sehen, wie notwendig es eben deshalb ist, die Perspektive der Weltbetrachtung ins Unendliche zu dehnen, wenn man die verlorene Einheit zurückgewinnen will. Betrüblicherweise scheinen selbst die Theologen an der Frage nach der Einheit des Göttlichen durchaus nicht mehr interessiert zu sein; sie leiern nur noch ihre scholastischen Tiraden in ihrem jeweiligen Fachgebiet herunter, ohne sich über die wahren Probleme der Welt zu bekümmern. Was also wundern sie sich, daß sie die Einheit des christlichen Glaubens über ihre Partikularinteressen geradezu notwendig verlieren!

Damals, in diesem so ruhigen und doch so bewegten Jahre 1584, schrieb ich allerdings noch ein drittes Buch unter dem Titel: *Zwiegespräche vom unendlichen All und den Welten*, das ich gleichfalls dem Marquis de Mauvissière widmete; doch die Einleitungsworte zu diesem »ruhigsten« Buch der Londoner Zeit erklären mir nach wie vor den wahren Grund all der Unruhe, die mein Leben in Deiner Nähe bestimmte, Diana: »*Lenkte ich*«, schrieb ich dort, »*den Pflugschwanz, hütete ich eine Herde, baute ich einen Garten, flickte ich alte Röcke, dann würde niemand mich beargwöhnen, wenige würden mich beachten,* selten würde ich getadelt werden, und vielleicht gar könnte ich allen gefallen. Weil ich aber das Feld der Natur vermesse, besorgt bin für die Weide der Seele, bemüht um die Pflege des Geistes und ein Dädalus in der Technik der Vernunft, siehe, da muß ich es dulden, daß mancher mich nur zu sehen braucht, um mir zu drohen, mich nur zu erblicken braucht, um sich auf mich zu stürzen; mich nur zu erreichen braucht, um mich zu beißen, mich nur zu fassen braucht, um mich zu zerreißen, und das sind nicht einer, nicht wenige, es sind viele, nahezu alle. Wollt Ihr wissen, woher das kommt, so kann ich nur sagen: von der Universität, die mir mißfällt, vom Pöbel, den ich hasse, von der Menge, die mir nicht imponiert, von der einen, die meine Liebe besitzt; jene meine ich, durch die ich frei bin in der Unterwürfigkeit, zufrieden in Leiden, reich in der Armut und lebendig im Tode; – jene, derentwegen ich solche nicht beneide…, für die es keine Hochherzigkeit gibt, die sie befreien, kein Streben, das sie erhöhen, kein Licht, das sie erleuchten, keine Wissenschaft, die sie zum Leben erwecken könnte! Daher kommt es, daß ich nimmer den Fuß ermüdet zurückziehe vom steilen Pfade, noch verzagend die Arme sinken lasse, das ich mir als Aufgabe gestellt habe…; ob ich gleich merke, daß man mich meistens als einen Sophisten verleumdet, mich darstellt als einen, der mehr scharfsinnig zu scheinen, als wahrhaft zu sein bestrebt sei, mich verkennt für einen Ehrgeizigen, der mehr darauf denke, eine neue und falsche Sekte zu stiften, als das Alte und Wahre zu bestätigen, mich für einen Vogelsteller ausgibt, der dem Schimmer des Ruhmes nachjage, indem er Nebel des Irrtums um sich verbreite; mich schildert als einen unruhigen Geist, der die Gebäude guter Lehren untergrabe und künstliche Maschinen herstelle, um das Unterste nach oben zu kehren. Doch … wenn ich schon irre, so glaube ich wenigstens wahrhaftig nicht zu irren, und bei allem Reden und Schreiben streite ich nicht aus bloßer Lust zu siegen; – denn für gottverhaßt, niederträchtig und jeglicher Ehre bar achte ich jeden Erfolg und Sieg, dem die Wahrheit nicht innewohnt; sondern aus reinster Liebe zur wahren Weisheit und aus Eifer für wahre Erkenntnis strenge ich mich an, arbeite und quäle mich selbst.«

Nein, was immer sie über mich behaupten werden, ich bin nicht der Mensch, den sie in mir sehen wollen, nur um sich selbst nicht anschauen zu müssen.

Die Gespräche über *Das unendliche Weltall und die Welten* wurden schließlich wohl mein dankbarstes Buch, das ich in London schrieb; denn nicht zuletzt war es eine Huldigung auch an Thomas Hill, den ich, wie so viele andere, durch die Vermittlung von Sir Philip Sidney kennenlernte und dem ich die Rolle des *Elpino* in meinem Buche zuschrieb. Er war seiner Art nach mir selber sehr verwandt. Thomas Hill war eine Mischung aus Literat und Forscher, aus Publizist und Wissenschaftler, ein vielseitiger Mensch von lebhaftem Interesse nach vielen Richtungen, und schon deshalb wurde er rasch mein Freund. Wie glücklich ich mich sofort fühlte, sobald ich Menschen begegnete, die ihre kindliche Neugier, die den Witz der Überraschung einer noch unerprobten Denkmöglichkeit und das Vergnügen, etwas Altes in neuem Gewand zu erschauen, noch nicht verloren hatten!

Dank gebührt nicht zuletzt dem wackeren John Charleswood, der die Herausgabe all meiner Londoner Werke betreute. Ich überredete ihn zu einer Art editorischen Tricks: Wir fingierten die Erscheinungsorte der Bücher, die wir mit Paris und Venedig angaben, äußerlich in der Hoffnung, die italienisch geschriebenen Werke später in Frankreich und besonders in Italien besser absetzen zu können – die Rechnung war so verkehrt nicht. Ihren eigentlichen Grund aber hatte der Schwindel mit den Erscheinungsorten eher im Seelischen als im Geschäftlichen: Ich sehnte mich, wieder einmal, zurück nach Italien. Die grünen Hügel und Triften Englands, die ich ab und an bei gelegentlichen Ausfahrten besichtigte, bildeten durchaus keinen Ersatz für den Anblick der verkarsteten Landschaft der Toscana, und die tristen 30 Meter hohen Mauern des Towers of London halfen mir durchaus nicht hinweg über die wehmütige Erinnerung an den Turm zu Pisa oder an den Dogenpalast zu Venedig. Schön, immerhin, ist der Palace of Westminster, der seit 1547 zum Sitz des englischen Parlamentes erklärt wurde, schön und vernünftig; – in der politischen Kultur, das muß ich zugeben, sind die Engländer den Europäern des Festlandes, den Franzosen und Spaniern vor allem, weit überlegen, und wenn ich richtig sehe, gehört das kommende Jahrhundert durchaus ihnen; – die Spanier demgegenüber mögen noch so viel Gold aus Amerika importieren, sie müßten als erstes ihre gesamte Verfassung ändern, um mit der Dynamik der jungen aufstrebenden Nation Englands mitzuhalten, und wir Italiener sind viel zu zersplittert, um politisch in Europa noch etwas bewegen zu können; *unsere* Zukunft wird uns notgedrungen wohl zu den Hofnarren und Unterhaltungskünstlern Europas bestellen – das Schicksal so vieler italienischer Emigranten heute schon wird eines Tages wohl auch unser Heimatland ereilen.

Und doch sehnte ich mich damals nach Italien, und jeder Satz, den ich auf italienisch schrieb, war wie eine Bitte um baldige Rückkehr. Gleichwohl, wie stets bei mir, bildete das Heimweh nur das *eine* Motiv meiner italienischen Dialoge; ein anderes richtete sich auf die Abrechnung mit der katholischen Kirche, mit ihrem Mönchstum, mit der etablierten Dummheit ihrer sogenannten Gottesgelehrten, kurz, mit all dem, was mich überhaupt erst heimatlos und entwurzelt hatte werden lassen; und so entstand im Jahre 1585 zu meinem eigenen Vergnügen als erstes *Die Austreibung der triumphierenden Bestie*, die schon der peniblen Lektüre von Padre di Saluzzo im Prozeß zu Venedig nicht entgangen war; und fast zeitgleich entstand zudem *Die Kabale von dem Pferde Pegasus in Verbindung mit der des Kyllenischen Esels*. Besonders in diesem Buche zog ich die Bilanz meiner Vergangenheit als Dominikanermönch und trat dabei bewußt in die Fußspuren des *Lobs der Torheit* meines verehrten Erasmus von Rotterdam, dessen Lektüre schon im Kloster zu Neapel den ersten Verdacht der Inquisition auf mich gelenkt hatte.

Es ist mir, im Anblick der flachgepreßten Fische im Traum der vergangenen Nacht, wie zur Rechtfertigung meiner verleugneten Prinzen-Existenz, an dieser Stelle ein Bedürfnis, jenes Gedicht zu zitieren, das ich in der »Kabale« veröffentlicht habe – es wird den ganzen Unterschied deutlich machen, der besteht, je nachdem, ob ich mit Dir rede, liebe Diana, oder mit gewissen kirchlichen Lehrstuhlinhabern der Philosophie und der Theologie, deren ganzer Lebensinhalt darin zu liegen scheint, nach und nach immer noch ein wenig dümmer zu werden, als sie ohnehin schon sind. Das Gedicht trägt die Überschrift:

Lob des Eseltums

O Eselheit, du Heil'ge sonder Gleichen,
Du liebst, in Frömmelei'n dich zu entfalten,
Und weißt mit Seelen so geschickt zu schalten,
Daß Sinn und Geist sie nimmermehr erweichen.

O heil'ge Ignorantia, deiner reichen
Genügsamkeit droh'n keine Schreckgestalten,
Wie Kunst und Wissen, die ja doch veralten
In der Betrachtung ferner Himmelszeichen.

Was gilt dem Vorwitz doch: zu wissen streben,
Wie die Natur schafft und ob sich Gestirne
Auch schon aus Erde, Wasser, Feu'r ergeben?

Dergleichen furcht den Heil'gen nicht die Stirne:
Sie bleiben auf den Knie'n am Staube kleben,
Die Ankunft Gottes in dem Eselshirne.

Man vergleiche nur die unbedarfte, die bedürfnislose Dummheit der Mönche und Theologen der Kirche mit jener Frömmigkeit, die Du mich lehrtest durch Deine Sehnsucht, Diana, und man versteht, daß es zwischen beidem nur eine Wahl, keine Vermittlung geben kann. Durch Dich wurde mir die Liebe zum Unendlichen zur wahren Religion, erlebe ich doch Deine Nähe als Stätte der Gegenwart des Göttlichen selbst.

> Denn: wie der Gang durch eine große Kathedrale,
> Geliebte, war es, als wir uns begegneten,
> Als höben sich die lang verschlossenen Portale
> Und ließen Engel sehen, die uns segneten.
>
> In Deinen Augen hob mein Blick sich himmelwärts,
> Als könnte er in ihnen Gottes Bild erkennen,
> Und in der Liebe zu Dir ward mein ganzes Herz
> Erfüllt von Glück und einem nie endenden Sehnen.
>
> Und wie ein Kirchenfenster, ganz von Licht durchflutet,
> Geliebte, so erschien mir Deiner Seele Bild,
> Als ob mich wärmend etwas Heiliges anmutet,
> In dem sich Gottes Gnade ahnungsweis' erfüllt.
>
> Erst langsam, als die Augen sich ans Licht gewöhnten,
> Vermocht' ich, Liebste, Deine Schönheit zu erblicken.
> Du bist in Wahrheit, mehr als meine Wünsche wähnten,
> Unendlich schöner noch: mein Glück und mein Entzücken.
>
> Was wohl am schönsten ist an Dir, – ich weiß es nicht,
> Und höchstwahrscheinlich werde ich es niemals wissen.
> Dein ganzes Wesen ist so transparent zum Licht,
> Daß ich an Dir nicht einen Teil mehr möchte missen.
>
> Ich möcht' Dich, Liebste, nur noch immerdar anschauen,
> Denn Dich zu sehn ist jedesmal wie ein Gebet.
> In Dir lebt alles: Hoffnung, Liebe und Vertrauen,
> Du bist der Ort, an dem Gott selbst sich zu mir kehrt.

Die Liebe zu Dir wurde das Thema vor allem meiner letzten Londoner Arbeit *Von den heroischen Leidenschaften*, in der ich, auf meine Art freilich, meinen Jugendfreund, den Dichter Luigi Tansillo zu Wort kommen ließ. Entgegen dem Stirnrunzeln von Padre di Saluzzo, halte ich auch jetzt noch meine »Tansillo«-sche Variante des Aktaion-Mythos aufrecht: Aktaion, auf der Jagd mit seinen Hunden, erblickt, an einer

Quelle badend, die Göttin Diana und wird, von Leidenschaft ergriffen, in einen Hirschen verwandelt; seine Hunde aber, ihren Herrn nicht mehr erkennend, fallen über ihn her und zerreißen ihn. In meinen Augen bietet diese seltsame Erzählung den Schlüssel zum Verständnis nicht allein meines, sondern eines jeden wahrhaft Suchenden Lebens. Es ist eine Geschichte von dem ewigen Scheitern des Menschen, den die Kraft seiner Sehnsucht ins Unendliche treibt, der aber lieber seinen Untergang akzeptiert, als im Mittelmaß der Mittelmäßigen Zuflucht zu nehmen.

Als Beispiel ich selber: Wie hätte ich etwa nicht wissen sollen, was die Kirche antworten wird, wenn ich ihre scheinheilige Pharisäerkaste schon in der Einleitung dieser Schrift für verbrecherische Schurken erkläre, die es wagen, sich mit den »*Bezeichnungen von Geweihten, Heiligen, Propheten, Söhnen Gottes, Priestern und Königen*« zu schmücken, so als wenn es ein göttliches Urteil gar nimmer gäbe, »*das ihre böswillige Ignoranz und unser Wissen, unsere schlichte Freiheit und ihre schädlichen Regeln, Zensuren und Kontrollinstanzen*« auf der Waage der Vernunft und der Gerechtigkeit gegeneinander verrechnen wird? Hat mich etwa das Wissen um die Gefahr, in die ich mich mit solchen Worten begab, auch nur die Minute gehindert, in aller Form die Wahrheit zu sagen? Natürlich nicht. Sondern ich unternahm es zu leben, was ich damals schrieb: »*Ein würdiger und heroischer Tod ist besser als ein unwürdiger und feiger Triumph.*« Es ist einfach die Frage, was für ein Mensch jemand ist. Die einen »*haben mehr Würde, Macht und Wirkung*« und fühlen sich deshalb ganz »*im Besitz des Göttlichen*«; die andern aber »*sind würdiger, mächtiger und wirkungsvoller, denn sie sind selbst göttlich. Die ersten sind würdig wie der Esel, der die Heiligtümer trägt; die zweiten sind selbst ein heiliger Gegenstand. In den ersten schaut und sieht man die Wirkung des Göttlichen, ihm zollt man Bewunderung, Verehrung und Gehorsam. In den zweiten schaut und sieht man die Vortrefflichkeit, die in ihrem eigenen Menschsein liegt.*«

Was aber wird das Schicksal gerade der »göttlichen«, der »heroischen« Menschen sein? Sie wagen sich ins Weite wie Kinder, die in einem Nachen, mit zerbrechlichem Ruder, vor lauter Sehnsucht nach der Weite des Meeres, sich hinaustreiben lassen in die todbringenden Wellen und die, stets zu spät, vergeblich um Rettung rufen; sie gleichen dem Ikarus, dem beim Fliegen zur Sonne das Wachs seiner Flügel zu schmilzen beginnt, so daß er unrettbar aus der Höhe des Himmels herabstürzt zur Erde. Wenn in dem Glauben der Antike die Götter sich wandeln in Menschen, so ist des Heroischen Antwort auf diese Mythe das Streben, sich selber ins Göttliche zu wandeln. Nicht, wie die Christen, einen menschgewordenen Gott zu verehren bildet die Aufgabe des erkennenden Menschen, sondern sich selber ins Göttliche zu erheben. Ich werde nicht müde zu sagen: Der Mensch ist auf endliche Weise unendlich, er ist eine endliche Unendlichkeit – drum ist er auf ewig zerspalten. Mit dem Intellekt verwandeln wir, erkennend, die Dinge in uns selbst, mit unserem Willen aber möchten wir selber sein wie das, was wir erkennen; das ganze Geheimnis des Menschen aber liegt darin, daß er sich niemals mit der Erkenntnis des Endlichen begnügen wird. Als ein unendliches Vermögen strebt er immer von neuem danach, eine unendliche Wirklichkeit zu erreichen, zu der er niemals gelangen kann. Immer wieder deshalb muß Aktaion sterben, um sich Diana zu nähern, zerrissen von seinen eigenen Strebungen – sowie von denen, die ihre Mäßigkeit, entsprechend ihrem verehrten Lehrer Aristoteles, als Inbegriff christlicher Tugend verteidigen.

War es denn ein Zufall, geliebte Diana, daß Du mir am Strande von Noli erschienest im Gegenüber der Sonne? Du kamst zu mir als die gestaltgewordene Schönheit des Lichtes, in dessen Schein ich Dich betrachtete, während Du selbst von ihm Zeugnis gabst. All Deine Schönheit steht vor mir als der Spiegel Deiner Seele, die ihrerseits nichts ist als ein unendlicher Spiegel des Göttlichen; und so folge ich Dir nach mein Leben lang und über mein Leben hinaus, immer, immer, denn so sehr Du mich zerreißest, so sehr bin ich doch nur einig mit mir, wenn ich mich finde in Dir. Es ist eines meiner frühesten Gedichte, das ich damals in den Wind schrieb, es zu Dir zu tragen:

Seitdem Du bist, seh ich die Welt in neuen Farben.
Mein Herz ist weit, und alles, was die Welt an Gaben
Bereit hält, möchte ich aus Deinen Händen haben,
Es Dir zu geben, Liebste.

Seitdem Du bist, vertauscht sich Wirklichkeit und Traum.
Die Welt ward Dein Gewand, und ich an seinem Saum
Darf es berühren, und vor Glück wage ich kaum,
Dich anzuschauen, Liebste.

Seitdem Du bist, sieht jeder Tag mich festlich an,
Und einzig, daß ich es oft nicht erwarten kann,
Bis wir uns wiedersehn, macht's Warten lang, doch dann –
Darf ich bei Dir sein, Liebste.

Seitdem Du bist, gehört mein Herz, mein ganzes Ich
Ausschließlich Dir, Diana. Niemals fühlt' ich mich
So sehr bei mir, so glücklich und so einheitlich,
Als nah bei Dir, Du Liebste.

Seitdem Du bist, darf meine Seele endlich leben.
Sie hebt sich auf und möcht' mit Dir zum Himmel schweben
Und bittet Gott, er möge mir auf immer geben,
Mit Dir zu leben, Liebste.

O liebe Diana, ich fühle mich eins mit all den unglücklich Liebenden, mit all den enttäuscht Hoffenden, mit all den in der Wüste Verschollenen auf der vergeblichen Suche nach einem geheimen Quell kühlenden Wassers, mit all den aufs Meer Hinausgeschleuderten bei dem Versuch, einem fernen Stern nachzusegeln; in mir leben sie alle – die Menschen, die keine Tränen mehr weinen können vor Traurigkeit, die zu

Narren wurden aus Weisheit, die man für Scharlatane erklärte ob ihrer Ehrlichkeit, die man für Gottlose hielt infolge ihrer Frömmigkeit, die man als Gesetzesbrecher verstieß, weil sie menschlicher waren als ihr eingegrenztes Menschentum es vorsehen mochte, die man für Stümper ausgab, weil ihre Gedichte aufs genaueste den Gefühlen und Stimmungen des Herzens, doch nicht den Regeln und Gesetzen der Pedanten entsprachen. Ich bin die Liebe, die Sehnsucht, die Freiheit und das Verlangen, ich bin erfüllt von Andacht, Traum und Poesie, ich bin eine nicht endende Frage, eine immerwährende Provokation. Ich bin jemand, der sich weigert, zum Gebet »*die Hände in die Höhe zu heben, die Schritte zum Tempel zu lenken, die Ohren der Statuen vollzutönen, damit er besser erhört werde.*« Ich bin jemand, der es wagt, »*in das Innerste seiner selbst einzudringen, in dem Bewußtsein, daß Gott nah ist, mit ihm und in ihm, mehr als er selbst es sein kann, da er die Seele der Seelen ist, das Leben der Leben, die Essenz der Essenzen.*« Ich kann nur sagen, jetzt, wenn ihr in zwei Tagen mich töten werdet: ich habe vor euch keine Angst. Vielmehr: »*Wen ein Jahrhundert zum Tode verurteilt, der lebt in allen übrigen.*«

So schrieb ich damals, und so denke ich noch heute. Doch gehandelt habe ich anders. Der peinlichste Tag meines Lebens ist gewiß der 30. Juni 1592; doch die Zeit, an die zu erinnern mich heute am meisten beschämt, ist das Jahr 1585, als ich in Paris erneut versuchte, meinen Frieden mit der katholischen Kirche zu machen. Sie, die ich eben noch mit allen Mitteln des Geistes: religiös, philosophisch, kulturell und menschlich, an den Pranger gestellt hatte, suchte ich damals auf, um meine äußere Existenz auf eine bessere Basis zu stellen. Mein Zusammenbruch am Ende des venezianischen Prozesses war eine Folge falscher Erwartungen und brutaler Einschüchterungen; derlei kann ich verstehen. Doch wie ich mich damals in Frankreich, ohne jeden äußeren Zwang, getrieben einzig von wirtschaftlicher Not, der katholischen Kirche anzubiedern und anzudienern suchte, erfüllt mich im Rückblick mit purem Ekel. Aber ich muß davon schreiben. Es ähnelt am meisten dem verkohlten Fischkopf am Abgrund, den ich Dir im Traume zu zeigen versuchte, Diana.

Erneut: Paris

Der äußere Anlaß bestand im Oktober 1585 in dem Rücktritt des Marquis von seinem Posten als französischer Botschafter. Zehn Jahre lang hatte Michel de Castelnau diese schwierige Aufgabe versehen. Doch schon im Vorjahr, genauer im Mai 1584, hatte er Maria Stuart in einer Depesche die weitere Unterstützung ihrer Pläne durch den König von Frankreich aufkündigen müssen; gewisse Verbindlichkeiten der schottischen Königin fielen jetzt als Privatschuld an ihn zurück – mit anderen Worten, er war mit einem Male von einem begüterten zu einem armen Mann geworden. Hinzu kam im gleichen Jahr die Ermordung Wilhelms von Oranien. Man hatte es also endlich geschafft, den Organisator des Unabhängigkeitskampfes in den Niederlanden aus dem Wege zu räumen. Alle Zeichen standen auf Sturm. Im September 1585 verschärfte die protestantische Seite in London die Gesetze gegen die Katholiken und trieb zu neuen Verfolgungen an. Die Tage für einen um Ausgleich bemühten Mann wie den Marquis waren in England gezählt, und mit ihm auch meine. Mich hielt nichts mehr auf der Insel, am wenigsten Sir Philip Sidney, der mir die Kritik an der Verherrlichung einer nur sinnlichen Liebe in seinen Sonetten zugunsten wahrhaft »heroischer Leidenschaften« offenbar nicht vergeben konnte; er wollte nicht begreifen, daß man nicht mehr Petrarca nachahmen kann, nachdem es einen Tansillo gegeben hat – diese Engländer kommen sich schon modern vor, wenn sie alles das aufgreifen, was wir in Italien gerade überwunden haben. Nur der Abschied von John Florio fiel mir schwer. Sonst aber verlockte mich über die Maßen die Vorstellung einer Rückkehr nach Paris. Vielleicht würde es möglich sein, die Vorlesungen am Collège de Cambrai wieder aufzunehmen; endlich würde ich wieder mit Studenten und Fachkollegen diskutieren und mich austauschen können, ohne der ständigen Vermittlung eines Übersetzers oder eines Florioschen Lehrbuches zu bedürfen. Paris! Die Nähe des Hofes! Der Archipel italienischer Lebenskunst! Endlich!

Doch dann! Niemals habe ich mit dem Schicksal gehadert. Warum aber mußte ausgerechnet jetzt die gesamte Habe des Marquis, nach längeren Abschiedszeremonien mühsam genug von der Butcher Row auf eines der breitbäuchigen Lastschiffe verladen, in die Hände von Seeräubern fallen? Augustinus hat völlig recht: die Staatenbildungen der menschlichen Geschichte sind nichts als große Räuberbanden; und die ständige Piraterie zwischen Engländern und Spaniern in der Nordsee, zwischen den deutschen Fürstentümern in der Ostsee, zwischen Venezianern und Türken im Mittelmeer bildet nicht eine Randerscheinung des politischen Prinzips, sie offenbart im Gegenteil dessen eigentliches Wesen. Da ist keine egoistische Triebfeder des Handelns, da ist keine verbrecherische Weise des Vorgehens abscheulich genug, daß sie nicht unter geeigneten Umständen für ein verdienstvolles, ja heiliges Werk im Interesse der Machtausdehnung des eigenen Staates verstanden werden könnte. Daß dabei das Leben einzelner völlig aus der Bahn geworfen werden kann, verschlägt nicht gegen so hehre Ziele wie Ruhm und Ehre zugunsten der jeweiligen Religion oder Nation. Längst hat man begonnen, die ganze Welt nicht nur zu entdecken, sondern systematisch leerzuplündern, und das mit dem besten Gewissen. Wohin ein Francis Drake seinen Fuß setzt, ist englischer Boden, mögen da Menschen leben gleich welcher Hautfarbe oder Kultur. Und wohin ein Cortez oder Pizarro seinen Fuß gesetzt, dort eben ist spanischer Boden. So will es das »Völkerrecht«, soll man glauben. Die Wolfsrudel in den Steppen Rußlands werden ihre Gebietsansprüche kaum anders regeln als derzeit die europäischen Seemächte im Zeitalter der »Entdeckungen«; es ist, als hätte man die Kugelgestalt der Erde lediglich wiedergefunden zur Arrondierung der jeweiligen Hegemonialausdehnung, keinesfalls aber zum Begreifen der einfachen Tatsache, daß jede Grade, folgt man ihr nur lange genug, auf einer Kugel wieder bei sich selbst ankommt.

Nie mehr habe ich das Gesicht des Marquis de Mauvissière vergessen, als er von dem Verlust all seiner Habe durch Piratenhand erfuhr, das Gesicht eines Verzweifelten. Dabei konnte es durchaus sein, daß diese Halunken in spanischen Diensten standen und politisch gesehen mithin sogar den gleichen Zwecken dienten, denen auch er selbst als französischer Gesandter so lange Zeit aufopferungsvoll gedient hatte. Immer noch lieben es die Machthaber, Löwen und Pferde, Geist und Gewalt, gleichzeitig vor die Deichsel ihrer Staatskarosse zu spannen, und sie tun noch erstaunt, wenn immer wieder die Löwen, sobald sie nicht genug zu fressen bekommen, sich an den Pferden schadlos halten.

Michel de Castelnau jedenfalls sah sich endgültig geschlagen: das Werk vieler Jahre vernichtet; mittellos seine Familie – ich begriff nur zu gut, daß ich ihm fortan als eine allzu beschwerliche Last erscheinen mußte; und so genügte eine Seefahrt von ein paar Stunden, um eine jahrelange treue Freundschaft in verschiedene Richtungen auseinander zu treiben. Grausames Leben, gestaltet von grausamen Menschen, die man bewundert und ehrt für ihre Grausamkeit im Dienst der vermeintlich stets »richtigen« Sache! Den Weg nach Paris legten wir noch gemeinsam zurück; dann suchte ich mir, mit Hilfe entfernter Bekannter, eine Unterkunft in der Nähe des Collège de Cambrai, und bald schon hatten wir uns aus den Augen verloren.

Mein Wunsch, an die Stätte meines früheren Wirkens zurückzukehren, zerschlug sich gründlich, wie ich nur allzu bald erkennen mußte. Man mochte mich, den Verstoßenen der Kirche, akzeptiert haben als Doktor der theologischen Fakultät von Toulouse, nicht aber als Panegyriker der Mutter aller Ketzer, der englischen Königin. Was half es, darauf hinzuweisen, die Sprache der Diplomatie bestehe nun einmal in der Kunst der Höflichkeit? Man verwies auf meine italienischen Schriften aus der neuesten Londoner Zeit, und wenn man auch deren Inhalt nur flüchtig kannte, zur Bestätigung und Befestigung alter Vorurteile und Verdächtigungen langte es allemal. Zudem hatte im Jahre 1585 das Blatt auch in Frankreich sich gewendet. Die Auseinandersetzungen zwischen meinem alten Gönner Heinrich III. und seinem Gegenspieler Heinrich von Navarra hatten an Bitterkeit eher noch zugenommen; alle schienen noch haßerfüllter und fanatisierter denn zwei Jahre zuvor, da ich sie verlassen hatte. Die nicht unbegründete Angst, der König, erst ganze 34 Jahre alt, könnte vor der Zeit eines unnatürlichen Todes sterben, um dem hugenottischen Bourbonen laut Erbrecht den Thron Frankreichs zu hinterlassen, trieb den regierenden Papst Sixtus V. am 21. Dezember 1585 sogar dazu, in einer eigenen Bulle die etwaigen Ansprüche Navarras auf jeden Fall schon im voraus zu bestreiten. Und wie denn auch nicht? Ein Vertreter Gottes auf Erden wird sich doch noch über die Zufälligkeiten des Erbrechts hinwegsetzen dürfen, wo es um das Lebensrecht des Glaubens und der Wahrheit geht!

Genau das aber ist nun der Punkt, dessen ich mich weit mehr schäme als meiner Schwäche im Prozeß zu Venedig. Heimatlos und mittellos, wie ich war, folgte ich damals dem Rat meines Freundes Michel de Castelnau und wandte mich – an Bernardino von Mendoza! Ausgerechnet zu diesem Zeitpunkt, ausgerechnet an diesen Mann, von dessen Mordplänen gegen die englische Königin ich nur allzu gut wußte, wandte ich mich damals in der Absicht, eine Aussöhnung mit der katholischen Kirche zu erreichen, ganz so als ob ich *Die Vertreibung der triumphierenden Bestie* und *Die Kabale des Pegasus* nicht eben erst geschrieben hätte! Zwar zwang mich die Not zu verzweifelten Maßnahmen – ich wußte nicht Ein noch Aus –, zwar zeigt dieser Schritt auch, daß ich einen endgültigen Bruch mit der katholischen Kirche von mir aus niemals im Sinn trug, doch auch das Ausmaß meiner Unentschiedenheit und meines Opportunismus in jenen Tagen wird hier überdeutlich.

Die Wahrheit zu sagen, behandelte ich den Streit zwischen den Konfessionen schon lange nicht mehr als eine Frage der Wahrheit, sondern der praktischen Vernunft, übrigens ganz nach dem Vorbild ihrer Protagonisten selber, wie man zugeben wird. In einer Zeit, da Päpste und Könige den »christlichen« Glauben an Gott als ein bloßes Instrument der Macht mißbrauchen, schien mir nichts anderes übrig zu bleiben, als einen neuen philosophischen Glauben zu formulieren, indem ich die Welt der Gedanken zwar mit lebendigem Ernst, das Spiel um die Macht indes spielerisch abhandelte. Ich war und bin in ihrem Sinne weder ein Katholik noch ein Protestant. Ich bin und war der Wahrheit verpflichtet, nicht der Macht. Der Katholizismus ist in meinen Augen ein Teil der Kultur Italiens, und ich bin Italiener, insofern bin ich »katholisch«. Doch was habe ich zu schaffen mit dem Kyllenischen Esel, dessen Rücken behangen ist mit den lieblichen Bildchen elender Pfaffenbigotterie und dessen lange Ohren jedes Ketzergerücht zu erhaschen suchen? Und was mit diesem Ausbund verkörperter Mönchsdummheit und Mönchsgeilheit, der ich allerorten begegnet bin? Wenn dieses Schreckbild des Menschseins »katholisch sein« heißt, dann, natürlich, ist mein ganzes Wesen unkatholisch und häretisch. Ein Protestant hinwiederum war ich nie, es sei denn, protestantisch sein bedeutet so viel wie die Freiheit von geistlicher Tyrannei, von magischem Mummenschanz, von abergläubigem Dogmatismus und von dem Terror der heiligen Inquisition. Wenn indessen Protestantismus bedeutet, die Natur für verderbt zu erklären, den Menschen für ein gefallenes Wesen, den Teufel für den Herrn dieser Welt und den Buchstabensinn der Bibel für die letzte Offenbarung des Göttlichen, dann ist die Reformation nicht besser als die Gegenreformation, sondern beide sind nur wie Hammer und Amboß; dazwischen zerhämmert aber wird alles, was Geist ist, was Mensch ist, was lebt.

Es scheint mir typisch für den Zustand der Kirche, daß ich selbst bei jahrzehntelangem Suchen in ihr niemanden gefunden habe, der auf eine ehrliche religiöse Frage eine ehrliche religiöse Antwort zu geben vermocht hätte. Mendoza war ein Politiker, gut; ihm sehe ich nach, daß er meine Bitte um Hilfe bei dem Versuch einer Wiederversöhnung mit der katholischen Kirche rein diplomatisch aufnahm: Er verwies mich weiter an Bischof Girolamo Ragazzoni, der seit zwei Jahren als päpstlicher Nuntius in Paris fungierte. Bereits 1575 hatte Gregor XIII. ihn zum Generalvikar der Diözese Mailand ernannt, wo er sich als unnachgiebiger Verfechter der Beschlüsse des Konzils von Trient hervorgetan hatte. Nach Rom in die Nähe des Papstes berufen, galt sein Bestreben fortan der Rückgewinnung Frankreichs und Englands für den katholischen Glauben. Diesen Mann um Hilfe zu bitten wäre an sich kein schlechter Gedanke gewesen – wenn er ein Mensch und nicht ein bloßer Kirchenbeamter gewesen wäre. Das einzige, was er hätte tun müssen, wäre ein Ersuchen an den Heiligen Stuhl gewesen, mich ordnungsgemäß zu laisieren und mir endlich meine Freiheit wiederzugeben. Doch wie ich schon häufiger erfahren mußte und bereits verschiedentlich bemerkt habe: Wer in den Augen dieser Kirche erst einmal Verdacht macht, ein Irrlehrer zu sein, den läßt sie nicht mehr los; den muß sie und will sie so lange bespitzeln, verfolgen, zermürben und demütigen, bis ein für allemal keine Gefahr mehr von ihm ausgeht. Natürlich hätte ich Ragazzoni mit Leichtigkeit zeigen können, daß ich überhaupt nicht vorhatte, in die Streitigkeiten des Theologengezänks einzutreten, und daß mir einzig an Philosophie, nicht an »Offenbarungswissenschaft« gelegen war. Doch der mächtige Bischof Ragazzoni sah, wie sie alle, in mir keinen Menschen vor sich, sondern nur einen Fall seiner kirchenbehördlichen

Verwaltungsarbeit. Es war nicht möglich, menschlich mit ihm zu reden, es war nicht möglich, philosophisch mit ihm zu reden. Die einzige Sprache, die er verstand, war die Sprache des Kirchenrechts. Ich sei vor acht Jahren aus dem Kloster entlaufen, erklärte er, also müsse ich mich als erstes wieder unter die Obhut der Gemeinschaft der Brüder des heiligen Dominikus stellen.

Die Obhut!

Ob er nicht wisse, daß ich nicht dem Orden, sondern der Heiligen Inquisition hätte entlaufen müssen? In den Orden zurückzukehren sei gleichviel wie sich unmittelbar dem Heiligen Offizium selbst auszuliefern, wandte ich ein.

Ja, aber das sei wohl unvermeidlich, wenn ich meine Unschuld unter Beweis stellen wolle.

Wenn ich nicht Mönch und Priester der Kirche geworden sei, hätte die Inquisition doch niemals einen Grund gehabt, mich zu bespitzeln.

»Ihr aber seid Mönch und Priester geworden und durch die Gelübde ebenso wie durch das Sakrament der Weihe auf ewig daran gebunden.«

Ob es denn nicht möglich sei, dem gerade neu gewählten Papst Sixtus V. meinen Fall zur Entscheidung vorzutragen?

Nein, das sei nicht möglich. Der Instanzenzug sah es nicht vor.

Mein Leben lang, bis in die Tage des römischen Prozesses hinein, habe ich im Grunde gehofft, daß die römische Kirche ihrem inneren Wesen nach anders sei, als sie nach außen hin scheint. Mein Leben lang bin ich gewissermaßen durch ein Nebelfeld gegangen, habe Berg um Berg bestiegen, immer in dem Glauben, irgendwann werde die Sonne sich zeigen; nie wollte ich wahrhaben, daß die römische Kirche wirklich so ist, wie sie sich gibt. Selbst als ich aufhörte, in ihr die göttliche Institution einer exklusiven Wahrheit zu erblicken, glaubte ich doch immer noch, irgendwann, auf den Gipfeln der Berge, wenn der Nebel sich lichtet, würde ich Vertretern dieser Kirche begegnen, die auch noch etwas anderes als die Zwänge und Vorurteile ihres Amtes in ihren Köpfen und in ihren Herzen trügen. Ich habe sie nie getroffen, das heißt, wenn ich wirkliche Menschen in ihnen traf, so nicht wegen der Kirche, sondern trotz der Kirche. Wenn man seit Kindertagen immer wieder nur gesehen hat, daß ein Esel vier Beine hat, ist man dann nicht berechtigt, zu denken und zu sagen, Esel seien Vierbeiner?

Und wenn man seit Kindertagen immer wieder nur gesehen hat, daß gewisse Zweibeiner Esel sind…?

Das einzige, was ich diesen großen und kleinen Kirchenfürsten zubillige, ist ein gewisser, wenn auch dogmatisch eingeengter Instinkt für die Formen des Machterhaltes. Darin, freilich, übertreffen sie alle politischen Herrschaftsformen Europas bei weitem, kann doch kein anderes Gefüge der Macht auf einen so langen Bestand zurückblicken wie die römische Kirche, zu deren Alter man unbedingt das römische Reich als ihre Vorgeschichte hinzurechnen muß.

Allerdings melden auch hier inzwischen sich Zweifel. Seit den Tagen des Marco Polo wissen wir, daß auch im fernen China ein Kaisertum des Himmels existiert, das über 2000 Jahre alt sein muß. Was mich brennend interessiert, ist die Frage, ob auch dort dieselben Erscheinungen zu beobachten sind, die den römischen Katholizismus kennzeichnen: Starrheit des Denkens, absoluter Wahrheitsbesitz einer bestimmten Beamtenkaste, permanente Razzien gegen Regimeabweichler, systematisierte Intoleranz und legalisierte Unterdrückung Andersdenkender, extremer Traditionalismus und eine sonderbare Verflechtung des Denkens mit einem ausufernden Ritualismus. Wenn wirklich die chinesischen Mandarine in ihrem Erscheinungsbild dem Auftreten z.B. der römischen Kardinäle wie ein Ei dem andern ähneln sollten, so müßte man schließen, daß jede Form unkontrollierter Machtausübung, wenn sie nur lange genug besteht, allerorten die gleichen Anzeichen ihrer Entartung hervortreiben wird. Dann aber müßte der neue Gedanke der englischen Verfassung: einer parlamentarischen Kontrolle der Regierung, auch auf das römische Papsttum und jede andere Staatsform übertragen werden, die für sich beansprucht, Gott auf Erden zu vertreten. Gerade sie müßte man unter die Lupe nehmen, damit sie nicht in Jahrhunderten der Gewalt und der Ungeistigkeit an sich selbst zugrunde geht.

In der Nähe unseres Hauses in Nola stand an einer Böschung eine schräggewachsene Trauerweide mit ausladenden Ästen. Alle paar Jahre sägten Männer einige Äste aus der Krone des Baumes heraus. Verwundert fragte ich meinen Vater, warum das geschehe. »Damit die Weide nicht unter ihrem Eigengewicht umstürzt und dabei selbst ihre Wurzeln aus dem Erdboden reißt.«

Wenn der Papst wirklich ein kluger Mann wäre, würde er immer von neuem den offensichtlich schief gewachsenen Baum seiner Kirche von seinen überhängenden Seitenzweigen zu befreien suchen. Aber ein gewisses Maß der Machtanhäufung macht wohl blind, selbst für die Interessen des Machterhaltes.

Was tut ein Kirchenfürst wie Bischof Ragazzoni, wenn er jemanden, der ihn um Hilfe bei der Versöhnung mit der Kirche bittet, gleichwohl für einen erwiesenen Ketzer hält, den er nur leider nicht selber verhaften kann? Nun, er appelliert an das Gewissen des Betreffenden, er möge seine Bußfertigkeit im Akt einer reumütigen Buße erzeigen; beim Empfang der Beichte nämlich, so will es die Kirche, ist das »Beichtkind« gänzlich ausgeliefert den Weisungen des »Beichtvaters«.

»Ich empfehle, zur Ablegung einer vollständigen, alles vergebenden Beichte unseren ehrwürdigen Mitbruder, den Jesuitenpater Alonzo Spagnuolo aufzusuchen.«

Schön hatte Bischof Ragazzoni sich das ausgedacht: als erstes die Reue des Sünders, dann die Vergebung der Kirche, doch nur, wenn ich dem Willen des »Poenitentiars« gehorchte. Und was würde der Wille dieses windigen Jesuiten sein? Es kam, wie es nicht hätte kommen müssen, aber unbedingt kommen sollte:

»Ich darf Euch, Bruder Giordano, nur vergeben, wenn Ihr gelobt, Euch dem Orden, demgegenüber Ihr Treue und Gehorsam auf ewig versprochen, übergebt und anvertraut. Die Vergebung Gottes verlangt die reumütige Rückkehr des Sünders, so wie der verlorene Sohn aus der Fremde zu seinem Vater zurückkam und sagte: Vater, ich habe gesündigt gegen den Himmel und gegen Dich.«

»Aber von dem guten Hirten hat Jesus erzählt, er sei ohne Vorbedingungen hinausgegangen in die Wüste, um das verlorene Schaf zurückzuholen.«

»Das, Meister Bruno«, entgegnete schlau mein jesuitischer Poenitentiar, »hat der Herr in seiner übergroßen Barmherzigkeit an Euch schon gewirkt in jener Stunde, da er Euch im Sakrament der Taufe hineinnahm in das unerforschliche Geheimnis seines Todes und seiner Auferstehung. Jetzt, Meister Bruno, liegt es an Euch, Euch der eucharistischen Gemeinschaft der Gläubigen würdig zu erweisen.«

Es war wie immer: Sie würden mir erst dann nichts mehr vorwerfen, wenn ich mich selbst ihnen vor die Füße würfe. Und bis dahin würden sie die Daumenschrauben immer enger ziehen. In Paris etwa würde ich nie mehr einen Lehrstuhl bekommen, in Theologie ohnehin nicht, aber auch nicht in Philosophie oder Mathematik.

Was also blieb mir übrig, als wie eine hin- und hergestoßene Kugel nun wieder zur Gegenseite überzulaufen und den Kampf gegen eine Kirche, die Versöhnung nicht will, mit aller Entschiedenheit von neuem aufzunehmen?

In Paris lebte damals der Kunsthändler Jacomo Corbinelli, gleich mir ein Exkommunizierter der Kirche, der seinerseits wieder Verbindungen unterhielt zu dem Geldhändler Pierro del Bene, der, ebenfalls auf der Flucht vor dem Heiligen Offizium, mir wirtschaftlich unter die Arme griff und mich in den Kreis von Anhängern der Seite Navarras einführte. Diesen Leuten jetzt mußte ich mich anschließen; die vatikanische Politik ließ es anders nicht zu. Dabei fiel es mir unsäglich schwer, dem Katholizismus den Rücken zu kehren. Das

Paradoxe an der katholischen Kirche ist die Tatsache, daß es zu jeder Zeit in ihr einzelne »Hoffnungsträger« gibt, die in den Gläubigen die Zuversicht auf eine andere Kirche wider allen Augenschein wachzuhalten verstehen, mindestens jeweils solange, bis sie selber, wie ich, als Häretiker zum Schweigen gebracht oder, wie viele der späteren Bischöfe und Kardinäle, durch ein öffentliches Kirchenamt absorbiert und korrumpiert werden. Vor 15 Jahren z.B. gehörte selbst Kardinal Aldobrandini, seit acht Jahren jetzt der derzeitige Petrus residens in Vaticano, zu den Anhängern eines innerkirchlichen Reformkurses gegen das Reformkonzil von Trient. Jetzt aber… Wie anders zu Zeiten dieselben Menschen doch sein können! Mir werfen sie Verrat an den Gelübden als Mönch vor; doch wer klagt bei ihnen ein den Verrat an den Hoffnungen vieler tausender Menschen? Ich durfte nicht länger mehr von meinen alten Hoffnungen mich narren lassen.

Finanziell kaum ein wenig wieder auf den Beinen, gewann ich sehr bald meine alte Arbeitskraft zurück; und zwar legte ich es diesmal darauf an, »strategisch« gegen meine unversöhnliche ewige Feindin, die Kirche, vorzugehen und den alten Kampf gegen den Dreh- und Angelpunkt der gesamten Denkweise ihrer Theologie: gegen den Aristotelismus, durchdachter und zielgenauer als je zuvor aufzunehmen.

Erster Schlag: die Auslegung des Köders.

Um ihnen den Mund so recht wässerig zu machen, schrieb ich auf Lateinisch eine Darstellung der acht Bücher des Aristoteles über die Physik, und dann garnierte ich ihnen diesen Happen, den ich dem großzügigen Pierro del Bene widmete, noch mit Anleihen meiner Gedächtnisschule. Wenn sie mich schon als ordentlichen Lehrer an ihrer »Universität«, die doch in Wahrheit nichts war als eine Multisimplizität, nicht dulden wollten, so wollte ich ihnen vorführen, daß ich mich in den Schriften ihres obersten Denkauguren besser auskannte als womöglich sie selber und daß ich darüber hinaus auch vielleicht eher als sie, die ordinierten Lehrer vom Fach, befähigt sei, ein mustergültiges Lehrbuch der Philosophie zu schreiben. Auf diese Weise wollte ich mich bei ihnen in aller Harmlosigkeit einschleichen – was konnte schließlich unverdächtiger sein als eine Wiedergabe (d.h. eine angedeutete Widerlegung!) der Hauptgedanken des Aristoteles?

Zweiter Schlag: Tarnung der Falle.

Durch Zufall war ich in Paris auf den Mathematiker Fabricio Mordente gestoßen, der ein Jahr zuvor eine Arbeit über die Quadratur des Kreises veröffentlicht hatte, in welcher er unter anderem die Erfindung eines neuen Kompasses darstellte. Wie überrascht war ich zu hören, daß dieser Mann aus Salerno stammte, quasi ein Napolitaner wie ich, und daß sein Bruder Gaspari in der gleichen spanischen Einheit, in der auch mein Vater gedient hatte, in Nola stationiert gewesen war? Begeistert stellte ich Mordentes Arbeit in einer lateinischen Schrift unter dem enthusiastischen Titel: *Über die annähernd göttliche Erfindung des Fabricio Mordente aus Salerno und die vollendete Methode kosmischen Messens* vor. Gleichwohl war dieser 30 Seiten lange Artikel alles andere als nur ein Freundschaftsdienst, er führte sogar zu einem recht unerfreulichen Streit mit Mordente, weil ich mich bemühte, seine Argumente besser zu ordnen; doch kam mir das Thema gerade recht, um auf dem Boden empirischer Beobachtungen die gesamte Kosmologie des Aristoteles zu zersprengen.

Dritter Schlag also: Aufmarsch zum Überfall.

Alljedes Pfingsten, wie zur Demonstration, welche Wunder an Gelehrsamkeit Gott der allmächtige durch die gütige Ausgießung seines Geistes an die Apostel auch heute noch im Munde ihrer Nachfolger, der Hüter des Lehramtes der katholischen Kirche, unverändert zu wirken vermöge, pflegten die frommen Lehrer an der Sorbonne eine öffentliche Disputation abzuhalten. Darin erblickte ich meine Gelegenheit. Mit einer ausdrücklichen Widmung an König Heinrich III. sowie einer Danksagung an Rektor Filesac für die Zuvorkommenheit seiner Einladung verfaßte ich zur Vorbereitung der Diskussion zum Pfingstfest 1586 eine knappe Zusammenstellung meiner Ansichten unter dem Titel: *Einhundertzwanzig Thesen gegen die Peripatetiker über Natur und Welt.* Der Kampf sollte beginnen. Noch einmal: Oxford. Niemals mehr Oxford!

Ich hatte die Thesen so aufgebaut, daß sie Aristoteles gegen Aristoteles oder, richtiger, das philosophische Bemühen des Stagiriten gegen den theologischen Mißbrauch durch seine Adepten stellten. Eine »Erweckungsrede« sollte es werden, die bei Eröffnung der Diskussion fertig im Druck vorlag, jedes Wort wohlüberlegt, nichts aus dem Augenblick wie damals bei der »Prinzendebatte«. Fünfmal zwischen dem 6. Dezember 85 und dem 2. Februar 1586 war ich bei Guilleaume Cotin, dem Bibliothekar der Abtei von St. Victor, eingekehrt, um mir die notwendige Literatur zu besorgen. Er war ein freundlicher, hilfsbereiter Mann von peniblem Ordnungssinn. Jedes Buch mußte, genau registriert, an seinem Platz stehen, der Verleih, die Rückgabe, die Einstellung exakt notiert, die Sachgruppe, die alphabetische Abfolge, die Neuerscheinungen – ein perfekter Bürokrat. Schon um die Zeit zu überbrücken, die er für seine langwierigen Eintragungen benötigte, kam ich immer wieder mit ihm ins Gespräch – ich bin fast sicher, daß er jedes meiner Worte genau so korrekt notiert hat wie die Titel seiner Bücher; und ich sprach zunächst mit ihm wie mit einem Manne, der all das selbst auch gelesen hat, was er den Interessenten weiterreichte. Ich war und bin ein ewiger Träumer. Es hat lange gedauert, bis ich merkte, daß Monsieur Cotin nur die Außenseite der Leute darstellte, die ihn beschäftigten: So wie diese den Reichtum der Gedanken als trockene Zitate in ihren Köpfen trugen, so registrierte und katalogisierte Monsieur Cotin die Titel der Bücher, aus denen sie stammten.

Gleichwohl war all die Vorarbeit nötig, weil üblicherweise die Diskussion nicht von dem Dozenten selber, sondern von einem seiner Studenten geführt werden mußte, und meinen

Protagonisten, Jean Hennequin, wollte ich auf jeden Fall besonders gut instruieren.

»Mit dieser ersten These, siehst Du, entziehen wir ihnen gleich die Grundlage.«

»Wieso? Sie enthält doch nur eine Selbstverständlichkeit. Hier steht: ›*Gegenstand der Naturwissenschaft des Aristoteles ist die Natur.*‹ Was soll denn sonst ihr Gegenstand sein?«

»Eben, mein Guter! Gerade dieses Selbstverständliche haben die Theologen in ihrer Dummheit verdorben. Was denn hat Thomas von Aquin vor 370 Jahren hier an der Pariser Universität schon von der Natur verstanden? Den Theologen geht es um die Erkenntnis Gottes, aber sie wollen Gott gewissermaßen als ein reines Seiendes außerhalb seiner Schöpfung verstehen. Würden sie zugeben, daß unser Geist von der Erkenntnis des Sichtbaren aufsteigen muß, um das Unsichtbare zu erschließen, so müßten sie einräumen, daß ihre gesamte Gotteslehre abhängig ist von dem jeweiligen Wissen, das wir zu einer bestimmten Zeit über die Welt besitzen. Das Wissen der Bibel zum Beispiel über die Schöpfung ist äußerst roh und primitiv; eben deshalb sind auch ihre Vorstellungen von Gott roh und primitiv. Seite um Seite findet man dort das Gottesbild eines befehlenden, kommandierenden, zürnenden, zankenden und strafenden Gottes, der einem General auf dem Schlachtfeld ähnlicher sieht als einem obersten Weltenschöpfer und Weltenlenker. Das eigentliche Problem der Theologen aber liegt darin, daß sie die Philosophie zu einer bloßen Magd der Theologie erklärt haben, statt anzuerkennen, daß umgekehrt die Naturerkenntnis allererst die Gründe der Gotteserkenntnis liefert. Gerade das aber wollen sie nie und nimmer zugeben; denn es liefe ja darauf hinaus, daß sie ihre eigenen Ansichten immer wieder neu an dem Fortschritt der Naturwissenschaften überprüfen und messen lassen müßten. Weit lieber flüchten sie sich in die Logik und Metaphysik und konstruieren sich eine unveränderliche Welt aus Gedanken, die sie von jedem wirklichen Forschen und Lernen vollkommen unabhängig machen soll.

Ihr Bedürfnis nach Ruhe und Bequemlichkeit setzt ohne weitere Nachprüfung den Wissensstand (oder die Spekulationen) des Aristoteles vor 2000 Jahren für eine unbedingte Wahrheit, die sie selber metaphysisch zu stützen suchen; und dann erklären sie für »Offenbarung«, was sie passend an verwandten Absurditäten in der Bibel über die Natur nachlesen können. Die Natur aber, besagt diese erste These hier, will an sich selbst erforscht werden. Allein schon diese Binsenweisheit des Aristoteles ist angetan, ihr ganzes scholastisches Lehrgebäude umzustürzen wie einen leeren Topf. Denke an Roger Bacon, denke an William Occam, verweise auf die großen Engländer, die hier in Paris vor Jahrhunderten schon gelehrt haben.«

»Was aber soll ich mit der zweiten und dritten These machen?« fragte Jean Hennequin. »Auch sie scheint banal.«

»Nein, keinesfalls.« Ich wurde nach und nach ungeduldig über den Mangel an philosophischer Intuition und Kombinationsfähigkeit bei meinem Schüler, von dessen Auftreten doch so viel abhängen würde. »Siehst Du: die 2. These stellt fest, daß Aristoteles im Vorwort zur Physik zwei Arten der Erkenntnis unterscheidet: die physische und die metaphysische.«

»Und?«

»Und? Das haben wir doch gerade erörtert! ›*Es gibt eine metaphysische Erkenntnis*‹ – das bedeutet für die Theologen, es sei möglich, eine unmittelbare Gotteserkenntnis, ja sogar Naturerkenntnis zu gewinnen, ohne die Natur wirklich zur Kenntnis nehmen zu müssen. An dieser Stelle hat Aristoteles *unrecht*. Wer die ›Seele‹ eines Lebewesens erforschen will, der muß als erstes seinen Körperbau, seine Nahrungsgewohnheiten, kurz, sein wirkliches Leben erforschen; was aber wäre Gott anderes als die Seele in den Seelen der Dinge? Die Theologen indessen, indem sie sich auf Aristoteles berufen, trennen zwischen Gott und der Schöpfung, so wie sie trennen zwischen Leib und Seele, zwischen Geist und Materie, – sie zerstören die Einheit der Welt. Deshalb, hier, die anschließende 3. These: ›*Für Xenophanes ist das Seiende eins und unendlich: Dies ist richtig.*‹ Es ist überaus wichtig, daß Du Dich auf diesen Satz immer wieder beziehst, er enthält alle anderen, z.B. hier die These 79: ›*Der erste Gott ist unendlicher Geist, der alles durchdringt, alles belebt, alles umfaßt.*‹ Oder These 74: ›*Das All ist unerschaffen und unvergänglich.*‹ Alles, was ist, ob Gott oder die Welt, ist eins. Hörst Du, Jean: Gott und die Welt ist *eins*, nicht zwei. Gott und die Welt sind nicht dasselbe, so wenig wie Geist und Materie oder Seele und Körper ein und dasselbe sind, aber sie sind eins, wie Seele und Leib eins sind. Gott ist nicht wirklich Gott ohne die Welt; er kann nicht Schöpfer sein ohne die Schöpfung; und er kann nicht selbst der Unendliche sein, ohne ins Unendliche zu schaffen. Selbst wenn es die Entdeckung des Kopernikus nicht gäbe, bliebe dieser Satz gültig. Jetzt aber, nachdem Kopernikus die kristallenen Sphären des aristotelischen Kosmos aufgebrochen hat, läßt sich schon rein räumlich nicht mehr trennen zwischen Welt und Gott, zwischen Irdischem und Himmlischem, zwischen Zeitlichem und Ewigem. Gott ist überall, und die Welt ist überall. Xenophanes, nicht Aristoteles!«

»Aber Meister Bruno, wenn wir offen Aristoteles angreifen, kann es sehr gefährlich werden.«

»Ein wahrer Philosoph, mein guter Jean, darf die Gefahr im Dienste der Wahrheit nicht scheuen.«

Das sagte ich zwar, doch innerlich gab ich ihm recht. Noch 14 Jahre vorher, in der Bartholomäusnacht, hatten die Anhänger der katholischen Liga um Heinrich de Guise den Philosophen Pierre Ramus ermordet, nur weil er, gerade 38jährig, an der Sorbonne seine Magisterthesen unter dem Titel verteidigt hatte: »Alles, was Aristoteles sagte, ist falsch.« Sie haßten ihn allein für diese Behauptung so sehr, daß sie ihn gleich fünfmal töteten: Sie durchbohrten ihn mit dem Messer, sie erschossen ihn mit der Pistole, sie warfen ihn aus dem 5. Stock auf die Straße, sie ersäuften ihn in der Seine, sie zerstückelten seinen Leichnam… Getrieben von Angst und

Haß, hielten sie sich nicht davon zurück, seinen Körper bis zur Unkenntlichkeit zu schänden, doch sie zielten damit natürlich auf seinen Geist, und so bezeugten sie mit ihren Freveltaten am Ende nur selbst, daß Geist und Körper auch für ihr Empfinden nicht zwei, sondern eins sind. Andererseits aber sind Geist und Körper, Gott sei Dank, auch unterschieden voneinander: Ein Mann wie Pierre Ramus ist nicht zu töten; *das* hätten sie lernen können von Aristoteles. Doch diese Leute verleugnen ihre eigenen Lehrmeister, selbst wenn sie zu Mördern werden, um sie zu verteidigen. Wie sollte ich ihnen nur begreiflich machen, daß man den Stagiriten überwinden muß, um ihn wahrhaft würdigen zu können?

Immerhin hatte auch ich mich bereits auf eine baldige Abreise eingerichtet. Ich wollte diese Diskussion noch miterleben und dann für immer aus dem fanatischen Frankreich der religiös verbrämten Machtintrigen verschwinden. Irgendwie muß ich geahnt haben, daß ich dabei war, Wind zu säen, und Sturm dafür ernten würde.

Am 28. und 29. Mai, d.h. am Mittwoch und Donnerstag der Pfingstwoche des Jahres 1586, hatte ich zur Diskussion gebeten. Eine Menge Leute aller Altersstufen hatten sich eingefunden. In der Nähe der Gärten des Collège de Cambrai hielt ich eine kurze Einführungsrede und stellte nachfolgend die Widerlegung von sieben Irrtümern des Aristoteles in Aussicht. Dann übergab ich das Wort meinem Schüler Jean Hennequin. Mir selbst hatte ich vorbehalten, am Ende der Diskussion gewissermaßen den Richterspruch in oberster Instanz zu verkünden. Doch all das erwies sich, erneut, als eine Rechnung wider die Realität.

Hennequin, zu seiner Ehre sei es gesagt, machte seine Sache gar nicht so schlecht. Als erstes zog er die Flagge der Freiheit der Forschung auf, und dann segelte er los, weit hinaus über die kristallenen Sphären des Aristoteles, um seinen Anker ins Unendliche zu werfen. Doch je länger er sprach, stellte sich erneut der Oxford-Effekt ein, nur daß es diesmal noch schlimmer kam.

Offenbar hatten die ehrwürdigen Dozenten früh genug, vermutlich durch den schweigsam-beredten Bibliothekar Cotin, von meinem Projekt erfahren, um eine entsprechende Taktik vorzubereiten: Sie schickten ausschließlich ihr Fußvolk ins Treffen, hielten sich selber aber »bedeckt«, wie man so sagt. Vor allem als Hennequin die These 87 vortrug: *»Die jenseits des Saturn beständig sichtbaren Sterne sind Sonnen«*, und noch erläuterte, die Erde sei kein bevorzugtes Gestirn am Himmel, sondern nur eines von unzähligen anderen, da ließen sie ihre Hundemeute von der Kette, daß sie, kläffend quer Feld, jeden weiteren vernünftigen Gedanken verbellte. Als aber schließlich Hennequin, nachdem er die Verdienste »eines gewissen Mannes aus Nola« gebührend gewürdigt, zur Darlegung etwaiger Gegengründe einlud, rührte sich nicht Hand noch Mund irgendeines dieser erlauchten Lehrer der Gottesgelehrsamkeit. Sie alle ausnahmslos gaben durch ihr Verhalten dem Publikum zu verstehen, es sei für sie indiskutabel, über derlei Thesen, und dann noch mit dem Studenten eines solchen Mannes, ernsthaft zu streiten. Sie behandelten mich m.a.W. als bloßes Nichts. Ich existierte für sie nicht! Ich konnte ihnen demnach schreiben und sagen, was ich wollte, sie würden weiter hochmütig schweigend mit der Visage überlegener Nonchalance dasitzen und hinter vorgehaltener Hand herumfeixen.

Allein dieses Schauspiel trieb mir den Zorn in die Adern.

Doch wie um das Maß wirklich voll zu machen, hatten sie auch noch einen eigenen Vortragskünstler unter Vertrag genommen, einen jungen Advokaten, Rudolphus Calerius, der sich als Komplize eines Herrn Du Perron erwies; Monsieur Du Perron hinwiederum war Redner und Chronist des Königs; zudem war dieser Raoul Calier, wie er entlatinisiert hieß, ein Verwandter des Hugenottenjägers Nicolas Rapin de Fontenay à Poitou. So also gedachten sie mich zu behandeln! In ihren Augen war ich mit meinem Wechsel zur Partei des Navarra allem Anschein nach bereits selber ein Huge-

notte geworden und gehörte dementsprechend bekämpft.
Statt um die Weite der Welt ging es ihnen, mal wieder, um
nichts anderes als um die Enge der Eigeninteressen von
Machterhalt und Politik, und alles, was dieser Calerius zur
Ehrenrettung des Aristoteles sagte, bildete lediglich den
ideologischen Vorwand, um die Dummköpfe glauben zu
machen, es sollte hier ehrlich miteinander geredet werden,
wo in Wahrheit diese ganze Theologensippschaft die Rolle
der Hammelherde des Königs einnahm.

Und selbst das ist noch zu wohlwollend gesprochen!

Sie waren nicht einmal die Hammelherde Heinrichs III.,
sie waren ganz einfach der Schafstall der jeweils Regierenden. Würde jemals, das wußte ich, Heinrich von Navarra als
Henri Quatre den Thron von Frankreich besteigen, so würden sie genau so dumm blökend und eilfertig schwanzwe-
delnd ihrem neuen Herrn nachlaufen und aus der Raufe fressen wie jetzt seinem Gegner Heinrich III. Wie sollte ich diesen unsinnigen Haufen schweigender Schönlinge der herrschenden Macht noch länger ernstnehmen?

Schon seit der Oxforder Zeit gab es Dinge, die ich niemals
mehr zu tun mir geschworen hatte; dazu gehörte eine Diskussion über die Entdeckung des Kopernikus. Wer sie igno-
riert oder glaubt, sie mit philosophischem Wortschwall weg-
beweisen zu können, der versündigt sich an Aristoteles,
selbst wenn oder gerade indem er sich auf den großen Griechen beruft. Ein solcher Hanswurst des Gedankens kommt
für mich als Gesprächspartner ein für allemal nicht mehr in
Frage; er ist in meinen Augen so grotesk wie jemand, der die
Entdeckung Amerikas immer noch mit der Antipodenthese
»widerlegen« wollte: daß, gesetzt, die Erde wäre eine Kugel,
die Bewohner auf der Unterseite sich ja nicht auf den Beinen
halten könnten. So wie die gesamte Dozentenschaft von Paris, aufgefordert zur Diskussion, sich in eisiges Schweigen
hüllte, so weigerte auch ich mich, auf das Geschwätz dieses
Herrn Calier ein einziges Wort zu erwidern. Zwar umring-
ten mich wütend die Horden der Studenten, ich müsse jetzt

selber Rede und Antwort stehen, doch als anders auf ein
Entkommen durchaus nicht zu sinnen stand, versprach ihnen, anderen Tags in passender Münze auf Heller und Pfennig zu zahlen. Was sich dann noch begab, erfuhr ich später
in Metz: Kaum daß sie von meiner vorzeitigen Abreise
Kenntnis genommen, hatten sie, nur um den Eklat vor aller
Augen zu manifestieren, ihren wortreichen Advokaten noch
einmal mit allem Theaterpomp auftreten lassen.

»Ich lade Meister Bruno zum Gespräch.« »Ich stelle fest,
daß Meister Bruno abwesend ist und dem Gespräch sich entzieht.« »Ich muß zur Kenntnis nehmen und geben, daß der
Mann aus Nola einem Gespräch mit uns ausweicht.« Jawohl!
dem Gespräch mit euch für alle Zeit. Ein Rest von Stolz verbot es mir.

Andererseits war der Boden für mich jetzt äußerst schmal
geworden. Italien blieb mir verschlossen. Das akademische
Frankreich lehnte mich ebenso ab wie das protestantische
England, und alle Versuche, mit der katholischen Kirche ins
Reine zu kommen, um nach Italien zurückkehren zu können,
waren endgültig gescheitert. Übrig blieb nur, den Fuß nach
Deutschland zu lenken. Gerade dorthin wollte ich am wenig-
sten, gerade dorthin mußte ich nunmehr am dringlichsten;
ohne freilich zu wissen, wohin. Ich war innerlich wie auf der
Flucht. Ein eigentliches Ziel kannte ich nicht.

In deutschen Landen: Mainz, Marburg, Wittenberg

Wie von selbst ließ ich mich in den heißen Junitagen des
Jahres 1586 entlang der Mosel nach Trier tragen, auf den
kulturellen Spuren meiner eigenen Vorfahren gewissermaßen, und gelangte schließlich in die alte Römerstadt Mainz.

Warum nur muß alles Römische in unseren Tagen sich
verzehren zu dieser Zerrfigur des Römisch-Katholischen?
Ganze zwölf Tage nur verbrachte ich in der mainzischen
Trutzburg des erzbischöflichen Kurfürsten, mich empfin-

dend wie weiland Daniel in der Löwengrube, und wehmütig gedachte ich des mutigen Johannes Reuchlin, dieses vorbildlichen Humanisten, der gerade in Mainz schon zu Beginn des Jahrhunderts, im Jahre 1513, zusammen mit Ulrich von Hutten die *Epistolae obscurorum virorum* (Die Briefe gegen die Dunkelmänner) veröffentlicht hatte, in denen er unerschrocken für die Rechte der Juden auf ihre hebräischen Bücher, auf ihr Schrifttum, auf ihre angestammte Kultur und Religion eingetreten war; dieser Mann schon hatte den Mut aufgebracht, den Theologen vorzuwerfen, sie verwandelten das christliche Glaubensbekenntnis mißbräuchlich und fahrlässig in ein Propagandamittel des Judenhasses. Seltsame Gleichheit des Schicksals: Schon damals mußte auch er sich der Angriffe der Dominikaner erwehren, an ihrer Spitze des Kölner Inquisitors Jacob van Hoogstraaten, und wie ich hatte auch er schon damals versucht, über die Inquisition hinweg an den Papst zu appellieren. Viele Jahre lang mußte Reuchlin seine Thesen in Rom gegen den Vorwurf der Häresie verteidigen, doch er erreichte immerhin, daß ihm selbst der große Erasmus öffentlich zustimmte. Es war der erste wichtige Sieg des Humanismus über den Fanatismus, der Wissenschaft über den Aberglauben, der Menschlichkeit über die Verbohrtheit. Hier in Mainz lagen in gewissem Sinne die Wurzeln der Reformation; doch als ich die Stadt besuchte, waren sie längst schon herausgerissen und vernichtet unter den Händen der katholischen Wahrheitsverweser. An die Zeit der Römer erinnerte manches in Mainz; an Johannes Reuchlin durchaus nichts mehr. Und dennoch: Der Geist weht, wo er will.

Noch einmal auf den Spuren der Römer, begab ich mich nach Wiesbaden und dann, das Lahntal aufwärts, nach Marburg. So vieles schon hatte ich von dieser Stadt gehört, vor allem von der schon legendären Disputation, die dort zwischen Luther und Zwingli über die Abendmahlsfrage im Jahre 1529 stattgefunden hatte. Um es so zu sagen: Die ganze Stadt war mir eben deswegen von vornherein suspekt! Da diskutierten die zwei Rädelsführer der Reformation über religiöse Fragen miteinander, aber nicht sie selber suchten die Verständigung, sondern der hessische Landgraf Philipp von Hessen war es, der ihre Verständigung brauchte, um eine geschlossene Front gegen die Papst- und Kaisertreuen bilden zu können. Von Anfang an wurde hier mit dem Glauben der Menschen Politik gemacht, in Rom nicht anders als in Marburg. Das mag, immerhin, politisch noch angehen. Doch worüber diskutierten diese Glaubenserneuerer? Über die Realität der Gegenwart Christi im Abendmahl! Keiner der Kontrahenten war offenbar fähig, die Komik dieses Konfliktes zu begreifen. Die Katholiken verurteilen bis heute die deutschen Protestanten, weil sie keine Pastöre hätten, die von kirchlichen Bischöfen in der »Nachfolge« der Apostel zu Priestern geweiht worden seien; – schon ein solcher Standpunkt ist für jeden Denkenden schwer erträglich, und er rechtfertigt natürlich jederzeit den heiligen Zorn der Reformatoren: Seit wann ist die »Nachfolge« der »Apostel« eine Sache der Ämtermagie statt des Glaubens! Dann aber zerstreiten die Reformatoren selbst sich wiederum an just solchen Fragen der Ämterverleihung und Sakramentenmagie! Was, wollen sie wissen, passiert, wenn ein evangelischer oder katholischer Pastor die Wandlungsworte spricht? Nichts, sagen sie alle als humanistisch gebildete Reformtheologen ganz richtig; was da geschehe, sei ein Ereignis nur für den Glaubenden, nicht ein objektives Geschehen an sich. Doch dann beschuldigen sie sich wechselseitig des Unglaubens eben wegen der Frage, ob etwas, das nur für den Glauben sich ereignet, etwas »ist« oder etwas »bedeutet«, und beide, weder Zwingli noch Luther, wollen einsehen, daß der Glaube eben darin besteht, das Bedeutsame selbst für wirklich vorhanden zu setzen.

Jeder echte Napolitaner könnte ihnen wohl mühelos an dieser Stelle aus ihrem theologischen Dilemma geholfen haben: Wenn ich als Kind in Nola der Prozession der Guglie zusah, war es da etwa nicht »Wirklichkeit«, wenn ich in den meterhohen Gestalten der Helden und Heiligen, der Heroen und Herrscher all die dargestellten Personen voll Schaudern, Andacht und Amüsement selbst zu erblicken vermeinte? Alle Gläubigen sind Kinder, die vor Gott spielen, ohne es zu wissen. Ihre schönsten Spiele aber sind die Sakramente. Sie spielen sie auf Leben und Tod, um Sein oder Nichtsein. Sie nehmen ihre Spiele ganz ernst. So wie die Alten Griechen, wenn sie das Fleisch des zerrissenen Dionysos aßen und sein Blut im Dunkelrot kretischer Trauben in sich aufnahmen; oder wie die Alten Ägypter, wenn sie den auferstehenden Osiris als Korngott anschauten. So wie auch ich in meinem Aktaion-Spiel um Wahrheit und Unwahrheit, um Liebe und Erkenntnis eine Wirklichkeit schaffe, die ich ganz ernst nehme, mit einem Einsatz auf Leben und Tod...

Anders als gedacht, erwies sich Marburg indessen als eine wunderschöne Stadt, wie ich sie in deutschen Landen kein zweites Mal gesehen – mit winzigen malerischen Gäßchen, schmucken, sauberen Fachwerkhäusern, herrlichen Kirchen, einem wohlausgebildeten Universitätswesen und obenauf mit der Burg als dem gültigen Zeichen, daß Macht und Weisheit mitunter sich trotz allem fruchtbar vermählen.

Der hessische Kurfürst Wilhelm zum Beispiel, der auf Landgraf Philipp II. folgte, war ein vielseitig interessierter Mensch. Wie wäre es, dachte er sich, wenn wir Uhren besäßen, welche die Zeit so präzise anzuzeigen vermöchten, daß wir daran den Lauf der Sterne exakt vermessen könnten, statt wie bisher die Zeit nach den Sternen zu messen? Und so bestellte er sich in Jobst Burgius einen Mann, der das Uhrmacherhandwerk so wohl verstand, daß sein Traum alsbald in die Wirklichkeit umgesetzt ward – allerorten wandelt sich das Bedeutsame zum Sein, wenn man nur Verstand und Willen genügend gebraucht: Bereits 1560 wurde in Kassel die erste Sternwarte gegründet! Und das in deutschen Landen!

Ganz allgemein, verloren die Deutschen sehr bald für mich das Bild, das ich in der *Vertreibung der triumphierenden*

Bestie noch von ihnen gezeichnet hatte: als eines Volkes un-
verwüstlicher Sauf- und Raufbolde. Das hindert nicht, daß
die Fragen der Eßgewohnheiten kulturell sehr erhellend
sind. Nach wie vor scheint es mir lohnend, wenn jemand
einmal eine Kulturgeschichte der Völker schriebe, in deren
Mittelpunkt die Stellung einer jeweiligen Kultur zur Sonne
stünde. Statt mit der Bibel die Menschen in Kinder des Lichtes und in Kinder der Finsternis einzuteilen, sollte man lieber
unterscheiden zwischen den Völkern der Helligkeit und den
Völkern des Schattens. Vieles im Charakter der Deutschen
z.B. erscheint mir wie eine Vulgarisierung des Römischen
aufgrund der klimabedingten Unterschiede der Lebenswei-
se. Ob jemand Wein trinkt oder Bier, ob er Weizenbrot ißt
oder Gerstenmehl, ob er Käse und Fisch bevorzugt oder
Schinken und Blutwurst – das alles kann für die Eigenart
einer Kultur anscheinend nicht gleichgültig bleiben; über all
diese Unterschiede aber entscheidet allein die Stellung eines
bestimmten Landes zur Sonne, darüber entscheidet die geo-
graphische Lage eines Volkes auf dem Breitengrad des Planeten. Vielleicht zeigt sich eines Tages, daß die Grenzlinie
zwischen Protestanten und Katholiken – von gewissen regio-
nalen Verschiebungen aufgrund der jeweiligen Machtvertei-
lung einmal abgesehen – identisch ist mit der Grenze zwischen Weinanbau und Hopfenzucht! Man darf Glaubensfragen offenbar nicht länger als Glaubensfragen diskutieren,
wenn man sie verstehen will – anderenfalls findet man sich
niemals zurecht und wird nur hineingezogen in den gemeinsamen Sumpf des Wahns und der Einbildung aller, die sich
heute Theologen und Pastöre nennen. Die Geometrie der
Kugel hingegen, ein bißchen Geographie und Geologie –
und schon sieht man weiter!

Marburg jedenfalls zeigte sich mir derart adrett, fleißig,
strebsam und ordentlich, daß ich sogar zu seinen protestantischen Theologen ein spontanes Vertrauen faßte und mich
am 26. Juli 1586 als »Doktor der römischen Theologie« an der
Universität immatrikulierte. Ich tat das in aller Harmlosig-

keit, fest darauf bauend, daß an einer Universität, einer protestantischen zumal, die Freiheit der Lehre und der Forschung uneingeschränkt gelte, außerdem würden sie über kurz oder lang doch von selber herausgefunden haben, mit wem sie es in meiner Person zu tun hatten; warum also nicht gleich die Karten offen auf den Tisch legen!

Aber es geschah, was eigentlich zu erwarten stand.

Ich kann nur sagen: Hüte Dich vor Menschen, die Juristen und Moralisten in eins sind; sie wollen eine Welt aus Paragraphen und Verordnungen, aus Gesetzen und Geboten!

Petrus Nigidius war so ein Mann.

Gerade erst zum Rektor der Fakultät gewählt, erwarb er sich seine Sporen sogleich durch eine vorbildliche Wahrnehmung seiner Aufsichtspflicht. Ein Katholik will Philosophie lehren! An unserer Universität! In Marburg! Der Hochblüte der Reformation! Für einen protestantischen Dozenten der Rechtswissenschaft und der Moraltheologie, das gebe ich zu, muß so etwas natürlich undenkbar scheinen. Prompt machte er meine Immatrikulation wieder rückgängig – unter Zustimmung der Fakultät, wie er sagte. Als ob man die miesen Tricks nicht kennen würde, mit denen solche Leute hinter dem Rücken sich ihre Mehrheiten zu beschaffen pflegen! Ich bin überzeugt, daß es an einer Universität wie Marburg auch andere Stimmen in meiner Sache gegeben hat – oder gegeben hätte, wenn wenigstens eine ordentliche Fakultätssitzung über meine Immatrikulation einberufen worden wäre. Doch nein!

Ich schäumte vor Wut. Ich verlangte umgehend ein Gespräch. Ich drang in seine Rektorswohnung vor. Ich nannte diesen Herrn Nigidius einen ignoranten und engstirnigen Büttel, der von den simpelsten Forderungen internationaler Universitätskultur wohl noch nie etwas gehört habe; ich hätte schließlich schon in Frankreich und in England gelehrt, in Toulouse, Paris und Oxford; sein dämliches Marburg hingegen sei wirklich etwas Besonderes. Was er sich einbilde…! Humanismus – das sei als erstes die Freiheit des Denkens…!

Niemals wünschte ich, an einer Fakultät zu lehren, die nicht einmal imstande sei, die oberste Regel von Vernunft und Wissenschaft zu achten; und wenn er wirklich für seine Eselsentscheidung die Fakultät hinter sich wisse, so wolle ich niemals einem Gremium dozierender Langohren angehören.

Aber was half's? Mit all meinem Schimpfen konnte ich die offensichtliche Niederlage nicht in einen Sieg verwandeln. In seinen Augen muß mein Auftreten seine »Maßnahme« sogar noch nachträglich gerechtfertigt haben. Mit keinem Wort hatte er sich auch nur von ferne die Mühe gemacht, in Erfahrung zu bringen, wer ich denn überhaupt sei. »Doktor der römischen Theologie« – Lehrerlaubnis verweigert, so einfach war das für ihn. Elegant komplimentierte er mich aus seiner Wohnung hinaus, drückte mir korrekt auf den Taler genau die Rückzahlung der Immatrikulationsgebühr in die Hand, und wieder stand ich buchstäblich auf der Straße.

Was ich jetzt hätte beginnen können, war mir offengestanden nicht klar. Die beamtete Dummdreistigkeit des Protestanten Nigidius hatte mich bis aufs äußerste gereizt, und ich wollte und konnte seine Entscheidung so nicht stehen lassen. Doch es gab nur einen Weg, sie zu widerlegen: *Wittenberg!* Ich mußte versuchen, in dem protestantischen Rom selbst mich um eine Dozentenstelle zu bewerben. Dann würde man schon sehen! Außerdem wußte ich in Wittenberg einen Mann, den ich in London im Kreis von Sir Fulke Greville kennen- und schätzen gelernt hatte: Alberico Gentili, einen Rechtswissenschaftler von anderer Art als seine Marburger Miniaturausgabe. Aus Ancona stammend, hatte auch er, besonders befaßt mit Fragen des internationalen Rechts, sich mit der Willkürherrschaft der katholischen Kirche überworfen und neuerdings einen Lehrstuhl in der Stadt des Reformators erhalten. Sollte, was ihm, nicht auch mir möglich sein?

Alle meine Informationen über die Lutherstadt lauteten günstig.

Der an sich kleine Ort sollte fast 5000 Studenten beherbergen. Vor 50 Jahren, in den Tagen Luthers und Melanchthons, waren hier ganze 22 Dozenten angestellt, und auch jetzt belief sich die Zahl der ordentlichen Professoren auf nur 30. Es ließ sich an den Fingern ausrechnen, wie groß der Bedarf an »außerordentlichen« Lehrkräften sein würde. Zudem wurde der regierende Kurfürst Albert zwar als ein Erzlutheraner, aber als ein weiser alter Mann gepriesen. Also: nach Wittenberg.

Und es gelang!

Am 20. August 1586, unter dem Rektorat von Petrus Albinus Nivemontius (Peter Schneeberg, zu Deutsch) immatrikulierte ich mich an der Luther-Universität Wittenberg als »Doktor aus Italien«. So also siehst Du aus, Herr Nigidius. Der Beihilfe von Gentili hätte ich bei meiner Aufnahme in die Dozentenschaft kaum bedurft. Denn ich darf sagen, daß das deutsche Wittenberg trotz aller theologischen Streitigkeiten im protestantischen Lager zwischen Lutheranern und Calvinisten damals eine Oase der Toleranz genannt zu werden verdiente. Kein protestantisches Rom, eher ein deutsches Athen! Jedenfalls die einzige Stadt auf Erden, in der ich, wenn auch nur als Professor extraordinarius, in den Genuß einer ungestörten akademischen Lehrtätigkeit gelangt bin. Und mit Feuereifer ging ich ans Werk, gewisse alte Rechnungen zu begleichen.

Aristoteles! Der Kampf gegen die Scholastik blieb das Thema meines Lebens, und ich hoffte, daß mindestens die Lutheraner dieses Anliegen verstehen würden. Vom *Organon* des Aristoteles handelte meine erste Wittenberger Vorlesung, sozusagen als Vorspiel einer Neuauflage der verhinderten Diskussion in Paris. Dann kam ich, wie zur Andeutung einer alternativen Philosophie, noch einmal auf meinen bewunderten Lehrmeister Raymundus Lullus zu sprechen: *Über die Erleuchtung durch die lullische Kombinatorik* nannte ich die lateinisch geschriebene Arbeit, die zeigen sollte, wie unter nicht-aristotelischen Denkvoraussetzungen Naturerkenntnis und Gotteserkenntnis zu einer neuen Synthese finden könnten. 1587 gab ich das Buch bei dem Verleger Zacharias Kraft in Druck und stellte ihm eine Danksagung an die Universität zu Wittenberg voran, die Wort für Wort so gemeint war, wie ich sie seinerzeit schrieb:

Was … mich selbst betrifft, so bin ich von Anfang an von Euch mit solcher Menschenfreundlichkeit aufgenommen und länger als ein Jahr mit solcher Gastlichkeit festgehalten worden, indem Ihr mich stets als Kollegen und geradezu als Hausfreund mit solcher Güte behandelt habt, daß mir in Eurem Heim eher alles andere hätte in den Sinn kommen können als ein Gefühl des Fremdseins, daß ich – guter Gott! – nicht weiß, wie ich meinen dankbaren Gefühlen Ausdruck verleihen soll.

Ihr habt mich bis auf den heutigen Tag als einen Menschen behandelt, dem bei Euch kein Name, kein Ruf und Ansehen vorausging. Ihr habt mich nicht einmal nach meinem Religionsbekenntnis gefragt! Euch genügt es, daß ich Euch den von allgemeiner Menschenliebe erfüllten Geist und den philosophischen Beruf vorwies…

Um so mehr Bewunderung verdient Euer Verhalten gegen mich, als Ihr mich in Euren Hörsälen Gedanken vortragen saht, die man zuvor in den königlichen Hörsälen von Toulouse, Paris und Oxford anfänglich nur unter Lärm und geräuschvollen Gegenkundgebungen entgegengenommen hatte. Ihr habt nicht die Nase gerümpft, die Zähne gefletscht, die Backen aufgeblasen, auf die Pultdeckel geschlagen, keinen ›furor scholasticus‹ gegen mich entfesselt. Und so habt Ihr denn einen Fremden und gleichsam kranken Geist dermaßen besänftigt, daß ich schließlich selber alles, was Ihr nicht tadeln mochtet, aus eigenstem Antrieb bei mir mißbilligen und unterdrücken mußte.

Es ist wahr, Wittenberg vermittelte mir zum ersten Mal seit vielen Jahren ein Gefühl von innerer Zugehörigkeit und Beheimatung. Welch ein Kontrast zu meinen Erlebnissen in Frankreich und England! Welch ein Unterschied zu den Calvinisten in Genf! Insbesondere galt mein Dank dem Kanzler der Wittenberger Universität Georg Mylius, der seit fünf Jahren erfolgreich das Prinzip der Toleranz auch gegenüber den Calvinisten verfocht. Endlich konnte ich den Studenten eine kontinuierliche und systematisch geführte Studienbegleitung zur Seite stellen; an ihren neugierigen, wissensdurstigen Fragen behielt ich mein Lebenlang weit größere Freude als an dem fertigen Wissen meiner Kollegen. Ich stand ihnen meinem ganzen Wesen nach näher, empfinde ich mich doch bis in diese Stunde hinein, müde und erschöpft wie ich bin, gleichwohl als einen reifenden, also jugendlichen Menschen; etwas anderes wollte ich jedenfalls auch und gerade als akademischer Lehrer niemals vermitteln als die prinzipielle Unvollendbarkeit aller geistigen Bemühungen. Und doch schrieb ich gern manch einem Studenten meinen Lieblingsspruch aus dem Buche des Predigers Salomonis (1,9) ins Stammbuch: »*Was ist das, was ist? Dasselbe, was (immer schon) war. Was ist das, was (immer schon) war? Dasselbe, was ist. Nichts unter der Sonne ist neu.*« Sie sollten den Mut gewinnen, mit allem Überkommenen zu brechen, und dann sollten sie staunend bemerken, wieviel an Wahrheit jenseits des Christentums, jenseits der aristotelischen Scholastik die Alten Griechen, die Alten Ägypter, die alten Religionen der Antike schon gewußt haben. Salomon und Pythagoras ineins – das war die Einheit von Religion und Philosophie, von Gottesoffenbarung und menschlicher Weisheit, wie sie mir vorschwebte.

Eines freilich stimmt auch: Um mir meine relative Ruhe in Wittenberg zu erhalten, verhielt ich mich so ruhig wie möglich, und diese Selbstunterdrückung legte sich wie Mehltau über meine Schaffensfreude. Vieles von dem, was ich damals zu Papier brachte, waren reine Wiederholungen. Immerhin schrieb ich ein lateinisches Buch *Über den Fortschritt und die finderische Erleuchtung der Logik* – eine schriftliche Fassung meiner Vorlesungen aus dem Jahre 1587, die ich ebenfalls bei dem Verleger Kraft veröffentlichte; desgleichen schrieb ich über *Die herkömmliche Redekunst* (artificium perorandi traditum), vor allem aber gab ich, auf Lateinisch, *Die Fackel der 30 Statuen* in Druck, einen Versuch, die Denkapparatur der *Großen Kunst* des Raymundus Lullus mit dem Götterhimmel des griechischen Olymp zu illustrieren sowie die Welt der heidnischen Antike mit der Dreifaltigkeitslehre des Christentums zu verbinden: Wo diese das Chaos, setzte ich den Gott des schöpferischen Willens, wo diese den Orkus, ich den Gott der planenden Vernunft, und, wo diese die Nacht, setzte ich den Gott der Liebe. Allein wer diese Arbeit liest, wird niemals verstehen, warum man mich in einem Tag schon hinrichten wird wegen angeblicher Leugnung der Trinitätslehre. Weit mehr Mühe, das darf ich behaupten, als jeder andere in diesem Jahrhundert habe ich mir gegeben, die neu aufbrechenden Fragen der Naturphilosophie mit Hilfe eines erneuerten Christentums zu beantworten; doch schon daß man ihnen sagt, ihre Theologie sei erneuerungsbedürftig, gilt ihnen für Gotteslästerung und Majestätsbeleidigung. Ach, laß sie nur machen, Filippo, die Seele ist unsterblich und wechselt im Tod nur ihr Kleid. So schrieb ich schon damals, so glaube ich noch heute – und gerade jetzt.

Wirkliche Freude allerdings brachte mir die späte Revanche für die verdorbene Diskussion am Collège de Cambrai über die Naturphilosophie des Aristoteles. Endlich konnte ich im Schutze der Lehrbefugnis der Universität Wittenberg meine »120 Thesen gegen die Peripatetiker« erneuern, betitelt als: *Streitschrift des Nolaners Giordano Bruno gegen die Peripatetiker vor den Hörern des Collège de Cambrai über die Grundsätze der physikalischen Artikel*, ein erweitertes Stenogramm meiner gesamten Naturphilosophie. Herr Rudolphus Calerius bitten zur Diskussion? Voila, Monsieur! Auf Lateinisch. Hier, lies! Ich triumphierte. Wenn auch zu spät.

Denn knappe zwei Jahre nur vergönnte das Schicksal mir jene Ruhe des Schaffens, die all den »ordentlichen« »Lehrstuhlinhabern« in aller Regel beschieden zu sein pflegt. Kurz nach meiner Ankunft in Wittenberg schon war Kurfürst Albert von Sachsen verstorben, und sein Sohn Christian hatte den Thron bestiegen. Was da wie ein bloßer

Generationenwechsel aussah, erwies sich in Wirklichkeit als eine Machtverschiebung zugunsten der Calvinisten. Schon zu Beginn des Jahres 1587 ward in Dresden eine Kommission eingesetzt, die den Geist und die Arbeitsweise der Wittenberger Universität überprüfen sollte. Unter dem Vorwand einer vorgeschriebenen Visitation ging es im Grunde um die Beseitigung von Kanzler Mylius und damit um die Liquidierung der Offenheit des Denkens, die dieser große Lutheraner in jeder Beziehung verkörperte. Für die Calvinisten, wie ich sie seit meiner Zeit in Genf und in London kennengelernt habe, scheint es unmöglich, religiöse Fragen als wirklich religiös und nicht zugleich als politisch zu begreifen, und dann wieder fingern sie sich die politischen Verhältnisse so zurecht, daß sie ihre religiösen oder, besser, ihre ideologischen Ziele ungehemmt durchsetzen können. Natürlich fand man anläßlich der »Visitation« des Beklagenswerten genug, um Mylius zur Strecke zu bringen: Man beschuldigte ihn der Schlamperei und der mangelnden Wahrnehmung der Aufsichtspflicht – diese Leute können nicht anders, als Freiheit für Chaos und Toleranz für Pflichtversäumnis zu erklären, und außerdem ist alles, was in ihren Augen nicht als streng linientreu erscheint, für sie bereits verdächtig, wo nicht unverantwortlich. Wissenschaft – das ist in ihren Köpfen nichts als eine kompliziertere Form der Propaganda, als ein Verwirrspiel für Intellektuelle, als eine Lieferfabrik von Fertigbauteilen für ihr Einheitswohnungsbauprogramm.

Am 29. Mai 1587, soeben erst hatte ich die *Fackeln* in den Verlag gegeben, lagen die Ergebnisse ihrer Beanstandungen vor. Namentlich erwähnt wurde in ihrem Bericht das Logik-Manuskript eines italienischen Dozenten namens Brunus, das ihrer Meinung nach bei einer verantwortlicheren Form der Zensur niemals hätte gedruckt werden dürfen. Alles, was von Aristoteles abwich, stand, wie bei Monsieur de Bèze in Genf, schon im Verdacht des Subversiven. Meines Bleibens unter diesen Umständen war nicht länger mehr.

Warnung genug war bereits, daß mein Freund Gentili seine Professor schon beizeiten aufgegeben und Wittenberg verlassen hatte. Doch zu den äußeren Widersprüchen gesellten sich zunehmend auch geistige. Ich selber fühlte mich innerlich zerrissen zwischen dem analytisch-deduktiven, rein idealistischen Denkansatz meines Lehrers Raymundus Lullus und der Notwendigkeit empirischen Forschens, die mir so sichtbar vor Augen lag. Waren nicht die sieben drehbaren Scheiben des großen Spaniers, mit denen er die verschiedenen Wissenschaftsgebiete aufeinander beziehen und ineinander überführen wollte, im Grunde nur ein primitives, wenngleich äußerst geistvolles Abbild der himmlischen Sphären des Aristoteles? Irgendwie begann ich am Ende meiner Wittenberger Zeit zu ahnen, daß der uralte Widerspruch von Denken und Wirklichkeit, von Glaube und Wissen, von Religion und Gott weit tiefer reichen mußte, als ich mir je zugegeben hatte; und ich selbst würde niemals imstande sein, diese auseinanderfallende Welt noch zusammenzubringen! Auch geistig begann ich zu spüren, daß ich mit meinen Bemühungen um die Einheit eines religiösen Weltbildes gescheitert war.

Aber daneben nun die Selbstsicherheit dieser calvinistischen Ideologen!

Der Glaube – sie hatten ihn! Die Wissenschaft – sie kannten sie! Das Leben – sie meisterten es!

Ich wußte nur, daß ich noch einmal ganz von vorn beginnen mußte: Was ist groß, was ist klein, wie verhält sich das Atom zum Universum, wie läßt sich die geschaffene Unendlichkeit der Welt unterscheiden von der schöpferischen Unendlichkeit Gottes – keine dieser Fragen wird mit meinem Tode zu Ende sein, im Gegenteil: Diese Fragen beginnen erst, und ich bin (oder war) nur der Fackelträger ihres ersten leuchtenden Auftritts. Doch mein Licht verlosch vor der gelehrten Welt mit meinem Fortgang aus Wittenberg. Die Bücher, die ich später in Frankfurt herausgab, können gewiß ihren Platz beanspruchen in der Geschichte der Philosophie,

341

doch sie mit meinem Leben zu erfüllen, das wußten die Mocenighi, die Saluzzi und die Bellarmini zu verhindern. Rechtzeitig und für immer. Über die Verstorbenen nur Gutes? Nein, nicht in meinem Falle. Wenn sie mich getötet haben – Schweigen. Nichts als Schweigen.

Der Tag meines Abschieds war der 8. März 1588, für die Mitglieder des Kollegiums das bloße Datum eines Stellenwechsels, für mich ein endgültiger Wendepunkt zwischen Heimat und Heimatlosigkeit; denn ein zweites Wittenberg, das wußte ich, würde es nie mehr geben. Längst schon hatte das Rad der Zeit die Ideale des Humanismus überrollt; und auf eine lokale Nische in Prag oder Helmstedt, wohin ich mich danach noch wandte, wagte ich ernstlich nicht länger zu hoffen. Um so dankbarer und um so wehmütiger schied ich von meinen lutherischen Freunden, den einzigen wirklichen »Kollegen«, die ich, der ewige »Akademiker ohne Akademie«, jemals gefunden habe:

Laßt mich noch gestehen, daß ich Euch Deutsche insgesamt in Eurer Bildung so fortgeschritten gefunden habe, daß jedes fremde Vorurteil gegen eure angeblich barbarischen und bäuerischen Sitten dahinschwand. Welche Aufnahme habe ich bei euch gefunden, der Ausländer, der Verbannte, der Überläufer, dieser Spielball des Schicksals, schmächtig von Gestalt, ein Habenichts, ohne jeglichen Glücksstern, Zielscheibe des Pöbelhasses, der ich allen, die nur dort Adel erkennen, wo Gold schimmert und Silber, ein Verächtlicher war.

Das waren meine Worte an die Fakultät, an die Universität, an den Mut, mit dem die Deutschen im Namen Gottes von dem Ungeist der Papstherrschaft sich losgesagt hatten. Natürlich rühmte ich vor allem die Person des Reformators selbst, dessen Geist von Wittenberg Besitz ergriffen hatte wie die Seele von einem neuen Körper:

Du hast, o Luther, das Licht gesehen, das Licht erkannt, betrachtet, du hast die Stimme des göttlichen Geistes gehört, du hast seinem Befehl gehorcht, du bist dem allen Fürsten und Königen grauenerweckenden Feinde unbewaffnet entgegengetreten, du hast ihn mit dem Worte bekämpft, zurückgeschlagen, niedergeschmettert, besiegt und bist mit den Trophäen des übermütigen Feindes zur Walhalla eingegangen!

Diese meine Abschiedsrede in Wittenberg war es, die sie mir im Prozeß in Venedig natürlich besonders entgegenhielten; ich, sagten sie, sei mit diesen Worten zum Lutheraner geworden und hätte das Papsttum verworfen. Sie haben niemals etwas von dem verstanden, was ich sagen wollte. Ich verwerfe ein Papsttum der geistlichen und politischen Diktatur, das ist wahr. Aber bin ich deshalb ein Lutheraner? Der Teufelsglaube Luthers – er scheint mir ebenso abergläubig wie seine Höllenängste; sein Türkenhaß und seine Weltuntergangsphantasien – sie sind für mich kleingeistig und provinziell. Vor allem aber sagte ich diesen Lutheranern im Grunde in meiner Lobrede auf ihr Idol nur allzu deutlich, daß ich den Reformator für alles andere hielt als für einen Repräsentanten der zuvorkommenden, erwählenden und rechtfertigenden Gnade Gottes im Sinne ihres theologischen Gedankengebäudes; in meinen Augen war er ein ganz und gar heroischer Charakter, ein großer Mensch, eine Persönlichkeit, die sich gewagt hatte – eben deshalb kam er für mich von Gott; eben deshalb liebte ich ihn als einen Geistesverwandten und Wegbereiter wie so viele unter den Deutschen: wie Nicolaus Cusanus, wie Paracelsus, wie, zwischen Polen und Deutschen, vor allem: Kopernikus. In Wahrheit kann ich immer wieder nur sagen: Ich bin und war weder ein Lutheraner noch ein Calvinist noch ein Katholik. Ich war und bin ein Mensch zwischen den Fronten, etwas, das vor der Zeit an dem Überdruck ihres Hasses, noch ehe es selbst sich zu finden und sich zu formen vermochte, zugrunde ging, – ein stehengebliebenes Fossil. Bin ich ein Fisch? Bin ich ein Prinz? Was ist mein Wesen? Was nur Erscheinung? Du mußt es wissen, Diana, Du mein Halt und mein Trost.

Der Tag ist längst schon verloschen. Wolken verhüllen die Sterne, so daß ich nicht weiß, wieviel Uhr es ist. Meinen ganzen Vorrat an Kerzen habe ich in dieser vorletzten Nacht

meines Lebens verbraucht. Es muß schon dem Morgen ent-
gegengehen. Bald wird das Dunkel sich öffnen zum Licht.
Was ich gewesen bin, habe ich heute ein letztes Mal, so gut
ich es konnte, beschrieben. Ich bin zum Abschluß gelangt.
Ein Gefühl der Erleichterung mischt sich mit einer unsäglichen Erschöpfung. Noch einmal darf ich mich schlafenlegen
und ausruhen. Noch einmal darf ich träumen von Dir, Du
meine geliebte Diana, und in Deinen Armen entschlafen zwischen Erde und Himmel, zwischen Nacht und Dämmerung,
so wie ich es Dir in einem kleinen Lied oft gewünscht habe:

> Immer, wenn die Nacht anbricht,
> Liebste, möcht' ich bei Dir sein,
> Daß ich hülle Dein Gesicht
> Sanft mit meinem Munde ein
>
> Und mein Arm sei Dir zum Kissen
> Und mein Leib Dein weiches Kleid,
> Daß bedeckt von tausend Küssen
> Du entschläfst aus Raum und Zeit
>
> Und erwachst in gold'nen Hallen
> Unter himmlischer Musik –
> Du mein ewiges Wohlgefallen,
> Wie ich Dich im Traume wieg –,
>
> Bis am Morgen Du dann wieder
> Aus den Sphären kommst zurück
> Und reichst mir die Himmelslieder
> In des neuen Tages Glück.

Schlaf gut, Du, meine liebe Diana. Die letzte Nacht meines
Lebens ist kurz.

31. Dezember 1599
Blaßblaue Birken

Soviel weiß ich seit dieser Nacht: Kein Mensch kann sich seinen eigenen Tod vorstellen. Denn die Vorstellung selber verdoppelt die Wirklichkeit. Da gibt es ein Ich, das stirbt, und es gibt ein Ich, das sich selber beim Sterben zuschaut. Doch obwohl der wesentliche Inhalt der Vorstellung selber darin besteht, daß das vorstellende und das sterbende Ich ein und dasselbe sind, kann doch das eine Ich niemals in das andere Ich sich verwandeln. Solange die Vorstellung des Sterbens in dem vorstellenden Ich wach bleibt, hört das vorgestellte Ich nicht auf zu sterben. Es mag wie tot daliegen; es mag in der Vorstellung schon beerdigt sein; es mag bereits in Verwesung übergehen – dennoch saugt es bei all seinem Sterben die Vorstellung des Lebens aus dem vorstellenden Ich ständig weiter in sich auf. Die Vorstellung des Todes führt stets nur zu einem Zwischenzustand, in dem das Ich weder wirklich zu leben noch wirklich zu sterben vermag. Eben deshalb vermutlich bereitet die Vorstellung des Todes uns so viel Angst. Wir sollen uns in ihr nicht allzu lange aufhalten. Was aber tue ich?

In der vergangenen Nacht träumte ich meinen eigenen Tod. Von der gewaltsamen Anstrengung des gestrigen Tages ist mein Kopf noch wie betäubt, meine Glieder zittern, ein inneres Beben, wie es aus übergroßer Schwäche entsteht, hat meinen Körper heimgesucht. Dabei bin ich erstaunlich schnell eingeschlafen, und ich bin erst aufgewacht, als die Sonne bereits hoch am Himmel stand. Noch eine ganze Weile bin ich liegengeblieben, um diesen Zustand zwischen taumeliger Müdigkeit und dämmrigem Erwachen zu studieren – und zu genießen. Der Schlaf ist unzweifelhaft das gütigste und unschuldigste Geschenk, das die Natur den Lebewesen bereitet hat. Doch halt, Filippo, wenn Du so denkst, folgt dann nicht sogleich, daß die Natur, wäre sie wirklich gütig und unschuldig, das ganze Leben in Schlaf hätte verwandeln müssen? Ein ewiger Schlaf aber – das wäre der Tod, und die beste Natur wäre diejenige, in der es den Wesen vergönnt wäre, gar nie geboren zu sein. Wesen aber, die gar nie geboren wären, hätten wohl auch keine Gelegenheit gefunden, die Güte der Natur an sich zu erfahren, wie? Die allerweiseste und allergütigste Natur ist also diejenige, die Wesen hervorbringt, gerade wie wir es sind: abwechselnd zwischen Schlafen und Wachen, Ausruhen und Aufstehen, Träumen und Erkennen, Sterben und Neubeginn, … ein ewiger Kreislauf.

Doch mach dir nichts vor, Filippo: Der Tod ist kein Schlaf. So weich und warm der gliederlösende Schlummer, so starr und kalt ist das gliederversteinernde Sterben. Es war vorhin, als ich am Fenster stand, wie ein wohliger Schutz, noch einmal die Empfindungen meines völlig erschöpften Körpers zu spüren. Ich stellte mir vor, wie es morgen schon sein kann: Auf einen Schinderkarren gebunden, eingehüllt in ein härenes Bußgewand, halbnackt in der Kälte, unter dem Spott der eilig zusammengetrommelten Menge, werden sie dich durch die Gassen der Stadt ziehen. Sie werden mit Steinen nach dir werfen und, so gut sie können, dich mit ihrem Geifer besudeln, dem du, gefesselt, nicht ausweichen kannst. So werden sie tun müssen, wenn sie gute Christen sind; denn an allen vier Seiten des Karrens wird jedem zu lesen gegeben sein, daß du die Lehren der heiligen Kirche verleugnet und Gott gelästert habest, indem du die Menschen zu Irrtum, Unzucht und Ungehorsam hättest verführen wollen. Oben auf dem Karren aber, gleich hinter dir, werden zwei vermummte Schergen stehen, die in der Esse glühende Eisen und Zangen für dich bereithalten.

»Nun laßt uns sehen, ob dieser Erzketzer und Gottesleugner es nicht doch vorzieht, dem höllischen Feuer zu entrinnen, wenn er nur erst zu fühlen bekommt, wie das Feuer ihm die Eingeweide zerglüht. Sollen wir eine Probe machen?«

»Ja! Ja!« Der Pöbel wird rasen vor gespannter Erwartung. »Beginnen wir bei den Ohren. Er braucht sie ja doch nicht mehr und er hat sie so schmählich verwendet.«

So werden sie genüßlich, Körperteil für Körperteil, versengen, wegbrennen, wegschneiden – Teile der Hände, der Füße, der Nase; sie werden dir glühendes Eisen in den Mund bohren, sie werden dir mit Hämmern die Zähne einschlagen, sie werden dir Pfähle in den After treiben, und wie zu ihrem Triumph werden sie dabei quieken und grunzen vor Lust.

»Soll dieses Ungeheur etwa noch fruchtbar sein und leibliche Kinder in die Welt setzen dürfen?«

»Nein! Besorgt es ihm! O ja, da macht ihn fertig!« Es werden lauter glaubensgetreue, unangefochtene Christenmenschen sein, die sich mit solchen Wünschen den Himmel verdienen durch ihre gehorsame Folgsamkeit gegenüber den Weisungen ihrer unfehlbaren blutsaufenden Mutter der Kirche. »Im Namen Gottes, im Namen der heiligen Kirche, im Namen aller Engel und Heiligen übergeben wir dem irdischen Feuer den abgefallenen Mönch Giordano Bruno. O lasset uns beten zu dem Allmächtigen, daß er seine Seele retten möge vor jenem schrecklichen Feuer, das da brennet in Ewigkeit...«

Ich kann mir all ihre Quälereien so eindringlich vorstellen, wie ich will, selbst wenn alle Einzelheiten sich morgen früh schon genau so gestalteten, wie ich es hier vor mir sehe – meine Vorstellungen reichten nicht entfernt an die Wirklichkeit. Nicht einmal den physischen Schmerz der Folter, den ich doch nur allzu gut von Venedig her noch in Erinnerung habe, vermag ich mir wirklich vorzustellen. Ich kann mir nur vornehmen, tapfer zu sein; doch wie laut ich schreien werde vor Schmerz, ob ich nicht schließlich, wie damals am 30. Juni 1592, kläglich zusammenbrechen werde – ich weiß es nicht. Ich hoffe, nicht.

Auf meine Weise habe ich vorhin wirklich gebetet. Ich bin, wie so oft am Morgen, in die Strahlen der Sonne ge-

treten und habe ihre wohlige Wärme auf meiner Haut ge-
spürt. Mit den Fingern beider Hände habe ich meine Stirn
und meine geschlossenen Augen gestreichelt – ja, auch die
Augen können sie dir morgen schon herausdrücken wie
Kerne aus einer aufgeschnittenen Melone –: es war ein
wunderbarer Trost, dieses Gefühl eines angenehmen Glei-
tens über der Haut als die eigentliche Wirklichkeit des Körpers zu begreifen. So und nicht anders haben die Sonne,
der Wind und das Wasser diesen unseren Leib gebildet;
und das Streicheln der Strahlen der Sonne, das Wehen des
Windes und das Wiegen des Wassers stellen unzweifelhaft
eine wahrere Realität dar als die Qualen der Folterknechte
und Henker. Ich glitt mit den Fingern über die Wangen
den Hals hinunter, über die Schultern die Arme entlang –
noch bis in den letzten Augenblick hinein, ehe sie endgültig
Hand an dich legen, kannst du diese Freude eines natürlichen Daseins empfinden. Jede Stunde, die du noch lebst,
ist Teil und hat Teil an dieser Empfindung innerlichen
Glücks. Du kannst den Atem anhalten und spüren, wie das
Herz schlägt und schlägt, du kannst ausatmen und wieder
die Luft in dich einsaugen, bis du ganz weit wirst und dich
wieder entleerst – ein pulsierender Rhythmus des Lebens,
der dich durchfließt und dem du doch angehörst. Jeder Teil
deines Körpers ist eine mögliche Zone des Glücks, und du
selbst bist ein Teil des unendlichen Körpers des Alls…

Was gäbe ich darum, wenn morgen dieselbe helle Sonne
scheinen würde wie im Augenblick! Acht Jahre Kerker! Acht
Jahre lang habe ich keine Blumen mehr gesehen, keine Wiesen, keine Täler, keine Berge, keine Seen, keine Wälder, immer nur diesen winzigen Fensterausschnitt der Welt, in dem
allein die wandernden Wolken erinnern an die Weite des
Meeres und nur die schimmernden Sterne die Seele erheben
zur Weite des Kosmos. Denke, Filippo, wenn die Tore sich
auftun, daß sie sich öffnen zu deiner endgültigen Freiheit,
und stell dir vor, wie es einmal war, als du in Gedanken am
Strande von Noli dein Leben vor dir sahst als einen sonnen-

beschienenen Weg an der Seite deiner ewig Geliebten: Denn, schriebst du damals:

> Ganz wie ein sonnenwarmer Pfad,
> Geliebte, ist heut' unser Leben,
> Wenn kräftig grünend nach der Mahd
> Die Gräser neu zu blühn anheben
>
> Und alle Fluren hüllen sich
> In ein Gewand lebend'ger Freude
> Und zeigen sich ganz sommerlich
> In ihrem schönsten hellen Kleide.
>
> So lieblich liegt die ganze Welt
> In stillem, sehnsuchtsvollem Frieden;
> In Azurblau der Himmel fällt
> Über den Feldrain und die Wiesen.
>
> Und dann und wann am Wegesrand
> Ein Baum in breitem Laubdach steht
> Und wirft sein schützend Schattenband
> Um jeden, der vorübergeht.
>
> Wie oft sind wir den Weg gegangen,
> Geliebte, eh' wir uns gefunden?
> Wir können nur ans Ziel gelangen
> Gemeinsam und in Lieb' verbunden.

Ich nehme mir vor, bei Anbruch des morgigen Tages, wenn die Kerkerzelle sich öffnet und sie mich hinausschleppen werden zur Hinrichtung, diesen Augenblick einer letzten Freiheit in vollen Zügen in mich hineinzutrinken. Ich werde die Welt wiedersehen, nach all den Jahren ein erstes Mal, nach all den Jahren ein letztes Mal. Ich darf auf die Menge nicht schauen: versammelt haben werden sich in dieser Stunde ausschließlich solche, die meine Hinrichtung feiern werden wie ein Fest und die sich an meiner Qual ergötzen möchten in dem genußvollen kirchengeleiteten Wissen, selber doch bessere

Menschen zu sein. Ich muß hinaufschauen zu den Wipfeln der Bäume: zu den grünenden Mistelzweigen, die aussehen wie verwaiste Elsternnester und in denen doch, wie ich in Wittenberg sagen hörte, die Seelen der Bäume sich bergen; zu den schlanken Ästen der Pinien muß ich schauen, deren Zapfen ewiges Leben versprechen; und überaus glücklich würde ich sein, wenn sich einmal noch, und sei's nur ganz kurz, zwischen den Zweigen der Bäume ein kleines Eichhörnchen zeigen wollte – ich liebe diese possierlichen Tiere so sehr, wie sie mit huschenden leichten Bewegungen behende die schmalen Ästchen erklimmen. Euch, kleine Tierchen, möcht ich noch einmal sehen, ehe das Leid und der Schmerz mich endgültig wünschen lassen, nur bald aus diesem Leben zu scheiden. Die letzten Sekunden noch einer seligen himmelausschwingenden, wipfelhohen Freiheit – dann tut, was ihr müßt, ihr Folterknechte der heiligen Kirche; mag ich hernach auch wimmern und schwach sein, ich werde wissen, daß bald schon, in Stunden nur, alles vorüber sein – oder vielmehr: alles beginnen wird. »Entronnen sind wir der Schlinge des Jägers... Der Strick ist zerrissen, und wir sind frei.« (Ps 124,7)

War es ein Trost, was mir heute morgen träumte? Ich ging an einem klaren, frostigen Wintermorgen am Rand eines Birkenhaines entlang, als ich deutlich spürte, verfolgt zu werden. Jemand kam hinter mir her, doch wagte ich nicht, mich umzudrehen. Wegzulaufen hätte Gefahr bedeutet, auf der Stelle erschossen zu werden. So versuchte ich, nach und nach schneller zu gehen, in dem deutlichen Gefühl indes, der Verfolger komme mir näher und näher. Es gab kein Entrinnen, das wußte ich. Um mich herum auf dem Feld lag bläulich schimmernder Schnee, und blaßblauer Reif bedeckte die feingliedrigen Äste der Birken. Die Kugel traf mich zwischen den Schulterblättern. Ich fühlte, wie sie in mich eindrang, doch empfand ich keinerlei Schmerz. »Der Tod ist so leicht«, dachte ich noch. Dann wachte ich auf.

Ja, der Tod wird morgen schon kommen, mich zu erlösen. Das Sterben wird mich umfangen wie die Sanftheit Deiner Arme, Diana, und es wird mich berühren wie der warme Atem Deines Mundes. Im Augenblick des Todes wird es Dein Kuß sein, an dem ich sterbe; und es wird Deine Gestalt sein, Geliebte, die unsichtbar vor mich hintreten wird wie der Anbeginn eines neuen, größeren Lebens. Der Tod selbst wird mich hinterrücks treffen – längst schon bin ich dabei, ihm den Rücken zu kehren, auch wenn er mich unfehlbar einholen wird. Doch jeder Satz, den zu schreiben die Zeit noch erlaubt, ist ein kleiner Schritt weiter, hin zu dem Ort, an dem wir nach stummer Vereinbarung uns wiedersehen werden für immer. Nur die Folter wird schrecklich sein, eine lange, systematische, hohnvolle Qual bis zum Zusammenbruch der Seele, bis zum Zerbrechen des Körpers. Filippo, immer wieder darfst du nur an das eine denken: Es ist das letzte Mal, es geht auf das Ende zu; drum komm, Bruder Tod, komm, Schwester Diana, nehmt mich hinweg aus dem Reich ihres Sieges...

Werden sie mit meinem Tod mich besiegen?

Das ist die einzige noch übrig gebliebene Frage. Daß sie mich äußerlich vernichten können, bedeutet ja lange noch keinen Sieg, es ist vielleicht im Gegenteil nur ein Dokument ihrer Schwäche. Wie stark muß ein lebender Mensch sein, wenn sie ihn töten müssen, um weitermachen zu können wie bisher? Ich kann nicht verhindern, daß sie weitermachen werden wie bisher. Doch »gesiegt« hätten sie erst über mich, wenn ich selber ihren Schuldspruch für mich als berechtigt akzeptieren würde, erst dann wäre ich ein für allemal widerlegt – ein in den Sand geschriebener nächtlicher Irrtum, den der Reiserbesen am Morgen mit einem Schwunge fortwischen wird.

Bin ich schuldig?

Nein, ich bin nicht schuldig. Etwas anderes werden sie mir niemals weismachen können. Wohl gibt es viele Gründe, warum sie mich für schuldig erklären *müssen*; doch kein einziger dieser Gründe hält stand.

Ich hätte Gott gelästert? Im Gegenteil. Ich habe ihnen einen Gott gezeigt, weit größer, geistiger, geheimnisvoller und gütiger, als sie ihn in ihrem dreifaltigen Schibboleth auch nur zu erahnen vermögen.

Ich habe ihre Lehren geleugnet? Auch das nicht eigentlich. Natürlich haben sie recht, wenn sie meine Berufung auf die Lehre von den zwei Wahrheiten als eine Farce zurückweisen. »Da, wie Ihr sagt, Euere Wahrheiten von solch erhabener Art sind, daß sie dem Menschengeiste für unerforschlich gelten müssen, so ziehe ich es vor, doch lieber auf die Suche zu gehen nach den erforschlichen Wahrheiten. Unfähig, das Unerforschliche zu erforschen, ließ ich die Philosophie mir angelegen sein.« Ein solch einfacher Standpunkt soll schwere Sünde und ewige Schuld sein? Er beleidigt Euch – richtig! Er paßt Euch nicht – auch wahr! Doch die Freiheit des Denkens als Sünde vor Gott? Das zeigt, wie sehr Ihr selber das Bild der Gottheit verkehrt, indem Ihr ihm Euere eigene Grimasse verleiht. Nichts von diesen Gedanken habe ich zurückzunehmen; auf sie bin ich stolz!

Ich habe sie verhöhnt und verspottet; ja! weil sie es so und nicht anders verdienten. Wer das Antlitz des Unendlichen säubern will von dem Unrat ihrer Kleingeistigkeit, der kommt nicht aus ohne die beißenden Essenzen reinigenden Spülwassers. Es macht mir Spaß, wenn ich an die Verse denke, mit denen ich in meiner Frankfurter Schrift *Vom Unzählbaren, dem Unermeßlichen und dem Unvorstellbaren* den Schöpfer der Natur dem Afterdienst der kirchlichen Kleriker und Hofnarren gegenübergestellt habe:

> *Und klar und deutlich jedes Blatt beschrieben*
> *Im Buche der Natur, daß jeder Sinn*
> *Und jedermanns Verstand es lesen kann,*
> *Du, dessen Licht in allen Dingen strahlt.*
> *Indessen Deiner Weisheit Stimme laut*
> *An allen Orten widerhallt und mahnt.*
> *An jeder Herzenspforte ungeladen,*

Und unaufhörlich Einlaß bittend pocht!
Wie kommt es nur, daß Dich so Wen'ge seh'n.
So Wen'ge Deinem Worte Einlaß geben!
Der Du im Äther thronst, erhab'ner Richter,
Du urteilst sie für würdig nicht, die, weil
Sie nur um Gut und Geld nach Weisheit trachten,
Den Geist erniedrigen zum Mammonsklaven.
So tritt denn, statt der Wahrheit, frommer Trug
Und Aberwitz in ihre Tempel ein,
Des Esels Ohren die Tiara birgt
Und Mitra, während köstliches Geschmeide
Den Eselshuf verdeckt, und um den Dickbauch
Der purpur'ne Talar noch Falten wirft.
Ihm folgt gemess'nen Schritt's der Glaubenshort,
Mit Bullen und mit Siegeln ausgestattet,
Er selber, schwitzend unter seiner Bürde,
Der Farbenpracht und stolzer Titel Last,
Führt ihre Prozession und nickt barmherzig
Allseits dem Volke zu, das in den Staub
Vor diesem Monstrum seiner Heiligkeit
Hinkniet und betet, betet – daß der Wolf
Die Schafe all in seine Hürden treibe
Und ihre Seelen von der Sünde löse
Und ihrem Lebensschiff zum bess'ren Jenseits
Ermögliche die klippenreiche Seefahrt;
Ja daß er, um die Teufel auszutreiben,
Den bösen Feind zu bannen, Exorcismen
Von seiner Kanzel schreie, bis in Dünsten
Und Weihrauchwolken der Verstand verduftet.

Derlei Gedichte werden und können sie mir nicht vergeben, das ist klar. Doch Schuld? Mitnichten. Eher noch zu leise als zu laut habe ich ihnen in ihren verstopften Ohren gelegen. Die Zeit wird noch kommen, da man unter Spott und Hohn auf den Gassen und Straßen der Städte die Kirche selber zum Schindanger führt, auf den Lippen Lieder, wie ich sie gesungen. Irgendwann geht auch dieses dunkle Zeitalter zu Ende, und sollte es 2000 Jahre noch brauchen, ehe wir dort wieder anlangen, wo vor der geistigen Nacht des Christentums die Alten Griechen schon hielten.

Doch dann mein Kostbarstes: meine Lehre vom unendlichen All! Sie zerstört ihr ganzes tradiertes und dogmatisiertes Weltbild; doch wie wenig sie »Schuld« genannt zu werden verdient, zeigt überdeutlich das Beispiel meines Lehrers Nicolaus Cusanus.

Wieso hat man ihn nicht ebenfalls auf den Scheiterhaufen gesetzt? Vor 150 Jahren schon hat er, nicht anders als ich selber, die Gedanken des Pythagoras und des Anaxagoras zu erneuern versucht: Die Welt ist eine große »Konkordanz« in allen ihren Teilen; der Zusammenklang des Ganzen aber wird erst sichtbar, wenn man die Grundlagen des aristotelischen Denkens verläßt. Aristotelisch ist es, das Fertige als ein Wesen in sich zu betrachten und die Gegebenheiten nach einer Logik des: »dies ist so« und »dies ist anders« und »was so ist, kann nicht zugleich anders sein« miteinander zu verknüpfen; d.h. »verknüpft« wird hier eigentlich gar nichts, es wird lediglich eins neben das andere gestellt; innerhalb eines solchen statischen Weltbildes ist das *Werden* der Dinge schlechthin unbegreifbar. Der deutsche Philosoph hingegen hat als erster (wieder) begriffen, daß man zur Einheit der Welt nur gelangen kann, wenn man sie in der Vielheit der Dinge bereits voraussetzt; es gibt mit anderen Worten nicht eine Einheit des Wesens, das sich dann in ein unerklärtes Vielerlei zerlegte, vielmehr bildet die Vielheit der Dinge gerade die Grundlage für die Einheit des Ganzen.

Mich hat dieser simple Gedanke, kaum daß ich ihn mit 17 Jahren in meiner Klosterzelle las, mit der Macht eines Sturmwindes ergriffen, und ich sehe selbst jetzt, wenige Stunden vor dem Ende meines Lebens, keine Zeitvergeudung darin, ihn noch einmal zu notieren; er ist für mich im Gegenteil wie eine Rückkehr zu meinen eigenen Quellen; denn dieser Gedanke, das darf ich sagen, enthält nicht mehr und nicht weniger als die Rechtfertigung meines ganzen Daseins. Nicolaus von Cues war es, der mich glauben ließ, auch und gerade so etwas wie ich könnte ein Existenzrecht in der katholischen Kirche besitzen.

Denn wenn die Grundidee des Cusaners stimmt, dann gibt es keine fertige, in sich existierende Wahrheit, die im Dom zu Sankt Peter uraufgeführt wird und alsdann nur noch der Vielzahl der Menschen eingeprägt zu werden braucht, sondern es verhält sich gerade umgekehrt: Die Vielzahl der Ansichten ist selber die Voraussetzung für die Einheit der Wahrheit, und es gibt keinen anderen Weg, sie zu finden, als den eines nicht endenden sokratischen Gesprächs; und das Einzelne ist nicht eine bloße Vermehrung des Einen, sondern es trägt in seiner Eigenart gerade zu dem unerschöpflichen Reichtum des Einen und Ganzen bei. Vor allem wußte der Cusaner, daß man das Unendliche nicht denken kann, indem man das Endliche ins Unendliche vermehrt oder alle endlichen Vorstellungen lediglich ins Unendliche steigert, sondern er verfiel bereits darauf, daß man das Denken selber als einen unendlichen Prozeß des Verstehens begreifen muß, in dem das Unendliche selber sich anschaulich wird.

An dieser entscheidenden Stelle wagte es Nicolaus, anders zu denken als Platon, als Augustinus, als Plotin: Für Platon gab es auf der einen Seite ein Wesensurbild als Grund der Einheit und Wahrheit und daneben eine Vielzahl von Abbildern; das Wesensbild galt ihm als unendlich, die Abbilder aber blieben gefangen in der Endlichkeit. Gott und Welt waren somit streng getrennt voneinander; doch solange man bei diesem Ansatz stehen bleibt, läßt sich niemals begreifen, was für eine Bedeutung die unendliche Vielzahl endlicher Kopien inmitten der Schöpfung für das unendliche eine Wesen des Schöpfers selber haben könnte. Anders, ganz anders verhält es sich, wenn man das Verhältnis von Urbild und Abbild mit dem Cusaner prozeßhaft, als ein unendliches Werden, denkt: Da ist es die Unerschöpflichkeit des Unendlichen selbst, die der Vielheit bedarf, um in all den Unterschiedlichkeiten und Widersprüchen sich selber auszufalten.

Alle Gegensätzlichkeit des Endlichen steht im Widerspruch zur Einheit des Unendlichen – das wußte man wohl immer schon; Cusanus aber versuchte, die Gegensätzlichkeit der Welt positiv von der Einheit selbst her zu begründen: Das unendlich Eine ist selbst die komplexe Ganzheit des Vielen, in das es sich explizit auseinanderlegt. Gott mithin ist eine »entfaltende Einfaltung«, ein alles Umgreifendes, das in der Entfaltung des Alls sich selbst offenbar macht. Und ganz entsprechend sah der Cusaner den menschlichen Verstand: Er war für ihn eine symbolische Darstellung des Unendlichen, indem er begrifflich mit Hilfe komplexer geistiger Einheiten die Vielfalt der Erscheinungen zu verstehen sucht und sich umgekehrt von der Vielfalt der Dinge her den Inhalt seiner Begriffe erklären läßt. Im Grunde versuchte Nicolaus von Cues, alles Endliche, alles Unterscheidbare, alles Vergleichbare, alles Relative zu verstehen durch seinen Bezug zum Unendlichen, Nichtunterscheidbaren, Unbedingten und Absoluten, und so unterschied er selbst zwischen der Tätigkeit des Verstandes zur Untersuchung der endlichen Gegebenheit in ihren Gegensätzen und der Tätigkeit der Vernunft, die den Verstand ordnet durch den Gedanken einer letzten Einheit aller Gegensätze. Schon in der Mitte des vergangenen Jahrhunderts konnte dieser erstaunliche Mann die These aufstellen, daß die Theologie nicht länger nach dem Vorbild des heiligen Thomas die »Geheimnisse Gottes« in den Kategorien des Aristoteles »nachdenken« oder »beweisen« sollte, sondern daß sie als erstes, mit Sokrates gesprochen, ihrer vollkommenen Unwissenheit geständig sein müsse: Jedes Verstandesurteil ist so viel wie eine Beschreibung von Farben, die allesamt das Licht selber verstellen, in dem allein sie doch sichtbar sind; Hauptaufgabe der Theologie ist es daher, die vollkommene Unwissenheit des menschlichen Verstandes zum Ausgangspunkt zu nehmen, um das Absolute von den Verhüllungen zu befreien, die alles Relative um es breitet. Alles verstandesmäßige endliche Verstehen der Dinge setzt Urteile, also Gleichungen, also Vergleichungen, also letztlich ein exaktes mathematisches Messen der Dinge voraus. Gott selbst aber wohnt jenseits aller Kategorien des Endlichen und Meßbaren, in ihm ist eins, was uns als unterschieden erscheint. Insofern besteht zwischen dem unendlichen Schöpfer und der unendlichen Schöpfung ein unendlicher Unterschied; doch die Unendlichkeit der geschaffenen Welt ist voller harmonischer Entsprechungen zwischen dem Ganzen ihrer selbst und dem Einzelnen ihrer Teile.

Das rechte Verständnis der harmonischen Einheit der in sich so vielfältigen und widersprüchlichen Welt wurde für den Cusaner zugleich zu einem Leitfaden der *Ethik*. Der Mensch selber war für ihn ein Mikrokosmos, eine Welt im Kleinen – eine *Monade*, in welcher das All sich spiegelt, um es in meinen Worten zu sagen, begabt mit einer Vernunft, die imstande ist, ihrer eigenen Unendlichkeit sich bewußt zu werden und darin, im Akt der Bewußtwerdung der eigenen Unendlichkeit, Gott selbst anzuschauen: Die menschliche Individualität gelangt zu sich selbst erst, wenn sie sich ihrer Freiheit im Gegenüber der Unendlichkeit Gottes bewußt wird; das individuelle Dasein gelangt zu seiner Bejahung und Rechtfertigung, wenn es die Endlichkeit des Diesseits anschaut vom Jenseits der Unendlichkeit Gottes her. Sich auf Gott zu beziehen, das hieß für den Deutschen mithin, persönlich zu leben; die Wahrheit des Religiösen, das war für ihn nicht mehr der Exklusivitätsanspruch der einen Religionsform gegen die andere, sondern wieder, wie im Verhältnis des Einen zum Vielen, das Geltenlassen des Verschiedenen in seiner umgreifenden Einheit.

Phantastische Gedanken waren dies, so klar und so schön vorgetragen, daß ich mich oft schon gefragt habe, was darüber hinaus es für mich eigentlich noch zu sagen geben sollte. Selbst die Lehre von der Trinität hatte der Cusaner auf eine Weise interpretiert, der ich sehr zustimmen konnte: Die Drei galt ihm als ein Symbol der absoluten Einfaltung bzw. als ein Symbol des absoluten Lebens, bestehend aus dem Einen, dem Gleichen und der Lebendigkeit zwischen diesen beiden;

und daneben stellte er die Vier als das Symbol der Ausfaltung der Welt. Ja, er lehrte, daß nur in einer Proportion von vier Gliedern die Elemente der Einheit, der Andersheit, der Gleichheit und der Ganzheit vollständig gegeben sein könnten – das rührte ganz dicht schon an meine eigene Auffassung, daß Gott eigentlich nicht »Gott« ist ohne die Welt.

Mit all diesen Überlegungen wollte Nicolaus zeigen, wie man das Werden der Welt als Entfaltung des göttlichen Seins begreifen könnte und wie, in Entsprechung dazu, alles menschliche Begreifen durch ein symbolisches Denken vom Werden aufsteigt zum Sein; das Unendliche und das Individuelle, das Größte und das Kleinste, das Universum und die menschliche Person als Einheit zu denken – was anderes hätte ich selbst je versucht!

Doch woher dann der Unterschied, daß der brave Cusaner ein Mann der Kirche war und blieb, während ich mein Leben lang als Ketzer quer durch Europa gejagt wurde, um dann schließlich während der besten Jahre meines Lebens in diesem Kerker zu verschimmeln?

Es mag gewisse *Unterschiede* des Denkens zwischen uns geben, doch *entscheidend* sind sie nicht. Entscheidend ist wohl einzig und allein, daß ich zu *leben* versucht habe, was bei dem Bischof von Brixen und dem späteren Kardinal an der Mosel eine schöne Gelehrtenweisheit blieb. Nicht daß er ein bloß akademischer Theologe gewesen wäre wie die meisten meiner Verächter und Verfolger heute, er war durchaus ein praktischer Seelsorger und Kirchenpolitiker, und er war dabei, weiß Gott, von anderer Art als der ebenso kluge wie kümmerliche Roberto Bellarmino. Aber durch einen geheimen Kunstgriff muß es dem Cusaner mit viel Idealismus gelungen sein, sich an der Wirklichkeit der Welt und vor allem an der Wirklichkeit der Kirche vorbeizumogeln, während er doch vorgab, sie verstehen zu wollen.

Zum Beispiel: Die verschiedenen Religionen verhalten sich zueinander wie das Viele zum Einen; gut so! Dann aber ist das Eine ganz einfach das Christentum; und schon besitzt es jedes Recht gegenüber dem Rest der Welt? Nein, sagt der Cusaner. Christentum – das ist nicht die Negation, das ist die Integration der anderen Religionen. Wiederum: gut so! Wenn aber nun die anderen Religionen sich weigern, so einfach christlich »integriert« zu werden? Wenn sie, jeder ist sich selbst der nächste, durchaus nicht verstehen wollen, daß da partout das Christentum selbst sich als das Ganze setzt, statt etwa die Religion der Inder, die mich, so wenig ich sie auch wirklich kenne, gleichwohl oft weit weiser dünkt als die Religion der Christen? Alles, was der Cusaner schreibt, klingt sehr gütig, verstehend und tolerant, so wie er selber es unzweifelhaft auch beabsichtigte; und doch wirkt es, zumindest gemessen an meiner eigenen Haltung, wie auf halbem Wege stehengeblieben, inkonsequent und konfliktvermeidend. Eine ehrliche, klare und konsequente Stellungnahme etwa zur Frage der verschiedenen Religionsformen hätte lauten müssen, daß sie alle sich zueinander verhalten wie Teile zum Ganzen. Nicht das Christentum – Gott selbst ist das Eine, Umfassende und Unendliche. Doch so zu sprechen hätte sogleich die Gegnerschaft der Kirche hervorgerufen. Statt sich klar zu äußern, hielt es der Cusaner deshalb lieber mit der »Einheit der Widersprüche«: er bestätigte den Absolutheitsanspruch des Christentums, indem er alle anderen Religionen zu Teilmomenten oder auch zu bloßen Vorübungen des Christlichen entwertete; oder, noch besser, er erklärte alle Nichtchristen für Christen, die nur noch nicht wußten, daß sie eigentlich immer schon Christen waren. Theologisch war das großartig – es war werbend und einladend, denn es klang tolerant und menschlich. Aber in Wirklichkeit?

Abgesehen davon, daß keine der großen Religionen mit dem Universalanspruch christlicher Theologie einverstanden sein kann, hat der Cusaner sich mit der theologischen Beschreibung eines Christentums begnügt, das es nirgendwo gibt. Selbst die Toleranz, die er forderte, wurde Zug um Zug durch die Wirklichkeit der Kirche selbst widerlegt. Die »Integration« der fremden Religionen – das genau ist das Programm, nach dem man derzeit die Indianerkulturen in den »Neuen Spanien« vernichtet. Da wird inhaliert oder inkorporiert, nicht aber integriert. Nein, Cusaner, Du hast Dir Deine Kirche zurechtgemacht, wie Du sie brauchtest, nicht wie sie ist; Du hast nicht Wesen und Erscheinung miteinander verbunden, Du hast so getan, als wenn das Verständnis des Wesens bzw. als wenn die Beschreibung, wie etwas sein sollte, auch schon die Wirklichkeit selber wiedergeben würde.

Hat es Dein Denken etwa verändert, daß all Deine Bemühungen auch nur um Toleranz *innerhalb* des Christentums samt und sonders gescheitert sind? Die Vereinigung des römischen Katholizismus mit der Orthodoxie Ostroms blieb notwendigerweise ein leerer Traum. Du hast Dich darum bemüht wie kein anderer, aber erreicht hast Du genau nichts. Und wohlgemerkt: Du bist nicht gescheitert an dem Widerstand der Gegenseite, sondern an der Widersetzlichkeit der Partei, die Du eigentlich vertreten wolltest, an Deiner eigenen.

Vollkommen zu Recht hast Du Dein Konzept von dem Einen und den Vielen zu einem Entwurf des Konziliarismus ausgestalten wollen. Doch was war die Folge? Hat etwa das Machtdiktat der Päpste: ihr Unfehlbarkeitsanspruch, ihr Autoritarismus, ihr Mittelpunktswahn, ihre beamtete Repräsentationspflicht des Göttlichen in irgendeinem Punkte nachgelassen? Im Gegenteil. Am Ende dieses Jahrhunderts zeigt sich nur um so deutlicher, daß Du an dem erklärten Machtwillen der Päpste vorbeigeredet hast. Nicht Deine Integration, die römische Inquisition gibt heute den Ton an. Nicht Verständnis und Harmonie, sondern Unterdrückung der Freiheit, Vereinheitlichung des Denkens und Terrorausübung als Ersatz für mangelnde Überzeugung – das ist die Kirche, die wir heute haben. Ein Mann wie Jan Hus wurde ermordet auf dem Konzil, das Du selber mit einberufen hast. Deine Gedanken heute zu denken, Cusaner, das bedeutet, ihren vollkommenen Widerspruch zur Wirklichkeit zu formulieren und mithin sie selbst durch die Wirklichkeit für widerlegt zu halten. Die Kirche, die Du reformieren zu können glaubtest, ist nicht zu reformieren; sie ist selbst durch eine Reformation, die Halbeuropa umfaßt, nicht reformierbar. Sie ist, was sie ist: ein Brocken versteinerter Lava. Etwas Totes, aus dem die Glutwärme entwichen ist. Ein Felsen des Widerstandes gegen das Leben. Ein Schattenspiel seltsamer Schönheit.

In der Bucht von Neapel auf der kleinen vorgelagerten Insel Capri sah ich als Kind einmal das Wunder der Grotta azzurra. In das Felsgestein dort hat das Meer große Kavernen gewaschen, und in eine davon kann man mit etwas Geschick sogar ein Ruderboot steuern, um sie zu besichtigen. Das Licht, das von draußen hereinfällt, bricht sich im Wasser und nimmt eine kristallblaue Färbung an, die der dunklen Höhlenwandung den Glanz des Himmels verleiht. So ähnlich erscheint mir die Kirche: Ihre magische Schönheit und Anziehungskraft entstammt ihrer Abgewandtheit vom Licht, und was sie den Menschen zu zeigen vermag, ist nichts als ein kümmerlicher Ersatz der wirklichen Welt – Platons Höhle ästhetisch verfeinert, eine abseitige Spiegelung der unendlichen Spiegelung, die das Weltall selber ist, ein verwaltetes Lokalphänomen, das sich an die Stelle des Ganzen setzt – eine aufgeblähte Anmaßung, die den Schattenwurf für das Licht erklärt und die eigene Künstlichkeit umlügt zur Natur der Dinge; eine Verfälschung in allem.

Ja, Du großer Cusaner, es stimmt nicht einmal, daß all das Negative der Kirche: ihre Eitelkeit und Selbstgefälligkeit, ihr brutaler Durchsetzungswille und Fanatismus nur eine bedauerliche Entgleisung im Augenblick darstellen würde. Wann denn, in Ehrlichkeit, war diese Kirche je anders? Wann war das, was man *Christentum* nennt, jemals anders? Ist nicht der Gott der Bibel selber ein eifersüchtiger, grimmiger, zornmütiger Gott, der ganze Völker zerschmettert in seinem Toben? Was hat dieser Alptraum des Göttlichen zu tun mit der Sanftmütigkeit Deiner griechisch gebildeten und italienisch geschulten Geistesart? Was alles an dem heiligen Buch der Juden und Christen muß man weglügen, wegbiegen, wegfegen, um das Gottesbild dahin zu reinigen, daß es nicht von vornherein das Denken und Fühlen der Menschen beleidigt? Sie aber nennen es die Offenbarungen Gottes und drehen und wenden es, grad wie sie's nötig haben, um sich der Menge als Lehrmeister unfehlbarer Lehren präsentieren zu können. Du wolltest der Kirche helfen, ihr eigenes Wesen wiederzufinden. Doch das eigene Wesen jedweder Religion sollte die Menschlichkeit sein. Deine Gedanken, Cusaner, zu Ende denkend am Ende dieses schlimmen Jahrhunderts, vermag ich nicht mehr zu sehen, daß Theologie und Philosophie in harmonischem Einklang befindlich wären, indem die eine das Unendliche denkt in heiliger Unwissenheit, während die andere das Endliche erforscht in mathematischer Klarheit; ich sehe, daß die Lehren des Christentums selber an allen Stellen zu kurz konzipiert sind und sich nur mit der Geistlosigkeit dogmatisierter Gewalt gegen das Denken verteidigen lassen. *Deine* Gedanken sollten die Kirche erneuert wiedererrichten; *meine* Gedanken müssen sie so, wie sie immer war, endgültig vernichten. Darum begraben sie Dein Werk auf dem Friedhof der Ehrfurcht, mich aber, wenn ich denn tot bin, werden sie begraben unter der Asche ihrer Verachtung. Denn wahrlich, besser ist es in ihren Augen nach einem Wort ihres Meisters, ich wäre niemals geboren und hätte niemals gelebt (Mk 14,21), und gewiß werden sie meinen Körper, wie den des heute schon fast vergessenen tapferen Petrus Ramus, mit einem Mühlstein am Halse versenken, dort, wo das Meer am tiefsten ist (Mk 9,42). Es ist halt ein Unterschied, ob man ein Bild von der Wirklichkeit malt, so wie sie am schönsten erscheint, um dann zu sagen: so hat Gott sie gewollt, oder ob man sich schutzlos der Wirklichkeit stellt und versucht, darin Gottes Angesicht zu enträtseln. Du hast, Cusaner, niemals die Stube gefegt, Du hast mit einem Trick den Staub für sauber erklärt. Ein tüchtiger Besenreiser wollte ich sein. Drum ward ich ihr Hexer und Besenreiter. Doch jede Art von Geist wird dem Geistlosen zum Spuk und Gespenst. Mir ist meine Rolle nicht unlieb, denn sie ist näher dem Suchen, näher dem Zweifeln, näher dem Abenteuer.

Es gibt einen Punkt, da ich mit dem Cusaner absolut nicht übereinstimme: Das ist seine Lehre des Maßes. Das Absolute teilt sich nach ihm in der unendlichen Größe des Kosmos ebenso mit wie in dem Mikrokosmos der Kleinheit des Individuums; – diesem Gedanken kann ich noch zustimmen. Das Universum und das Individuum bilden eine gegensätzliche Einheit, die selber die Einheit des Göttlichen symbolisiert – auch das verstehe ich gut. Doch der Gebrauch, den der Cusaner von dieser Einsicht gemacht hat, ist auf charakteristische Weise verschieden von der Dynamik meines eigenen Denkens. Philosophisch betrachtet, greift sein Konzept vollkommen richtig den Ansatz des Duns Scotus auf: das Individuum ist nicht ein bloßer »Anwendungsfall« des Allgemeinen, sondern es ist mit der Fülle seiner Bestimmungen unendlich viel reicher, als sich in Allgemeinbegriffen denken läßt; und dennoch bleibt das Individuelle mit der ganzen Vielfalt seiner Einzelheit stets nur ein verschwindender Bruchteil der Möglichkeiten, die in ihm enthalten sind; bis dahin sind wir völlig einer Meinung. Wie aber läßt sich damit leben?

Für den Cusaner lief die symbolische Abbildung des Unendlichen im Endlichen auf eine Beruhigung und Rechtfertigung der Begrenztheit des Einzelnen hinaus: Der Einzelne als Person ist in all seiner Kleinheit gleichwohl ein Bild für die Unendlichkeit Gottes, der gleichfalls Person ist. So verstanden, findet der Einzelne sein Maß und seine Zufriedenheit inmitten der ihm gesteckten Begrenzungen. Für mein Begreifen hingegen enthält diese Auffassung einen krassen Denkfehler, der den gesamten Ansatz um seine Fruchtbarkeit bringen muß. Wenn es schon darum geht, das Werden der Welt positiv zu begreifen, dann darf man am Ende nicht wieder in ein Denken fertiger Gegebenheiten zurückfallen;

dann kann nicht das Sein, dann muß das Werden selbst als Abbild des Göttlichen verstanden werden; dann ist nicht das Maß und die Mäßigung, sondern die Entwicklung, der Fortschritt, das Zerbrechen veralteter Formen, dann ist die Gestaltung des Neuen im Ungenügen des Alten als das wahre Gleichnis des Göttlichen anzusehen. Wenn es sich aber so verhält – dann wissen wir niemals, wer Gott wirklich ist! Dann müssen wir uns damit begnügen, die Widersprüche der Welt zu ertragen, ohne einen Trost zu kennen, in dem sie sich vorschnell beruhigen. Dann will diese Welt als erstes durchlebt und durchlitten werden, statt sie im »Glauben« zu »überschreiten«.

Vermutlich ist dies der Punkt, an dem die Zeiten sich grundlegend gewandelt haben. Als der Cusaner seine »gelehrte Unwissenheit« zu Papier brachte, schien es noch erlaubt, eine fertige Ordnung vorauszusetzen, die mehr oder minder unangefochten bekannt war und die vorlag in der Lehre der Kirche. Wohl gab Nicolaus sich in jeder Zeile, die er schrieb, den Anschein, als sei er auf der Suche nach einer noch unbekannten Wahrheit, im Grunde aber wußte er natürlich immer schon, was sich ihm jenseits des Wißbaren als letzte Gewißheit enthüllen würde. Mein Jahrhundert, das mit dem heutigen Tage zu Ende geht, begann mit dem Gespür, daß die Wahrheit nicht fertig vorliegt, sondern allererst wird; sie ist nicht zu »finden«, sie muß sich gestalten durch Widerspruch, Kampf, Konflikt und Auseinandersetzung. Endgültig gibt es für uns Kinder des 16. Jh.'s keine Möglichkeit mehr, das Denken von der Religion her zu ordnen, indem wir in Gedanken vom Himmel zur Erde herniedersteigen; einzig das mühevolle »Hinaufsteigen« ist uns verblieben. Nicht einmal die weltlichen Dinge der Politik lassen sich ordnen nach den beschränkten Vorstellungen der jeweils unfehlbaren Religionsvertreter; und auch um irgendeine Naturerkenntnis zu »ordnen«, erscheint die Theologie des Christentums mir äußerst hinderlich. Umgekehrt! In meinem Werke hat sich gezeigt, daß man zu einer geläuterten Gottesidee allererst gelangt durch den Fortschritt der Naturerkenntnis, den die christlichen Theologen, in berechtigter Sorge um ihre Reputation, inzwischen fürchten auf Leben und Tod.

Wer heute etwas über Gott lernen will, der darf nicht länger die veralteten Seiten der Bibel durchblättern, der muß in dem offen aufgeschlagenen Buch der Natur lesen, bis er versteht, was das ist: die Unendlichkeit Gottes und die Unendlichkeit des Alls, das Allerkleinste des Atoms und das Allergrößte in den Sternenhaufen, die Bedeutung der menschlichen Person und die Beseeltheit der Welt in all ihren Teilen, der Wert des lebendigen Reifens und die Einheit von Tod und Leben. Die Harmonie zwischen Theologie und Philosophie, die dem Cusaner vorschwebte, ist an der Geistlosigkeit der Theologen selber zerbrochen; jetzt gilt es zu verhindern, daß Denken und Glauben, Wissen und Hoffen, Naturerkenntnis und Religion endgültig auseinanderfallen. Doch auf dem Wege dahin muß die Theologie sich fortan nach dem Fortschritt der Wissenschaften richten, nicht umgekehrt mehr. Diesen entscheidenden Machtverlust der Träger des kirchlichen Lehramtes eingeleitet zu haben, dafür stehe ich, und das ist es, was sie mir in Wahrheit niemals werden nachsehen können.

Schaut man genauer hin, so hat die Hochgemutheit und Hochansehnlichkeit des Kardinals von der Mosel ihren Grund vornehmlich in jener sonderbaren Realitätsabkehr und Lebensferne, die sich bei all den »Inhabern« kirchlicher und akademischer Titel und Würden beobachten läßt. Diese Leute *können* nur von oben nach unten denken – es ist, recht verstanden, sogar ihre Pflicht, so zu tun, denn wozu auch sonst stünden sie von Amts wegen an der Spitze einer theologischen Fakultät oder einer kirchlichen Diözese? Als Lehrstuhlinhaber muß man etwas zu sagen haben, das sich als »Lehre« weiterreichen läßt; als Bischofsstuhlinhaber muß man dem Volke der Gläubigen die ganze Wahrheit des Christus vorlegen, und natürlich kennt man diese ganze Wahrheit des Christus im voraus, eben weil man das Amt eines solchen Wahrheitsvorlegers in Sachen Gottes »bekleidet« oder, wohl eher, weil man von diesem Amt sich bekleiden läßt.

Nehmen wir nur die Vorstellung des Cusaners von der »Gegensätzlichkeit« des Endlichen!

Wie harmonisch und schwerelos liest sich das alles bei ihm! Wer, wenn er nur die Schriften dieses Mannes kennen würde, käme schon auf die Idee, daß die Welt voll ist von Schmerz und von Leid? Die »Gegensätzlichkeit« des Endlichen – davon konnte mein Vater ein Lied singen!

Er war nur ein Söldner; er haßte das Triumphgeschrei der Sieger; er glaubte daran, daß es nötig sei, zu siegen, schon um seine Haut zu retten und seinen Sold zu verdienen, aber ihm taten die Kerle auf der Gegenseite leid – der Wohnort auch nur ein paar hundert Kilometer weiter, und er selber wäre vermutlich einer von ihnen geworden! Worum und warum die Herren in den Krieg zogen – es war ihm gleichgültig; wer das Recht auf seiner Seite hatte und wer im Unrecht war – wie sollte er das herausfinden? Wenn aber beide Seiten Recht hatten und sich nur nicht einigen konnten? Die »Gegensätzlichkeit« des Endlichen – das waren für meinen Vater die Magenkrämpfe der Angst vor einer Schlacht, das war die zähneknirschende Anpassung an den Willen eines undurchsichtigen und oft saumseligen Geldgebers, das war die bewußte Gefühlsabstumpfung beim Töten von Menschen, beim Brandschatzen von Häusern und beim Erschlagen von unschuldigem Vieh, … das war der Anblick von Verwundeten und Sterbenden, von verwitweten Frauen und verwaisten Kindern. Wie habe ich diesen Mann gehaßt für seine »Befehl ist Befehl«-Mentalität! Genau diese Haltung ist es, die ich wiedererkenne in den Fratzen meiner Folterer und Henker… Ich will sie nicht. Doch immerhin hat sie mich gelehrt, bei all den erhabenen Gedanken über die Harmonie der Welt auch die Kosten zu ihrer Erstellung mitzuverrechnen.

Ich kann nicht so leicht mehr über das Leid der Kreaturen hinwegphilosophieren.

Um es ein wenig frivol auszudrücken: Die Philosophie des Cusaners ähnelt dem Verhalten mancher Brautleute in Nola – sie wiegen sich so sehr im Himmel ihrer harmonischen Gefühle, daß sie gar nicht zu merken scheinen, wie teuer ihnen die Hochzeitsfeier zu statten kommt.

Selbst wenn der Cusaner mit seinen Anschauungen recht behielte, so hat er doch vollkommen unrecht in der Wahl des Ausgangspunktes, bei dem er anhebt: bei Gott, statt bei der Welt, beim Ergebnis, statt bei dem Prozeß, beim Ziel, statt beim Weg. Wenn wir die Harmonie des Göttlichen immer schon kennen, warum, Du unwissend weiser Cusaner, quälen wir uns dann?

Ich wehre mich entschieden gegen die Barbarei, geistige Fragen militärisch lösen zu wollen – mit Hilfe von Krieg und Inquisition; aber wenn unser Ringen und Scheitern überhaupt einen Sinn macht, dann doch nur, weil wir die Wahrheit Gottes eben noch nicht kennen. Das Leben selber mit all seinen Abenteuern und Qualen ist es, das den Cusaner widerlegt; ich aber will nicht philosophieren, ohne zu leben. Ich möchte als erstes *sein*, selbst wenn ich *wahrhaft* nur bin als denkendes Wesen.

Drum fällt meine Gottesvorstellung ungleich vorsichtiger aus als bei dem Cusaner. Ich »weiß« von Gott eigentlich gar nichts mehr, außer daß er die Unendlichkeit selber sein muß, die Vernunft und die Liebe, denn wie anders wären wir Menschen fähig zu unendlichem Suchen und Sehnen? Ich selber denke im Grunde wie der Cusaner, allerdings unter den Bedingungen der heutigen Zeit, und das heißt: fragender, offener, leidenschaftlicher, drängender, provozierender, subjektiver, ungeschützter … und *unbequemer* für alle staatlichen und kirchlichen Behörden.

Doch all das ist es nicht allein. An Lebendigkeit und Persönlichkeit stehe ich dem Leben unzweifelhaft weit näher als vor 150 Jahren der Cusaner; doch habe ich darin kein Verdienst, es liegt ganz einfach am Klima unserer Zeit. Wer heute religiös oder philosophisch etwas zu sagen haben will, der kann sich nicht dahinter zurückziehen, daß er ein Papst ist oder ein Kardinal oder ein Bischof oder ein Universitätsprofessor; heutigentags will man wissen, wer und was jemand ist, woher er seine Argumente bezieht und wie seine Gedanken sich in der Praxis bewähren.

Wie also habe ich gelebt?

Nur von daher kann ich verstehen, warum ich verurteilt werde.

Die theologischen Vorwürfe, noch einmal sei es gesagt, sind allesamt unsinnig. Geht man sie durch, so kann ich auch jetzt nur in aller Entschiedenheit und ein letztes Mal sagen: Nicht schuldig! Auch und gerade in diesen letzten Stunden meines Lebens wird sich an diesem meinem Standpunkt nicht das Geringste ändern.

Ich glaube nicht an die Kirche, gut! Aber ich habe nicht länger Lust, mit diesen Kirchenvertretern immer und immer wieder zu reden wie mit kleinen Kindern, denen man Abend für Abend dasselbe Märchen mit denselben Worten vortragen muß, damit sie wirklich gut einschlafen können. Meine Philosophie dient dem »Erwachen«. Stimmt sie mit der kirchlichen Lehre überein, so soll es mir recht sein; stimmt sie mit ihr nicht überein, was für ein Recht hat diese Kirche dann, alle Fragen und Zweifel mit Folter und Mord auszurotten, statt ihnen in Ehrlichkeit standzuhalten? Nein, wenn es hier um Schuld geht, so liegt sie ganz und gar auf Euerer Seite, die Ihr den Geist tötet, dessen Besitz Ihr Euch anmaßt.

»Der Geist Christi hat die Kirche gegründet«? »Der Geist Gottes ist der ständige Beistand der Kirche«? »Der Geist Gottes führt die Kirche in alle Wahrheit des Göttlichen ein«?

Was für eine »Kirche« wäre das wohl? Doch nicht die Eurige! Doch nicht diese in ihren Rechthabereien zersplitterte Aktionsgemeinschaft haßwütiger Fürsterzbischöfe! Merke Dir, Roberto Bellarmino: Was wahr ist, bestimmt nicht länger mehr die Bibel; was wahr ist in der Bibel, muß sich erweisen vor dem menschlichen Verstand. Was gut ist und was böse, diktiert nicht länger mehr eine Kommission aus Kardinälen und Theologen, es entscheidet sich am Maßstab der Menschlichkeit, die im Herzen eines jeden wohnt.

Hörst Du?

Gott tanzt nicht länger mehr nach dem Takt Euerer Musik auf dem Vorplatz von Sankt Peter. So gewiß wie die Erde sich mit allem, was auf ihr ist, um die Sonne dreht, so gewiß richtet sich das Denken und Fühlen der Menschen nach dem Licht aus. Euch braucht man dabei durchaus nicht länger. Ihr seid nicht das Licht. Ihr seid im besten Falle ein Fenster, durch welches das Licht sich in das Leben der Menschen ergießen kann. Doch weil Ihr selber strahlend dastehen wollt, steht Ihr dem Licht im Wege und werft einen langen Schatten über die Menschen. Ihr benehmt Euch wie Alexander der Große: Er glaubte, wunders wie nützlich sich gegen den armen Diogenes in seiner Tonne verhalten zu sollen; doch der Weise begehrte von dem Herrscher der Welt nur, er möge ihm endlich aus der Sonne gehen. Merkt Ihr nicht, daß Ihr mit Eueren Weltherrscherträumen nur alles verderbt? Die Menschen leben inzwischen besser ohne Euch; so steht es. Und wenn es in Eueren Augen eine Schuld darstellt, ohne Euch leben zu wollen, so sterbe ich gern in dem mutigen Verdienst dieser Schuld.

Kaum hatte ich soeben diese Worte niedergeschrieben, als ich voller Zorn noch ein paar Seiten aus der »Summe« des »heiligen« Thomas »gegen die Heiden« herausgerissen und den Ratten in die Löcher gestopft habe. Der Weg meines Lebens neigt sich dem Ende zu, und wenn mir etwas wirklich leid tut, dann ist es nicht meine mangelnde Kirchenzugehörigkeit, sondern der Umstand, daß ich bis in die letzten Stunden meines Lebens hinein den Zwang verspüre, mich gegenüber der scheinbar allmächtigen Instanz der Kirche zu rechtfertigen. Ich hätte diese Kirche einfach ignorieren sollen – das Rebhuhn wäre niemals in die Schlinge geraten, wenn es einfach aufgeflogen wäre.

Aber das ist gut gesagt. Padre di Saluzzo hat schon nicht ganz falsch geraten: Ich brauchte die Kirche, um studieren zu können, und der Irrtum meines Lebens war es, daß ich durch die Priesterweihe mich dieser Kirche vertrauensvoll ausgeliefert habe. Ich benötigte die Kirche, um zur Universität zu gelangen; meinem Weg zu Gott aber war sie nur hinderlich, und als ich erst einmal in ihren Händen war, konnte ich ihr nicht mehr entkommen. Innerlich war ich längst reif genug, den Machtapparat der Kirche mit all seinen eingebildeten Wahrheitsansprüchen zu relativieren. Eine Instanz aber, welche die Macht hat, zu töten, kann man nicht einfach beiseitestellen; die muß man respektieren, ob man will oder nicht.

Doch auch das ist nur halb richtig, Filippo. Denn keinesfalls war es nur so, daß du dich mit den Krakenarmen der Kirche herumschlagen *mußtest*. Es ist wahr: Als sie sich erst einmal an dir festgesaugt hatten, konntest du von dir her ihnen nicht mehr entrinnen. Es spricht wohl für sich selbst, daß die Gedanken eines 18jährigen, eines 28jährigen in den Augen dieser Kirche genügen, um eine lebenslängliche Treibjagd gegen ihn zu veranstalten, an deren Ende nur die physische und moralische Vernichtung des Opfers stehen konnte und stehen sollte. Dieser Teil der Tragödie allerdings geht voll und ganz auf das Schuldkonto der Kirche selbst: Auch sie und gerade sie ist nichts weiter als eine Augustinsche Räuberbande, nur schlimmer noch als manch ein Staatengebilde unserer Tage, das sich damit begnügt, das Zusammenleben seiner Bürger zu ordnen, und das jedenfalls nicht, wie die Kirche, das Zensieren von Gedanken und das Indizieren von Büchern zu den Grundlagen seiner Herrschaftsausübung erklärt. Auf der anderen Seite aber gibt es an der Tragödie deines Lebens auch einen merkwürdigen Eigenbeitrag – das ist dein Wille, stets und überall etwas Besonderes sein zu wollen. Wie so etwas ausgeht, Filippo, kannst du nachlesen in der Geschichte von Joseph und seinen Brüdern (Gen 37).

An diesem Vorwurf ist etwas Wahres, doch muß man betrachten, wie es zu dieser meiner verderblichen Neigung kam. Von Kindertagen an sah mein Vater in mir so etwas wie seine persönliche Hoffnung. In Wirklichkeit war er kein Soldat aus Neigung, sondern aus Nötigung, und er betrachtete seinen Beruf ohne Berufung eher wie eine Strafe denn als Verdienst. Er litt unter der stupiden Geistlosigkeit des Drills, den er gleichwohl befolgte, und so flößte er, der Mann des strammen Gehorsams, mir, seinem Sohn, ob er wollte oder nicht, einen unauslöschlichen, lebenslänglichen Widerwillen gegen alle geistlos gegebenen Befehle ein. Mein Vater tat seinen Dienst, damit es mir einmal besser gehen sollte; und so stand ich sehr früh schon gewissermaßen unter der Pflicht, ihm zu zeigen, daß er mit seinem Lebensplan in mir auf das richtige Pferd gesetzt hatte. Auch späterhin warb ich um die Anerkennung und Zustimmung meines Vaters, und sein Einfluß verstärkte sich im Grunde sogar noch, als Onkel Agostino mich, den jungen Akademiker, bei sich wohnen ließ und meine ersten Lernerfolge wie ein neu entdecktes Weltwunder bestaunte. Mein Leben lang bin ich auf der Suche nach der Gunst der Großen gewesen, die im letzten wohl die Stelle meines Vaters vertraten: Könige, Kaiser, Päpste – es hat in all den Jahren niemanden gegeben, um dessen Unterstützung und Zuneigung ich nicht förmlich gebuhlt hätte. Unsichtbar begleitete mein Vater mich durch all die Stationen meiner so erfolglosen Wanderexistenz, die er selber zum Scheitern verurteilte, indem er sie von Anfang an überforderte. Wer in der Rolle eines Siegers im Geiste in die Arena des Daseins tritt, treten muß, wie soll der nicht notwendig flachgedrückt werden von den Widerständen der Eifersucht und des Neids seiner Zeitgenossen? Am Ende war mein Leben so unstet und schweifend wie das meines Vaters selbst, nur vom anderen Ende her: Er war ein römischer Soldat, ich war sein etruskischer Prinz. Wir haben beide getan, was wir konnten.

Wenn alles auf Erden widersprüchlich ist, so ganz gewiß unter diesen Umständen mein Verhältnis zu meinem Vater. Ich bewunderte ihn, und ich verachtete ihn, ich wollte von ihm geliebt werden, und ich fürchtete ihn, ich sah zu ihm empor, und ich sah auf ihn herab, ich wollte sein Sohn sein, und ich mußte und mochte doch zugleich ganz anders sein als er. Er konnte so laut und ordinär werden, wenn er heimkam, er konnte unbeherrscht und jähzornig sein, wenn er mit Mutter sprach – doch zugleich spürte ich auch, daß er es gut mit uns meinte. Das Schlimmste war wohl, daß ich seine »Güte« nicht mochte – erneut der »Kosten« wegen. Denn als ich erst einmal begriff, was es heißt, ein Soldat zu sein, empfand ich eine nie mehr beruhigte Abneigung gegen ihn. Ich wollte nicht glücklich sein, wenn dafür Menschen erschlagen werden mußten, so wenig wie ich an die Wahrheit einer Kirche zu glauben vermag, die Kerker für Ketzer benötigt, um ihre Wahrheit durchzusetzen, oder so wenig ich mit der Harmonie der Welt im Munde des Cusaners mich zu beruhigen vermag, solange der Preis des ewigen Scheiterns darin nicht mitverrechnet wird. Vielleicht überbewerte ich diese Momente auch; doch meine Lust an geistigen Auseinandersetzungen und meine Abscheu vor physischer Gewalt – sind sie nicht einfach die Umkehrung des rauhen Soldatenwesens meines Vaters?

Seltsam, wie stark die Faszination ist, die von den Erinnerungen der Kindheit ausgeht; die gesamte Persönlichkeit scheint darin enthalten wie eine Buche in der winzigen Buchecker. Eine große, wenn nicht entscheidende Kraft muß mein Vater indessen seltsamerweise durch seine Abwesenheit, mehr noch als durch seine Anwesenheit über mich gewonnen haben.

Die paar Begebenheiten, die ich schon notiert habe, geben nahezu vollständig wieder, was ich an realen Erinnerungen von meinem Vater weiß. Ich könnte noch etliche unliebsame Szenen zu Hause anführen, doch das erspare ich mir. Was bleibt, sind die vielen Tage, die ich mit meiner Mutter allein war.

In gewissem Sinne war sie das genaue Gegenteil meines Vaters, eine ganz und gar häusliche Seele, friedliebend, gutherzig, doch von einer sanftmütig erstickenden Art. Ihre Angst vor dem Vater und ihre Angst um den Vater nötigte mich sehr bald dazu, sie zu trösten, wenn sie traurig war, sie zu verstehen, wenn sie weinte, und sie zu erheitern, wenn sie resignieren wollte. Ich hatte mir angewöhnt, ihre übertriebenen Sorgen und Klagen, was alles wohl werden könnte und was alles dann werden würde, durch eine Art karikierender Übertreibung ins Witzige zu ziehen.

»Was sollen wir nur machen, wenn Gioan schwer verletzt wird? Wir haben doch so wie so kein Geld mehr.«

»Nun, dann wird Vater eben als Bettler gehen. Manche Bettler in Neapel verdienen mehr als ein braver Soldat.«

»Red keinen Unsinn, Filippo«, sagte sie streng.

»Aber nein, Mutter«, entgegnete ich unbekümmert. »Noch dieser Tage sah ich einen Poverello, der nur einen Arm trug. Auf seiner Schulter saß ein Äffchen, und um zu demonstrieren, wie gut man auch mit der linken Hand essen kann, wofern man nur einen Affen zur Seite hat, gab er dem Makaken eine Gurke zum Festhalten und schnitt mit dem Messer kleine Scheibchen davon ab, um sie dem Tier zur Belohnung in den Mund zu stecken. Das Äffchen aber mochte gar keine Gurken und verzog das Gesicht; so…« Ich versuchte es nachzumachen. »Die Leute bogen sich vor Lachen und warfen eine Menge kleiner Münzen in den Hut des Bettlers. Wenn Vater ohne Arm nach Hause kommt, gehen wir einfach betteln; ich spiele sein Äffchen und sitze ihm zur Seite, und Du besorgst die Gurken.«

»Ach, Du«, lächelte sie und gab mir einen Klaps.

In Wahrheit hatte ich überhaupt keinen solchen Bettler gesehen, die Szene war mir nur eingefallen, um meine Mutter zu trösten; aber sie ist in etwa kennzeichnend für die Art unseres Umgangs miteinander. Natürlich wußte ich, daß die Not meiner Mutter nur allzu begründet war – auf der Ebene der äußeren Realität konnte ich ihr nicht widersprechen; was also blieb mir übrig, als ihre Befürchtungen ins Groteske zu steigern, um sie dadurch aufzulösen?

Ich habe später oft beobachten müssen, daß viele meiner Leser oder Hörer die Eigenart meines galligen Humors durchaus nicht verstanden. Sie fühlten sich beleidigt, wenn ich ihre Schwächen, statt sie gnädig zu verhüllen, sogar besonders theatralisch vorführte; doch in Wirklichkeit wollte ich mit meinen spöttischen Übertreibungen niemandem wehtun; ich nahm in Gedanken stets nur die schlimmste Möglichkeit vorweg, um für den Notfall gewappnet zu sein, und dann malte ich sie so aus, daß selbst meine Mutter Fraulissa darüber hätte lachen können. Mein Vater sollte stolz sein auf meinen Geist, und meine Mutter sollte lachen über meinen Witz. – Ich weiß nicht, wie man Sprengstoff herstellt. Doch diese Mischung hatte es offenbar in sich. Sie erwies sich als nicht ungefährlich, am wenigsten für mich selber, indem sie mir die Neigung verlieh, Konflikte grundsätzlich nicht durch Abschwächung und Abkühlung, sondern durch Steigerung und clowneske Inszenierungen zu lösen. Mein Vater hätte darin so etwas erkannt wie eine Flucht nach vorn; doch darum handelte es sich wohl nur in sehr seltenen Fällen. Weit öfter hoffte ich auf das unsichtbare Lächeln meiner Mutter für meine Späße, und später dann, an den Höfen und Universitäten, wollte ich durchaus nicht begreifen, warum man am Ende meiner geistreichen Possen in Scharen wütend über mich herfiel, statt, wie ich eigentlich hoffte, gewissermaßen dankbar und getröstet von dannen zu ziehen.

Im Grunde war ich seit frühester Jugend dem Schrecken der Welt völlig schutzlos preisgegeben. Mein Vater, wenn es drauf ankam, war abwesend, und meine Mutter durfte ich nicht auch noch mit meinen eigenen Ängsten behelligen. Infolgedessen suchte und suchte ich nach einem Schutz für meine Mutter und für mich selber in immer weiteren Fernen. Mein Kindertraum wurde mein Leben: In jeder Nacht, wenn ich wachlag und dachte nach über die Rätsel der Welt, hob sich die Decke meiner Behausung wie von Geisterhänden getragen hinweg, und ich erschaute die Unendlichkeit des Alls. In all meinen Büchern, so ironisch und maniriert sie auch manchmal erscheinen mögen, habe ich versucht, kleine Kaninchenställe für verängstigte Seelen zu bauen; wer sie richtig liest, dem sind sie Trost und Erbauung, Ermutigung und Trotz. Mir aber entzog sich jeglicher Halt in den unermeßlichen Räumen, und je weiter ich vordrang in meinem Suchen und Fragen, desto ungreifbarer und unbegreifbarer ward mir die Wirklichkeit. So wurden die Sterne mir Heimat und die Weiten der Welt zum Ort meiner Wahrheit; und jeder Spötter hätte recht, der behaupten wollte, die Sterne stünden mir näher als die meisten unter den Menschen. Ja, ich kann den Verdacht nicht gänzlich von mir weisen, daß ich es mitunter wahrhaft genoß, manch einen meiner ehrenwerten Zeitgenossen mit der Größe meiner Visionen in Schrecken zu setzen: Je kleiner ihr Kopf, desto heftiger ihr Erzittern und ihr Erbittern, wenn ich ihnen die erstaunlichen Konsequenzen ihrer eigenen Glaubensgrundlagen darlegen wollte! Freilich, immer von neuem spielte ich ihnen den Harlekin des Universums, ein Faktotum des Wissens und der Gedächtniskunst, einen Zauberer magischer Himmelsreisen, doch in all den Turbulenzen meines Lebens blieb ich doch nach wie vor der kleine Junge, der des Nachts mit schreckgeweiteten Augen im Bett lag, während er am Tage seine Mutter mit Späßen über ihre Ängste hinwegzuhelfen suchte.

Seltsamkeit einer Jugend, in der ein Kind seinen Vater zu ersetzen hat an der Seite einer Mutter, der es zum Leben verhelfen muß, um endlich selber leben zu können! Es gibt Augenblicke, in denen ich sogar denke, ich hätte auch auf die »Mutter« Kirche nicht anders geantwortet als auf meine Mutter Fraulissa: Auf die nur allzu berechtigte Angst der Kirche vor ihrem Zerfall reagierte ich mit dem Nachweis, daß ihre Krise weit tiefer reiche, als sie in ihren zwanghaften Notfallmaßnahmen sich offensichtlich zugeben will, und in vielem bin ich zu ihrem Affen und Hanswurst geworden.

Doch im Unterschied zu meiner Mutter versteht diese heilige Institution keinen Spaß – ihr ist nicht zu helfen, mit anderen Worten. Humor ist nur möglich, solange sich Menschen begegnen. Doch genau das soll in der Kirche nicht sein. Dort begegnet man nicht einander, dort entgegnet man mit dogmatischen Noten. Ich habe das niemals wahrhaben wollen, aber so ist es. Der Papst ist nicht mein Vater, und die Kirche ist nicht meine Mutter, und ich hätte niemals versuchen dürfen, ihr liebes, hilfreiches Kind zu werden. Einzig diese Verblendung ist meine »Schuld«.

Soeben noch habe ich dem Cusaner vorgehalten, er habe nicht wirklich entschlossen gelebt. Doch habe *ich* »wirklich gelebt«? »Vermutlich zeigt sich das Wesen eines Mannes am deutlichsten in der Art, wie er sich zu seiner Frau verhält«, so ähnlich schrieb ich noch vorige Tage. Und wie hast du dich verhalten, Filippo?

Bis in den Kern hinein bin ich ein lebendiger Widerspruch. Kommt es daher, daß ich seit Kindertagen nach einer Mutter gesucht habe, die ich in meiner Phantasie überhaupt erst erschaffen mußte, um sie in der Wirklichkeit wiederzufinden?

Ähnlich wie bei meinem Vater habe ich auch gegenüber meiner Mutter nicht selten Verachtung empfunden. Ihr Verstand langte wirklich nicht über Gurken hinaus. Aber auch viele der Frauen, die ich später kennenlernte, benahmen sich, wenn schon nicht so wie meine Mutter, dann doch in der Weise, die ich in der Vorrede zu den *Heroischen Leidenschaften* geschildert habe: Auch ihnen geht es, bei Lichte besehen, um »Gurken«, nur daß ihr fraulicher, will sagen ihr fleischlicher »Appetit« nach etwas anderen Gurken verlangt als meine gute Fraulissa. Man kann mit ihnen glänzend zurecht kommen, solange man mit ihnen spielt, aber der Ernst wirklicher Leidenschaft scheint ihnen fremd. Stundenlang habe ich ihnen zugehört – und nichts erfahren, als wie man sich anzieht, um günstig auf die Augen der Männer zu wirken oder eine mögliche Konkurrentin aus dem Felde zu schlagen, wie man am schmackhaftesten den Bauch eines ausgenommenen Hasen mit Trüffeln und Pflaumen vollstopft, wie man den Damensattel beim Ausritt verbessert und wie man sich schützt gegen die vorzeitigen Zeichen des Alters. In all der dümmlichen Konversation, die ich aus Konvention stilistisch nachzuahmen versuchte, hätte man niemals übersehen dürfen, daß es mir in all meinen wirklich vorgetragenen Gedanken bitter ernst war.

Bei all meinen »Spielen« habe ich niemals gespielt. Es ging mir stets um Leben und Tod und lieber um tiefen Tod als um oberflächliches Leben. Drum lehrte ich sie, in Gedanken zu tanzen, bis ihnen schwindelig wurde und sie auf den eigenen Füßen zu spüren bekamen, wie es ist, wenn die Erde sich dreht und sich dreht um die eigene Achse und dabei sich dreht und sich dreht durch das All.

Nein, hier halte ich meinen Widerspruch auch gegen meinen Freund Sir Philip in aller Entschiedenheit aufrecht: Man kann über die Liebe zwischen Mann und Frau nie nur in dem Schmelz lyrischer Empfindsamkeit schreiben; wer in der Liebe weniger sieht als eine Läuterung der Seele, als ein Greifen der menschlichen Sehnsucht ins Unendliche, als ein Scheitern des menschlichen Willens und Suchens nach der Wahrheit des Göttlichen, der verrät die leidenschaftlichsten Energien des Herzens an ein unwürdiges Alltagspläsier. Insofern bleibt es die Frage an die Geliebte, an den Geliebten, inwieweit sie ihre Zuneigung selbst als Symbol eines unendlichen Strebens zu verstehen gewillt sind oder als die Vorbereitung einer bloßen nachtschlafenen Stunde. Liebenswert können in Wahrheit einander nur die heroischen Seelen werden, davon bin überzeugt; solche aber nehmen sich bei der Hand und ziehen gemeinsam hinaus ins Grenzenlose, ins Göttliche.

All dies habe ich schon gegen Ende meiner Londoner Zeit ausführlich beschrieben, und es scheint mir auch jetzt noch irgendwie richtig. Doch ist es auch »richtig« für dich, Felipe, wenn wirklich du derlei Gedanken überprüfen willst am persönlichen Leben? Hast denn du selber »wirklich gelebt« als Mann im Verhältnis zu einer Frau?

Du hast, wenn du ehrlich bist, überhaupt nicht ein einziges Mal wirklich geliebt. Du hast über die Liebe geschrieben, gewiß, doch darum geht es jetzt nicht. Jetzt geht es darum, daß du mit all deinen Gedanken über die Liebe es im Grunde dein Leben lang voller Angst peinlich vermieden hast, dich Hals über Kopf zu verlieben. Du hast vielerlei Theorien aufgestellt, was ein heroisches Leben sei, doch zur Erläuterung deiner heroischen Leidenschaft hast du nach mancherlei Hin und Her schließlich das Streben nach Wahrheit beschrieben – als ein rein intellektuelles Verhältnis, in dem du dich sicher fühltest, weil du dich selber darinnen mit deiner eigenen Person bestimmt nicht zu wagen brauchtest. Eine wirkliche Frau wirklich zu lieben – das hätte all deine Kinderängste von neuem aufgerührt. Gewiß, du hast dich viel weiter ins Leben getraut als der Cusaner zum Beispiel; du hast an Freiheit des Denkens enorm viel mehr riskiert als all deine Widersacher, kein Zweifel. Auf dem Gebiete des Geistes hast du all deine Versprechungen eingelöst und wahrhaft »heroisch« gelebt. Aber dein Heroismus des Unendlichen bewahrte dich stets davor, die Abenteuer des Endlichen und Alltäglichen zu bestehen. Du hast gelebt wie ein reisiger Ritter, der aus Angst vor der Langeweile des häuslichen Lebens die Welt durchschweift auf der Suche nach Lindwürmern und Drachen. Doch wen eigentlich wolltest du finden? Wenn du dich fragst, wovor du da flohst oder umgekehrt: was auf der Flucht du in Wirklichkeit suchtest, war es am Anfang und Ende nicht stets deine Mutter?

Ja, die Frau des Borzello hast du wirklich geliebt, mit allem Verlangen, mit aller Begeisterung, mit aller Unerfahrenheit eines 17jährigen, aber auch damals schon wußtest du natürlich ganz genau, daß sie für dich nicht ernsthaft in Frage kam. Sie war der erste Schritt, um dich mit Hilfe dieser Frau, die deine Mutter hätte sein können, von deiner wirklichen Mutter zu lösen; niemals indessen hast du geglaubt, daß sie das

Ziel deiner Wünsche bilden würde oder auch nur bilden dürfte. Eben deshalb ja nanntest du sie: (Fata) »Morgana« – eine Spiegelung von etwas Wirklichem in den Brechungen der Luft, durch welche es scheinbar an einen nahe befindlichen Platz gerückt wird, während es in Wahrheit unerreichbar fern ist.

Dabei gab es eine Frau namens »Morgana« immerhin wirklich. Du hast die Frau des Borzello besucht, du hast mit ihr gesprochen, du bist Abend für Abend zu ihr gegangen, du hast mit ihr getrunken, gegessen, gelacht, und heimlich hast du dir vorgestellt, wie es sein würde, wenn sie des Nachts in deine Zelle käme und legte sich zu dir: Sie umspielte dich mit ihren Haaren, sie streichelte dich mit ihren Brüsten, sie umfinge dich mit ihren Armen – doch kaum stelltest du dir all diese Wonnen der Liebe wie wirklich erfahrbar vor, da trat auch schon dein klösterliches Gewissen hindernd zwischen dich und deine Geliebte und jagte euch rasch auseinander. »Deine Morgana ist eine Dirne«, sagte dir dein Gewissen, und es sorgte dafür, daß du tags darauf die Frau des Borzello nur noch zärtlicher und noch verstohlener anschautest. Nicht einmal im Traum aber hast du dir vorgestellt, daß du selber zu ihr gegangen wärest, um sie um ihre Gunst anzuhalten, schon weil du wußtest, daß sie dich bei einem solchen Begehren achtkantig rausgeschmissen hätte. Nein, du mußtest sie dir als deine Verführerin denken, auf daß du selbst weniger »schuldig« warst. Wer aber hat denn die Liebe sündig genannt? Bei all deinem Spott auf die kirchliche Moral hast du in Wahrheit die Fesseln der mönchischen Zucht niemals ganz aufgegeben. Sei ehrlich, Filippo: All dein heroisches Pathos war nichts als das aufgeblasene Geschwafel eines ewigen Muttersöhnchens, das sich als Gernegroß aufspielen wollte und den anderen die Schuld gab für sein verhindertes Leben.

Und nicht anders verhält es sich mit deiner »Diana«. Sie ist noch weniger existent als deine Fata Morgana, sie ist nichts als deine fixe Idee, ein Ideal für Frustrierte, eine reine Phan-

379

tasiegestalt. Hast du denn nie gemerkt, wie sehr du mit all deinen Liebesgedichten, mit deinen Treueschwüren und mit deinen Gebeten einem Phantom nachgejagt bist? Was wäre gewesen, du hättest damals am Strande von Noli die seltsame Frau in dem blauweißen Kleid einfach angesprochen? Dann hättest du eine Absage riskiert, aber nur so hättest du dir die Möglichkeit einer wirklichen Liebe offenhalten können. Du jedoch fürchtetest wie immer die Wirklichkeit – sie hätte deine schönen Träume enttäuschen können. Nur dort aber: im Bestehen der Wirklichkeit, werden die wahren Helden geboren, nicht auf den eingebildeten Planeten glückseliger Genien. Deine Diana ist nur das Gegenüber eines halluzinierten Dialogs inmitten eines unwirklichen Lebens; und wenn schon »Morgana« der Titel für die unerreichbare Geliebte deiner Mönchszeit war, so ist »Diana« der mythologische Name für eine Frau, die der entlaufene Mönch in allen Regionen des Weltalls zu suchen begann, nur um sie ja niemals in der Wirklichkeit finden zu müssen.

Liebe?

Das ist etwas anderes. Selbstverliebtheit, gewiß. Zur Liebe aber warst du nicht fähig.

Das ist deine einzige, deine wahre, deine im letzten tödliche Schuld: Du bist dein Lebenlang zwiespältig geblieben, du Ketzerphilosoph, zerrissen in Giordano und Filippo, in die verbotene Suche des Mönchs und die erlaubte Sehnsucht des ewig Verstoßenen. Du warst nie eins, du Giordano-Filippo, so wie die Gestalt der Frau für dich niemals eins werden konnte. Entweder war sie dir nah und erreichbar – dann mußte als unerläßliches Odium der Hauch von Ehebruch und Verruchtheit sie umschweben, oder sie ging an dir vorüber, ohne dich auch nur anzuschauen – dann, als unnahbare und unerreichbare, konntest du sie verehren und dich von ihr erheben lassen. Nein, keine »Diana« hat dich zerrissen, sondern du selbst warst und bist ein derart zerrissener Mensch, daß jede Begegnung mit einer Frau dich immer wieder in den alten Widerspruch stürzen mußte. Du hast deine

»Hunde« nie akzeptiert; du zogst es vor, dich von ihnen verwüsten zu lassen aus Angst vor dem »Hirschen«, der in dir
schlummerte. Und deine mönchische Angst vor der Schuld,
ein Mann zu sein, hat in Wahrheit dich schuldig gemacht.

Mein Gott, ich will das alles nicht mehr. Ich bin zu erschöpft, um noch immer tiefer in den Abgrund zu starren
und zu steigen. Ich will mich auch nicht länger mehr rechtfertigen: daß ich ein Kind meiner Eltern war – den Widerspruch zwischen meinem Vater und meiner Mutter, wie hätte ich ihn erfinden sollen? Mich mit ihm abzufinden war
bereits schwierig genug. Und daß ich ein Kind meiner Zeit
war? Ich habe doch wenigstens eine Ahnung gehabt von einem Leben, wie es sein müßte. Ja, ich habe den Mond nicht
mit den eigenen Füßen betreten, ich habe die Sterne nicht mit
den eigenen Händen berührt, aber ich habe mein Herz hoch
hinauf in den Himmel geworfen, und dort unter den Sternen
wohnt, die ich liebe. Diesen Wunsch, diese Hoffnung will ich
mir nicht auch noch zergrübeln. Selbst wenn die Frau, die ich
liebe, durchaus nichts zu tun hat mit jener Erscheinung am
Strande von Noli, so gibt es doch eine Gestalt, die auf mich
irgendwo wartet; das bleibt meine Zuversicht. Und diese
Frau ist es, die ich überall suche, weil in ihr »Morgana« und
»Diana« eins sind – eins werden müssen.

In dieser Nacht noch werdet Ihr den Mönch Giordano
Bruno verbrennen; doch aus seiner Asche wird sich Filippo
erheben, der Mensch, der ich war, als ich aus den Händen
Gottes hervorging. Der Filippo, den Ihr kennt, mag eine
kümmerliche Ausgabe dieser wahren Persönlichkeit sein,
die zu werden ich vergeblich mich mühte; doch weiß ich,
es wird eine andere Welt sein, in der ich Dich treffe, Morgana-Diana. Noch ist mir, Geliebte, Dein wahrer Name verborgen, so wie ich nicht weiß, unter welchem Namen sich
meine Wiedergeburt einst vollziehen wird. Nur so viel weiß
ich: Dort wird es keinen Filippo mehr geben noch einen
Giordano; ein drittes wird sein, imstande, endlich von Herzen zu lieben.

Ihr steht jetzt bereit, mich zu töten, unter anderem deshalb, weil ich die heiligste Dreifaltigkeit verleugnet hätte. Doch gerade jetzt glaube ich, daß ich dem Geheimnis des Göttlichen noch niemals so nahe war wie in dieser Stunde. Ihr tötet mich, weil ich nach Euerer Meinung Christus geleugnet hätte; daran ist so vieles wahr, daß ich das Wissen stets höher gestellt habe als das Glauben; doch wußte ich auch, daß man wissen nur kann, was man lebt, und ich leugnete nie, daß man lebendig nur sein kann als ein liebender Mensch. Auch der Person des Christus war ich wohl noch nie so nahe wie in diesem Augenblick. Hättet Ihr nur gesagt: der Mann aus Nazaret kam zu uns von Gott, denn er war ein wahrhaft liebender Mensch – ich versichere Euch, ich hätte seine Gestalt niemals verspottet. Hingegen Eueren machtbesessenen christologischen Mythos mußte ich mit der Macht meiner Worte zermalmen.

Heilig allein war mir und blieb mir die Liebe. Daß ich sie nicht wirklich gelebt, dafür zu Recht mögt Ihr mich töten. Dann aber dringe das Feuer Euerer Folter durch meinen Körper mir tief in die Seele, auf daß sie von neuem geboren werde in unauslöschlicher Glut. Ja, zu verbrennen vor Liebe – wenn das meine Schuld war, so sei's meine Läuterung!

Wer aber seid ihr, meine vermeintlich so rechtschaffenen Richter und Henker! Habt Ihr wohl jemals jenen Gesang der Liebe vernommen, der die Welt durchtönt als ein unhörbares Lied? Ich zumindest habe versucht, dieser Melodie zu lauschen und ihr nachzugehen mit allen meinen Kräften. Drum sind all die Gedichte wahr, die ich Dir schrieb, Du meine geliebte Morgana-Diana:

Immer, wenn ich zu Dir gehe,
Fängt die Welt zu klingen an,
Und Du bist in ihren Stimmen
Wie ein großer Lobgesang.

Immer wenn ich zu Dir gehe,
Spricht die Taube auf dem Dach,
Kündet Deine warme Nähe,
Und mein Herz folgt ihr gern nach.

Immer wenn ich zu Dir gehe,
Spricht die Sonne, spricht der Wind,
Drängt mich alles, was ich sehe,
Daß wir bald zusammen sind.

Immer wenn ich zu Dir gehe,
Ist es wie ein Weg zu mir,
Denn Du bist in meinem Herzen,
Und ich bin ein Teil von Dir.

Wenn ich wieder zur Welt komme, werde ich weder ein suchender Mönch sein noch ein wandernder Philosoph, dann werde ich einfach ein Liebender sein, der mit Gemach seinem Tagewerk nachgeht. Wenn er Gedichte schreibt, so nicht mehr in der wehmütigen Melange verhaltener Trauer und schweifender Sehnsucht, sondern im Ausdruck wirklichen Fühlens und reifender Erfahrung. Jetzt bleibt nur noch ein einziger Schritt zu tun: Betretet nur diese Kammer – Ihr werdet meine Seele nicht retten – das steht Euch unrettbar Wahnsinnigen bei Gott nicht zu noch bei Menschen – doch befreien werdet Ihr sie aus all den Hüllen ihrer Verkehrtheit und nicht zuletzt aus den Händen Euerer eigenen Verderbtheit.

Was also ist es um all die Lieder, die ich Dir schrieb, Du meine ewig Geliebte? Ich nehme sie mit mir hinüber wie ein Gebet, das seiner Erhörung noch harrt. Noch niemals habe ich so sehr gewartet – auf Dich, auf mich selbst und auf Gott.

Das war es, was damals in Noli sich wirklich an Worten geformt hat als ein niemals endendes Flehen:

> Herr, nimm uns zwei in Deine Kammern auf,
> Wenn unser Leben sich gen Westen neigt.
> Zu Dir hin endet bald schon unser Lauf
> Und wählt den Weg, den Deine Huld ihm zeigt.
>
> Der Du gemeinsam uns das Glück gewährtest,
> Daß unsere Herzen sich so fest verbanden,
> Der Du voll Sehnsucht uns die Liebe lehrtest
> Und fügtest, daß wir zwei einander fanden, –
>
> Laß uns in Zeit und Ewigkeit vereint
> Gemeinsam wachsen und gemeinsam reifen.
> Von Ewigkeit her hast Du uns gemeint,
> In Ewigkeit, Herr, laß uns Dich begreifen.
>
> Wie einen Spiegel kläre unsre Seele,
> Um Dich und Dein Bild darin aufzunehmen,
> Daß unsre Liebe stets von Dir erzähle
> Und wir uns immer tiefer nach Dir sehnen.
>
> Denn jetzt schon sind wir uns so sehr verwandt,
> Daß wir die Welt stets einheitlicher sehn.
> So führe Deine Liebe unsre Hand
> Zu einem neu gefügten Auferstehn.

Wer immer Du warst, wer immer Du sein wirst, Geliebte, Dich möchte ich wiedersehen.

Das Ende ist da. Alles, was ich zu sagen hatte, habe ich gesagt. Jetzt gilt es nur noch, mich zu wappnen, daß ich morgen stark genug bin, ihre Schmerzen zu ertragen. Soeben habe ich all die Thomasblätter wieder aus den Löchern hervorgezogen, um meine kleinen grauen Freunde nicht länger auszusperren. Einigen von ihnen habe ich Namen gegeben, die gewiß nicht willkürlicher sind als die Namen, nach denen man uns Menschen nennt. Es ist ein ungeheueres Gefühl, noch zu leben, und sei es auch Stunden nur.

Alles, was rings um mich her ist, soll leben – das ist der innigste Wunsch meines Scheidens. Was sie nachher noch als Abendmahlzeit zu essen mir vorsetzen werden, soll deshalb euch gehören, ihr klugen Tierchen mit den spitzen Schnäuzchen.

Noch fühle ich das warme Holz des Tisches, in dem die Wärme meiner Hände atmet; noch sehe ich die Kastanien vor meinem Fenster, noch ziehen vor meinen Augen die Wolken durch den Dämmer des Himmels. O wenn diese Nacht doch, wenigstens stundenweise, sternklar sein könnte! Ich möchte euch vor mir sehen, ihr anderen Welten, auf deren einer mein Leben noch einmal beginnen wird. Es gibt keinen Himmel. Es gibt keine Hölle. Es gibt nur ein ewiges Leben in wechselnden Zuständen.

Ich werde, so gut es geht, wachen. Die letzten Stunden meines Lebens möchte ich mit geöffneten Augen verbringen. Wenn das Dunkel mich einschließt, werdet ihr um so heller leuchten, ihr ewigen Sterne, die ihr doch auch nur, wie ich, vergängliche Fackeln inmitten eines unendlichen Kosmos seid. Alle Dinge der Welt möchte ich küssen und streicheln und ihnen sagen: Macht's gut. Und: Vergeßt mich nicht zu schnell.

Sie können meine Seele nicht festhalten. Roberto Bellarmino, Du wirst Dir wohl wieder einmal eine allzu heftige Erschütterung Deines Seelchens ersparen. Du wirst morgen gewiß nicht dabei sein und zuschauen, wie mein Schädel in dem prasselnden Feuer unter dem Überdruck der Gase meines verbrannten Gehirnes zerplatzt. Aber Du solltest es sehen. Ein einziges Mal wenigstens solltest Du miterleben, was Dein erhabenes Kirchenrecht wert ist. Deine mörderische Kirche und mein ewiges Leben – wenn Gott dreifaltig ist, wird er wohl auch in diesem Gegensatz eins sein. Freilich, ich bin nur ein Mensch; ich habe nicht die Kraft der Synthese; ich spiele nur meinen Part als Dein Gegensatz, Bellarmin, doch auch auf meiner Seite steht Gott. Ja, mein wird der Sieg sein! Für Dich spricht nur ein vergangener Gott. Für mich spricht die Gottheit der Zukunft. An Deinen Gott wird niemand mehr glauben, es sei denn im Würgegriff Deiner eigenen Ängste und Alpträume. Mein Gott aber wird Wohnung nehmen im Herzen der Menschen und sie die Liebe lehren, zu der ich noch nicht fähig war.

Was mich betrifft, so gehe ich meinen Weg jetzt zu Ende: zur Seite der Birkenhain, neben mir das Ackerfeld, überdeckt von bläulich schimmerndem Schnee. Du wirst mich einholen, Kardinal, denn für mich bist Du der Tod selber, und Deine unsichtbare Kugel, genau gezielt, wird mich treffen, mitten zwischen den Schulterblättern. Ein kühler, schmerzfreier Tod war es im Traum, so ganz anders als der sichere Tod auf dem flammenden Holzstoß. Eine kurze Spanne der Zeit ist es, die uns noch trennt: Dich als den Henker und mich als Dein Opfer. Doch ein letztes Mal will ich die Kürze der Zeit verklären im Lied. Du mein gütiger, lieber Onkel Agostino, Sammet-Weber Du, mit Deinen sammetig weichen Händen, wie sagtest Du doch am Kai von Neapel: »Flieg, kleine Möwe, flieg, Filipetto«! Ja, Agostino, das werde ich tun! Jetzt und für immer!

Flieg, kleine Möwe, immerfort
Bis wo sich Meer und Himmel einen
Und Wind und Wellen den Akkord
Der Sehnsucht singen und beweinen.

Flieg durch die trauervolle Stille,
In der das Meer wie schweigend liegt,
Bis deine Hoffnung und dein Wille
Den unendlichen Raum besiegt.

Flieg, kleine Möwe, zu der hin,
Die ich am meisten lieb' auf Erden.
Leicht wie ein Vogel ist mein Sinn,
Wenn wir nur bald vereinigt werden.

Nachtrag
Der offene Himmel

Wie immer hat Filippo Bruno in der wachen Raschheit seiner
Gedanken die schläfrige Langsamkeit seiner kirchlichen Behörde bei weitem überschätzt. Seine Hinrichtung fand nicht,
wie er dachte, am Morgen des Neujahrstages 1600 statt, sie
verzögerte sich um noch einmal anderthalb Monate. Einige
Dokumente darüber sind uns erhalten. Sie langen aus, sich
ein Bild zu verschaffen.

Papst Clemens VIII. höchstselbst: Er läßt es sich nicht nehmen und leitet am 20. Januar 1600 persönlich die Sitzung der
Heiligen Inquisition. Eine Denkschrift Brunos an Seine Heiligkeit wird übergeben – es steht jedem frei, sich ihren Inhalt
so ähnlich vorzustellen, wie das vorliegende Buch; denn alle
Namen, Daten und Fakten, die hier aufgeführt sind, entsprechen den historischen Tatsachen; alle gedanklichen und inhaltlichen Auseinandersetzungen aber sind so geschildert,
daß vielleicht nicht geschieht, was mit Giordano Brunos
Denkschrift geschah: Sie wurde ungelesen beiseite gelegt.
Man wußte, woran man mit dem Nolaner war. Der Orden des
heiligen Dominikus, der selber die Inquisition betreibt, hat in
der Tat nichts unversucht gelassen, in letzter Stunde noch den
verirrten Bruder in Christo zu seinem Heil zu bekehren. Klä-
ger und Vermittler, Henker und Retter – sie waren alles in
eins. Die Unbußfertigkeit des Ketzers war offensichtlich. Also
fällte der Papst selber das Urteil. Das heißt: nicht eben er selbst
als Person, sondern er selber als der Amtsträger Gottes, als der
Nachfolger Petri, als der Stellvertreter Christi, als Seine Heiligkeit eben »ordnete er an und befahl, daß der Fall zu Ende
geführt werde unter Anwendung der angemessenen Formalitäten und daß das Urteil verkündet werde und der besagte

Frater Jordanus der weltlichen Gewalt überantwortet werde.«

Da muß man jedes Wort zweimal lesen. Ein Mann wie Bruno wird nicht getötet, sein »Fall« wird »zu Ende geführt«. Daß da ein Mensch stirbt, ergibt sich aus der »Anwendung der angemessenen Formalitäten«, und nicht die Kirche wird es sein, deren Gewissen mit einem der schlimmsten Justizmorde ihrer Geschichte belastet wird, sondern die »weltliche Gewalt«. Als ob die römische Stadtverwaltung etwas anderes wäre als das ausübende Organ des Papstes!

Die »angemessene Formalität« findet statt am 8. Februar 1600. Da führt man den häretischen Dominikanermönch, den verirrten Mitbruder Giordano, zur Urteilsverkündung in den Palast des Kardinals Madruzzi, des Vorsitzenden des Heiligen Offiziums. Kniend, im Gewand seines heiligen Ordens, muß er mit anhören, wie der Rechtsprokurator, der Doktor des kirchlichen wie des weltlichen Rechts, Giulio Materenzii, das Urteil verkündet: Bruno wird der achtfachen Häresie für schuldig befunden, insbesondere wegen seines Buches *Die Vertreibung der triumphierenden Bestie:*

Mit diesem Akte veröffentlichen, verkündigen, sprechen aus und fällen wir das Urteil gegen den Bruder Giordano Bruno und erklären ihn als einen verstockten und hartnäckigen Häretiker, nachdem wir alle kirchlichen Maßnahmen und Bestimmungen des heiligen Kanons, des Rechts und der Kirchenverfassung, in allgemeiner und in individueller Hinsicht, herangezogen haben, die sich mit der Behandlung solcher überführten, unbußfertigen, hartnäckigen und widerspenstigen Ketzer befassen.

Deshalb entziehen wir Dir hiermit alle Deine Ämter und Titel und erklären, daß sie Dir genommen werden sollen und daß Du abgesetzt werden sollst von allen Deinen kirchlichen Befugnissen, hoch oder niedrig, welche Dir verliehen worden sind und zu denen Du geweiht worden bist kraft unseres heiligen kanonischen Rechtes. Von nun an sollst Du ausgestoßen sein aus unserer priesterlichen Gemeinschaft und aus unserer heiligen und unbefleckten Kirche, deren Gnade Du nicht mehr würdig bist. Und wir verfügen hiermit und ordnen an, daß Du hiermit der Gerichtsbarkeit des hier anwesenden Gouverneurs von Rom übergeben wirst, auf daß die Strafe an Dir vollzogen wird, die Du verdienst, obgleich wir aufrichtig beten, daß er die Härte des Gesetzes, soweit es Dein persönliches Ergehen anbetrifft, mildern möge, damit Du nicht in Gefahr von Leib und Leben geratest.

Weiterhin verdammen wir, verwerfen wir und verbieten wir alle Deine vorher erwähnten, sowie Deine anderen Bücher und Schriften als ketzerisch und irrig, insofern sie viele häretische Irrtümer enthalten, und wir bestimmen, daß alle, welche entweder bereits im Besitze oder in Zukunft zu Händen des heiligen Offiziums kommen werden, öffentlich vernichtet und auf den Stufen von Sankt Peter verbrannt werden mögen. Auch sollen diese Bücher auf den Index der verbotenen Bücher gesetzt werden und es soll so geschehen, wie wir befohlen haben.

Und so erheben wir denn unsere Stimme und verkünden es, daß wir Dich verurteilen und degradieren und daß wir befohlen haben und angeordnet, daß Du von nun an ausgestoßen seist und den weltlichen Mächten überliefert, und wir verharren im Gebete in dieser und jeder anderen besseren Form, deren wir mächtig und fähig sind.

Es ist, hört man diese Worte, unzweifelhaft klar: Die Kirche in ihrem überreichen Erbarmen hat alles getan, den uneinsichtigen, den unbußfertigen, den hartnäckig verstockten Ketzer und entlaufenen Dominikaner Giordano Bruno zu Umkehr und Einsicht zu bestimmen. Sie hat es an Mahnungen, Warnungen und Belehrungen, an Drohungen, Foltern und Gebeten, weiß Gott, nicht fehlen lassen. Wenn all das nun nicht fruchtet, soll sie, ja, muß sie da nicht zum äußersten schreiten? Nicht sie selber will ja den Tod des Sünders, so wenig wie ihr göttlicher Meister selber (Hes 18,21- 28; 33,10-20); indessen, wenn jemand den Tod selber über sich verhängt durch Widersetzlichkeit gegen die heilige Kirche, kann sie da, darf sie da anders, als den Wolf zu sondern von den Schafen und den fauligen Apfel von den gesunden? Unmöglich doch kann sie in ihrem

Auftrag noch einen Menschen sprechen und schreiben lassen, der von den klaren Richtlinien der wahren Lehre mutwillig abweicht. Unvermeidlich deshalb ist es, ihm alle Titel, Ehren und Ämter abzuerkennen, mit denen er nach wie vor eine Bedeutung sich verleihen könnte, die nicht länger ihm zukommt. Ja, wir, die Kirche, bedauern es ausdrücklich, wenn der Gouverneur von Rom, in dessen Gerichtsbarkeit wir Dich hiermit übergeben, nach den Gesetzen, die wir selber gemacht haben, gar nicht umhin kann, Dich »in Gefahr von Leib und Leben« zu bringen. »Beten« indessen werden wir öffentlich vor den Augen der Menge bei Gott, dem Allmächtigen (obzwar nicht bei dem Gouverneur selber, denn er ist ja nicht Gott, daß man zu ihm beten könnte), daß er den Arm der Gerechtigkeit zu gnädigem Vorgehen gegen Dich in letzter Stunde bestimmen möge. Sagte der Herr nicht schon selber: »Betet für die, die euch verfolgen« (Mt 5,44)? Wie könnte die Kirche, die doch da ist der fortlebende Christus, anders handeln, als für ihre unrechtmäßigen Verfolger, die sie, obgleich widerstrebend, rechtlich verfolgen *muß*, um Gnade zu beten angesichts der Ungnädigkeit aller nur irdischen Gerichtsbarkeit?

Vor allem aber müssen wir die unwissenden Gläubigen von Deinen gleißnerischen Verführungskünsten bewahren: Deine Bücher, so viele Exemplare wir deren beschaffen können, werden wir auf den Stufen von Sankt Peter, an heiliger Stätte, dort wo in Jahrhunderten noch die Hunderttausende der Gläubigen wallfahrten werden, des Segens des Heiligen Vaters teilhaftig zu sein und der weisenden Weisheit seiner Worte zu lauschen, dort also sie alle übergeben dem Feuer, gleich wie Dich selber, und in alle Zukunft verurteilen wir als Nicht-Katholiken, wer eines der Restexemplare Deiner Bücher eigenmächtig, ohne unsere sorgfältig zu erwägende Erlaubnis, liest und verbreitet und den Pestatem Deiner kranken Gedanken gar noch verbreitet in fernerer Zukunft. In dieser Welt, höre, hast Du am besten gar nie gelebt, und wer sich Deiner trotzdem erinnern wollte in Freundlichkeit, der sei unser Feind in ewige Zukunft. Doch beten, gewiß, wird für Dich die alle Gnadenmittel gnädig verwaltende Mutter, die Kirche, die bindet und löset im Himmel und auf Erden, wie es ihr gefällt und wie sie ihr Urteil fällt ...

Unterschrieben ward dieses Schriftstück heiliger Unschuld und treuer Hirtensorge von den Kardinal-Großinquisitoren, acht an der Zahl, in der Reihenfolge der Namen: Ludovicus Madruzzi als erster, Giulio Antonio Santa Severina als zweiter – er hatte erreicht, was er wollte –, sodann die ehrwürdigen Kardinäle Deza, Pinellus, Asculanus, Saxus, Arigonius, und dann, als ehrwürdigster, weil wissend weisester unter all den Dienern Gottes zu seiner Zeit (ausgenommen selbstredend seine Heiligkeit Clemens VIII.): Roberto Cardinalis Bellarmino. Er steht auf immer dafür, daß die Hinrichtung des Nolaners kein Justizirrtum war, sondern der Offenbarungseid kirchlicher Justiz und Jurisprudenz.

Er selbst jedoch, Giordano Bruno, ward an dem nämlichen Tag noch nach dem Torre di Nona verbracht, gegenüber der Engelsburg. Der Tag der Hinrichtung wurde bestellt auf den 12. des Februars 1600. Doch stets lieben die Herrn es, mit dem Leben ein wenig zu spielen. Wie eine Katze die Maus zwischen den Pfoten nicht allsogleich tötet, sondern behende, ihr Siegertum siegreich erprobend, die Todgeweihte, schon Angstbetäubte, noch einmal keck laufen läßt, aufhelfend ihr in Bereitwilligkeit, mal links die Pfote, mal rechts die Pfote, so setzte man fest als endgültigen Termin des Endes den 12. des Monats, jedoch so endgültig nicht, daß es nicht hätte sein können auch der 16. Februar oder der 17., oder der 19.? Feststeht, daß die *Avvisi di Roma* (die Römische Zeitung) von Samstag, dem 19.2.1600, den folgenden Bericht brachten:

Der abscheuliche Dominikanerbruder von Nola, über den wir schon früher berichtet haben, wurde am Donnerstag Morgen auf dem Campo dei Fiori bei lebendigem Leib verbrannt. Er war ein ungemein halsstarriger Ketzer, der aus seiner eigenen Eingebung verschiedene Dogmen gegen unseren Glauben fabrizierte, besonders aber gegen die heilige Jungfrau und andere Heiligen. Der Elende war so hartnäckig, daß er gewillt war, dafür zu sterben. Er sagte sogar, daß er gerne und als ein Märtyrer sterben werde und daß seine Seele in den Flammen zum Paradiese aufsteigen werde. Jetzt wird er wohl wissen, ob er die Wahrheit gesagt hat.

Demnach starb der Mönch und Ketzer Giordano Bruno am 17. Februar an jenem Ort, welcher der »Blumenmarkt« heißt, für eine Wahrheit, die zu verteidigen ihm kostbarer schien, als sein Leben zu retten; und offenbar besaß er selbst in seiner Schicksalsstunde noch die Stirn, über das Los seiner Seele vertrauensvollere Hoffnung zu hegen, als die mahnenden Drohungen der Kirche es ihm zur düsteren Gewißheit in Aussicht stellten.

Auch über einen Augenzeugenbericht verfügen wir aus der Feder des Konvertiten Kaspar Schopp von der Bruderschaft des Heiligen Johannes des Enthaupteten (der Congregatione di San Giovanni Decollato), deren Aufgabe es war, einem Hinzurichtenden in seiner letzten Stunde nach Kirchenweise »beizustehen«. Der Bericht, der fälschlich auf den 16. (statt 17.) Febr. 1600 datiert ist, spricht für sich selbst:

Um 2 Uhr nachts wurde die Bruderschaft benachrichtigt, daß am nächsten Morgen die Hinrichtung eines armen Dulders stattfinden werde. Um sechs Uhr abends versammelten sich die Trostspender und der Kaplan in San Orsola und gingen zu dem Gefängnis im Turm von Nona. Dort betraten sie die Kapelle und sprachen die üblichen Gebete für den zum Tode verurteilten GIORDANO BRUNO *(Sohn des verstorbenen Giovanni Bruno), ein abtrünniger Bruder aus Nola (im Königreich), ein verstockter Ketzer. Er wurde von unseren Brüdern mit aller Liebe ermahnt. Auch riefen wir zwei Patres der Dominikaner, zwei von den Jesuiten, zwei von der Neuen Kirche und zwei von der Kirche des heil. Hieronymus. Sie zeigten ihm mit großem Eifer und mit großer Gelehrsamkeit seinen Irrtum. Er jedoch beharrte bis zum Ende immer in seiner ver-*

dammten Widerspenstigkeit und verdrehte sich sein Gehirn und seinen Verstand mit tausend Irrtümern; ja, er ließ nicht nach in seiner Halsstarrigkeit, nicht einmal, als er von den Gerichtsdienern abgeführt wurde nach dem Campo dei Fiori. Dort wurde er entkleidet, an einen Pfahl gebunden und lebendig verbrannt. In all dieser Zeit wurde er von unserer Bruderschaft begleitet, die ständig ihre Litaneien sangen, während die Trostspender bis zum letzten Augenblick versuchten, seinen hartnäckigen Widerstand zu brechen, bis er schließlich sein elendes und unglückseliges Leben aufgab.

Es ist, als hätte *Filippo* Bruno – denn Giordano Bruno verstarb an jenem Tage – seiner eigenen Hinrichtung schon im voraus standhalten wollen, als er im 1. Teil der *Heroischen Leidenschaften* im 3. Dialog schrieb:

In einem so schönen Feuer, in einer so edlen Schlinge macht mich Schönheit brennen und verstrickt mich Anmut, daß ich Flamme und Knechtschaft nur genießen kann, die Freiheit fliehn und das Eis fürchten. Es ist ein Brand von solcher Art, daß ich brenne, aber nicht verbrenne.

Es ist ein Knoten solcher Art, daß die Welt ihn mit mir lobt; weder vereist mich die Furcht, noch entfesselt mich der Schmerz, sondern ruhig ist das Brennen, süß die Verstrickung. So hoch oben nehme ich das Licht wahr, das mich entflammt, und aus so reichem Garn meine Schlinge geknüpft, daß die Sehnsucht stirbt, sobald ich anfange, zu denken. Weil meinem Herzen eine so schöne Flamme leuchtet und ein so schönes Band mein Wollen fesselt, sei denn ein Sklave mein Schatten und brenne meine Asche.

Jede Liebe ... strebt zur göttlichen Schönheit.

Fast 300 Jahre danach, am 9. Juni 1889, sollte auf dem Blumenfeld von Rom dem Ketzer von Nola zu Ehren ein Denkmal enthüllt werden. Papst Leo XIII. (1878-1903), unter den Päpsten der Neuzeit gerühmt als einer der Fortschrittlichsten, berühmt jedenfalls für seine dichterische Begabung ebenso wie für seinen Ehrgeiz, in gewissem Sinne einer der wenigen Pazifisten unter den Stellvertretern Christi und sozialengagiert außerdem, ein gepriesener Kenner Galileis, den er hoch schätzte, dieser Papst stand damals vor der Frage, wie er, der Liebhaber des Vergil und Horaz, sich zu dem Nolaner äußern sollte. Würde er es über sich bringen zu sagen: »Vergib uns, Bruder Filippo, Du warst uns voraus um Jahrhunderte; Du stelltest Fragen, die uns schaudern ließen, weil wir bis heute noch keine Antwort darauf kennen, und Du gabst uns Antworten, die uns erschienen wie eine Infragestellung von allem, was wir zu kennen glaubten; vergib uns unseren Kleinmut und unsere Eitelkeit, daß wir die Wahrheit besitzen wollten, statt sie zu suchen; verzeih uns, daß noch heute der große Galilei auf dem Index der verbotenen Bücher steht« –? Papst Leo XIII., einer der besten Oberhirten, den die katholische Kirche je hervorgebracht hat, ein Mann, als dessen Leitwort der Satz galt: »Ich will die Kirche so weit nach vorne verpflanzen, daß mein Nachfolger verhindert sein wird, sie wieder umzukehren«, dieser Papst fand es richtig, den Tag der Ehrung des Ketzers von Nola im Gebet vor dem Allerheiligsten zu verbringen und ein Mahn- und Warnschreiben an die Gläubigen der katholischen Kirche zu richten, von denen die allermeisten gewiß nicht einmal den Namen, geschweige denn die Schriften und Gedanken des verfemten Dominikaners gekannt haben dürften. In diesem Schreiben, das auf allen Kanzeln der Welt pflichtgemäß verlesen wurde, beschuldigte er den Hingerichteten eines sittenwidrigen Lebens, der Feindschaft gegen die Kirche, der Häresie und der zweifachen Glaubensabtrünnigkeit; er nannte ihn einen Materialisten und Atheisten ohne besondere menschliche oder geistige Eigenschaften, und er fügte hinzu: *Er (Bruno) hat weder irgendwelche wissenschaftlichen Leistungen aufzuweisen, noch hat er sich irgendwelche Verdienste um die Förderung des öffentlichen Lebens erworben. Seine Handlungsweise war unaufrichtig, verlogen und vollkommen selbstsüchtig, intolerant gegen jede gegenteilige Meinung, ausgesprochen bösartig und voll von einer die Wahrheit verzerrenden Lobhudelei.*

Auch darin scheint Filippo Bruno richtig gesehen zu haben: Kaum hatte am 8. Februar 1600 Giulio Materenzii die Anklage und das Urteil gegen ihn verlesen, da soll, berichtet einer seiner Schüler, der Graf von Ventimiglia, dieser unverbesserliche Ketzer aufgesprungen sein und die berühmten Worte gesagt haben, die wie ein Vermächtnis sind für alle, die ihre Angst vor einer unfehlbar scheinenden göttlichen Behörde überwinden aus Liebe zur Wahrheit:

Majori forsan cum timore
sententiam in me fertis,
quam ego accipiam. –

Mit größerer Furcht wohl
sprecht Ihr mir das Urteil,
als ich es empfange.

Zeittafel

1548	Filippo Bruno geboren in Nola bei Neapel, Sohn des Soldaten Gioan in spanischen Diensten; Name der Mutter: Fraulissa.
1555-1559	Papst Paul IV. verschärft die Inquisition.
1559-1565	Papst Pius IV.
1562	Filippo wohnt bei seinem Onkel Agostino in Neapel und beginnt das Studium der Logik und Dialektik an der freien Universität.
1563	Abschluß des Konzils von Trient.
1565	15. Juni: Eintritt in den Dominikanerorden, im Kloster San Domenico.
1566-1572	Papst Pius V.:
	– 25.2.1570: Bannbulle gegen Elisabeth I.;
	– 20.5.1571: Die heilige Liga zwischen Rom, Spanien und Venedig gegen die Türken;
	– 7.10.1571: Seeschlacht von Lepanto.
1566	16. Juni: Ende des Noviziats, Ablegung des Ordensgelübdes vor Prior Ambrogio Pasqua, Ordensname: Giordano. Abnahme von Heiligenbildern in der Zelle. Zweifel am Trinitätsdogma. Erster Häresieverdacht.
1572	Priesterweihe. *De arca Noe* (Die Arche Noe), Neapel, verschollen.
1572-1582	Papst Gregor XIII.
	– 23.-24. August 1572: Bartholomäusnacht.
1576	Verdacht auf Ketzerei, erhärtet durch Montecalcini. Flucht nach Rom in das Kloster Santa Maria Sopra Minverva zu Prokurator Sisto de Lucca. Bruno flieht weiter nach Noli; Privatvorlesungen über die Kugel.
1577	Wanderung über Savona, Turin, Venedig, Padua, Brescia, Bergamo.
1578	30jährig Erleuchtungserlebnis. Wanderung über Mailand, Chambéry, Genf zu der italienischen Gemeinde um Marchese de Vico. *De segni de tempi* (Die Zeichen der Zeit), Venedig, verschollen.

1579	20. Mai: Immatrikulation an der Akademie zu Genf. 6. August: Konflikt mit Antoine de la Faye. Weiter über Lyon nach Toulouse. *De anima* (Von der Seele, Aristotelesvorlesung), verschollen.
1580	In Toulouse Privatvorlesungen über Astronomie. Magister-Artium- Titel durch Arbeit über Petrus Lombardus. Versuch, die Exkommunikation zu revidieren.
1581	Paris; Vorlesungen am Collège de Cambrai durch Vermittlung von König Heinrich III. *De predicamenti di Dio* (Die göttlichen Eigenschaften, Thomasvorlesung), verschollen.
1582	*De umbris idearum* (Die Schatten der Ideen), Paris. *Cantus circaeus* (Das Lied der Circe), Paris; *De compendiosa architectura et complemento artis Lulli* (Kompendium Lullischer Kunst). *Candelaio* (Der Kerzenzieher), Paris.
1583	Reise nach England. Vorlesung in Oxford. Diskussion aus Anlaß des Besuchs des polnischen Prinzen. Eklat. Mit John Florio in London bei Michel de Castelnau, dem Marquise de Mauvissière. Fruchtbare literarische Tätigkeit: *Explicatio triginta sigillorum* (Die Erklärung der 30 Siegel), London.
1584	*La cena delle ceneri* (Das Aschermittwochsmahl), London. *De la causa, principio et uno* (Von der Ursache, dem Prinzip und dem Einen), London. *De l'infinito universo et mondi* (Vom unendlichen All und den Welten), London. *Spaccio de la bestia trionfante* (Die Vertreibung der triumphierenden Bestie), London. *Cabala del cavallo Pegaseo con l'aggiunto dell'asino cillenico* (Die Kabale des Rosses Pegasus mit der Zugabe des Kyllenischen Esels), London. *De gl'heroici furori* (Die heroischen Leidenschaften), London.
1585	Mit Michel de Castelnau Rückkehr nach Paris. Neuer Versuch einer Aussöhnung mit der Kirche durch Bischof Ragazzoni.
1585-1590	Papst Sixtus V.; fordert Philipp II. von Spanien 1587 zum Krieg gegen England auf, das seinerseits in den Niederlanden gegen die Spanier eingreift. Untergang der Armada im August 1588.

1586	*Figuratio Aristotelici physici auditus* (Vorlesung zur Aristo-telischen Physik), London.
	Dialogi duo de Fabricii Mordentis (Zwei Dialoge des Fabricio Mordente), Paris.
	Centum et viginti articuli de natura et mundo adversus Peripateticos (120 Thesen gegen die Peripatetiker); Diskussion durch den Studenten Jean Hennequin über die Naturphilosophie des Aristoteles. Neuerlicher Eklat. Über Trier, Mainz, Wiesbaden nach Marburg. Immatrikulation revidiert durch Rektor Nigidius.
	Weiter nach Wittenberg. Vorlesungen als außerordentlicher Professor. Rektor Mylius.
1587	Nach dem Tod des lutherischen Kurfürsten Albrecht von Sachsen setzt sein Nachfolger Christian, ein Calvinist, eine Kommission zur Untersuchung der Wittenberger Universität ein, die Brunos Schrift indiziert.
	Maria Stuart hingerichtet.
	De Lampade combinatoria Lulliane (Die Erleuchtung der Lullischen Kombinatorik), Wittenberg.
	Lampas triginta statuarum (Die Fackeln der 30 Statuen), Wittenberg.
	Libri physicorum Aristotelis explanati (Erklärungen zur Physik des Aristoteles), Wittenberg.
1588	8. März: Abschiedsrede (Oratio valedictoria). Reise nach Prag. Kaiser Rudolph II.; Heinrich von Guise durch Heinrich III. ermordet.
	De specierum scrutinio et lampade combinatoria Raymundi Lulli (Lullische Kombinatorik), Prag.
	Articuli centum et sexaginta adversus huius tempestatis mathematicos (160 Thesen gegen die Mathematiker), Prag.
1589	13. Januar: Immatrikulation in der Universität Helmstedt. Am 1. Juli: Ausschließung aus der Gemeinde durch Pastor Boethius.
	Trauerrede auf Herzog Julius von Braunschweig: *Oratio consolatoria*.
	Ermordung Heinrichs III.; Heinrich von Navarra König als Heinrich IV.
1590	Ende Juli: Bruno in Frankfurt; Wohnung im Karmeliterkloster; Buchhändler Ciotto.

1591	Reise nach Zürich.
	Rückkehr nach Frankfurt; Einladung des Adligen Moceni-go;
	De triplici minimo et mensura (Vom dreifach Kleinsten und dem Maß), Frankfurt.
	De monade, numero et figura (Von der Monade, der Zahl und der Gestalt), Frankfurt.
	De innumerabilibus, immenso et infigurabili (Vom Unzählbaren, dem Unermeßlichen und dem Unvorstellbaren), Frankfurt.
	De imaginum, signorum et idearum compositione (Struktur der Bilder, Zeichen und Ideen), Frankfurt.
	Reise nach Venedig.
	September: Bewerbung in Padua abgelehnt.
1592	Wohnung im Palast Mocenigos.
	Delle sette arti liberali e sette altre arti inventive (Von den 7 freien Künsten), verschollen.
	22. Mai: Gefangennahme und Denunziation.
	25. Mai: Prozeßbeginn.
	30. Juli: Zusammenbruch und Abbitte.
1592-1605	30.1.1592-3.3.1605: Papst Clemens VIII.
1593	19. Februar: Überstellung Brunos nach Rom.
	27. Februar: Ankunft und Inhaftierung.
	Heinrich IV. wird katholisch. Päpstliche Bulle gegen die Juden.
1597	24. März: Anhörung und Anklage.
	Dezember: dito.
1598	März: dito.
	Dezember: Bekenntnisschrift in Auftrag.
1599	14. Januar: Sitzung der Inquisition; die häretischen Aussagen sollen Bruno vorgelesen werden.
	18. Januar: Bruno erhält eine Bedenkzeit von 6 Tagen.
	25. Januar: Appellation an den Papst.
	4. Februar: Papst persönlicher Vorsitzender der Verhandlung des Heiligen Officiums.
	15. Februar: Belehrung durch dazu bestellte Theologen.
	5. April: Fertigstellung der Bekenntnisschrift.
	24. August: Bellarmin weist die Verteidigung Brunos zurück; er soll sich noch einmal erklären.
	21. Oktober: Visitation.
	21. Dezember: Vorführung. Der Ordensgeneral Hippolytus Maria Beccaria und Prokurator Paul Isario della Mirandola verhandeln mit Bruno.

1600
20. Januar: Der Papst, nach Entgegennahme des Berichtes des Dominikanergenerals entscheidet, »in dieser Sache die letzten Schritte (zu) tun und unter Anwendung der angemessenen Formalitäten« das Urteil zu sprechen.

8. Februar: Im Palast des Kardinals Madruzzi verliest der Rechtsprokurator Giulio Materenzii das Urteil.

12. Februar: Verschiebung des Hinrichtungstermins.

17. Februar: Verbrennung auf dem Campo dei Fiori.

Bibliographie

I. Giordano Bruno – Ausgaben in deutscher Sprache

Giordano Bruno – Gesammelte Werke, hrsg. v. L. Kuhlenbeck, Leipzig-Jena 1904-1909:

Bd. 1: Das Aschermittwochsmahl, Leipzig 1904; übers. v. F. Fellmann, eingel. v. H. Blumenberg, Frankfurt 1969 (it 548)

Bd. 2: Die Vertreibung der triumphierenden Bestie, Leipzig 1904

Bd. 3: Zwiegespräch vom unendlichen All und den Welten, Jena 1904; Darmstadt 1968

Bd. 4: Von der Ursache, dem Anfangsgrund und dem Einen, Jena 1907; Über die Ursache, das Prinzip und das Eine, übers. v. Ph. Rippel, Nachw. v. A. Schmidt, Stuttgart (reclam 5113) 1986; Von der Ursache, dem Prinzip und dem Einen, übers. v. A. Lasson, eingel. v. W. Beierwaltes, hrsg. v. P.R. Blum, Hamburg (Philos. Bibl. 21), 6. verb. 1983

Bd. 5: Eroici furori (Zwiegespräch vom Helden und Schwärmer), Jena 1907; Von den heroischen Leidenschaften, übers. v. Ch. Bacmeister, eingel. v. F. Fellmann, Hamburg (Philos.Bibl. 398) 1989

Bd. 6: Kabbala, Kyllenischer Esel, Reden, Inquisitionsakten, Jena 1909

II. Dokumente und Biographien, Studien zur Zeitgeschichte, Monographien über die Quellen der Weltanschauung Brunos

Albert, Karl: Giordano Bruno und der Mythos vom Tod des Aktaion, in: ders., Vom Kult zum Logos. Studien zur Philosophie der Religion, Hamburg 1982, S. 72-83

Aquilecchia, Giovanni: Giordano Bruno. Roma (Enciclopedia Italiana) 1971 (= Biblioteca Biographica 1)

Berti, Domenico: Vita di Giordano Bruno da Nola, Florenz, Turin, Mailand 1867

Berti, Domenico: Giordano Bruno da Nola, sua vita e sua dottrina, nuova edizione riveduta e notabilmente accresciuta, Firenze, Roma, Torino, Milano 1889

Blum, Paul Richard: Aristoteles bei Giordano Bruno. Studien zur philosophischen Rezeption (Die Geistesgeschichte und ihre Methoden. Quellen und Forschungen, Hrsg. S. Otto, Band 9), München 1980

Blum, P.R.: Giordano Bruno am englischen Hof, in: Europäische Hofkultur im 16. und 17. Jhdt. III, Wolfenbütteler Arbeiten zur Barockforschung 10, Hamburg 1981, 685-692

Blumenberg, Hans: Die kopernikanische Wende, Frankfurt a.M. [1]1965

Blumenberg, Hans: Die Genesis der kopernikanischen Welt, Frankfurt [1]1975

Bremer, Dieter: Antikes Denken im neuzeitlichen Bewußtsein. Dargestellt an der Entwicklung des Welt- und Menschenbildes bei Giordano Bruno, in: Zeitschrift für philosophische Forschung, Band 34, 1980, S. 505-533

Bremer, Dieter: Rezension: Paul R. Blum: Aristoteles bei Giordano Bruno. Studien zur philosophischen Rezeption (Die Geistesgeschichte und ihre Methoden. Quellen und Forschungen, Hrsg. Stephan Otto, Band 9), München 1980, in: Philosophische Rundschau, 29. Jahrgang, Tübingen 1982, S. 300 - 304

Brunnhofer, Hermann: G. Bruno's Weltanschauung und Verhängnis. Aus den Quellen dargestellt. Leipzig (Fues) 1882

Burdach, Konrad: Reformation, Renaissance und Humanismus, Berlin 1918

Bute, Stuart I.P.C.: Giordano Bruno before the Venetian Inquisition. (Essays on foreign Subjects Paisley 1901, S. 167- 251)

Firpo, Luigi: Il processo di Giordano Bruno. Rivista Storia Italiana, Napoli 1948 Bd. 60, S. 542-597; 1949 Bd. 61, S. 1-59

Fritz, L.: Life of Giordano Bruno, London 1887

Granada, Miguel A.: Giordano Brunos Deutung des Kopernikus als eines »Gotterleuchteten« und die *Narratio prima* von Rheticus, in: K. Heipcke, W. Neuser, E. Wicke (Hrsg.): Die Frankfurter Schriften G. Brunos und ihre Voraussetzungen, Weinheim 1991, S. 261-285

Groce, Abel: Giordano Bruno, der Ketzer von Nola. Versuch einer Deutung. 1. Teil: Werdegang und Untergang. Wien (Europäischer Verlag) 1970

Kearney, Hugh: Und es entstand ein neues Weltbild. Die Wissenschaftliche Revolution vor einem halben Jahrtausend, München 1971

Kirchhoff, J.: Giordano Bruno mit Selbstzeugnissen und Bilddokumenten, Hamburg (rm 285) 1980

Klein, Jürgen: Denkstrukturen der Renaissance. Ficino – Bruno – Machiavelli und die Selbstbehauptung der Vernunft, Essen 1984

Knapp, Wilhelm: Giordano Bruno. Der Ketzer von Nola, Stuttgart 1982

Kühner, H.: Lexikon der Päpste von Petrus bis Johannes XXIII., Frankfurt (Fischer 315) 1960

Kuhn, Thomas S.: Die kopernikanische Revolution, Wiesbaden, Braunschweig 1981

Landseck, Rudolf (= Ludwig Kuhlenbeck): Bruno, der Märtyrer der neuen Weltanschauung. Sein Leben, seine Lehren und sein Tod auf dem Scheiterhaufen, Leipzig (Rauert u. Rocco) 1890

Limentani, Ludovico: Giordano Bruno at Oxford, in: Civiltà moderna 9 (1937), S. 254-280

Mann, Heinrich: Die Jugend des Königs Henri Quatre, Amsterdam 1935; Studienausgabe in Einzelbänden, hrsg. v. P.P. Schneider, Bd. 11, Frankfurt (Fischer 10118) 1991

Mann, Heinrich: Die Vollendung des Königs Henri Quatre, Studienausgabe in Einzelbänden, hrsg. v. P.P. Schneider, Frankfurt (Fischer 10119) 1991, Nachw. v. H. Mayer

McMullin, E.: Bruno and Copernicus, Isis 78, 1987, S. 55- 74

Menzzer: Nikolaus Copernicus, Über die Kreisbewegungen der Himmelskörper, Thorn 1879

Mercati, Angelo: Il sommario del processo di Giordano Bruno. Città del Vaticano (Bibl. Apostolica) 1942 (= Studi e testi 101) [Zusammenfassung von Prozeßakten]

Meyer, A.O.: England und die katholische Kirche, Rom 1911

Monti, Carlo: Lukrezianismus und Neuplatonismus. Versuch einer theoretischen Synthese in den lateinischen Gedichten Giordano Brunos, in: K. Heipcke, W. Neuser, E. Wicke (Hrsg.): Die Frankfurter Schriften G. Brunos und ihre Voraussetzungen, Weinheim 1991, S. 163-179

McNulty, Robert: Bruno at Oxford, in: Renaissance News 13, 1960, S. 300-305

Olschki, L.: Giordano Bruno, in: Deutsche Vierteljahresschrift für Literaturwissenschaften und Geistesgeschichte, 2. Jg. 1924, Bd. II, Halle, S. 1-79

Olschki, L.: Giordano Bruno, Bari 1927

Olschki, Leonardo: Geschichte der neusprachlichen wissenschaftlichen Literatur, Band 3: Galilei und seine Zeit, Heidelberg, Leipzig, Halle 1919-1927, Reprint Vaduz 1965

Pagel, Walter: Reviews: Giordano Bruno and the Hermetic Tradition by Frances A. Yates, London 1964, in: Ambix 12, 1964, S. 72-76

Pastor, L. Frh.v.: Allgemeine Dekrete der Römischen Inquisition aus den Jahren 1555-1597, Freiburg i.Br. o.J.

Platzeck, Erhard Wolfram: Raimund Lull. Sein Leben – seine Werke. Die Grundlagen seines Denkens (Prinzipienlehre), Band 1: Darstellung, Düsseldorf 1962

Plotin: Enneades, übers. v. M. Ficino, Hrsg. Fried. Creuzer/Georg Hein, Moser, Paris 1855

Prechtl. Robert: Giordano Bruno und Galilei: Prozesse um ein Weltbild, München 1948

Previtti, Luigi: Giordano Bruno e suoi tempi, 1887

Raffy, Adám: Wenn Giordano Bruno ein Tagebuch geführt hätte …, Budapest 1956

Ranke, L.v.: Die römischen Päpste, Sämtliche Werke, Band 37-39, Leipzig 1900

Sarauw, Julie: Der Einfluß Plotins auf Giordano Brunos Degli Eroici Furori, Dissertation, Jena, Borna – Leipzig 1916

Schuster, C.: Giordano Bruno. Der Ketzer, der Gott im All begegnete, Frankfurt 1989

Sigwart, Christoph: Die Lebensgeschichte Giordano Bruno's, Tübingen 1880

Singer, Dorothea Waley: Giordano Bruno. His Life and Thought. With Annotated Translation of his work ›On the Infinite Universe and Worlds‹, New York [2]1977

Sladek, Mirko: Fragmente der hermetischen Philosophie in der Naturphilosophie der Neuzeit. Historisch-kritische Beiträge zur hermetisch-alchemistischen Raum- und Naturphilosophie bei Giordano Bruno, Henry More und Goethe, Frankfurt, Bern, New York, Nancy 1984

Spampanato, Vincenzo: Vita di Giordano Bruno con documenti editi e inediti. Messina, 2 vo. (Principato) 1921 (= Studi filosofici 10)

Spampanato, Vincenzo: Documenti della vita di Giordano Bruno, Firenze 1933

Stein, Heinrich von: Giordano Bruno. Gedanken über seine Lehre und sein Leben. Zum dreihundertjährigen Gedenktage der Verbrennung Giordano Brunos neu hrsg. v. Friedrich Poske, Leipzig-Berlin (Georg Heinrich Meyer) 1900

Stern, Fred B.: Giordano Bruno. Vision einer Weltsicht, Meisenheim am Glan 1977

Tocco, Felice: Giordano Bruno, Florenz 1886

Troilo, Erminio: La Filosofia di Giordano Bruno, Roma 1907

Troilo, Erminio: Il sommario del processo di Giordano Bruno, in: Atti del Reale Instituto Veneto Di Scienze, Lettere Ed Arti, 1942-1943, To. CII – Parte II: Cl. di Scienze mor. e lett., S. 471-482

Ulrich, H. – Wolfram, M.: Giordano Bruno. Dominikaner, Ketzer, Gelehrter, Frankfurt 1991

Védrine, Hélène: Das neue Weltbild: von Nikolaus von Kues bis Giordano Bruno, in: Die Philosophie der Neuzeit, Hrsg. F. Châtelet, Frankfurt, Berlin, Wien 1974, S. 37-62

Védrine, Hélène: Censure et pouvoir. Trois procès: Savonarola, Bruno, Galilée, Mouton, Paris, La Haye 1976

Wernekke, Hugo: Giordano Bruno's Polemik gegen die Aristotelische Kosmologie, Dissertation, Leipzig, Dresden 1871

West, Morris: The Heretic, a play in three acts, London 1970

Wilpert, Paul: Das Problem der coincidentia oppositorum in der Philosophie des Nikolaus von Cues, in: Humanismus, Mystik und Kunst in der Welt des Mittelalters, Hrsg. J. Koch, Leiden, Köln 1959, S. 39-55

Wollgast, Siegfried: Entwicklungsdenken von Nikolaus von Kues bis Giordano Bruno, in: Veränderung und Entwicklung, Studien zur vormarxistischen Dialektik, Hrsg. G. Stiehler, Berlin 1974, S. 48-92

Yates, Frances A.: John Florio. The Life of an Italian in Shakespeare's England. Cambridge (UP) 1934

Yates, Frances A.: Giordano Bruno's Conflict with Oxford, in: Journal of the Warburg and Courtauld Institutes, To. II, 1937-39, S. 227-242

Yates, Frances A.: The Religious Policy of Giordano Bruno, in: Journal of the Warburg and Courtauld Institutes, To. III, 1939-41, S. 181-207

Yates, Frances A.: Giordano Bruno: Some New Documents, in: Revue Internationale de Philosophie, Tome V, 1951, S. 174-199

Yates, Frances A.: Giordano Bruno and the Hermetic Tradition, Chicago 1978 (London 1964)

Yates, Frances A.: The art of memory, Chicago 1966

III. Schriften im Umfeld Brunos

Albertus Magnus: De unitate intellectus contra Averroem (Über die Einheit des Verstandes gegen Averroes) (1256), Lyon 1651; hrsg. v. A. Borgnet: Opera omnia, 38 Bde., Paris 1890-1899 Bd. 9; M. Grabmann: Die Lehre des hl. A.M. vom Grunde der Vielheit der Dinge und der lateinische Averroismus (Divus Thomas 10, 1932)

Albertus Magnus: Summa theologiae (Summe der Theologie) (1270), Basel 1506; hrsg. v. A. Borgnet: Omnia Opera, 38 Bde., Paris 1890-1899, Bd. 31-33, 1895; C. Feckes: Wissen, Glauben und Glaubenswissenschaft nach Albert d. Gr., ZkTh 54, 1930, 1-39

Albertus Magnus: Summa de creaturis (Summe über die Geschöpfe) (1240), Venedig 1498-99; hrsg. v. A. Borgnet: Opera omnia, 38 Bde., Paris 1890-1899, Bd. 34-35, 1895-96; F. Pelster: Kritische Studien zum Leben und zu den Schriften Alberts des Großen, Freiburg 1920

Ariosto, Ludovico: Il negromante (Der Schwarzkünstler) (1520), Venedig 1535; dt. Übers. v. A. Kissner: Der Nekromant, in: Kleinere Werke, München 1909; Berlin 1922: Sämtliche Poetische Werke, IV

Ariosto, Ludovico: I suppositi (Die Vermeintlichen), Venedig 1551; dt. Übers. v. A. Kissner: Die Untergeschobenen, in: Kleinere Werke, München 1909; Berlin 1922: Sämtliche poetische Werke, Bd. IV

Aristoteles: Peri kosmu (Von der Welt); dt. Übers. v. P. Gohlke: An König Alexander, Über die Welt, Paderborn 1949, griech.- dt.

Aristoteles: Physike akroasis (Vorlesung über die Natur), dt. Übers.: C. Prantl: Acht Bücher Physik, in: Werke, Bd. I, Leipzig 1854, griech.- dt.

Aristoteles: Peri geneseos kai phthoras (Über das Werden und Vergehen); dt. Übers. v. C. Prantl; Zwei Bücher über Entstehen und Vergehen, in: Werke, 2. Bd., Leipzig 1857, griech.- dt.

Aristoteles: Peri uranu (Über den Himmel), dt. Übers. v. C. Prantl: Vier Bücher über das Himmelsgebäude, in: Werke, Bd. II, Leipzig 1857, griech.- dt.; O. Gigon: Vom Himmel, Zürich 1950

Aristoteles: Ta meta ta physika (Die Metaphysik) (ca. 330 v. Chr.); dt. Übers. v. H. Bonitz: Metaphysik, hrsg. v. E. Wellmann, Berlin 1890; E. Rolfes, 2 Bde., Leipzig [2]1921; A. Lasson, Jena [2]1924

Aristoteles: Peri meteoron (Meteorologie) (341 v. Chr.), dt. Übers. v. P. Gohlke: Meteorologie, in: Die Lehrschriften, Paderborn 1955; J. Tricot: Les météorologiques, Paris 1955

Aristoteles: Ethika Nikomacheia (Nikomachische Ethik) (ca. 350 v. Chr.). dt. Übers. v. F. Dirlmeier: in:Werke, Bd. 6, Berlin [2]1960

Aurelius Augustinus: De trinitate (Über die Dreieinigkeit) (ca. 410); dt. Übers. v. M. Schmaus: Fünfzehn Bücher über die Dreieinigkeit, 2 Bde., München 1936 – *Augustinus* Bd. 11/12 – BKV, 2. Reihe, Bd. 13/14

Averroes (Ibn Rushd): Tafsir kitab an-nafs (Großer Kommentar zum Buch über die Seele) (um 1160), Padua 1472; hrsg. v. F.S. Crawford: Corpus commentariorum Averrois in Aristotelem, versionum Latinarum, Bd. 6/1; P.S. Christ: The Psychology of the Active Intellect of Averroes, Philadelphia 1926

Avicebron (Salomon Ibn Gabirol): Fons vitae (Quelle des Lebens) (ca. 1050), übers. v. H.E. Wedeck. The Fountain of Life, New York 1962; F. Brunner: La source de la vie, Paris 1950

Avicenna (Ibn Sina): Risala fi n-nafs (Abhandlung über die Seele) (997), hrsg. u. übers. Wien 1875, S. Landauer: Die Psychologie des Ibn Sina, in: ZDMG 29 (arab.- dt.)

Bellarmino, Roberto: Disputationes de controversiis christianae fidei adversus huius temporis haereticos (Disputationen über Streitfragen des christlichen Glaubens gerichtet gegen die Häretiker dieser Zeit (1586-93, 3 Bde.), dt. Übers. v. V.P. Gumposch: Streitschriften über die Kampfpunkte des christlichen Glaubens, 14 Bde., Augsburg 1842-53

Boccaccio, Giovanni: Il decamerone (Das Dekameron) (1349- 1353), Venedig 1470; dt. Übers. v. K. Witte, hrsg. v. H. Bode: Das Dekameron, München 1964, Nachs. v. A. Bauer

Bacon, Roger: Opus maius – Opus minus – Opus tertium (Größeres Werk. Kleineres Werk. Drittes Werk) (1266-1268) hrsg. v. J.S. Brewer: Opus minus, London 1859; hrsg. v. A.G. Little: Opus tertium, London 1912 (British Society of Franciscan Studies, 4)

Boethius, Anicius Manlius Severinus: De Consolatione philosphiae (Vom Trost der Philosophie) (523), dt. Übers. d. E. Neitzke: Trost der Philosophie, Stuttgart (RUB 3154-55) 1959

Calvin, Johann: Institutio religionis christianae, Neukirchen, übers. v. O. Weber, ⁵1955/1988

Clemens, F.J.: Giordano Bruno und Cusa. Bonn 1867

Copernicus, Nicolaus: De revolutionibus orbium coelestium libri sex, Nürnberg 1543

Cornificius, Quintus: in: Fragmenta Poetarum Romanorum, hrsg. v. E. Baehrens, 1886; Fragmenta Poetarum Latinorum, hrsg. v. W. Morel, 2. Aufl. 1927; Neudruck 1963

Cusanus, Nicolai de Cusa: De Genesi, in: Opera Omnia, Band IV, Opuscula I, Hrsg. Paul Wilpert, Hamburg 1959

Cusanus, Nicolai de Cusa: De docta ignorantia – die belehrte Unwissenheit, 1. Buch, übers. u. hrsg. v. Paul Wilpert, Hamburg 1964

Cusanus, Nicolai de Cusa: De venatione sapientiae – Die Jagd nach Weisheit, übers. u. hrsg. v. Paul Wilpert, Hamburg 1964

Cusanus, Nicolai de Cusa: De coniecturis – Mutmaßungen, übers. u. hrsg. v. J. Koch u. W. Happ, Hamburg 1971

Cusanus, Nicolai de Cusa: Trialogus de possest – Dreiergespräch über das Können-Ist, übers. u. hrsg. v. Renate Steiger, Hamburg 1973

Duns Scotus, Johannes: Tractatus de primo principio (Abhandlung über das erste Prinzip) (1305), hrsg. v. B. Wolter, Chicago 1966, mit engl. Übers.

Erasmus von Rotterdam: Morias enkomion seu laus stultitiae (Lob der Torheit) (1511), dt. Übers. v. A. Hartmann: Das Lob der Torheit, Basel 1929; Neudruck: 1960

Erasmus von Rotterdam: De libero arbitrio diatribe sive collatio (Diatribe oder Untersuchung über den freien Willen) (1524), dt. Übers. v.O. Schumacher: Vom freien Willen, Göttingen 1956

Eratosthenes aus Kyrene: Geographika (Geographiebücher) (ca. 250 v. Chr.), ed. v. F. Jacoby: Die Fragmente der griechischen Historiker, Bd. 2, Berlin 1930; H. Berger: Geschichte der wissenschaftlichen Erdkunde der Griechen, Leipzig [2]1903, 384-441

Eriugena, Johannes Scotus: De divisione naturae (Von der Einteilung der Natur) (867), dt. Übers. v. L. Noack: Über die Einteilung der Natur, 2 Bde., Berlin 1870-1874

Fracastorio, Girolamo: Syphilis sive De morbo gallico (Syphilis oder die französische Krankheit) (1530), dt. Übers. v. E.A. Seckendorff: Syphilis, Kiel 1960

Ficino, Marsilio: De vita coelitus comparanda, Opera omnia, Basel 1576

Ficinius, Marsilius: Theologia Platonica (1559), Nachdruck, Hildesheim, New York 1975

Gentili, Alberico: De jure belli libri tres (1598); engl. Übers. v. C. Philipson, Oxford – London 1933

Gilbert, William: De magnete magneticisque corporibus et de magno magnete tellure (Vom Magnetismus und den magnetischen Körpern und von dem großen Magneten Erde), London 1600; Übers. engl.v. P.F. Mottelay: On the Loadstone and Magnetic Bodies and the Great Magnet the Earth, London 1893

Grosseteste, Robert: De luce seu de inchoatione formarum (ca. 1200); L. Baur: Die philosophischen Werke des Robert Grosseteste, Münster 1912

Grunewald, Heidemarie: Die Religionsphilosophie des Nikolaus Cusanus und die Konzeption einer Religionsphilosophie bei Giordano Bruno, Hildesheim [2]1977

Heath, Th.L.: Aristarch of Samos, the ancient Copernicus, Oxford 1913, neu 1959, mit engl. Übers.

Hermeticum, Corpus (3. Jh.), hrsg. v. Marsilio Ficino: Mercurii Trismegisti liber de potestate et sapientia Dei, Treviso 1471; dt. Übers. v. D. Tiedemann: Hermes Trismegists Poemander oder Von der göttlichen Macht und Weisheit, Berlin 1781

Hus, Jan: Výklad viery, desatera božieho přikázanie a modlitby páně (Auslegung des Glaubensbekenntnisses, der 10 Gebote und des Vaterunsers (1520), übers. v. W. Schamschule: in: Schriften zur Glaubensreform und Briefe der Jahre 1414-1415, Frankfurt 1969, 94-102

Hutten, Ulrich von: Epistolae obscurorum virorum ad venerabilem virum magistrum Ortvinum Gratium Daventriensem (Dunkelmännerbriefe an den ehrenwerten Magister Ortwin Gratius aus Deventer), (1515), übers. H.J. Müller: Briefe von Dunkelmännern, Berlin 1964, eingel. v. W. Hecht

Ingegno, A.: Il primo Bruno e l'influenza di Marsilio Ficino, Rivista critica di storia stella filosofia 23, Bd. 14/11, S. 149-170

Jacobi, Klaus: Die Methode der cusanischen Philosophie, Freiburg i.Br., München 1969

Jaspers, Karl: Nikolaus Cusanus, München 1963

Kristeller, P.O.: Die Philosophie des Marsilio Ficino, Frankfurt 1972

Lombardus, Petrus: Sententiarum libri IV (Die vier Sentenzenbücher), (1158); O. Baltzer: Die »Sentenzen« des Petrus Lombardus, Leipzig 1902

Lullus, Raymundus (Ramon Llull): Ars magna et ultima (Große und letzte

Kunst) (1277), Venedig 1480; hrsg. v. J. Casadesús Vila: El arte magna, Barcelona 1917; C. Prantl: Geschichte der Logik im Abendland, Leipzig 1867, Bd. 3; E.W. Platzeck: Raimundus Lullus, sein Leben, seine Werke, Düsseldorf 1963

Lullus, Raymundus (Ramon Llull): Libre d'amic e amat (Buch vom Liebenden und Geliebten) (1281), Paris 1505; dt. Übers. v. L. Klaiber: Das Buch vom Liebenden und Geliebten (in: Wissenschaft und Weisheit, 7, 1940, S. 110-112; 136-148; Olten 1948

Lullus, Raymundus (Ramon Llull): L'arbre de sciència (Der Baum der Wissenschaft) (1295-96), Barcelona 1482, lat.; hrsg. v. J. u. T. Carreras y Artau, in: Obres esencials, Barcelona 1957-1960; E.W. Platzeck: Raymundus Lullus, sein Leben und seine Werke, Düsseldorf 1962-64, 2 Bde.

Lullus, Raymundus (Ramon Llull): L'arbre de filosofia d'amor (Der Baum der Liebesphilosophie) (1298), übers. v. E.A. Peers: The Tree of Love, London – New York 1926

Lullus, Raymundus (Ramon Llull): Die neue Logik, hrsg. v. Ch. Lohr, übers. v. W. Büchel u. V. Hösle, eingel. v. V. Hösle, Hamburg 1987

Luther, Martin: De servo arbitrio, in: Werke, Weimarer Ausgabe 1883ff.), Weimar, Graz 1964ff.

Mailáth, J.: Mnemonik oder Kunst das Gedächtnis nach Regeln zu stärken und dessen Kraft außerordentlich zu erhöhen; Aretin, J.C.: Übersicht des Systems des Jordanus Brunus, Wien 1842

Mennicken, Peter: Nikolaus von Kues, 1950

Metzke, Erwin: Nicolaus von Cues und Hegel, in: Coincidentia oppositorum. Gesammelte Studien zur Philosophiegeschichte, Hrsg. K. Gründer, Witten 1961, S. 241-263

Ockham, Wilhelm von (Guilelmus Occam): Summa logicae (Lehrbuch der Logik) (1325); C. Prantl: Geschichte der Logik im Abendlande, Bd. 3, Leipzig 1867, 327-420; Neudruck: Graz 1955

Ockham, Wilhelm von (Guilelmus Occam): Tractatus de potestate imperiali (Abhandlung über die weltliche Macht) (1338, Occam zugeschrieben), hrsg. R. Scholz: Unbekannte kirchenpolitische Streitschriften aus der Zeit Ludwigs des Bayern, Bd. 2, Rom 1914

Paracelsus, Theophrastus: Pansophische, magische und kabbalische Schriften, Basel 1968

Paracelsus, Theophrastus: Vom Licht der Natur und des Geistes, eine Ausw., hrsg. v. K. Goldammer, Stuttgart 1960

Petrarca, Francesco: De otio religiosorum (Von der Muße der Mönche) (1347), hrsg. v. G. Rotondi, Vatikanstadt 1958

Petrarca, Francesco: Canzoniere (Das Buch der Lieder) (1350), erschienen 1470 Venedig; dt. Übers. v. B. Jacobsen: Dichtungen, Briefe und Schriften, hrsg. v. H.W. Eppelsheimer, Frankfurt (Fischer Tb. 141) 1956

Petrarca, Francesco: De sui ipsius et multorum ignorantia (Von der eigenen Unwissenheit und der vieler anderer) (1367), dt. Übers. v. H. Hefele: Von seiner und vieler Leute Unwissenheit, Jena 1910

Petrarca, Francesco: De oboedientia ac fide uxoria mythologia (Die Sage von

Gehorsam und Treue der Gattin – Griseldis) (1373), dt. Übers. v. M. v. Cochem: Wunderlich Gedult der Gräfin Griseldis, in: History-Buch, Bd. 1, Dillingen 1687

Platzeck, P.E.W.: La combinatoria lulliana, Rivista de Filosofia, 1953, S. 575-609; 1954, S. 125-165

Porta, Giambattista della: De humana physiognomia (Über die menschliche Physiognomie) (1591), dt. Übers. v. W. Rink: die Physiognomie des Menschen, Dresden 1930

Porta, Giambattista della: La Cintia (Die Cintia) (1601); hrsg. v. V. Spampanato, Bari 1910-11, in: Commedie, 2 Bde., Bd. II

Ptolemaeus, Klaudios: Geographike hyphegesis (Einführung in die Geographie) (150 n.Chr.), dt. Übersetzung v. H. v. Mzik u. F. Hopfner: Des Klaudios Ptolemaios Einführung in die darstellende Erdkunde, Bd. 1, Wien (Klotho, 5) 1938

Petrus Ramus (Pierre de la Ramée): Dialecticae partitiones (Systematik der Dialektitk) (1543), dt. Übers. Dialectica, F.B. Menezhagen, in: Beyträge zur critischen Historie der deutschen Sprache, 7, 1741, S. 395-406; W. Risse: Die Logik der Neuzeit, Bd. 1, Stuttgart 1964, 122 ff.

Petrus Ramus (Pierre de la Ramée): Collectaneae praefationes, epistolae, orationes, Marburg 1577

Rheticus, Georg Joachim: Narratio prima, édition critique par H. Hugonoard-Roche et J.-P. Verdet, Wroclaw-Warszawa-Kraków 1982

Ricci, I.: Giordano Bruno e il »Northumberland Circle« (1600-1630), Rinascimento, XXV, 1985, S. 335-355

Rose, P.L.: The Origins of the Proportional Compass from Mordente to Galileo, Physis 1968, X, S. 53-69

Rossi, P.: Clavis Universalis, Neapel 1960-1962

Rossi, P.: Clavis Universalis. Art della memoria e logica combinatoria da Lullo a Leibniz, Bologna 1983

Servet, Miquel (Serveto y Rives): Christianismi restitutio (Die Wiederherstellung des Christentums) (1536), dt. Übers. v. B. Spieß: Die Wiederherstellung des Christentums, Wiesbaden, 3 Bde., 1892-96

Sidney, Sir Philip: The Countesse of Pembroke's Arcadia (Das Arcadien der Gräfin von Pembroke) (1590) dt. Übers. v. M. Opitz (V.Th. v. Hirschberg): Arcadia, Frankfurt 1629

Sidney, Sir Philip: Astrophel and Stella (Astrophel und Stella) (1591), dt. Übers. v. E. Flügel, Halle 1889; M. v. Lanckoronska, Krefeld 1947

Sidney, Sir Philip: The Defence of Poesie (Verteidigung der Poesie), (1595), Cambridge 1962, in: Works, hrsg. v. A. Feuillerat

Tansillo, Luigi: Podere (Das Landgut), Nola 1560

Telesio, Bernardino: De natura rerum iuxta propria principia (Von der Natur der Dinge, aus ihren eigenen Gesetzen dargestellt) (1565-87), ed. v. V. Spampanato, Modena 1910-13; P.O. Kristeller: Eight Philosophers of the Italian Renaissance, Stanford 1964, 91-109

Thomas von Aquin: De unitate intellectus contra Averroistas (Über die Einheit des Verstandes, gegen die Averroisten), (1270), hrsg. v. J. Perrier, Paris 1949 (Opuscula omnia necnon opera minora)

Thomas von Aquin: Summa theologica (Theologische Summe) Paris 1895, hrsg. v. A. Borgnet, Omnia opera, 38 Bde., 1890-1899, Bd. 31-33

Thomas von Aquin: Summa contra gentiles (Summe gegen die Heiden), Rom 1918-1930 (Opera omnia, Bd. 13-15, editio Leonina); dt. Übers. v. R. Fahsel: Summa contra gentiles oder Die Verteidigung der höchsten Wahrheiten, 6 Bde., Zürich 1942-49

Volkmann-Schluck: Nicolaus Cusanus, Frankfurt 1956

Westman, R.I.: The Melanchton Circle, Rheticus, and the Wittenberg Interpretation of the Copernican Theory, Isis 66, 1975, S. 165-193

Yates, Frances A.: The Art of Ramon Lull. An Approach to it through Lull's Theory of the Elements, Journal of the Warburg and Courtauld Institutes, Bd. 17, S. 115-173

IV. Philosophische Monographien und Studien

Aquilecchia, Giovanni: Mathematische Aspekte in Brunos Denken von *De minimo* bis zu den *Praelectiones geometricae,* in: K. Heipcke, W. Neuser, E. Wicke (Hrsg.): Die Frankfurter Schriften G. Brunos und ihre Voraussetzungen, Weinheim 1991, S. 135-143, übers. aus dem Engl. v. M. Schütt-Perry

Badaloni, Nicola: La Filosofia di Giordano Bruno. Florenz 1955

Barion, Jakob: Über die Bedeutung der Analogie für die Metaphysik, in: Philosophisches Jahrbuch, 49. Band, 1936, Reprint Nendeln/Liechtenstein 1971, S. 30-48

Beierwaltes, Werner: Subjektivität, Schöpfertum, Freiheit. Die Philosophie der Renaissance zwischen Tradition und neuzeitlichem Bewußtsein, in: Der Übergang zur Neuzeit und die Wirkung von Traditionen, Veröffentlichung der Joachim-Jungius- Gesellschaft der Wissenschaften, 32, Göttingen 1978, S. 15-31

Beierwaltes, Werner: Identität ohne Differenz? Zur Kosmologie und Theologie Giordano Brunos, in: ders., Identität und Differenz, Frankfurt 1980, S. 176-204

Beierwaltes, Werner: Einleitung zu: Giordano Bruno, Von der Ursache, dem Prinzip und dem Einen, Hrsg. P.R. Blum, Hamburg [6]1983, S. IX-L

Beierwaltes, Werner: Denken des Einen. Studien zur neuplatonischen Philosophie und ihrer Wirkungsgeschichte, Frankfurt 1985

Berman, Morris: Wiederverzauberung der Welt. Am Ende des Newton'schen Zeitalters, München 1983 (Ithaca, London 1981)

Berthold, Gerhard: John Toland und der Monismus der Gegenwart, Heidelberg 1876

Blum, Paul Richard: Brunos Brunianismus, in: K. Heipcke, W. Neuser, E. Wicke (Hrsg.): Die Frankfurter Schriften G. Brunos und ihre Voraussetzungen, Weinheim 1991, S. 201-210

Blumenberg, Hans: Das Universum eines Ketzers, in: Giordano Bruno, Das Aschermittwochsmahl, übers. v. F. Fellmann, Frankfurt [1]1981, S. 9-61

Blumenberg, Hans: Die Genesis der kopernikanischen Welt, Frankfurt (Suhrkamp) 1975

Blumenberg, Hans: Aspekte der Epochenschwelle: Cusaner und Nolaner. Erweiterte und überarbeitete Neuausgabe von »Die Legitimität der Neuzeit«, vierter Teil, Frankfurt 1976 (= suhrkamp taschenbuch wissenschaft 174)

Bönker-Vallon, Angelika: Die mathematische Konzeption der Metaphysik nach *De triplici minimo et mensura,* in: K. Heipcke, W. Neuser, E. Wicke (Hrsg.): Die Frankfurter Schriften G. Brunos und ihre Voraussetzungen, Weinheim 1991, S. 75-94

Brockmeier, Jens: Die Naturtheorie Giordano Brunos. Erkenntnistheoretische und naturphilosophische Voraussetzungen des frühbürgerlichen Materialismus, Diss., Frankfurt, New York 1980

Brunnhofer, Hermann: G. Bruno's Lehre vom Kleinsten als die Quelle der prästabilierten Harmonie von Leibniz, Leipzig (Rauert u. Rocco) 1890

Combi, Maurizio: Rhetorische Modelle und Schemata in einer Schrift Giordano Brunos. Untersuchung des *Artificium perorandi,* in: K. Heipcke, W. Neuser, E. Wicke (Hrsg.): Die Frankfurter Schriften G. Brunos und ihre Voraussetzungen, Weinheim 1991, S. 235-260

Carriere, Moriz: Die philosophische Weltanschauung der Reformationszeit in ihren Beziehungen zur Gegenwart. 2. vermehrte Aufl. Leipzig (Brockhaus) 1887, 2. Theil S. 46-189 – 1. Aufl. Stuttgart – Tübingen (Cotta) 1847, S. 365-494

Cassirer, Ernst: Individuum und Kosmos in der Philosophie der Renaissance, Leipzig-Berlin 1927 (= Studien der Bibliothek Warburg 10) [Nachdruck: Darmstadt, Wiss. Buchges., 1963]

Charbonnell, Roger: L'éthique de Giordano Bruno e le deuxième dialogue du Spaccio, Paris 1919

Clemens, Franz Jakob: Giordano Bruno und Nicolaus von Cusa. Eine philosophische Abhandlung, Bonn (Wittmann) 1847

Cohen, Jonas: Geschichte d. Unendlichkeitsproblems, Darmstadt 1960

Corsano, A.: Il pensiero di Giordano Bruno, Florenz 1940

Crombie, Alistair: Von Augustinus bis Galilei. Die Emanzipation der Naturwissenschaft, München 1977 (dtv Wissenschaftliche Reihe 4285)

Diels, Hermann: Die Fragmente der Vorsokratiker, Reinbek [3]1964

Dilthey, Wilhelm: Giordano Bruno und Spinoza, AP 1894, S. 269/283

Dilthey, Wilhelm: Weltanschauung und Analyse des Menschen, Leipzig 1921

Dilthey, Wilhelm: Gesammelte Schriften, II. Band: Weltanschauung und Analyse des Menschen seit Renaissance und Reformation, Göttingen [7]1964

Ditfurth, Hoimar von: Giordano Bruno, in: Exempla historica, Band 28: Die Konstituierung der neuzeitlichen Welt. Philosophen, Hrsg. Kurt Fassmann, Frankfurt 1984, S. 9-36

Elton, Oliver: Giordano Bruno in England, in: ders., Modern Studies, first published 1907, Reprint London 1969, S. 1- 36

Fellmann, Ferdinand: Mythos und Moral bei Giordano Bruno, in: Terror und Spiel. Probleme der Mythenrezeption, Hrsg. M. Fuhrmann, München 1971, S. 241-256

Fellmann, Ferdinand: Giordano Bruno und die Anfänge des modernen Denkens, in: Die Pluralität der Welten, Aspekte der Renaissance in der Romania, hrsg. v. W.D. Stemple u. K. Stierle, München 1987, S. 449-487

Fellmann, Ferdinand: Bild und Bewußtsein bei Giordano Bruno, in: K. Heipcke, W. Neuser, E. Wicke (Hrsg.): Die Frankfurter Schriften G. Brunos und ihre Voraussetzungen, Weinheim 1991, S. 17-36

Feuerbach, Ludwig: Vorlesungen über die Geschichte der Neueren Philosophie (von G. Bruno bis G.W.F. Hegel, Erlangen 1835/1836), Darmstadt 1974

Fink, Eugen: Die Exposition des Weltproblems bei Giordano Bruno, in: Der Idealismus und seine Gegenwart. Festschrift für Werner Marx zum 65. Geburtstag, Hrsg. Ute Guzzoni u.a., Hamburg 1976, S. 127-132

Garin, Eugenio: Der italienische Humanismus, Bern 1947

Grassi, Ernesto: Giordano Bruno. Heroische Leidenschaften und individuelles Leben, Bern 1947

Garin, E.: Der Begriff der Geschichte in der Philosophie der Renaissance, in: Zum Begriff und Problem der Renaissance, hrsg. v. A. Buck, Darmstadt 1969

Grassi, Ernesto: Macht des Bildes: Ohnmacht der rationalen Sprache, Zur Rettung des Rhetorischen, III. Teil, Ingenium. Die humanistische Tradition, München 1979

Gomez de Liaño, I.: Giordano Bruno. Mundo, magia, memoria. Seleccion de tesetos, Madrid 1973

Grassi, Ernesto: Verteidigung des individuellen Lebens. Studia humanitatis als philosophische Überlieferung, Bern 1946

Grassi, Ernesto: Giordano Bruno – Heroische Leidenschaften und individuelles Leben, Bern 1947

Hartung, E.B.: Grundlinien einer Ethik des Giordano Bruno, Leipzig 1878

Hazgrd, Paul: Die Krise des Europäischen Geistes 1680- 1715, Hamburg ⁵1970

Heimsoeth, Heinz: Giordano Bruno und die deutsche Philosophie, in: Blätter für die deutsche Philosophie 15 (1942), S. 394-443

Heimsoeth, Heinz: Die sechs großen Themen der abendländischen Metaphysik, Darmstadt

Heimsoeth, Heinz: Atom, Monade und Seele, Wiesbaden 1960

Heimsoeth, Heinz: Giordano Bruno und die deutsche Philosophie, KT 82, Köln 1961

Heimsoeth, Heinz: Zeitliche Weltunendlichkeit und das Problem des Anfangs, KT 82, Köln 1962

Heinrich, Richard: Über die philosophische Bedeutung der neuzeitlichen Philosophie, in: K. Heipcke, W. Neuser, E. Wicke (Hrsg.): Die Frankfurter Schriften G. Brunos und ihre Voraussetzungen, Weinheim 1991, S. 107-124

Heipcke, K./Neuser, W./Wicke, E.: Über die Dialektik der Natur und der Gotteserkenntnis, Anmerkungen zu G. Brunos *De Monade, Numero et Figura,* in: *dies.* (Hrsg.): Die Frankfurter Schriften G. Brunos und ihre Voraussetzungen, Weinheim 1991, S. 145-162

Hentschel, Beate: Die Philosophie Giordano Brunos – Chaos oder Kosmos? Eine Untersuchung zur strukturalen Logizität und Systematizität des nolanischen Werkes, Frankfurt, Bern, New York, Paris (Europäische Hochschulschriften, Reihe 20, Bd. 249) 1988

Heuser-Keßler, Marie-Luise: Maximum und Minimum. Zu Brunos Grundlegung der Geometrie in den *Articuli adversus mathematicos* und ihrer weiterführenden Anwendung in Keplers *Neujahrsgabe oder vom sechseckigen Schnee,* in: K. Heipcke, W. Neuser, E. Wicke (Hrsg.): Die Frankfurter Schriften G. Brunos und ihre Voraussetzungen, Weinheim 1991, S. 181-197

Heller, Agnes: Der Mensch der Renaissance, Köln-Lövenich 1982

Hocke, Gustav René: Manierismus in der Literatur. Sprach- Alchimie und esoterische Kombinationskunst, Hamburg 1959

Horovitz, J.: The Renaissance-philosophy of G. Bruno, New York 1952

Huber, Karl: Einheit und Vielheit in Denken und Sprache Giordano Brunos, Dissertation, Winterthur 1965

Hübner, K.: Wissenschaftliche und nichtwissenschaftliche Naturerfahrung, in: Philosophia Naturalis 18, 1980/81, S. 67-86

Ingegno, A.: Cosmologia e filosofia nel pensiero di Giordano Bruno, Firenze 1978

Koyré, Alexander: Mystics, Spirituals, Alchemists de XVI. siècle, Paris 1955

Koyré, Alexander: Etudes d'histoire de la pensée philosophique, Paris 1961

Koyré, Alexander: Von der geschlossenen Welt zum unendlichen Universum, Frankfurt (Suhrkamp) 1969

Krause, Helmut Friedrich W. (Simon Kraus): Vom Regenbogen und vom Gesetz der Schöpfung. Bd. 1: Der Baustoff der Welt, Fürth-Erlangen (Ner Tamid) 1970, Gesamtausgabe: Berlin 1988 (Edition Dionysos in Dharma Buchladen GmbH)

Krohn, Wolfgang: Die »Neue Wissenschaft« der Renaissance, in: Experimentelle Philosophie, Ursprünge autonomer Wissenschaftsentwicklung, Hrsg. Gernot Böhme, Wolfgang van den Daele, Wolfgang Krohn, Frankfurt 1977, S. 13- 128

Kuhlenbeck, Ludwig: Giordano Bruno über natürliche Magie, in: Sphinx, 5. Jahrgang, 1888, S. 160-168

Kuhlenbeck, Ludwig: Giordano Bruno. Seine Lehre von Gott, von der Unsterblichkeit der Seele und von der Willensfreiheit, Berlin 1913

Kuhn, Thomas S.: Die Struktur wissenschaftlicher Revolutionen, 2. revidierte und um das Postskriptum von 1969 ergänzte Auflage, Frankfurt 1976

Lasswitz, Kurd: Giordano Bruno und die Atomistik, in: Vierteljahresschrift für wissenschaftliche Philosophie 8, 1884, S. 18-55

Lasswitz, Kurd: Geschichte der Atomistik vom Mittelalter bis Newton, Hamburg-Leipzig (Voss) 1890, S. 359-401; 2 Bde., Darmstadt 1963

Louis, G.: Giordano Bruno, seine Weltanschauung und Lebensauffassung, Berlin 1900

Lovejoy, Arthur O.: The dialectics of Bruno and Spinoza, Berkeley 1904

Löwith, Karl: Weltgeschichte und Heilsgeschehen. Die theologischen Voraussetzungen der Geschichtsphilosophie, in: ders., Sämtliche Schriften, Band 2: Weltgeschichte und Heilsgeschehen. Zur Kritik der Geschichtsphilosophie, Stuttgart 1983, S. 7-239

Mahnke, Dietrich: Eine neue Monadologie, Berlin 1917

Mahnke, Dietrich: Unendliche Sphäre und Allmittelpunkt, Halle 1937

Maier, Anneliese: Die Mechanisierung des Weltbildes, in: Zwei Untersuchungen zur nachscholastischen Philosophie, Rom 1968.

Marcks, E.: Königin Elizabeth von England und ihre Zeit, Bielefeld 1897

Mason, Stephen Finney: Geschichte der Naturwissenschaft in der Entwicklung ihrer Denkweisen, Stuttgart 1974

Medicus, Fritz: Giordano Bruno als Ästhetiker, in: Logos, Internationale Zeitschrift für Philosophie der Kultur, Band V, Heft 3, 1914/15, S. 239-251

Meyer-Abich, Adolf: Naturphilosophie auf neuen Wegen, Stuttgart 1948

Michel, P.H.: La cosmologie de Giordano Bruno, Paris 1962

Mittelstraß, Jürgen: Neuzeit und Aufklärung. Studien zur Entstehung der neuzeitlichen Wissenschaft und Philosophie, Berlin, New York 1970

Namer, Émile: Les Aspects de Dieu dans la philosophie de Giordano Bruno, Paris 1926

Namer, Émile: Giordano Bruno, ou l'Universe infini comme fondement de la philosophie moderne, Paris 1966

Namer, Émile: L'Univers de Giordano Bruno et la destinée humaine, in: L'Univers à la Renaissance: Microcosme et macrocosme, Hrsg. Université Libre de Bruxelles, Bruxelles 1970, S. 89-120

Namer, Émile: Les conséquences rèligieuses et morales du système de Copernic. La place de l'homme dans l'univers infini de Giordano Bruno, in: Studi internazionali di filosofia 5, 1973, S. 85-96

Oppel, H.: Der englische Humanismus im Zeitalter Elizabeths, Mainz 1947

Otto, Stephan: Figur, Imagination und Intention. Zu Brunos Begründung seiner *konkreten* Philosophie, in: K. Heipcke, W. Neuser, E. Wicke (Hrsg.): Die Frankfurter Schriften G. Brunos und ihre Voraussetzungen, Weinheim 1991, S. 37-50

Papi, F.: Antropologia e civiltà nel pensiero di Giordano Bruno, Firenze 1968

Reiner, Julius: Giordano Bruno und seine Weltanschauung, Berlin 1907

Riekel, August: Die Philosophie der Renaissance, München 1925

Ricci, Savesio: Unendliche Welten und Neue Welt. Die Eroberung Amerikas und die Kritik der europäischen Kultur bei Giordano Bruno, in: K. Heipcke, W. Neuser, E. Wicke (Hrsg.): Die Frankfurter Schriften G. Brunos und ihre Voraussetzungen, Weinheim 1991, S. 211-233

Saenger, Werner: Goethe und Giordano Bruno. Ein Beitrag zur Geschichte der Goethischen Weltanschauung, in: Germanische Studien, Heft 91, Berlin 1930, Nachdruck Nendeln/Liechtenstein 1967

von Samsonow, Elisabeth: Weltförmigkeit des Bewußtseins. Die Idee der Verschiedenheit und ihre geometrische Konstruktion und Darstellung in der Schrift *De monade*, in: K. Heipcke, W. Neuser, E. Wicke (Hrsg.): Die Frankfurter Schriften G. Brunos und ihre Voraussetzungen, Weinheim 1991, S. 95-106

Schelling, Friedrich Wilhelm Joseph: Bruno oder über das göttliche und natürliche Princip der Dinge (1802), in: Ausgewählte Werke (unveränderter reprografischer Nachdruck aus: F.W.J. Schelling, Sämtliche Werke, 1. Abteilung, 4. Band, Stuttgart, Augsburg 1859, S. 213-332), Darmstadt 1973, S. 109-228

Schmidt, Heinz-Ulrich: Zum Problem des Heros bei Giordano Bruno. Bonn (Bouvier) 1968 (= Abhandlungen zur Philosophie, Psychologie und Pädagogik 51)

Schneidewin, Max: Die Unendlichkeit der Welt, Berlin 1900

Schulze, Werner: Zahl, Proportion, Analogie. Eine Untersuchung zur Metaphysik und Wissenschaftshaltung des Nikolaus von Kues, Münster 1978

Stadler, Michael: Unendliche Schöpfung als Genesis von Bewußtsein. Überlegungen zur Geistphilosophie Giordano Brunos, in: Philosophisches Jahrbuch, 1. Halbband 1986, S. 39-60

Stern, Fred B.: Giordano Bruno – Vision einer Weltsicht, Meisenheim am Glan (Anton Hain) 1977

Sturlese, R.: Einleitung zu: Giordano Bruno, *De umbris idearum*, ed. crit., Firenze 1991

Sturlese, Rita: Giordano Brunos Schrift *De imiginum, signorum et idearum compositione* und die philosophische Lehre der Gedächtniskunst, in: K. Heipcke, W. Neuser, E. Wicke (Hrsg.): Die Frankfurter Schriften G. Brunos und ihre Voraussetzungen, Weinheim 1991, S. 51-73

Teller, J.: Brunos ewiger Augenblick, in: Giordano Bruno, Von der Ursache, dem Prinzip und dem Einen, Leipzig 1984

Thiessen, Sigrun: Die Neuordnung der Wissenschaften, in: M. Heidelberger/dies., Natur und Erfahrung. Von der mittelalterlichen zur neuzeitlichen Naturwissenschaft, Reinbek, [1]1981, S. 183-293

Troilo, Ermonio: La filosofia di Giordano Bruno, Torino 1907

Troilo, Erminio: Prospetto, Sintesi e Commentario della Filosofia di Giordano Bruno, in: Atti della Accademia Nazionale dei Lincei, Anno CCCXLVIII, 1951, Memorie, Serie VIII, Vol. III, S. 543-607

Überweg, Friedrich: Geschichte der Philosophie. Band III Neuzeit, Tübingen 1955

Védrine, Hélène: La conception de la nature chez Giordano Bruno, Paris 1967

Védrine, Hélène: Materie, Atom und Minima bei Giordano Bruno, in: K. Heipcke, W. Neuser, E. Wicke (Hrsg.): Die Frankfurter Schriften G. Brunos und ihre Voraussetzungen, Weinheim 1991, S. 127-134, übers. v. R. Heipcke aus dem Franz.

Wahsner, Renate: Mensch und Kosmos – Die kopernikanische Wende, Berlin 1978

Westfall, Richard S.: The Construction of Modern Science: mechanisms and mechanics, Cambridge 1971

Westman, Robert S.: Magical Reform and Astronomical Reform: The Yates Thesis Reconsidered, in: ders./J.E. McGuire, Hermeticism and the Scientific Revolution, Los Angeles 1977, S. 1-91

Wilde, Georg: Giordano Bruno's Philosophie in den Hauptbegriffen Materie und Form dargestellt, Breslau (Marcus) 1901

Yates, Frances A.: The Emblematic Conceit in Giordano Bruno's De Gli Eroici Furori and in the Elizabethan Sonnet Sequences, in: Journal of the Warburg and Courtauld Institutes, Vol. VI, 1943, Reprint Nendeln/Liechtenstein 1968, S. 101-121

Yates, Frances A.: The Art of Memory, London 1966

Beim Beten aber sagt nicht Formeln daher ... (Matthäusev. 6,5-8)

Eugen Drewermann
DAS VATERUNSER
Mit Fotos von Andreas Hoffmann
159 Seiten. Gebunden. ISBN 3-466-20375-9
Kösel-Verlag – München

Eugen Drewermann lehrt uns auf ganz neue Weise das Vaterunser zu beten. Im harmonischen Zusammenspiel mit den Fotos von Andreas Hoffmann ermöglichen die Texte einen neuen Zugang zu den religiösen Wurzeln.